중학 수학의 첫 개념 학습

개념 α 알파

중학 수학 3·1

개념북

용하여 나타내는데, 이것을 **근호**라 하며 '제곱근' 또는 '루트'라

세서 ($\sqrt{a}$는 '제곱근 a' 또는 '루트 a'라 읽는다.)
곱근이라 하고, $\sqrt{a}$와 같이 나타낸다.
곱근이라 하고, $-\sqrt{a}$와 같이 나타낸다.
번에 $\pm\sqrt{a}$로 나타내기도 한다.
음의 제곱근은 $-\sqrt{2}$이므로 2의 제곱근은 $\pm\sqrt{2}$이다.
수의 제곱일 때, a의 제곱근은 근호를 사용하지 않고 나타낼 수 있다.
$\sqrt{9}=\pm3$

근 a
하여 a가 되는 수 ➡ $\sqrt{a}$, $-\sqrt{a}$
의 제곱근 ➡ $\sqrt{a}$

용어 톡 기호 $\sqrt{\ }$는 뿌리(root)를 뜻하는 라틴어 radix의 첫 글자 r를 변형한 것이다.

$a>0$일 때
$\sqrt{a}$, $-\sqrt{a}$ —제곱→ a, a —제곱근→ $\sqrt{a}$, $-\sqrt{a}$

를 사용하여 나타내시오.

(2) 0.7 (3) $\frac{8}{15}$

을 근호를 사용하여 나타내시오.

(2) 0.21 (3) $\frac{3}{5}$

● 제곱근의 표현
양수 a의 제곱근 ➡ $\pm\sqrt{a}$

하지 않고 나타내시오.

(2) $-\sqrt{0.49}$ (3) $\pm\sqrt{\frac{64}{81}}$

를 사용하지 않고 나타내시오.

(2) $\sqrt{0.04}$ (3) $-\sqrt{\frac{1}{100}}$

● 제곱근의 표현
$\sqrt{(\text{제곱인 수})}$는 근호를 사용하지 않고 나타낼 수 있다.

여 나타내시오.

(2) 제곱근 17 (3) 제곱근 $\frac{1}{6}$

● 양수 a의 제곱근과 제곱근 a의 차이
$a>0$일 때
① a의 제곱근 ➡ $\pm\sqrt{a}$
② 제곱근 a ➡ $\sqrt{a}$

알맞은 수를 써넣으시오.

□과 □이다.
은 □이다.
□이다.

소단원 핵심문제

정답과 풀이 ★ 19쪽

제곱근의 뜻

1 다음 중에서 36의 제곱근은?

① 6 ② −6 ③ ±6
④ ±18 ⑤ ±36

> $x^2=a\ (a\ge 0)$일 때, x를 a의 제곱근이라 한다.

제곱근의 뜻과 표현

2 다음 중에서 그 값이 나머지 넷과 다른 하나는?

① ±8 ② 제곱근 64
③ 64의 제곱근 ④ 제곱하여 64가 되는 수
⑤ $x^2=64$를 만족시키는 x의 값

> $a>0$일 때
> ① a의 제곱근 ➡ $\pm\sqrt{a}$
> ② 제곱근 a ➡ $\sqrt{a}$

제곱근의 뜻과 표현

3 다음 중에서 제곱근에 대한 설명으로 옳은 것을 모두 고르면? (정답 2개)

① 제곱근 9는 3이다.
② 음수의 제곱근은 음수이다.
③ $\sqrt{16}$의 제곱근은 ±4이다.
④ 음이 아닌 모든 수의 제곱근은 2개이다.
⑤ $\left(-\frac{1}{3}\right)^2$의 음의 제곱근은 $-\frac{1}{3}$이다.

도형에서 제곱근 구하기

4 오른쪽 직각삼각형에서 x의 값을 근호를 사용하여 나타내시오.

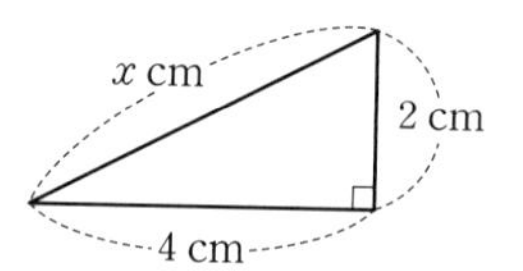

> 직각삼각형에서 직각을 낀 두 변의 길이를 각각 a, b라 하고, 빗변의 길이를 c라 하면
> $a^2+b^2=c^2$

제곱근 구하기

기출 **5** $(-7)^2$의 양의 제곱근을 a, $\sqrt{81}$의 음의 제곱근을 b라 할 때, $a-b$의 값을 구하시오.

> 거듭제곱의 제곱근을 구할 때는 거듭제곱을 계산한 후 제곱근을 구한다.

ure / 이 책의 구성과 특징

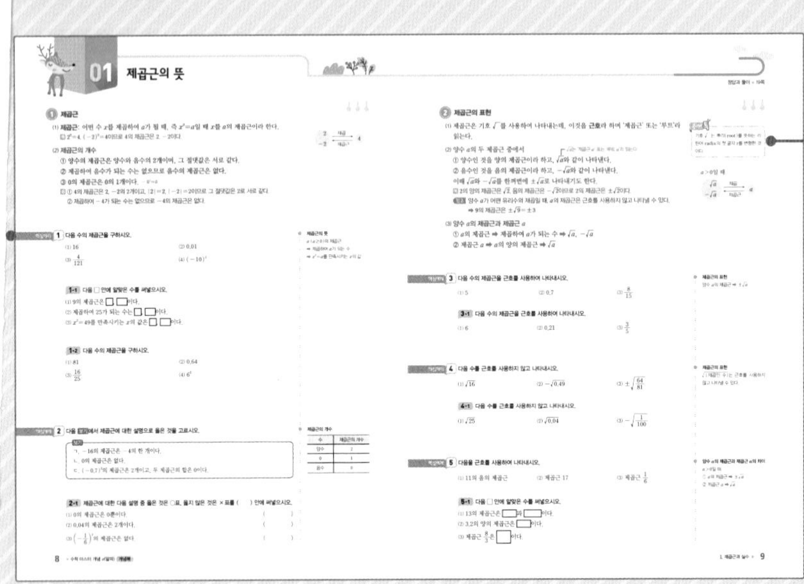

용어톡/플러스톡

용어 한자 풀이 등을 넣어 그 의미를 알기 쉽게, 기억하기 쉽게 합니다.

★개념 학습과 예제&유제

자세한 설명과 한눈에 보이는 개념 정리

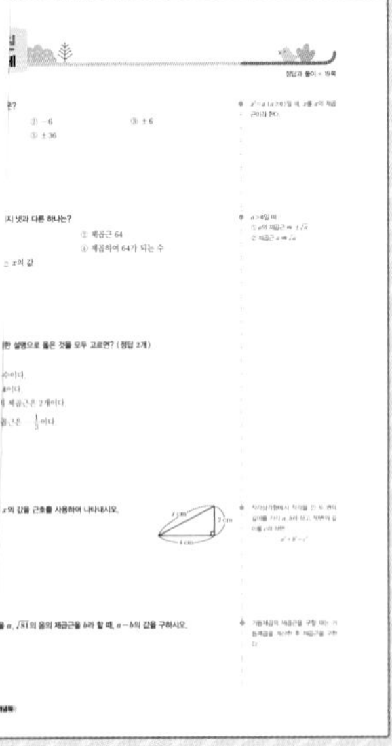

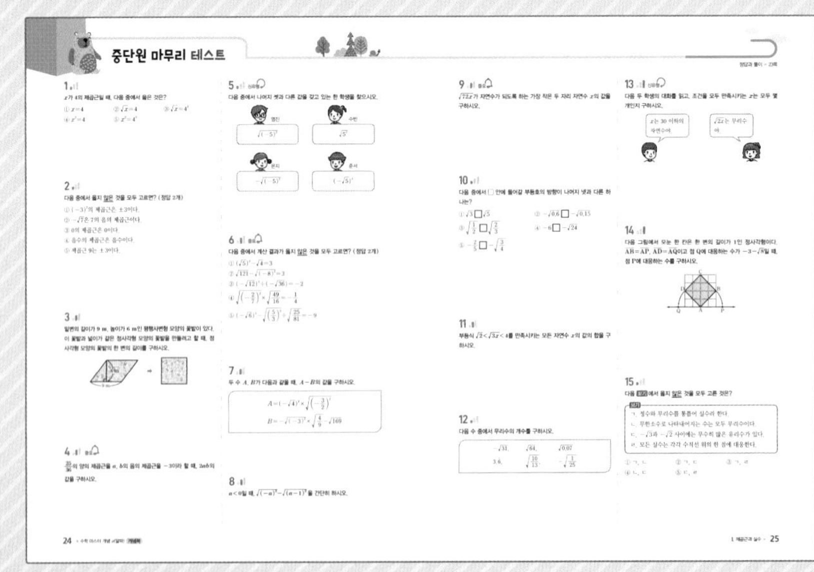

핵심문제

대표 문제 및 필수 유형 문제

★중단원 마무리 테스트

교과서와 기출 문제로 구성한 실전 문제

02 제곱근의 성질

정답과 풀이 ★ 19쪽

③ 제곱근의 성질

$a>0$일 때

(1) a의 제곱근 $\sqrt{a}$와 $-\sqrt{a}$는 제곱하면 a가 된다.

➡ $(\sqrt{a})^2=a$, $(-\sqrt{a})^2=a$

예 $\sqrt{2}$, $-\sqrt{2}$는 2의 제곱근이므로 $(\sqrt{2})^2=2$, $(-\sqrt{2})^2=2$

(2) 근호 안의 수가 어떤 유리수의 제곱이면 근호를 사용하지 않고 나타낼 수 있다.

➡ $\sqrt{a^2}=a$, $\sqrt{(-a)^2}=a$

예 $3^2=9$, $(-3)^2=9$이고 9의 양의 제곱근은 3이므로 $\sqrt{3^2}=\sqrt{9}=3$, $\sqrt{(-3)^2}=\sqrt{9}=3$

$a>0$일 때

$(\pm\sqrt{a})^2=a$

$\sqrt{(\pm a)^2}=a$

핵심예제 6 다음 값을 구하시오.

(1) $(\sqrt{6})^2$ (2) $(\sqrt{4.5})^2$

(3) $\left(\sqrt{\frac{4}{7}}\right)^2$ (4) $(-\sqrt{11})^2$

(5) $\sqrt{19^2}$ (6) $\sqrt{\left(\frac{8}{11}\right)^2}$

(7) $\sqrt{(-15)^2}$ (8) $-\sqrt{(-1.03)^2}$

> **제곱근의 성질**
> $a>0$일 때 $(-\sqrt{a})^2=-a$로 생각하지 않도록 주의한다.

6-1 다음 값을 구하시오.

(1) $(\sqrt{10})^2$ (2) $(\sqrt{1.4})^2$

(3) $-\left(-\sqrt{\frac{2}{5}}\right)^2$ (4) $(-\sqrt{0.32})^2$

(5) $\sqrt{8^2}$ (6) $\sqrt{(-12)^2}$

(7) $\sqrt{(-5.9)^2}$ (8) $-\sqrt{\left(-\frac{7}{9}\right)^2}$

핵심예제 7 $\sqrt{144}\div\sqrt{\left(-\frac{6}{5}\right)^2}-(\sqrt{3})^2$을 계산하시오.

> **제곱근의 성질을 이용한 계산**
> 제곱근의 성질을 이용하여 주어진 수를 근호를 사용하지 않고 나타낸 후 식을 계산한다.

7-1 다음을 계산하시오.

(1) $(\sqrt{7})^2-\sqrt{(-13)^2}$ (2) $(-\sqrt{15})^2+\sqrt{64}\times\sqrt{\left(-\frac{3}{4}\right)^2}$

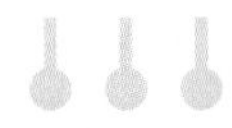

4 $\sqrt{A^2}$의 성질

모든 수 A에 대하여 $\sqrt{A^2}$은 항상 음이 아닌 값을 가진다.

➡ $\sqrt{A^2}=|A|=\begin{cases} A\geq 0\text{일 때}, & A \\ A<0\text{일 때}, & -A \end{cases}$ 음이 아닌 값

예 ① $A=2$일 때, $\sqrt{A^2}=\sqrt{2^2}=2=A$ (부호 그대로)

② $A=-2$일 때, $\sqrt{A^2}=\sqrt{(-2)^2}=2=-(-2)=-A$ (부호 반대로)

$\sqrt{(\text{양수})^2}=(\text{양수})$
$\sqrt{(\text{음수})^2}=-(\text{음수})$ (양수)

핵심예제 8 다음 식을 간단히 하시오.

(1) $x>0$일 때, $\sqrt{(3x)^2}$　　(2) $x<0$일 때, $\sqrt{(3x)^2}$

(3) $x>0$일 때, $\sqrt{(-4x)^2}$　　(4) $x<0$일 때, $\sqrt{(-4x)^2}$

$\sqrt{A^2}$의 성질
① $A>0$ ➡ $\sqrt{A^2}=A$
② $A<0$ ➡ $\sqrt{A^2}=-A$

8-1 다음 □ 안에 알맞은 식을 써넣으시오.

(1) $\sqrt{(-x)^2}=\begin{cases} x\geq 0\text{일 때}, & \square \\ x<0\text{일 때}, & \square \end{cases}$　　(2) $\sqrt{(5x)^2}=\begin{cases} x\geq 0\text{일 때}, & \square \\ x<0\text{일 때}, & \square \end{cases}$

핵심예제 9 $4<x<7$일 때, $\sqrt{(x-4)^2}-\sqrt{(7-x)^2}$을 간단히 하시오.

$\sqrt{(A-B)^2}$ 꼴을 포함한 식 간단히 하기
① $A-B>0$
➡ $\sqrt{(A-B)^2}=A-B$
② $A-B<0$
➡ $\sqrt{(A-B)^2}=-(A-B)$

9-1 다음 □ 안에 알맞은 식을 써넣으시오.

(1) $\sqrt{(x-1)^2}=\begin{cases} x\geq 1\text{일 때}, & \square \\ x<1\text{일 때}, & \square \end{cases}$　　(2) $\sqrt{(x-y)^2}=\begin{cases} x\geq y\text{일 때}, & \square \\ x<y\text{일 때}, & \square \end{cases}$

9-2 다음 식을 간단히 하시오.

(1) $x>5$일 때, $\sqrt{(x-5)^2}$

(2) $x<-3$일 때, $\sqrt{(x+3)^2}$

(3) $-1<x<0$일 때, $\sqrt{(-2x)^2}-\sqrt{(x+1)^2}$

정답과 풀이 ★ 20쪽

5 제곱근과 제곱수

(1) 제곱수: $1(=1^2)$, $4(=2^2)$, $9(=3^2)$, $16(=4^2)$, …과 같이 자연수의 제곱인 수

(2) 근호 안의 수가 제곱수이면 근호를 사용하지 않고 자연수로 나타낼 수 있다.

➡ $\sqrt{(\text{제곱수})}=\sqrt{(\text{자연수})^2}=(\text{자연수})$

예 $\sqrt{25}=\sqrt{5^2}=5$

참고 모든 자연수는 근호를 사용하여 $\sqrt{(\text{제곱수})}$ 꼴로 나타낼 수 있다.

(3) $\sqrt{(\text{수})\times x}$, $\sqrt{\dfrac{(\text{수})}{x}}$가 자연수가 될 조건

① $\sqrt{(\text{수})\times x}$가 자연수가 되려면 $(\text{수})\times x$가 $(\text{자연수})^2$ 꼴이어야 한다.
즉, $(\text{수})\times x$를 소인수분해하였을 때 모든 소인수의 지수가 짝수이어야 한다.

② $\sqrt{\dfrac{(\text{수})}{x}}$가 자연수가 되려면 $\dfrac{(\text{수})}{x}$가 $(\text{자연수})^2$ 꼴이어야 한다.
즉, $\dfrac{(\text{수})}{x}$를 소인수분해하였을 때 모든 소인수의 지수가 짝수이어야 하고 x는 분자의 약수이어야 한다.

예 $\sqrt{8\times x}$가 자연수가 되도록 하는 가장 작은 자연수 x의 값 구하기
$\sqrt{8\times x}=\sqrt{2^3\times x}$가 자연수가 되려면 모든 소인수의 지수가 짝수이어야 하므로 $x=2\times(\text{자연수})^2$ 꼴이어야 한다.
따라서 가장 작은 자연수 x는 2이다.

핵심예제 10 다음 수가 자연수가 되도록 하는 가장 작은 자연수 x의 값을 구하시오.

(1) $\sqrt{20x}$　　(2) $\sqrt{\dfrac{24}{x}}$

$\sqrt{Ax}$, $\sqrt{\dfrac{A}{x}}$가 자연수가 될 조건
근호 안의 수를 소인수분해한 후, 모든 소인수의 지수가 짝수가 되도록 하는 x의 값을 구한다.

10-1 다음 수가 자연수가 되도록 하는 가장 작은 자연수 x의 값을 구하시오.

(1) $\sqrt{18x}$　　(2) $\sqrt{\dfrac{2^2\times3\times5}{x}}$

핵심예제 11 $\sqrt{6+x}$가 자연수가 되도록 하는 가장 작은 자연수 x의 값을 구하시오.

$\sqrt{A+x}$, $\sqrt{A-x}$가 자연수가 될 조건
$A+x$, $A-x$는 제곱수이어야 한다.

11-1 $\sqrt{18-x}$가 자연수가 되도록 하는 가장 작은 자연수 x의 값을 구하시오.

정답과 풀이 ★ 20쪽

6 제곱근의 대소 관계

$a>0$, $b>0$일 때

(1) $a<b$이면 $\sqrt{a}<\sqrt{b}$

(2) $\sqrt{a}<\sqrt{b}$이면 $a<b$

(3) $\sqrt{a}<\sqrt{b}$이면 $-\sqrt{a}>-\sqrt{b}$ — 부등식의 양변에 같은 음수를 곱하면 부등호의 방향이 바뀐다.

예 $-\sqrt{2}$와 $-\sqrt{5}$의 대소 비교

$2<5$이므로 $\sqrt{2}<\sqrt{5}$ ➡ $-\sqrt{2}>-\sqrt{5}$

참고 (1) 정사각형의 넓이와 한 변의 길이

① 정사각형의 넓이가 넓을수록 그 한 변의 길이도 길다.

➡ $a<b$이면 $\sqrt{a}<\sqrt{b}$

② 정사각형의 한 변의 길이가 길수록 그 넓이도 넓다.

➡ $\sqrt{a}<\sqrt{b}$이면 $a<b$

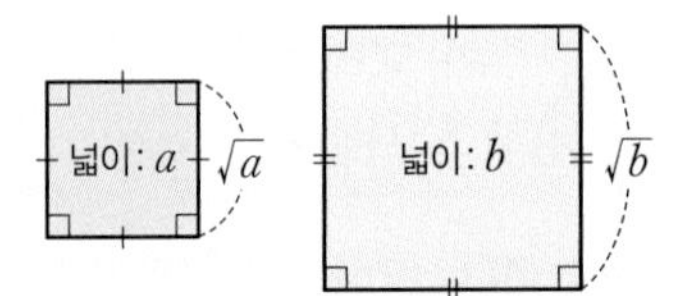

(2) 양수 a, b에 대하여 a와 $\sqrt{b}$의 대소 비교

방법 1 $a=\sqrt{a^2}$이므로 $\sqrt{a^2}$, $\sqrt{b}$의 대소를 비교한다.

방법 2 a와 $\sqrt{b}$를 각각 제곱하면 a^2과 $(\sqrt{b})^2=b$이므로 a^2과 b의 대소를 비교한다.

핵심예제 **12** 다음 두 수의 대소를 비교하시오.

(1) $\sqrt{0.24}$, $\sqrt{0.45}$

(2) $\sqrt{\frac{11}{15}}$, $\sqrt{\frac{7}{10}}$

(3) $\sqrt{13}$, 4

(4) $-\sqrt{\frac{2}{5}}$, $-\sqrt{\frac{3}{8}}$

제곱근의 대소 관계
근호가 없는 수는 근호가 있는 수로 바꾼 후 근호 안의 수의 대소를 비교한다.

12-1 다음 □ 안에 부등호 $>$, $<$ 중 알맞은 것을 써넣으시오.

(1) $\sqrt{5}$ □ $\sqrt{8}$

(2) $\sqrt{3.1}$ □ $\sqrt{2.7}$

(3) -6 □ $-\sqrt{35}$

(4) $\frac{3}{7}$ □ $\sqrt{\frac{2}{7}}$

핵심예제 **13** $3<\sqrt{x}<\sqrt{15}$를 만족시키는 자연수 x의 개수를 구하시오.

제곱근을 포함하는 부등식
$a>0$, $b>0$, $x>0$일 때,
$a<\sqrt{x}<b$
➡ $\sqrt{a^2}<\sqrt{x}<\sqrt{b^2}$
➡ $a^2<x<b^2$

13-1 다음 부등식을 만족시키는 자연수 x의 값을 모두 구하시오.

(1) $\sqrt{x}<2$

(2) $1<\sqrt{x}<3$

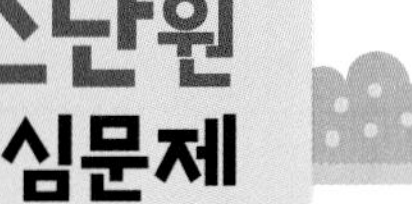

소단원 핵심문제

정답과 풀이 ★ 21쪽

제곱근의 성질

1 다음 중에서 그 값이 나머지 넷과 다른 하나는?

① $\sqrt{6^2}$ ② $\sqrt{(-6)^2}$ ③ $(\sqrt{6})^2$
④ $-\sqrt{(-6)^2}$ ⑤ $(-\sqrt{6})^2$

$a>0$일 때
① $(\sqrt{a})^2=a$, $(-\sqrt{a})^2=a$
② $\sqrt{a^2}=a$, $\sqrt{(-a)^2}=a$

제곱근의 성질을 이용한 계산

2 $(-\sqrt{5})^2\times\sqrt{0.4^2}+\sqrt{36}\div\sqrt{\left(-\frac{6}{7}\right)^2}$을 계산하시오.

$\sqrt{A^2}$의 성질을 이용하여 식 간단히 하기

3 $-2<x<3$일 때, $\sqrt{(x+2)^2}-\sqrt{(x-3)^2}$을 간단히 하면?

① -5 ② -1 ③ 5
④ $2x-1$ ⑤ $2x+5$

$\sqrt{(A-B)^2}$
$=\begin{cases}A-B\geq 0\text{일 때}, & A-B\\ A-B<0\text{일 때}, & -(A-B)\end{cases}$

$\sqrt{A-x}$가 자연수가 될 조건

4 $\sqrt{11-x}$가 자연수가 되도록 하는 자연수 x의 값을 모두 구하시오.

$\sqrt{A-x}$가 자연수가 되려면 $A-x$는 A보다 작은 (자연수)^2 꼴이어야 한다.

제곱근의 대소 관계

5 다음 중에서 두 수의 대소 관계가 옳지 <u>않은</u> 것은?

① $-\sqrt{3}>-\sqrt{7}$ ② $4>\sqrt{8}$ ③ $0.9<\sqrt{0.9}$
④ $\sqrt{\frac{1}{6}}>\frac{1}{5}$ ⑤ $-\frac{1}{2}<-\sqrt{\frac{2}{3}}$

제곱근을 포함한 부등식

기출 **6** $4\leq\sqrt{n+9}<5$를 만족시키는 자연수 n의 값 중에서 가장 큰 수를 a, 가장 작은 수를 b라 할 때, $a+b$의 값을 구하시오.

$a>0$, $b>0$, $x>0$일 때,
$a<\sqrt{x}<b \Rightarrow a^2<x<b^2$

03 무리수와 실수

7 무리수

(1) 유리수: 분수 $\frac{a}{b}$ (a, b는 정수, $b \neq 0$) 꼴로 나타낼 수 있는 수

예 -7, $0.3=\frac{3}{10}$, $0.\dot{5}=\frac{5}{9}$ ─ 정수, 유한소수, 순환소수는 모두 유리수이다.

(2) **무리수**: 유리수가 아닌 수, 즉 순환소수가 아닌 무한소수로 나타낼 수 있는 수

예 $\sqrt{2}=1.4142135\cdots$, $-\sqrt{3}=-1.732050\cdots$, $\pi=3.1415926\cdots$, $1+\sqrt{2}=2.4142135\cdots$

(3) 소수의 분류

소수
- 유한소수 ┐
- 무한소수
  - 순환소수 ┘ ➡ 유리수
  - 순환소수가 아닌 무한소수 ➡ 무리수

배운 내용 톡

① **순환소수**: 소수점 아래의 어떤 자리부터 일정한 숫자의 배열이 끝없이 되풀이되는 무한소수

② 정수가 아닌 유리수는 유한소수 또는 순환소수로 나타낼 수 있다. 또 유한소수와 순환소수로 나타낼 수 있는 수는 유리수이다.

주의 근호를 사용하여 나타낸 수가 모두 무리수인 것은 아니다. 근호 안의 수가 어떤 유리수의 제곱이면 그 수는 유리수이다.

➡ $\sqrt{4}=\sqrt{2^2}=2$, $\sqrt{\frac{1}{9}}=\sqrt{\left(\frac{1}{3}\right)^2}=\frac{1}{3}$ ➡ 유리수

핵심예제 **14** 다음 수 중에서 무리수를 모두 고르시오.

$\sqrt{10}$, $-\sqrt{25}$, $\sqrt{\frac{4}{7}}$, $2+\sqrt{5}$, $-5.\dot{7}$

유리수와 무리수의 구별

① 근호를 없앨 수 있는 수 ➡ 유리수

② (무리수)+(유리수), (무리수)−(유리수) ➡ 무리수

14-1 다음에 주어진 수가 유리수이면 '유', 무리수이면 '무'를 ( ) 안에 써넣으시오.

(1) $\sqrt{21}$ ( ) (2) π ( )

(3) $-\sqrt{\frac{9}{16}}$ ( ) (4) $\sqrt{3}-1$ ( )

핵심예제 **15** 다음 보기의 설명 중에서 옳은 것을 모두 고르시오.

보기
ㄱ. 순환소수가 아닌 무한소수는 모두 무리수이다.
ㄴ. 유리수이면서 무리수인 수가 있다.
ㄷ. 순환소수는 모두 유리수이다.
ㄹ. 근호를 사용하여 나타낸 수는 모두 무리수이다.

유리수와 무리수의 이해

유리수는 $\frac{(정수)}{(0이 아닌 정수)}$ 꼴로 나타낼 수 있는 수이고 무리수는 유리수가 아닌 수이다.

15-1 다음 설명 중 옳은 것은 ○표, 옳지 않은 것은 ×표를 ( ) 안에 써넣으시오.

(1) 무한소수는 모두 무리수이다. ( )

(2) 유한소수는 모두 유리수이다. ( )

(3) $\sqrt{0.\dot{4}}$는 무리수이다. ( )

(4) 무리수는 순환소수로 나타낼 수 있다. ( )

8 실수

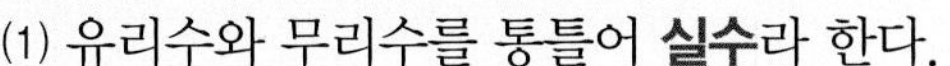

(1) 유리수와 무리수를 통틀어 **실수**라 한다.
└ 실수 중에서 유리수가 아닌 수는 무리수이다.

(2) 실수의 분류

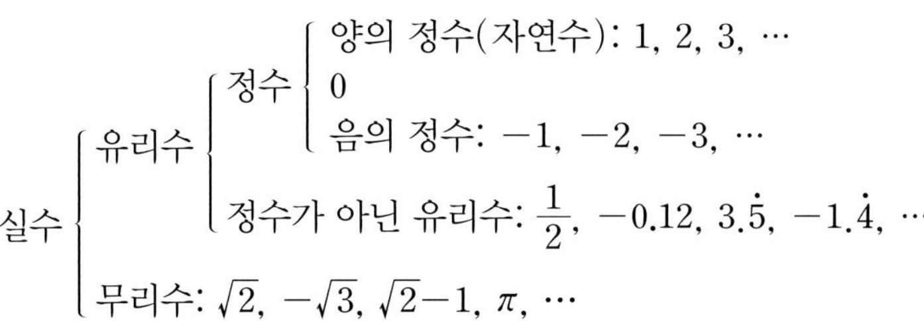

실수
- 유리수: 정수, 유한소수, 순환소수
- 무리수: 순환하지 않는 무한소수

참고 앞으로 수라고 하면 실수를 뜻한다.

핵심예제 16 **보기**의 수 중에서 다음에 해당하는 것을 모두 고르시오.

보기

ㄱ. $\sqrt{121}$　　ㄴ. $0.\dot{0}\dot{9}$　　ㄷ. $\sqrt{17}$

ㄹ. $\frac{2}{3}$　　ㅁ. $-\sqrt{\frac{16}{25}}$　　ㅂ. -5

ㅅ. $\sqrt{11}+2$　　ㅇ. $-\pi$　　ㅈ. 0

(1) 자연수　　(2) 정수　　(3) 유리수

(4) 무리수　　(5) 실수

실수의 분류

실수 { 유리수 / 무리수(유리수가 아닌 수)

16-1 다음 표에 주어진 수를 자연수, 정수, 유리수, 무리수, 실수 중에서 각각 해당하는 곳에 모두 ○표를 하시오.

	$-\frac{7}{13}$	$\sqrt{8}$	$2.0\dot{1}$	$-\sqrt{49}$	6	$4+\sqrt{7}$
자연수						
정수						
유리수						
무리수						
실수						

16-2 다음 수 중에서 오른쪽 □ 안의 수에 해당하는 것을 모두 고르시오.

$1.3\dot{4}$,　$-\sqrt{\frac{1}{7}}$,　$\sqrt{9}$,　$-\sqrt{0.12}$,　$2-\sqrt{3}$

실수 { 유리수 / □

정답과 풀이 ★ 21쪽

유리수와 무리수의 구별

1 다음 중에서 무리수인 것을 모두 고르면? (정답 2개)

① $-\sqrt{0.09}$　② $\sqrt{1.44}$　③ $\pi+1$

④ $-\sqrt{3.14}$　⑤ $\sqrt{\frac{81}{100}}$

무리수
➡ 유리수가 아닌 수
➡ 순환소수가 아닌 무한소수

유리수와 무리수의 구별

2 다음 수 중에서 오른쪽 □ 안의 수에 해당하는 것의 개수를 구하시오.

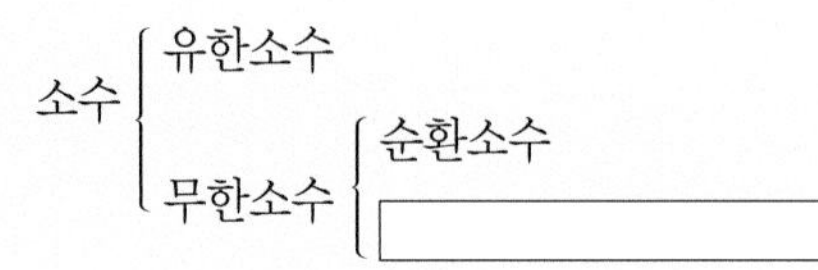

$-\sqrt{49}$,　$\sqrt{24}$,　$-\sqrt{1.\dot{1}}$

$\sqrt{\frac{2}{9}}$,　$\sqrt{6.07}$,　$-\sqrt{\frac{1}{4}}$

순환소수가 아닌 무한소수는 무리수이다.

유리수와 무리수의 이해

3 다음 유리수와 무리수에 대한 설명 중에서 옳은 것을 모두 고르면? (정답 2개)

① 유리수는 모두 순환소수이다.

② $\sqrt{9}$의 제곱근은 무리수이다.

③ 무한소수는 모두 무리수이다.

④ 근호를 사용하여 나타낸 수 중에 무리수가 아닌 수가 있다.

⑤ 무리수는 $\frac{(\text{정수})}{(0\text{이 아닌 정수})}$ 꼴로 나타낼 수 있다.

실수의 분류

기출 **4** 다음 수에 대한 설명으로 옳지 <u>않은</u> 것은?

$\frac{5}{3}$,　π,　$\sqrt{25}$,　$-\sqrt{0.04}$,　$4.\dot{2}\dot{6}$,　$-\sqrt{2.23}$

① 자연수는 1개이다.　② 정수는 1개이다.

③ 정수가 아닌 유리수는 3개이다.　④ 유리수는 4개이다.

⑤ 유리수가 아닌 실수는 3개이다.

근호 안의 수가 어떤 유리수의 제곱이면 그 수는 유리수이다.

04 실수의 대소 관계

정답과 풀이 ★ 22쪽

9 무리수를 수직선 위에 나타내기

(1) 직각삼각형의 빗변의 길이를 이용하면 무리수를 수직선 위에 나타낼 수 있다.

참고 피타고라스 정리를 이용하면 직각삼각형의 빗변의 길이를 구할 수 있다.

배운 내용 톡

피타고라스 정리

직각삼각형 ABC에서

$\overline{AC}^2+\overline{BC}^2=\overline{AB}^2$

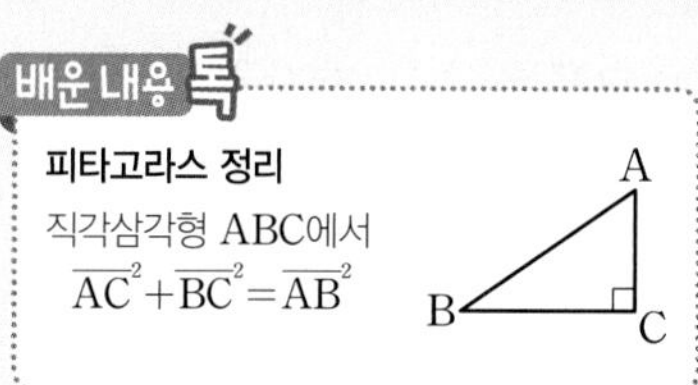

(2) 무리수 $\sqrt{2}$와 $-\sqrt{2}$를 수직선 위에 나타내기

① 수직선 위의 원점을 한 꼭짓점으로 하고 직각을 낀 두 변의 길이가 각각 1인 직각삼각형을 그리면 빗변의 길이가 $\sqrt{2}$이다.
└ $\sqrt{1^2+1^2}=\sqrt{2}$

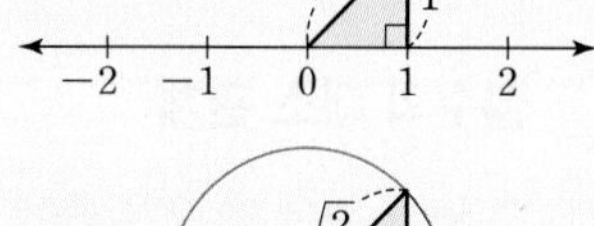

② 원점을 중심으로 하고 반지름의 길이가 빗변의 길이 $\sqrt{2}$와 같은 원을 그린다.

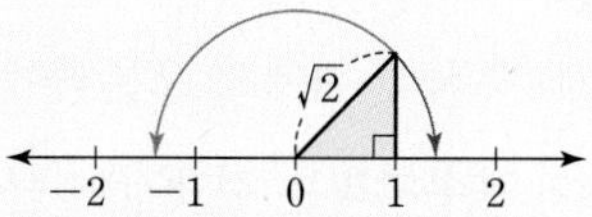

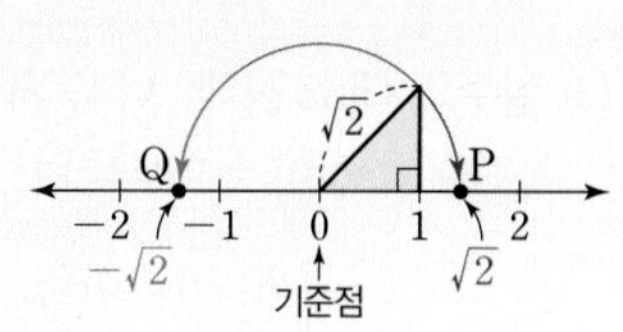

③ 원과 수직선이 만나는 두 점을 각각 P, Q라 하면 두 점 P, Q에 대응하는 수는 각각 $\sqrt{2}$, $-\sqrt{2}$이다.

➡ 기준점(원점)의 오른쪽에 있는 점 P에 대응하는 수는 $0+\sqrt{2}=\sqrt{2}$
└ 원점에서 오른쪽으로 $\sqrt{2}$만큼 떨어진 점

기준점(원점)의 왼쪽에 있는 점 Q에 대응하는 수는 $0-\sqrt{2}=-\sqrt{2}$
└ 원점에서 왼쪽으로 $\sqrt{2}$만큼 떨어진 점

기준점

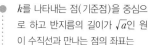

핵심예제 17 오른쪽 그림은 한 눈금의 길이가 1인 모눈종이 위에 수직선을 그린 것이다. 두 선분 AB와 CD를 그린 후,

$$\overline{AB}=\overline{AP},\ \overline{CD}=\overline{CQ}$$

가 되도록 수직선 위에 두 점 P와 Q를 정했을 때, 다음을 구하시오.

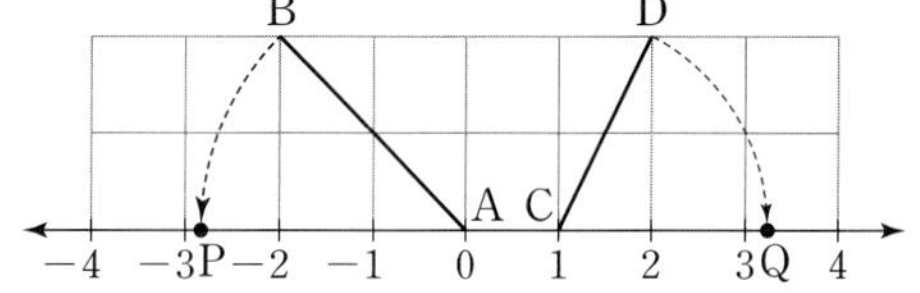

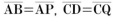

(1) $\overline{AB}$의 길이

(2) $\overline{CD}$의 길이

(3) 점 P에 대응하는 수

(4) 점 Q에 대응하는 수

● k를 나타내는 점(기준점)을 중심으로 하고 반지름의 길이가 $\sqrt{a}$인 원이 수직선과 만나는 점의 좌표는
① 점이 기준점의 오른쪽에 있으면 ➡ $k+\sqrt{a}$
② 점이 기준점의 왼쪽에 있으면 ➡ $k-\sqrt{a}$

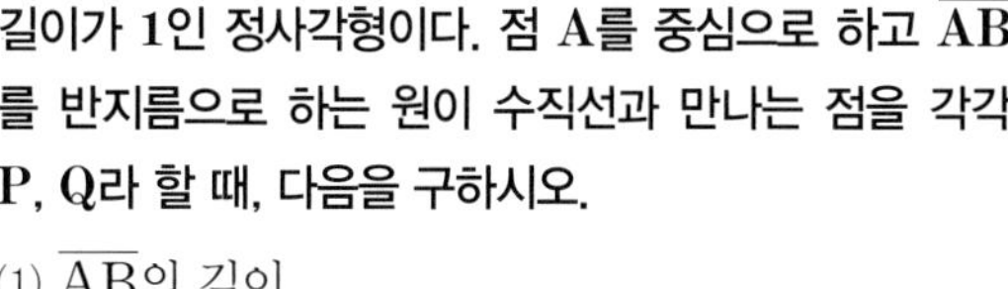

17-1 오른쪽 그림에서 작은 사각형은 모두 한 변의 길이가 1인 정사각형이다. 점 A를 중심으로 하고 $\overline{AB}$를 반지름으로 하는 원이 수직선과 만나는 점을 각각 P, Q라 할 때, 다음을 구하시오.

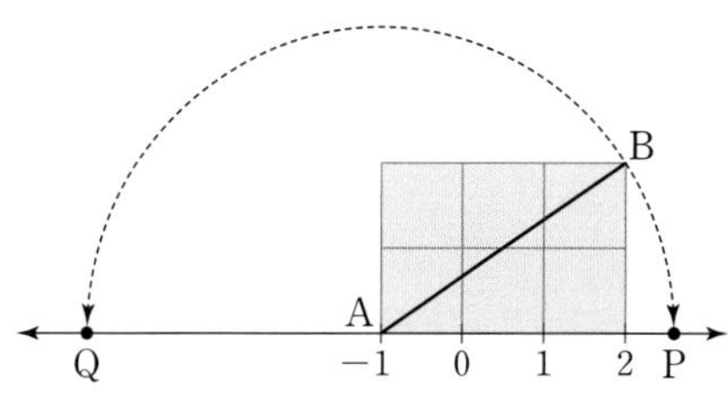

(1) $\overline{AB}$의 길이

(2) 점 P에 대응하는 수

(3) 점 Q에 대응하는 수

10 실수와 수직선

(1) 모든 실수는 각각 수직선 위의 한 점에 대응한다.

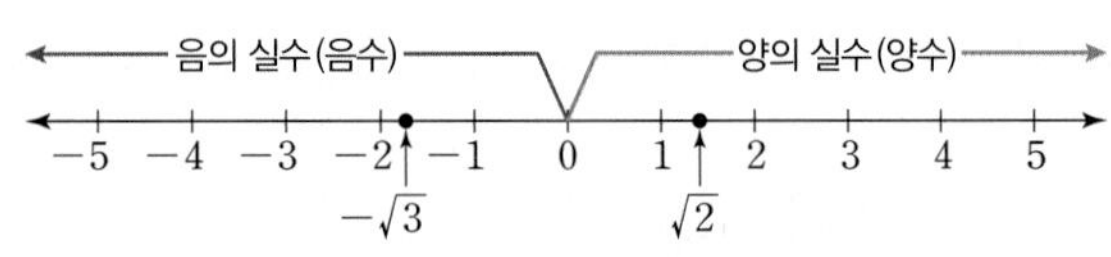

(2) 수직선은 유리수와 무리수, 즉 실수에 대응하는 점들로 완전히 메울 수 있다.

(3) 서로 다른 두 실수 사이에는 무수히 많은 실수가 있다.

참고 수직선 위에서 원점의 오른쪽에 있는 점에는 양의 실수(양수)가 대응하고, 왼쪽에 있는 점에는 음의 실수(음수)가 대응한다.

11 실수의 대소 관계

(1) 수직선 위에서 오른쪽에 있는 수가 왼쪽에 있는 수보다 크다. ─ (양수)>0, (음수)<0, (양수)$>$(음수)

(2) 양수끼리는 절댓값이 큰 수가 더 크고, 음수끼리는 절댓값이 큰 수가 더 작다.

(3) 실수의 대소 관계: 다음 세 방법 중 하나를 이용하여 두 실수의 대소를 비교한다.

방법 1 두 수의 차 이용하기: 두 실수 a, b에 대하여
└ $a-b$의 값의 부호를 확인한다.

① $a-b>0$이면 $a>b$　② $a-b=0$이면 $a=b$　③ $a-b<0$이면 $a<b$

예 $2+\sqrt{3}$과 5의 대소 비교 ➡ $2+\sqrt{3}-5=\sqrt{3}-3<0$이므로 $2+\sqrt{3}<5$

방법 2 부등식의 성질 이용하기 ─ 두 실수에 같은 수를 더하거나 빼어 간단히 한 후 비교한다.

예 $4-\sqrt{2}$와 $\sqrt{10}-\sqrt{2}$의 대소 비교 ➡ $4-\sqrt{2}$ □ $\sqrt{10}-\sqrt{2}$의 양변에 $\sqrt{2}$를 더하면 $4\boxed{>}\sqrt{10}$이므로 $4-\sqrt{2}>\sqrt{10}-\sqrt{2}$

방법 3 제곱근의 값 이용하기 ─ 제곱근의 대략적인 값을 구해 비교한다.

예 $\sqrt{6}+1$과 3의 대소 비교 ➡ $2<\sqrt{6}<3$에서 $\sqrt{6}=2.\cdots$, $\sqrt{6}+1=3.\cdots$이므로 $\sqrt{6}+1>3$

핵심예제 **18** 다음 보기의 설명 중에서 옳은 것을 모두 고르시오.

보기
ㄱ. 3과 4 사이에는 무수히 많은 무리수가 있다.
ㄴ. 수직선은 유리수에 대응하는 점들로 완전히 메울 수 있다.
ㄷ. 수직선 위에 $-\sqrt{7}$에 대응하는 점이 있다.

● 실수와 수직선
수직선은 실수를 나타내는 직선이다.

핵심예제 **19** 다음 두 실수의 대소를 비교하시오.

(1) 3, $\sqrt{3}+1$　(2) $5-\sqrt{12}$, 2
(3) $7+\sqrt{8}$, 9　(4) $\sqrt{13}-\sqrt{10}$, $4-\sqrt{10}$

● 실수의 대소 비교
방법 1 두 수의 차 이용
방법 2 부등식의 성질 이용
방법 3 제곱근의 값 이용

19-1 다음 □ 안에 부등호 $>$, $<$ 중 알맞은 것을 써넣으시오.

(1) 7 □ $3+\sqrt{5}$　(2) 2 □ $\sqrt{8}-1$
(3) $6-\sqrt{6}$ □ 4　(4) $5+\sqrt{2}$ □ $\sqrt{14}+\sqrt{2}$

정답과 풀이 ★ 22쪽

⑫ 무리수의 정수 부분과 소수 부분

(1) 무리수는 정수 부분과 소수 부분으로 나눌 수 있다. – $\sqrt{a}$가 무리수일 때, $\sqrt{a}$=(정수 부분)+(소수 부분)

└ 0<(소수 부분)<1

(2) 소수 부분은 무리수에서 정수 부분을 뺀 것이다.

➡ $\sqrt{a}$가 무리수이고 n이 정수일 때, $n<\sqrt{a}<n+1$이면

($\sqrt{a}$의 정수 부분)$=n$, ($\sqrt{a}$의 소수 부분)$=\sqrt{a}-n$

예 $1<\sqrt{2}<2$이므로 $\sqrt{2}$의 정수 부분은 1, 소수 부분은 $\sqrt{2}-1$이다.

핵심예제 20 다음 무리수의 정수 부분과 소수 부분을 각각 구하시오.

(1) $\sqrt{7}$　　(2) $\sqrt{18}$

(3) $\sqrt{40}$　　(4) $\sqrt{68}$

> **무리수의 정수 부분과 소수 부분 (1)**
> $\sqrt{a}$가 무리수일 때
> $\sqrt{a}$=(정수 부분)+(소수 부분)
> ➡ (소수 부분)$=\sqrt{a}-$(정수 부분)

20-1 다음은 $\sqrt{20}$의 정수 부분과 소수 부분을 구하는 과정이다. □ 안에 알맞은 수를 써넣으시오.

> $\sqrt{16}<\sqrt{20}<\sqrt{25}$이므로 $\square<\sqrt{20}<\square$
> 따라서 $\sqrt{20}$의 정수 부분은 $\square$, 소수 부분은 $\sqrt{20}-\square$이다.

20-2 다음 무리수의 정수 부분과 소수 부분을 각각 구하시오.

(1) $\sqrt{3}$　　(2) $\sqrt{5}$

(3) $\sqrt{12}$　　(4) $\sqrt{38}$

핵심예제 21 $7-\sqrt{5}$의 정수 부분과 소수 부분을 각각 구하시오.

> **무리수의 정수 부분과 소수 부분 (2)**
> 주어진 무리수의 대략적인 값을 구한 후 소수 부분은
> (무리수)−(정수 부분)
> 으로 구한다.

21-1 $4+\sqrt{8}$의 소수 부분은?

① $\sqrt{8}-6$　　② $\sqrt{8}-5$　　③ $\sqrt{8}-4$

④ $\sqrt{8}-3$　　⑤ $\sqrt{8}-2$

정답과 풀이 ★ 23쪽

무리수를 수직선 위에 나타내기

1 오른쪽 그림과 같이 수직선 위의 두 점 $A(2)$와 $B(3)$에 대하여 $\overline{AB}$를 한 변으로 하는 정사각형 ABCD가 있다. $\overline{AC}=\overline{AP}=\overline{AQ}$인 두 점 $P(a)$, $Q(b)$에 대하여 a, b의 값을 각각 구하시오.

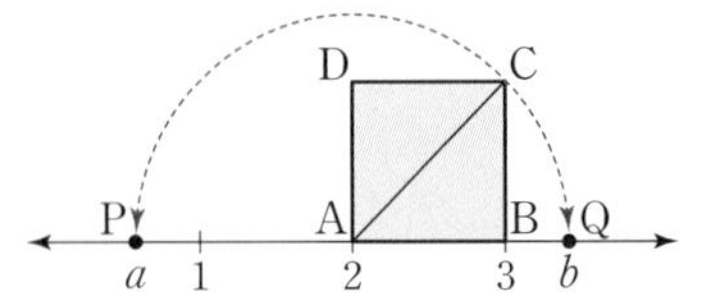

● 피타고라스 정리를 이용하여 $\overline{AC}$의 길이를 구한 후 두 점 P, Q의 좌표를 구한다.

실수와 수직선

2 다음 중에서 옳지 않은 것을 모두 고르면? (정답 2개)

① π는 수직선 위의 점으로 나타낼 수 있다.
② 0과 1 사이에는 무리수가 없다.
③ $\sqrt{5}$와 $\sqrt{6}$ 사이에는 무수히 많은 유리수가 있다.
④ 수직선 위의 한 점에는 한 실수가 반드시 대응한다.
⑤ 수직선은 무리수에 대응하는 점들로 완전히 메울 수 있다.

두 실수의 대소 관계

3 다음 중에서 두 실수의 대소 관계가 옳지 않은 것은?

① $\sqrt{2}+7>8$　② $\sqrt{18}-3>1$
③ $9+\sqrt{6}>9+\sqrt{5}$　④ $-2<1-\sqrt{11}$
⑤ $\sqrt{7}-\sqrt{2}>\sqrt{7}-\sqrt{3}$

● 실수의 대소 비교
방법 1 두 수의 차 이용
방법 2 부등식의 성질 이용
방법 3 제곱근의 값 이용

세 실수의 대소 관계

기출 **4** 다음 수를 큰 수부터 차례로 나열하시오.

$3+\sqrt{5}$,　6,　$\sqrt{5}+\sqrt{7}$

● 세 실수 a, b, c에 대하여
$a<b$이고 $b<c$ ➡ $a<b<c$

무리수의 정수 부분과 소수 부분

5 $\sqrt{21}$의 정수 부분을 a, $\sqrt{6}$의 소수 부분을 b라 할 때, $b-a$의 값을 구하시오.

● $\sqrt{a}$가 무리수일 때
$\sqrt{a}$=(정수 부분)+(소수 부분)
➡ (소수 부분)$=\sqrt{a}-$(정수 부분)

중단원 마무리 테스트

정답과 풀이 ★ 23쪽

1

x가 4의 제곱근일 때, 다음 중에서 옳은 것은?

① $x=4$　② $\sqrt{x}=4$　③ $\sqrt{x}=4^2$
④ $x^2=4$　⑤ $x^2=4^2$

2

다음 중에서 옳지 않은 것을 모두 고르면? (정답 2개)

① $(-3)^2$의 제곱근은 ±3이다.
② $-\sqrt{7}$은 7의 음의 제곱근이다.
③ 0의 제곱근은 0이다.
④ 음수의 제곱근은 음수이다.
⑤ 제곱근 9는 ±3이다.

3

밑변의 길이가 9 m, 높이가 6 m인 평행사변형 모양의 꽃밭이 있다. 이 꽃밭과 넓이가 같은 정사각형 모양의 꽃밭을 만들려고 할 때, 정사각형 모양의 꽃밭의 한 변의 길이를 구하시오.

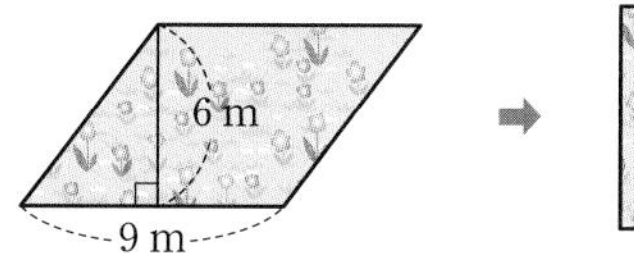

4 중요

$\frac{25}{36}$의 양의 제곱근을 a, b의 음의 제곱근을 -3이라 할 때, $2ab$의 값을 구하시오.

5 신유형

다음 중에서 나머지 셋과 다른 값을 갖고 있는 한 학생을 찾으시오.

6 중요

다음 중에서 계산 결과가 옳지 않은 것을 모두 고르면? (정답 2개)

① $(\sqrt{5})^2-\sqrt{4}=3$
② $\sqrt{121}-\sqrt{(-8)^2}=3$
③ $(-\sqrt{12})^2\div(-\sqrt{36})=-2$
④ $\sqrt{\left(-\frac{2}{7}\right)^2}\times\sqrt{\frac{49}{16}}=-\frac{1}{4}$
⑤ $(-\sqrt{6})^2-\sqrt{\left(\frac{5}{3}\right)^2}\div\sqrt{\frac{25}{81}}=-9$

7

두 수 A, B가 다음과 같을 때, $A-B$의 값을 구하시오.

$$A=(-\sqrt{4})^2\times\sqrt{\left(-\frac{3}{2}\right)^2}$$
$$B=-\sqrt{(-3)^2}\times\sqrt{\frac{4}{9}}-\sqrt{169}$$

8

$a<0$일 때, $\sqrt{(-a)^2}-\sqrt{(a-1)^2}$을 간단히 하시오.

9 중요

$\sqrt{72x}$가 자연수가 되도록 하는 가장 작은 두 자리 자연수 x의 값을 구하시오.

10

다음 중에서 □ 안에 들어갈 부등호의 방향이 나머지 넷과 다른 하나는?

① $\sqrt{3}\ \square\ \sqrt{5}$
② $-\sqrt{0.6}\ \square\ -\sqrt{0.15}$
③ $\sqrt{\frac{1}{2}}\ \square\ \sqrt{\frac{2}{3}}$
④ $-6\ \square\ -\sqrt{24}$
⑤ $-\frac{2}{5}\ \square\ -\sqrt{\frac{3}{4}}$

11

부등식 $\sqrt{2}<\sqrt{3x}<4$를 만족시키는 모든 자연수 x의 값의 합을 구하시오.

12

다음 수 중에서 무리수의 개수를 구하시오.

$-\sqrt{31}$, $\sqrt{64}$, $\sqrt{0.07}$
$3.\dot{6}$, $\sqrt{\frac{10}{13}}$, $-\sqrt{\frac{1}{25}}$

13 신유형

다음 두 학생의 대화를 읽고, 조건을 모두 만족시키는 x는 모두 몇 개인지 구하시오.

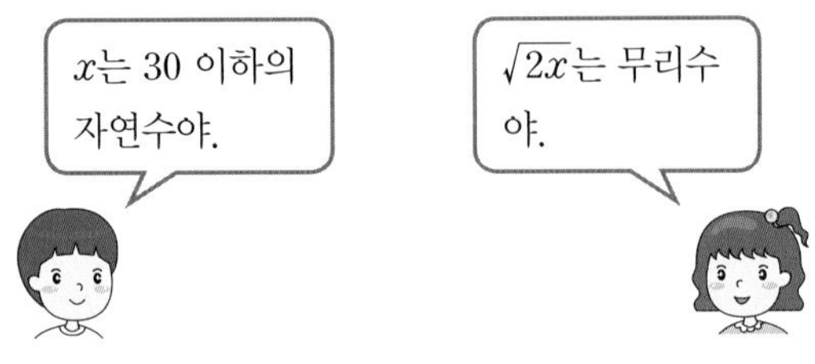

x는 30 이하의 자연수야.
$\sqrt{2x}$는 무리수야.

14

다음 그림에서 모눈 한 칸은 한 변의 길이가 1인 정사각형이다. $\overline{AB}=\overline{AP}$, $\overline{AD}=\overline{AQ}$이고 점 Q에 대응하는 수가 $-3-\sqrt{8}$일 때, 점 P에 대응하는 수를 구하시오.

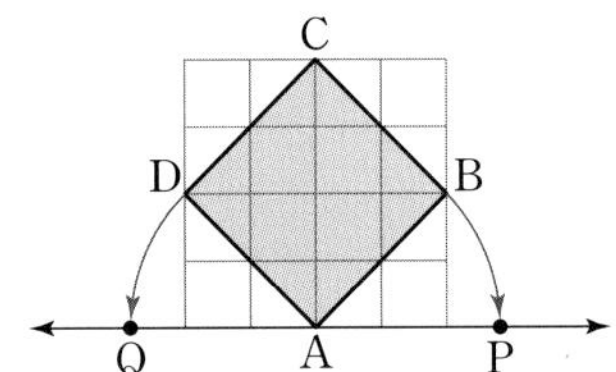

15

다음 보기에서 옳지 않은 것을 모두 고른 것은?

보기
ㄱ. 정수와 무리수를 통틀어 실수라 한다.
ㄴ. 무한소수로 나타내어지는 수는 모두 무리수이다.
ㄷ. $-\sqrt{3}$과 $-\sqrt{2}$ 사이에는 무수히 많은 유리수가 있다.
ㄹ. 모든 실수는 각각 수직선 위의 한 점에 대응한다.

① ㄱ, ㄴ
② ㄱ, ㄷ
③ ㄱ, ㄹ
④ ㄴ, ㄷ
⑤ ㄷ, ㄹ

16

다음 수직선에서 $8+\sqrt{11}$에 대응하는 점이 존재하는 구간은?

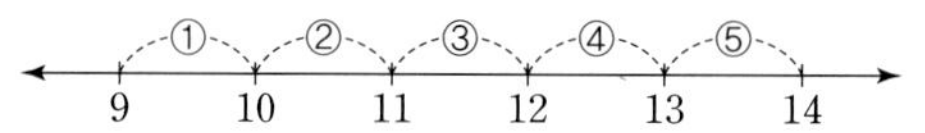

17

$2-\sqrt{15}$와 $1+\sqrt{10}$ 사이에 있는 정수를 모두 구하시오.

18 중요

다음 중에서 세 실수 a, b, c의 대소 관계를 부등호를 사용하여 바르게 나타낸 것은?

$a=\sqrt{3}+\sqrt{7}$, $b=4+\sqrt{3}$, $c=6$

① $a<b<c$ ② $a<c<b$ ③ $b<a<c$
④ $b<c<a$ ⑤ $c<b<a$

19

$0<a<1$일 때, 다음 중에서 가장 작은 수를 구하시오.

$\sqrt{a}$, a^2, $\frac{1}{a}$, a

기출 서술형

20

자연수 x에 대하여 $\sqrt{x}$ 이하의 자연수의 개수를 $N(x)$라 하자. 예를 들어 $2<\sqrt{8}<3$이므로 $N(8)=2$이다. 다음 물음에 답하시오.
(단, 풀이 과정을 자세히 쓰시오.)

(1) $N(75)$의 값을 구하시오.
(2) $N(40)$의 값을 구하시오.
(3) $N(75)-N(40)$의 값을 구하시오.

풀이 과정

(1)

(2)

(3)

답 | (1) (2) (3)

21

$2+\sqrt{13}$의 정수 부분을 a, $\sqrt{26}-3$의 소수 부분을 b라 할 때, 다음 물음에 답하시오. (단, 풀이 과정을 자세히 쓰시오.)

(1) a의 값을 구하시오.
(2) b의 값을 구하시오.
(3) $2a-b$의 값을 구하시오.

풀이 과정

(1)

(2)

(3)

답 | (1) (2) (3)

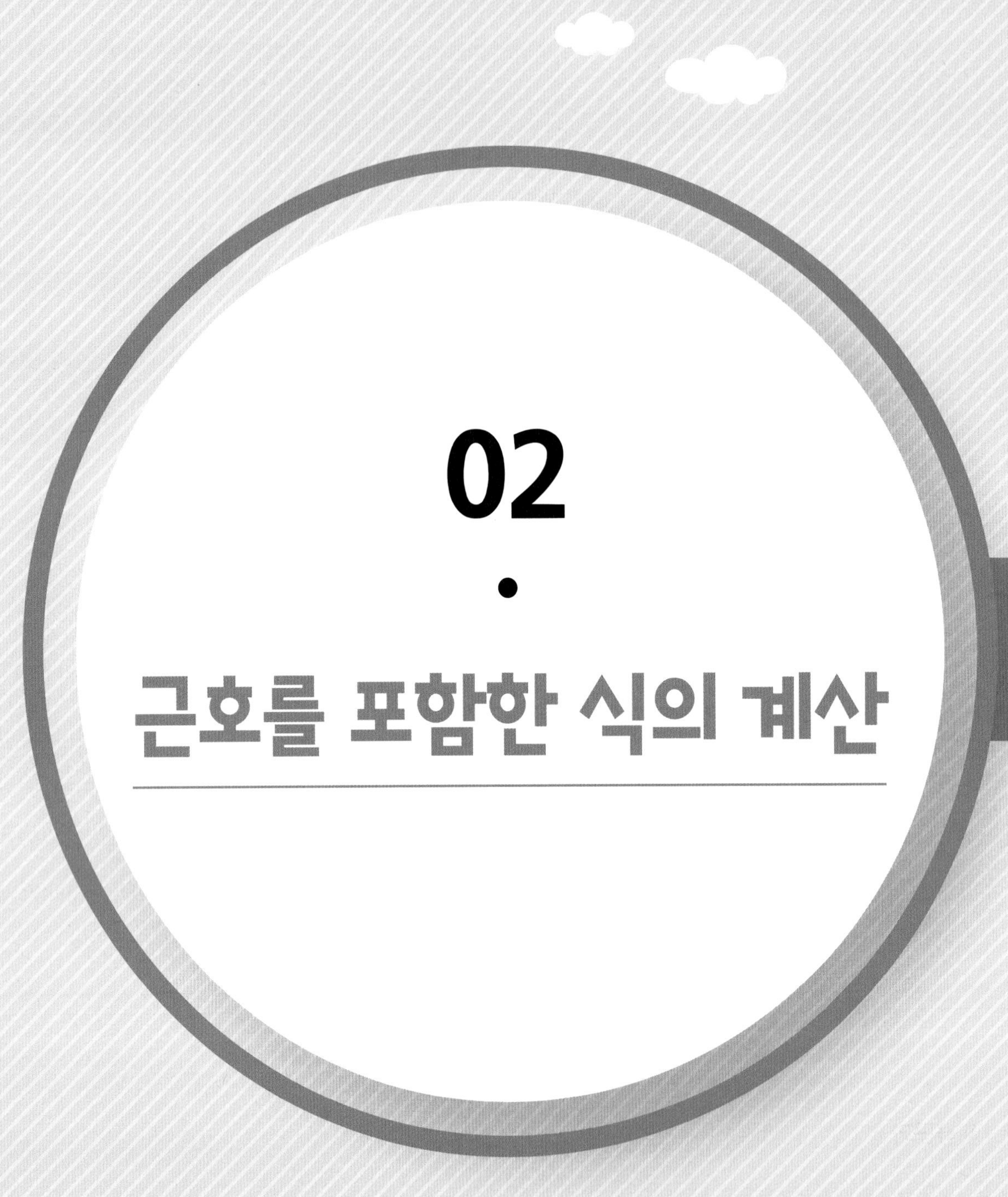

02

근호를 포함한 식의 계산

이 단원의 학습 계통

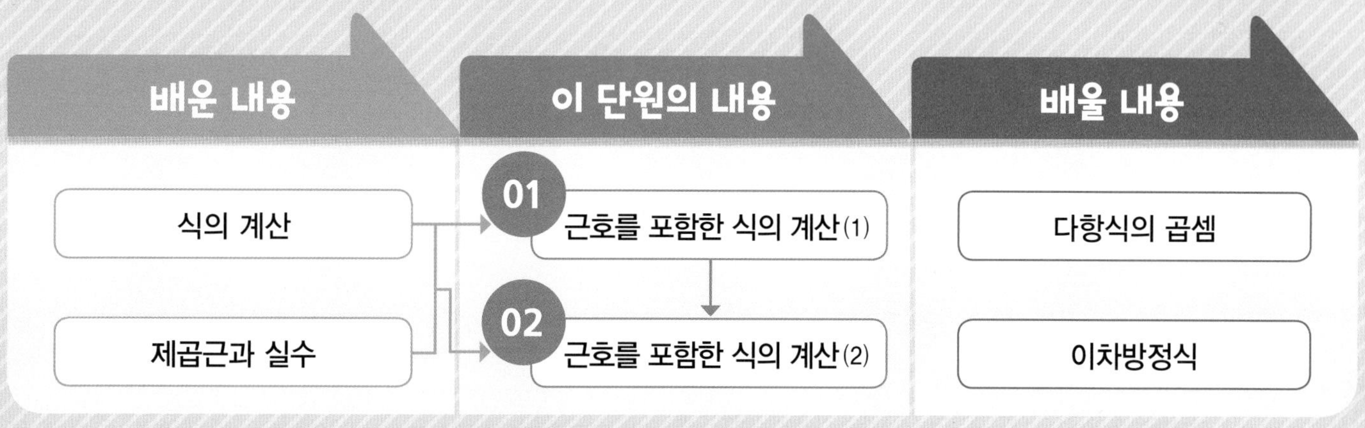

배운 내용
식의 계산
제곱근과 실수
이 단원의 내용
01 근호를 포함한 식의 계산(1)
02 근호를 포함한 식의 계산(2)
배울 내용
다항식의 곱셈
이차방정식

01 근호를 포함한 식의 계산 (1)

1 제곱근의 곱셈

$a>0$, $b>0$이고 m, n이 유리수일 때

(1) $\sqrt{a}\times\sqrt{b}=\sqrt{a}\sqrt{b}=\sqrt{ab}$ – 근호 안의 수끼리 곱한다.

(2) $m\sqrt{a}\times n\sqrt{b}=mn\sqrt{ab}$ – 근호 밖의 수끼리, 근호 안의 수끼리 곱한다.

예 ① $\sqrt{2}\sqrt{3}=\sqrt{2\times3}=\sqrt{6}$ ② $2\sqrt{2}\times3\sqrt{3}=(2\times3)\sqrt{2\times3}=6\sqrt{6}$

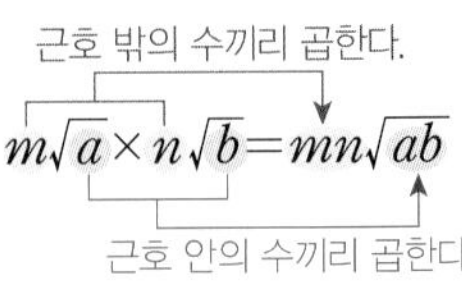

2 제곱근의 나눗셈

$a>0$, $b>0$이고 m, n $(n\neq0)$이 유리수일 때

(1) $\sqrt{a}\div\sqrt{b}=\dfrac{\sqrt{a}}{\sqrt{b}}=\sqrt{\dfrac{a}{b}}$ – 근호 안의 수끼리 나눈다.

(2) $m\sqrt{a}\div n\sqrt{b}=\dfrac{m}{n}\sqrt{\dfrac{a}{b}}$ – 근호 밖의 수끼리, 근호 안의 수끼리 나눈다.

예 ① $\sqrt{2}\div\sqrt{3}=\dfrac{\sqrt{2}}{\sqrt{3}}=\sqrt{\dfrac{2}{3}}$ ② $3\sqrt{2}\div4\sqrt{3}=\dfrac{3\sqrt{2}}{4\sqrt{3}}=\dfrac{3}{4}\sqrt{\dfrac{2}{3}}$

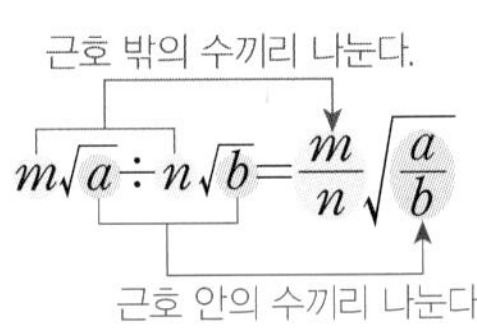

핵심예제 1 다음을 계산하시오.

(1) $\sqrt{3}\times\sqrt{6}$ (2) $-\sqrt{2}\sqrt{8}$

(3) $6\sqrt{3}\times2\sqrt{7}$ (4) $7\sqrt{2}\times(-9\sqrt{5})$

> **제곱근의 곱셈**
> 근호 밖의 수끼리, 근호 안의 수끼리 곱한다.

1-1 다음을 계산하시오.

(1) $\sqrt{7}\times\sqrt{2}$ (2) $-\sqrt{5}\sqrt{6}$

(3) $8\sqrt{7}\times\sqrt{5}$ (4) $(-3\sqrt{3})\times4\sqrt{2}$

핵심예제 2 다음을 계산하시오.

(1) $\sqrt{7}\div\sqrt{10}$ (2) $-\dfrac{\sqrt{3}}{\sqrt{6}}$

(3) $3\sqrt{12}\div9\sqrt{3}$ (4) $2\sqrt{6}\div(-4\sqrt{2})$

> **제곱근의 나눗셈**
> 근호 밖의 수끼리, 근호 안의 수끼리 나눈다.

2-1 다음을 계산하시오.

(1) $\sqrt{21}\div\sqrt{7}$ (2) $-\dfrac{\sqrt{3}}{\sqrt{18}}$

(3) $10\sqrt{15}\div2\sqrt{5}$ (4) $-2\sqrt{5}\div8\sqrt{6}$

3 근호가 있는 식의 변형

$a>0$, $b>0$일 때

(1) $\sqrt{a^2b}=\sqrt{a^2}\sqrt{b}=a\sqrt{b}$, $\sqrt{\frac{b}{a^2}}=\frac{\sqrt{b}}{\sqrt{a^2}}=\frac{\sqrt{b}}{a}$

(2) $a\sqrt{b}=\sqrt{a^2}\sqrt{b}=\sqrt{a^2b}$, $\frac{\sqrt{b}}{a}=\frac{\sqrt{b}}{\sqrt{a^2}}=\sqrt{\frac{b}{a^2}}$

예 ① $\sqrt{12}=\sqrt{2^2\times3}=\sqrt{2^2}\sqrt{3}=2\sqrt{3}$, $\sqrt{\frac{5}{4}}=\sqrt{\frac{5}{2^2}}=\frac{\sqrt{5}}{2}$

② $3\sqrt{2}=\sqrt{3^2\times2}=\sqrt{18}$, $\frac{\sqrt{2}}{3}=\sqrt{\frac{2}{3^2}}=\sqrt{\frac{2}{9}}$

참고 $a\sqrt{b}$ 꼴로 나타낼 때, 보통 근호 안의 수는 가장 작은 자연수가 되도록 한다.

주의 근호 밖의 수가 음수일 때, 부호 '−'는 그대로 두고 양수만 제곱하여 근호 안으로 넣어야 한다.

4 분모의 유리화

(1) **분모의 유리화**: 분모에 근호가 있을 때, 분모, 분자에 0이 아닌 같은 수를 곱하여 분모를 유리수로 고치는 것

(2) 분모를 유리화하는 방법

① $\frac{a}{\sqrt{b}}=\frac{a\times\sqrt{b}}{\sqrt{b}\times\sqrt{b}}=\frac{a\sqrt{b}}{b}$ (단, $b>0$)   예 $\frac{3}{\sqrt{2}}=\frac{3\times\sqrt{2}}{\sqrt{2}\times\sqrt{2}}=\frac{3\sqrt{2}}{2}$

② $\frac{\sqrt{a}}{\sqrt{b}}=\frac{\sqrt{a}\times\sqrt{b}}{\sqrt{b}\times\sqrt{b}}=\frac{\sqrt{ab}}{b}$ (단, $a>0$, $b>0$)   예 $\frac{\sqrt{2}}{\sqrt{3}}=\frac{\sqrt{2}\times\sqrt{3}}{\sqrt{3}\times\sqrt{3}}=\frac{\sqrt{6}}{3}$

③ $\frac{a}{c\sqrt{b}}=\frac{a\times\sqrt{b}}{c\sqrt{b}\times\sqrt{b}}=\frac{a\sqrt{b}}{bc}$ (단, $b>0$, $c\neq0$)   예 $\frac{1}{2\sqrt{3}}=\frac{1\times\sqrt{3}}{2\sqrt{3}\times\sqrt{3}}=\frac{\sqrt{3}}{6}$

핵심예제 3 다음 수를 $a\sqrt{b}$ 꼴로 나타내시오. (단, b는 가장 작은 자연수)

(1) $\sqrt{45}$ (2) $-\sqrt{80}$ (3) $\sqrt{\frac{7}{36}}$

3-1 다음 수를 $a\sqrt{b}$ 꼴로 나타내시오. (단, b는 가장 작은 자연수)

(1) $\sqrt{28}$ (2) $-\sqrt{50}$ (3) $\sqrt{\frac{6}{25}}$

> **근호 안의 제곱인 인수 꺼내기**
> 근호 안의 수에 제곱인 인수가 있으면 근호 밖으로 꺼낼 수 있다.

핵심예제 4 다음 수를 $\sqrt{a}$ 또는 $-\sqrt{a}$ 꼴로 나타내시오.

(1) $3\sqrt{6}$ (2) $-5\sqrt{3}$ (3) $\frac{\sqrt{2}}{7}$

> **근호 밖의 수를 근호 안으로 넣기**
> 근호 밖의 양수는 제곱하여 근호 안으로 넣을 수 있다.

핵심예제 5 다음 수의 분모를 유리화하시오.

(1) $\frac{7}{\sqrt{10}}$ (2) $\frac{\sqrt{5}}{\sqrt{11}}$ (3) $\frac{\sqrt{3}}{5\sqrt{18}}$

5-1 다음 수의 분모를 유리화하시오.

(1) $\frac{3}{\sqrt{6}}$ (2) $\frac{\sqrt{3}}{\sqrt{21}}$ (3) $\frac{1}{2\sqrt{5}}$

> **분모의 유리화**
> 분모와 분자가 약분이 되면 약분한 후 분모를 유리화하면 편리하다. 또 분모를 유리화한 후 약분이 되면 약분하여 나타낸다.

정답과 풀이 ★ 25쪽

5 제곱근표

(1) 제곱근표: 1.00부터 99.9까지의 수의 양의 제곱근의 값을 반올림하여 소수점 아래 셋째 자리까지 나타낸 표

(2) 제곱근표 읽는 방법: 처음 두 자리 수의 가로줄과 끝자리 수의 세로줄이 만나는 곳에 적힌 수를 읽는다.

예 오른쪽 제곱근표에서 $\sqrt{1.32}$의 값 구하기
왼쪽의 수 1.3의 가로줄과 위쪽의 수 2의 세로줄이 만나는 곳에 적힌 수를 읽으면 1.149이다.

수	0	1	2	…
1.0	1.000	1.005	1.010	…
1.1	1.049	1.054	1.058	…
1.2	1.095	1.100	1.105	…
1.3	1.140	1.145	1.149	…
⋮	⋮	⋮	⋮	⋮

참고 제곱근표에 있는 값은 대부분 제곱근을 어림한 값이지만 등호를 사용하여 나타낸다. 예 $\sqrt{1.32}=1.149$

(3) 제곱근표에 없는 수의 제곱근의 값 구하기
1보다 작거나 100보다 큰 수의 제곱근의 값은 제곱근표에서 찾을 수 없으므로 제곱근의 성질을 이용하여 다음과 같은 방법으로 구한다.

① 100보다 큰 수의 제곱근의 값 ➡ $\sqrt{100a}=10\sqrt{a}$, $\sqrt{10000a}=100\sqrt{a}$, … 꼴로 고친 후 구한다.

② 0보다 크고 1보다 작은 수의 제곱근의 값 ➡ $\sqrt{\frac{a}{100}}=\frac{\sqrt{a}}{10}$, $\sqrt{\frac{a}{10000}}=\frac{\sqrt{a}}{100}$, … 꼴로 고친 후 구한다.

예 $\sqrt{2}=1.414$일 때 ① $\sqrt{200}=\sqrt{10^2\times2}=10\sqrt{2}=10\times1.414=14.14$ ② $\sqrt{0.02}=\sqrt{\frac{2}{10^2}}=\frac{\sqrt{2}}{10}=\frac{1.414}{10}=0.1414$

핵심예제 **6** 오른쪽 제곱근표를 이용하여 다음 제곱근의 값을 구하시오.

(1) $\sqrt{6.23}$
(2) $\sqrt{6.42}$

수	0	1	2	3
6.2	2.490	2.492	2.494	2.496
6.3	2.510	2.512	2.514	2.516
6.4	2.530	2.532	2.534	2.536

● 제곱근표에서 제곱근의 값 구하기
제곱근표에서 처음 두 자리 수의 가로줄과 끝자리 수의 세로줄이 만나는 곳의 수가 제곱근의 값이다.

6-1 오른쪽 제곱근표를 이용하여 다음 제곱근의 값을 구하시오.

(1) $\sqrt{7.64}$
(2) $\sqrt{7.76}$

수	3	4	5	6
7.5	2.744	2.746	2.748	2.750
7.6	2.762	2.764	2.766	2.768
7.7	2.780	2.782	2.784	2.786

핵심예제 **7** $\sqrt{5}=2.236$, $\sqrt{50}=7.071$일 때, 다음 제곱근의 값을 구하시오.

(1) $\sqrt{500}$
(2) $\sqrt{5000}$
(3) $\sqrt{0.5}$
(4) $\sqrt{0.05}$

● 제곱근표에 없는 제곱근의 값 구하기
$\sqrt{a^2b}=a\sqrt{b}$를 이용하여 주어진 제곱근의 값을 이용할 수 있는 형태로 변형한 후 구한다.

7-1 $\sqrt{3}=1.732$, $\sqrt{30}=5.477$일 때, 다음 제곱근의 값을 구하시오.

(1) $\sqrt{300}$
(2) $\sqrt{3000}$
(3) $\sqrt{0.3}$
(4) $\sqrt{0.03}$

정답과 풀이 ★ 25쪽

제곱근의 곱셈

1 다음 중에서 옳지 않은 것은?

① $\sqrt{7}\times\sqrt{6}=\sqrt{42}$ ② $\sqrt{2}\times\sqrt{11}=\sqrt{22}$

③ $\sqrt{5}\times2\sqrt{3}=2\sqrt{15}$ ④ $3\sqrt{\dfrac{3}{10}}\times4\sqrt{\dfrac{5}{6}}=3$

⑤ $8\sqrt{\dfrac{4}{5}}\times\sqrt{\dfrac{15}{2}}=8\sqrt{6}$

$a>0$, $b>0$이고 m, n이 유리수일 때
① $\sqrt{a}\sqrt{b}=\sqrt{ab}$
② $m\sqrt{a}\times n\sqrt{b}=mn\sqrt{ab}$

제곱근의 나눗셈

2 다음을 계산하시오.

$$\sqrt{24}\div\sqrt{12}\div\sqrt{\frac{2}{3}}$$

나눗셈은 분수 꼴로 바꾸어 계산하거나 역수의 곱셈으로 고쳐서 계산한다.

근호가 있는 식의 변형

기출 **3** $\sqrt{108}=x\sqrt{3}$, $7\sqrt{2}=\sqrt{y}$일 때, 유리수 x, y에 대하여 $y-x$의 값을 구하시오.

$\sqrt{a^2b}=a\sqrt{b}$, $a\sqrt{b}=\sqrt{a^2b}$를 이용한다.

분모의 유리화

4 $\dfrac{\sqrt{5}}{\sqrt{48}}$의 분모를 유리화하면 $\dfrac{\sqrt{a}}{12}$일 때, 유리수 a의 값을 구하시오.

분모의 근호 안에 제곱인 인수가 있으면 근호 안을 가장 작은 자연수로 만든 후 분모를 유리화한다.

근호를 포함한 식의 곱셈과 나눗셈의 혼합 계산

5 다음을 계산하시오.

(1) $\sqrt{30}\div(-\sqrt{6})\times2\sqrt{5}$ (2) $\sqrt{3}\times\sqrt{8}\div\dfrac{\sqrt{5}}{2}$

근호를 포함한 식의 계산에서 곱셈과 나눗셈이 섞여 있을 때는 앞에서부터 차례로 계산한다.

제곱근표에 없는 수의 제곱근의 값 구하기

6 $\sqrt{2}=1.414$, $\sqrt{20}=4.472$이고 $\sqrt{2000}=x$, $\sqrt{0.0002}=y$라 할 때, x, y의 값을 각각 구하시오.

$\sqrt{a^2b}=a\sqrt{b}$를 이용하여 주어진 제곱근의 값을 이용할 수 있는 형태로 변형한 후 구한다.

02 근호를 포함한 식의 계산 (2)

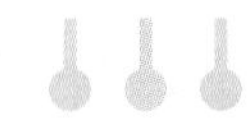

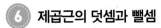

6 제곱근의 덧셈과 뺄셈

l, m, n이 유리수이고 $a>0$일 때

(1) $m\sqrt{a}+n\sqrt{a}=(m+n)\sqrt{a}$

(2) $m\sqrt{a}-n\sqrt{a}=(m-n)\sqrt{a}$ — 근호 안의 수가 같은 것끼리 모아서 계산한다.

(3) $m\sqrt{a}+n\sqrt{a}-l\sqrt{a}=(m+n-l)\sqrt{a}$

예 ① $2\sqrt{2}+\sqrt{2}=(2+1)\sqrt{2}=3\sqrt{2}$ ② $4\sqrt{3}-2\sqrt{3}=(4-2)\sqrt{3}=2\sqrt{3}$ ③ $5\sqrt{2}+\sqrt{2}-2\sqrt{2}=(5+1-2)\sqrt{2}=4\sqrt{2}$

주의 근호 안의 수가 다르면 더 이상 간단히 할 수 없다.
➡ $\sqrt{3}+\sqrt{2}\neq\sqrt{3+2}$, $\sqrt{3}-\sqrt{2}\neq\sqrt{3-2}$

참고 근호 안에 제곱인 인수가 있으면 $\sqrt{a^2b}=a\sqrt{b}$를 이용하여 근호 안을 가장 작은 자연수로 만든 후 계산한다.
예 $\sqrt{8}+\sqrt{18}=2\sqrt{2}+3\sqrt{2}=(2+3)\sqrt{2}=5\sqrt{2}$

핵심예제 **8** 다음을 계산하시오.

(1) $8\sqrt{6}+3\sqrt{6}$　　(2) $5\sqrt{5}-7\sqrt{5}$

(3) $\frac{5\sqrt{2}}{2}-\frac{3\sqrt{2}}{5}$　　(4) $7\sqrt{3}+5\sqrt{11}-2\sqrt{3}-2\sqrt{11}$

> 제곱근의 덧셈과 뺄셈 (1)
> 근호 안의 수가 같은 것끼리 모아서 계산한다.

8-1 다음을 계산하시오.

(1) $10\sqrt{3}+4\sqrt{3}$　　(2) $9\sqrt{2}-6\sqrt{2}$

(3) $\frac{2\sqrt{3}}{3}+\frac{\sqrt{3}}{4}$　　(4) $3\sqrt{7}+2\sqrt{10}-4\sqrt{7}-\sqrt{10}$

핵심예제 **9** 다음을 계산하시오.

(1) $\sqrt{50}+\sqrt{32}$　　(2) $\sqrt{75}-\sqrt{27}$

(3) $\sqrt{20}+\sqrt{80}-\sqrt{45}$　　(4) $\frac{3}{\sqrt{3}}+\frac{\sqrt{12}}{3}-\frac{\sqrt{3}}{2}$

> 제곱근의 덧셈과 뺄셈 (2)
> ① $\sqrt{a^2b}$ 꼴이 포함된 수는 $a\sqrt{b}$ 꼴로 바꾼 후 계산한다.
> ② 분모에 무리수가 있는 경우에는 분모를 유리화한 후 계산한다.

9-1 다음을 계산하시오.

(1) $\sqrt{48}+2\sqrt{3}$　　(2) $\sqrt{72}-\sqrt{18}$

(3) $\sqrt{24}-\sqrt{54}+\sqrt{96}$　　(4) $\frac{5}{\sqrt{2}}-\sqrt{18}+\frac{\sqrt{2}}{5}$

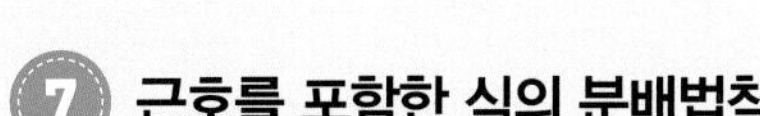

7 근호를 포함한 식의 분배법칙

$a>0,\ b>0,\ c>0$일 때

(1) 괄호가 있는 제곱근의 계산

① $\begin{cases} \sqrt{a}(\sqrt{b}+\sqrt{c})=\sqrt{a}\sqrt{b}+\sqrt{a}\sqrt{c}=\sqrt{ab}+\sqrt{ac} \\ \sqrt{a}(\sqrt{b}-\sqrt{c})=\sqrt{a}\sqrt{b}-\sqrt{a}\sqrt{c}=\sqrt{ab}-\sqrt{ac} \end{cases}$

② $\begin{cases} (\sqrt{a}+\sqrt{b})\sqrt{c}=\sqrt{a}\sqrt{c}+\sqrt{b}\sqrt{c}=\sqrt{ac}+\sqrt{bc} \\ (\sqrt{a}-\sqrt{b})\sqrt{c}=\sqrt{a}\sqrt{c}-\sqrt{b}\sqrt{c}=\sqrt{ac}-\sqrt{bc} \end{cases}$

예 ① $\sqrt{2}(\sqrt{3}+\sqrt{5})=\sqrt{2}\sqrt{3}+\sqrt{2}\sqrt{5}=\sqrt{6}+\sqrt{10}$　② $(\sqrt{3}-\sqrt{5})\sqrt{7}=\sqrt{3}\sqrt{7}-\sqrt{5}\sqrt{7}=\sqrt{21}-\sqrt{35}$

(2) $\dfrac{\sqrt{a}+\sqrt{b}}{\sqrt{c}}$ 꼴은 분배법칙을 이용하여 분모를 유리화한다.

➡ $\dfrac{\sqrt{a}+\sqrt{b}}{\sqrt{c}}=\dfrac{(\sqrt{a}+\sqrt{b})\times\sqrt{c}}{\sqrt{c}\times\sqrt{c}}=\dfrac{\sqrt{ac}+\sqrt{bc}}{c}$　예 $\dfrac{\sqrt{2}+\sqrt{3}}{\sqrt{5}}=\dfrac{(\sqrt{2}+\sqrt{3})\times\sqrt{5}}{\sqrt{5}\times\sqrt{5}}=\dfrac{\sqrt{10}+\sqrt{15}}{5}$

배운 내용 톡

분배법칙

세 유리수 a, b, c에 대하여

① $a\times(b+c)=a\times b+a\times c$

② $(a+b)\times c=a\times c+b\times c$

8 근호를 포함한 식의 혼합 계산

① 괄호가 있으면 분배법칙을 이용하여 괄호를 푼다.

② 근호 안에 제곱인 인수가 있으면 근호 밖으로 꺼낸다.

③ 분모에 근호를 포함한 무리수가 있으면 분모를 유리화한다.

④ 제곱근의 곱셈, 나눗셈을 먼저 계산한 후 덧셈, 뺄셈을 계산한다.

핵심예제 10 다음을 계산하시오.

(1) $\sqrt{6}(\sqrt{3}+\sqrt{5})$　(2) $(2\sqrt{5}-\sqrt{24})\sqrt{3}$

● **근호를 포함한 식의 분배법칙**
분배법칙을 이용하여 계산한 후 근호 안에 제곱인 인수가 있으면 근호 안의 수가 가장 작은 자연수가 되도록 고친다.

10-1 다음을 계산하시오.

(1) $\sqrt{2}(\sqrt{7}-2\sqrt{3})$　(2) $(\sqrt{12}+\sqrt{5})\sqrt{2}$

핵심예제 11 $\dfrac{\sqrt{27}-\sqrt{2}}{2\sqrt{5}}$의 분모를 유리화하면 $\dfrac{a\sqrt{15}-\sqrt{b}}{10}$일 때, 유리수 a, b에 대하여 $b-a$의 값을 구하시오.

● **$\dfrac{\sqrt{a}+\sqrt{b}}{\sqrt{c}}$ 꼴의 분모의 유리화**
분배법칙을 이용한다.

11-1 다음 수의 분모를 유리화하시오.

(1) $\dfrac{2+\sqrt{3}}{\sqrt{7}}$　(2) $\dfrac{\sqrt{5}-\sqrt{8}}{\sqrt{2}}$

핵심예제 12 $\sqrt{6}(3+\sqrt{2})-(\sqrt{6}-4\sqrt{10})\div\sqrt{2}$를 계산하시오.

● **근호를 포함한 식의 혼합 계산**
괄호 풀기 ➡ 곱셈, 나눗셈
➡ 덧셈, 뺄셈

정답과 풀이 ★ 26쪽

제곱근의 덧셈과 뺄셈 (1)

1 다음 중에서 옳지 않은 것을 모두 고르면? (정답 2개)

① $\sqrt{7}+\sqrt{3}=\sqrt{10}$
② $3\sqrt{5}+9\sqrt{5}=12\sqrt{5}$
③ $7\sqrt{6}-6\sqrt{6}=\sqrt{6}$
④ $\frac{\sqrt{3}}{4}-\frac{2\sqrt{3}}{5}=-\frac{3\sqrt{3}}{20}$
⑤ $2\sqrt{10}-5\sqrt{3}+11\sqrt{10}-4\sqrt{3}=13\sqrt{10}+9\sqrt{3}$

$a>0$이고 m, n이 유리수일 때
① $m\sqrt{a}+n\sqrt{a}=(m+n)\sqrt{a}$
② $m\sqrt{a}-n\sqrt{a}=(m-n)\sqrt{a}$

제곱근의 덧셈과 뺄셈 (2)

2 다음을 계산하시오.

$$\sqrt{28}+\sqrt{75}-\sqrt{63}-2\sqrt{27}$$

근호 안에 제곱인 인수가 있으면 근호 밖으로 꺼낸 후 근호 안의 수가 같은 것끼리 모아서 계산한다.

근호를 포함한 식의 분배법칙

3 $\sqrt{6}(\sqrt{20}-\sqrt{48})$을 계산하시오.

$a>0$, $b>0$, $c>0$일 때
$\sqrt{a}(\sqrt{b}+\sqrt{c})=\sqrt{ab}+\sqrt{ac}$

$\frac{\sqrt{a}+\sqrt{b}}{\sqrt{c}}$ 꼴의 분모의 유리화

4 $\frac{9-\sqrt{6}}{\sqrt{3}}-\sqrt{32}$를 계산하면?

① $-5\sqrt{3}-3\sqrt{2}$
② $-5\sqrt{2}-3\sqrt{3}$
③ $5\sqrt{2}-3\sqrt{3}$
④ $3\sqrt{3}-5\sqrt{2}$
⑤ $3\sqrt{3}+5\sqrt{2}$

분모가 무리수이면 분모를 유리화하고, $\sqrt{a^2b}$ 꼴이 포함된 수는 $a\sqrt{b}$ 꼴로 바꾼 후 계산한다.

근호를 포함한 식의 혼합 계산

5 $2\sqrt{2}(3+\sqrt{12})-\frac{6\sqrt{3}}{\sqrt{2}}+\sqrt{6}=a\sqrt{2}+b\sqrt{6}$일 때, a, b의 값은? (단, a, b는 유리수)

① $a=-6$, $b=2$
② $a=6$, $b=-2$
③ $a=-2$, $b=6$
④ $a=2$, $b=-6$
⑤ $a=6$, $b=2$

중단원 마무리 테스트

정답과 풀이 ★ 26쪽

1

다음 중에서 옳지 않은 것은?

① $\sqrt{2}\sqrt{13}=\sqrt{26}$　② $\sqrt{\frac{8}{3}}\sqrt{\frac{9}{4}}=\sqrt{6}$

③ $\frac{\sqrt{15}}{\sqrt{3}}=\sqrt{5}$　④ $\frac{\sqrt{63}}{\sqrt{7}}=3$

⑤ $4\sqrt{24}\div2\sqrt{6}=8$

2

다음을 계산하시오.

(1) $5\sqrt{2}\times6\sqrt{3}\div2\sqrt{2}$　(2) $\frac{\sqrt{15}}{\sqrt{5}}\div\frac{1}{\sqrt{5}}\times\frac{4}{\sqrt{3}}$

3 중요

$\sqrt{6}=x$라 할 때, $\sqrt{54}$를 x를 사용하여 나타내면?

① $2x$　② $3x$　③ $6x$

④ $3x^2$　⑤ $6x^2$

4

다음 두 학생의 계산 과정에서 각각 틀린 부분을 찾아 바르게 고치시오.

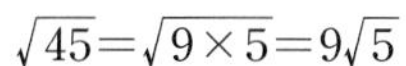

수아	태민
$\sqrt{45}=\sqrt{9\times5}=9\sqrt{5}$	$-4\sqrt{2}=\sqrt{(-4)^2\times2}=\sqrt{32}$

5 중요

$4\sqrt{5}=\sqrt{a}$, $\sqrt{150}=b\sqrt{6}$일 때, 유리수 a, b에 대하여 $\sqrt{\frac{a}{b}}$의 값을 구하시오.

6

오른쪽 그림과 같은 정사각형에서 정사각형 A의 넓이는 $8\ \mathrm{cm}^2$이고, 정사각형 B의 넓이는 $12\ \mathrm{cm}^2$일 때, 직사각형 C의 넓이를 구하시오.

A	
C	B

7 신유형

다음 그림과 같이 한 변의 길이가 $\sqrt{448}$인 정사각형 모양의 종이를 각 변의 중점을 꼭짓점으로 하는 정사각형 모양으로 접어 나갈 때, 물음에 답하시오.

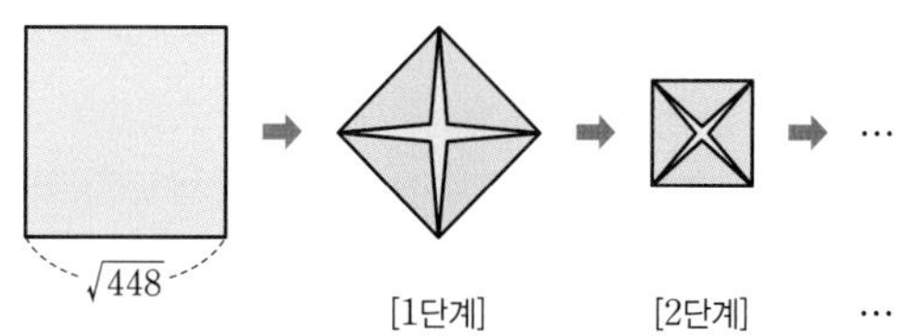

(1) 처음 정사각형의 넓이를 구하시오.

(2) [4단계]에서 생기는 정사각형의 넓이를 구하시오.

(3) [4단계]에서 생기는 정사각형의 한 변의 길이를 구하시오.

8

다음 중에서 분모를 유리화한 것으로 옳은 것을 모두 고르면? (정답 2개)

① $\dfrac{2}{\sqrt{5}}=\dfrac{\sqrt{10}}{5}$ ② $\dfrac{3}{\sqrt{6}}=\dfrac{\sqrt{2}}{3}$

③ $\dfrac{\sqrt{2}}{\sqrt{7}}=\dfrac{\sqrt{14}}{7}$ ④ $\dfrac{\sqrt{2}}{2\sqrt{3}}=\dfrac{\sqrt{6}}{3}$

⑤ $\dfrac{5}{\sqrt{8}}=\dfrac{5\sqrt{2}}{4}$

9 중요

$3\sqrt{20}\times\left(-\dfrac{\sqrt{3}}{2}\right)\div(-\sqrt{18})$을 계산하면?

① $-\dfrac{\sqrt{30}}{2}$ ② $-\dfrac{\sqrt{15}}{2}$ ③ $-\dfrac{\sqrt{15}}{4}$

④ $\dfrac{\sqrt{15}}{2}$ ⑤ $\dfrac{\sqrt{30}}{2}$

10

$\sqrt{7}=2.646$일 때, 다음 값을 구하시오.

(1) $\sqrt{700}$ (2) $\sqrt{0.0007}$

11

$\sqrt{5.9}=a$, $\sqrt{85}=b$라 할 때, $\sqrt{59000}-\sqrt{0.85}$를 a, b를 사용하여 나타내면 $xa+yb$이다. 이때 유리수 x, y의 값을 각각 구하시오.

12

다음 보기에서 계산 결과가 옳은 것을 모두 고르시오.

보기

ㄱ. $5\sqrt{3}+2\sqrt{3}=7\sqrt{6}$

ㄴ. $3\sqrt{5}-7\sqrt{5}=-4\sqrt{5}$

ㄷ. $8\sqrt{7}+\sqrt{6}+\sqrt{7}-\sqrt{6}=9\sqrt{7}$

13

$6\sqrt{3}-7\sqrt{5}-\sqrt{12}+\sqrt{45}-\sqrt{3}=a\sqrt{3}+b\sqrt{5}$일 때, 유리수 a, b의 값을 각각 구하시오.

14

자연수 a에 대하여 $\langle a\rangle=\sqrt{a}$라 할 때, $\langle x\rangle+\langle 28\rangle=\langle 175\rangle$를 만족시키는 자연수 x의 값을 구하시오.

15

다음 중에서 두 실수의 대소 관계가 옳은 것은?

① $1+2\sqrt{3}<2+\sqrt{3}$ ② $\sqrt{7}+\sqrt{3}>3\sqrt{3}$

③ $2+\sqrt{10}<\sqrt{17}-1$ ④ $\sqrt{2}-3<4-\sqrt{2}$

⑤ $5\sqrt{3}-4<3\sqrt{5}-4$

16

다음 표에서 가로, 세로, 대각선에 있는 세 수의 합이 모두 같을 때, A에 알맞은 수를 구하시오.

$2-\sqrt{27}$		
A	$\sqrt{3}$	
$-4+5\sqrt{3}$		$-1+\sqrt{108}$

17 중요

$\sqrt{18}$의 소수 부분을 a, $4+\sqrt{2}$의 소수 부분을 b라 할 때, $a-b$의 값을 구하시오.

18

$\dfrac{\sqrt{27}-\sqrt{6}}{3\sqrt{8}}$의 분모를 유리화하면 $a\sqrt{6}+b\sqrt{3}$일 때, 유리수 a, b에 대하여 $a+b$의 값은?

① $-\dfrac{5}{12}$ ② $-\dfrac{1}{4}$ ③ $-\dfrac{1}{12}$
④ $\dfrac{1}{12}$ ⑤ $\dfrac{5}{12}$

19

다음을 계산하시오.

$$\sqrt{6}\left(\sqrt{27}-\frac{4}{\sqrt{3}}\right)-\frac{1}{\sqrt{2}}(\sqrt{6}-2)$$

기출 서술형

20

다음 그림의 삼각형과 직사각형의 넓이가 서로 같을 때, 물음에 답하시오. (단, 풀이 과정을 자세히 쓰시오.)

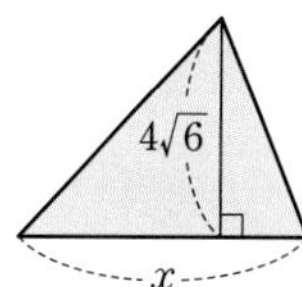

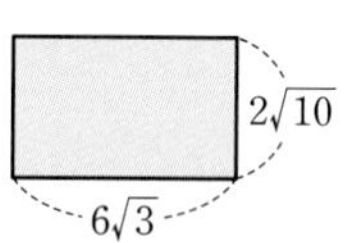

(1) 삼각형의 넓이를 x에 대한 식으로 나타내시오.
(2) 사각형의 넓이를 구하시오.
(3) x의 값을 구하시오.

풀이 과정

(1)

(2)

(3)

답 | (1) (2) (3)

21

다음 그림은 한 변의 길이가 1인 정사각형 ABCD를 수직선 위에 그린 것이다. $\overline{BD}=\overline{BP}$, $\overline{AC}=\overline{AQ}$이고 두 점 P, Q에 대응하는 수를 각각 a, b라 할 때, 물음에 답하시오.

(단, 풀이 과정을 자세히 쓰시오.)

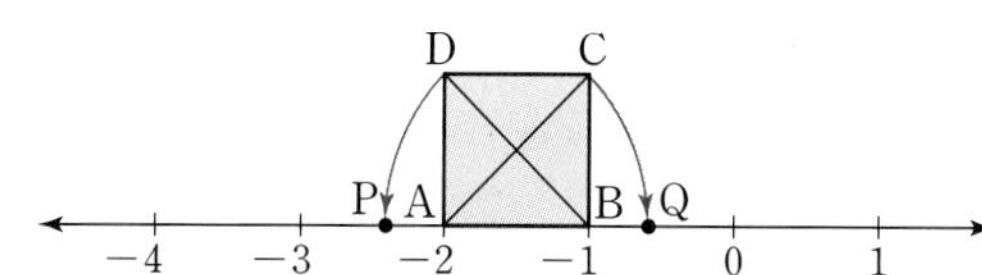

(1) a의 값을 구하시오.
(2) b의 값을 구하시오.
(3) $a+2b$의 값을 구하시오.

풀이 과정

(1)

(2)

(3)

답 | (1) (2) (3)

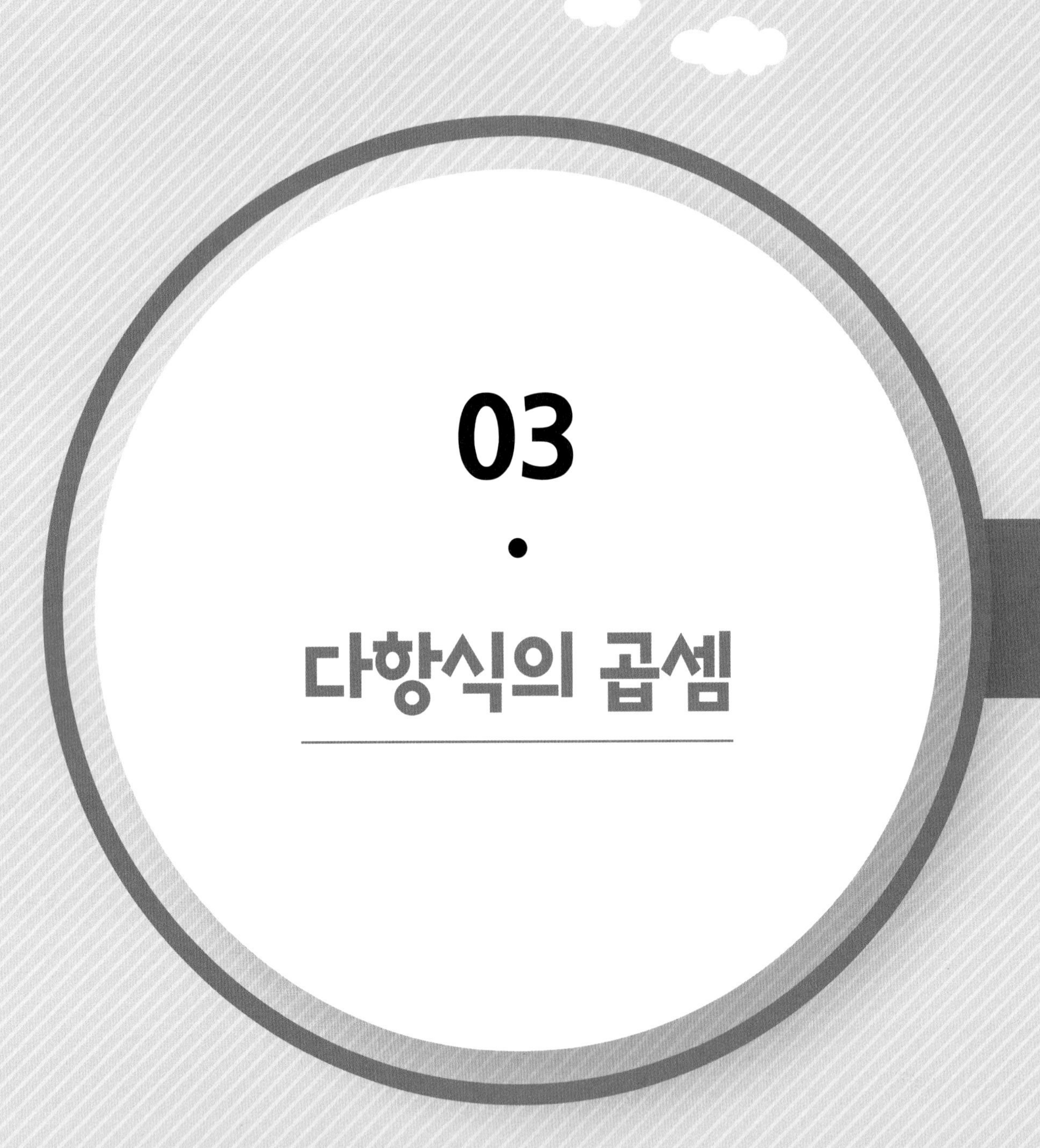

03

다항식의 곱셈

이 단원의 학습 계통

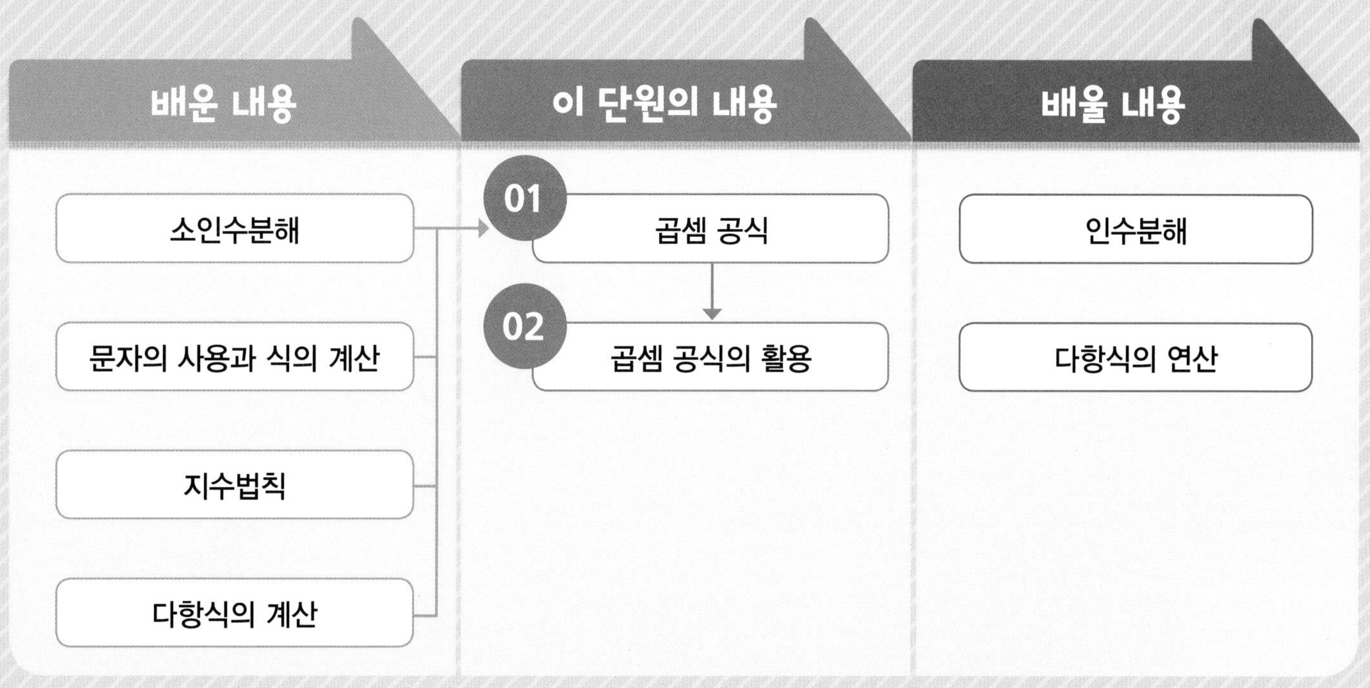

배운 내용
소인수분해
문자의 사용과 식의 계산
지수법칙
다항식의 계산
이 단원의 내용
01
곱셈 공식
02
곱셈 공식의 활용
배울 내용
인수분해
다항식의 연산

01 곱셈 공식

① 다항식의 곱셈

(다항식)×(다항식)은 다음과 같은 순서로 계산한다.
① 분배법칙을 이용하여 전개한다.
② 동류항이 있으면 동류항끼리 모아서 계산한다.

$$(a+b)(c+d)=\underset{①}{ac}+\underset{②}{ad}+\underset{③}{bc}+\underset{④}{bd}$$

예 ① $(a+3)(b-2)=a\times b+a\times(-2)+3\times b+3\times(-2)$
$=ab-2a+3b-6$

② $(x+2)(x-4)=x\times x+x\times(-4)+2\times x+2\times(-4)$
$=x^2-4x+2x-8$
$=x^2-2x-8$

참고 문자가 여러 개일 경우에는 알파벳순으로 나열한다.

배운 내용 톡
① **다항식**: 한 개의 항 또는 여러 개의 항의 합으로 이루어진 식
② **전개**: 다항식의 곱을 분배법칙을 이용하여 괄호를 풀어서 하나의 다항식으로 나타낸 것
③ **동류항**: 문자와 차수가 각각 같은 항

핵심예제 1 다음 식을 전개하시오.

(1) $(a+3)(b-5)$　　(2) $(2a+1)(3a-4)$
(3) $(x-y)(x+5y)$　　(4) $(3x+2y)(5x-y)$

다항식의 곱셈
분배법칙을 이용하여 전개한 후 동류항이 있으면 동류항끼리 모아서 계산한다.

1-1 다음 식을 전개하시오.

(1) $(a+b)(c-2d)$　　(2) $(2a-3)(7a+1)$
(3) $(3x+4y)(x-2y)$　　(4) $(4x-3y)(2x-y)$

핵심예제 2 $(3x-2y+1)(-2x+y-4)$를 전개하였을 때, xy의 계수를 구하시오.

(다항식)×(다항식)을 전개한 식에서 계수 구하기
방법 1 구해야 하는 항이 나오는 부분만 전개하여 구한다.
방법 2 모두 전개한 후 구한다.

2-1 다음 식을 전개하였을 때, [　] 안의 항의 계수를 구하시오.

(1) $(a-6)(4a+1)$　[a]
(2) $(6x-1)(x-7)$　[x]
(3) $(2x-y)(3x+5y-2)$　[xy]

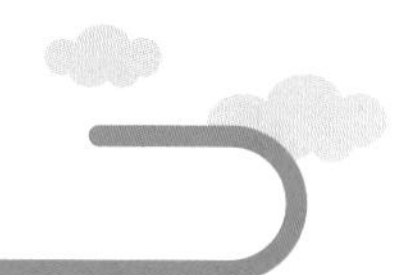

정답과 풀이 ★ 28쪽

2 곱셈 공식

(1) $(a+b)^2=a^2+2ab+b^2$ (합의 제곱), $(a-b)^2=a^2-2ab+b^2$ (차의 제곱)

(2) $(a+b)(a-b)=a^2-b^2$ – 합과 차의 곱

(3) $(x+a)(x+b)=x^2+(a+b)x+ab$

(4) $(ax+b)(cx+d)=acx^2+(ad+bc)x+bd$

주의 $(a+b)^2\neq a^2+b^2$, $(a-b)^2\neq a^2-b^2$임에 주의한다.

참고 ① $(a+b)^2=(a+b)(a+b)=a^2+ab+ba+b^2=a^2+2ab+b^2$

② $(a-b)^2=(a-b)(a-b)=a^2-ab-ba+b^2=a^2-2ab+b^2$

$(●+▲)^2=●^2+2●▲+▲^2$

$(●-▲)^2=●^2-2●▲+▲^2$

$(●+▲)(●-▲)=●^2-▲^2$

핵심예제 3 다음 식을 전개하시오.

(1) $(a+2)^2$　(2) $(3a+4)^2$

(3) $(-x+3)^2$　(4) $(2x-5y)^2$

곱셈 공식 (1)
$(a+b)^2=a^2+2ab+b^2$
$(a-b)^2=a^2-2ab+b^2$

3-1 다음 식을 전개하시오.

(1) $(a+5)^2$　(2) $(2a+7)^2$

(3) $(-x-6)^2$　(4) $(4x-3y)^2$

핵심예제 4 다음 식을 전개하시오.

(1) $(2a+5)(2a-5)$　(2) $\left(3a+\frac{3}{4}b\right)\left(3a-\frac{3}{4}b\right)$

(3) $(-x+3)(-x-3)$　(4) $(-5x-2y)(5x-2y)$

곱셈 공식 (2)
$(a+b)(a-b)=a^2-b^2$

4-1 다음 식을 전개하시오.

(1) $(a+4)(a-4)$　(2) $\left(\frac{1}{2}a+\frac{1}{3}b\right)\left(\frac{1}{2}a-\frac{1}{3}b\right)$

(3) $(-x+2)(-x-2)$　(4) $(-x-y)(x-y)$

핵심예제 **5** $(x-a)(x+7)=x^2+bx-14$일 때, 상수 a, b의 값을 각각 구하시오.

곱셈 공식 (3)
$(x+a)(x+b)$
$=x^2+(a+b)x+ab$

5-1 다음 식을 전개하시오.

(1) $(a+5)(a-2)$ (2) $(x-10)(x-8)$

5-2 $(x+8)(x+a)$를 전개하였더니 x^2+3x+b가 되었을 때, 상수 a, b에 대하여 $b-a$의 값은?

① -40 ② -35 ③ -30
④ 35 ⑤ 40

핵심예제 **6** $(-2x+y)(3x-8y)=ax^2+bxy+cy^2$일 때, 상수 a, b, c에 대하여 $a+b+c$의 값을 구하시오.

곱셈 공식 (4)
$(ax+b)(cx+d)$
$=acx^2+(ad+bc)x+bd$

6-1 $(3x+y)(2x-9y)$를 전개하시오.

6-2 $(7x-2)(5x+6)$을 전개하였더니 $ax^2+bx-12$가 되었을 때, 상수 a, b에 대하여 $a-b$의 값은?

① -3 ② -2 ③ -1
④ 2 ⑤ 3

핵심예제 **7** 다음 식을 계산하시오.

$$(x+y)(x-2y)-(3x+7y)(2x-y)$$

곱셈 공식 종합
$(x+a)(x+b)$
$=x^2+(a+b)x+ab$
$(ax+b)(cx+d)$
$=acx^2+(ad+bc)x+bd$

7-1 다음 식을 계산하시오.

(1) $(x+5)^2-(x-5)^2$ (2) $(x+8)(x-8)+3x(x-4)$

소단원 핵심문제

정답과 풀이 ★ 29쪽

(다항식)×(다항식)을 전개한 식에서 계수 구하기

1 $(5x-2y+1)(3x+y-2)$를 전개한 식에서 x의 계수를 a, y의 계수를 b라 할 때, $a+b$의 값은?

① -3　② -2　③ -1
④ 8　⑤ 11

다항식의 곱셈의 전개식에서 계수를 구할 때, 계수를 구해야 하는 항이 나오는 부분만 전개하는 것이 간단하다.

전개식이 같은 것 찾기

2 다음 중 $(-x+y)(x-y)$와 전개식이 같은 것은?

① $-(x+y)(x-y)$　② $-(x+y)^2$　③ $-(x-y)^2$
④ $(-x-y)^2$　⑤ $(x+y)^2$

곱셈 공식을 이용하여 미지수 구하기

3 $(x+5)(x-a)=x^2+4x+b$일 때, 상수 a, b에 대하여 $a-b$의 값을 구하시오.

곱셈 공식을 이용하여 좌변을 전개한 후 우변과 계수를 비교하여 미지수의 값을 구한다.

곱셈 공식 종합

4 다음 중에서 옳지 않은 것을 모두 고르면? (정답 2개)

① $(x+6)^2=x^2+12x+36$　② $(-2x-3)^2=-4x^2+12x+9$
③ $(3x+2)(3x-2)=9x^2-4$　④ $(x-1)(x-7)=x^2-8x+7$
⑤ $(-x+2y)(3x-5y)=-3x^2-xy-10y^2$

① $(a+b)^2=a^2+2ab+b^2$, $(a-b)^2=a^2-2ab+b^2$
② $(a+b)(a-b)=a^2-b^2$
③ $(x+a)(x+b)=x^2+(a+b)x+ab$
④ $(ax+b)(cx+d)=acx^2+(ad+bc)x+bd$

곱셈 공식 종합

기출 **5** 다음 식을 계산하시오.

$$(x+3)^2-\frac{1}{2}(2x-6)(4x-3)$$

02 곱셈 공식의 활용

③ 곱셈 공식을 이용한 수의 계산

(1) 수의 제곱의 계산

$(a+b)^2=a^2+2ab+b^2$ 또는 $(a-b)^2=a^2-2ab+b^2$을 이용하여 계산한다.

예 ① $102^2=(100+2)^2=100^2+2\times100\times2+2^2=10000+400+4=10404$

② $99^2=(100-1)^2=100^2-2\times100\times1+1^2=10000-200+1=9801$

(2) 두 수의 곱의 계산

$(a+b)(a-b)=a^2-b^2$ 또는 $(x+a)(x+b)=x^2+(a+b)x+ab$를 이용하여 계산한다.

예 ① $101\times99=(100+1)(100-1)=100^2-1^2=10000-1=9999$

② $102\times103=(100+2)(100+3)=100^2+(2+3)\times100+2\times3=10000+500+6=10506$

핵심예제 8 곱셈 공식을 이용하여 다음을 계산하시오.

(1) 199^2　　(2) 45^2

> **수의 제곱의 계산**
> 주어진 수를 $(a+b)^2$ 또는 $(a-b)^2$ 꼴로 고쳐서 곱셈 공식을 이용한다.

8-1 곱셈 공식 $(a+b)^2=a^2+2ab+b^2$을 이용하여 계산하면 편리한 것을 보기에서 모두 고르시오. (단, $a>0$, $b>0$)

보기
ㄱ. 101^2　　ㄴ. 98^2　　ㄷ. 393^2　　ㄹ. 50.2^2

8-2 곱셈 공식을 이용하여 다음을 계산하시오.

(1) 104^2　　(2) 48^2

핵심예제 9 곱셈 공식을 이용하여 다음을 계산하시오.

(1) 10.3×9.7　　(2) 51×49

> **두 수의 곱의 계산**
> 주어진 수를 $(a+b)(a-b)$ 또는 $(x+a)(x+b)$ 꼴로 고쳐서 곱셈 공식을 이용한다.

9-1 곱셈 공식 $(a+b)(a-b)=a^2-b^2$을 이용하여 계산하면 편리한 것을 보기에서 모두 고르시오. (단, $a>0$, $b>0$)

보기
ㄱ. 92×108　　ㄴ. 201×204　　ㄷ. 401×399　　ㄹ. 101×95

9-2 곱셈 공식을 이용하여 다음을 계산하시오.

(1) 55×45　　(2) 105×102

4 곱셈 공식을 이용한 근호를 포함한 식의 계산

곱셈 공식을 이용하여 전개한 후 근호 안의 수가 같은 것끼리 계산한다.

예 ① $(3+\sqrt{2})^2=3^2+2\times3\times\sqrt{2}+(\sqrt{2})^2=9+6\sqrt{2}+2=11+6\sqrt{2}$

② $(\sqrt{3}-2)(2\sqrt{3}+1)=2(\sqrt{3})^2+\{1\times1+(-2)\times2\}\sqrt{3}+(-2)\times1=6-3\sqrt{3}-2=4-3\sqrt{3}$

5 곱셈 공식을 이용한 분모의 유리화

분모가 두 수의 합 또는 차로 되어 있는 무리수일 때, 곱셈 공식 $(a+b)(a-b)=a^2-b^2$을 이용하여 분모를 유리화한다.

➡ $a>0$, $b>0$이고 a, b는 유리수, c는 실수일 때

$$\frac{c}{\sqrt{a}+\sqrt{b}}=\frac{c(\sqrt{a}-\sqrt{b})}{(\sqrt{a}+\sqrt{b})(\sqrt{a}-\sqrt{b})}=\frac{c(\sqrt{a}-\sqrt{b})}{(\sqrt{a})^2-(\sqrt{b})^2}=\frac{c(\sqrt{a}-\sqrt{b})}{a-b}\ (\text{단, } a\neq b)$$

부호 반대

예 $\frac{2}{\sqrt{3}+\sqrt{2}}=\frac{2(\sqrt{3}-\sqrt{2})}{(\sqrt{3}+\sqrt{2})(\sqrt{3}-\sqrt{2})}=\frac{2(\sqrt{3}-\sqrt{2})}{(\sqrt{3})^2-(\sqrt{2})^2}=\frac{2(\sqrt{3}-\sqrt{2})}{3-2}=2(\sqrt{3}-\sqrt{2})$

핵심예제 10 곱셈 공식을 이용하여 다음을 계산하시오.

(1) $(2+\sqrt{5})^2$　　(2) $(\sqrt{6}-\sqrt{2})^2$

(3) $(3+2\sqrt{2})(3-2\sqrt{2})$　　(4) $(2\sqrt{7}-5)(\sqrt{7}-4)$

> **곱셈 공식을 이용한 근호를 포함한 식의 계산**
> 제곱근을 문자로 생각하고 곱셈 공식을 이용하여 전개한 후 계산한다.

10-1 곱셈 공식을 이용하여 다음을 계산하시오.

(1) $(5+\sqrt{3})^2$　　(2) $(\sqrt{3}-\sqrt{2})^2$

(3) $(4+\sqrt{6})(4-\sqrt{6})$　　(4) $(\sqrt{2}-10)(3\sqrt{2}+5)$

핵심예제 11 $\frac{3\sqrt{2}}{\sqrt{6}+\sqrt{3}}=a\sqrt{3}+b\sqrt{6}$일 때, 유리수 a, b에 대하여 $a-b$의 값을 구하시오

> **곱셈 공식을 이용한 분모의 유리화**
> 분모가 두 수의 합 또는 차로 되어 있는 무리수
> ➡ $(a+b)(a-b)=a^2-b^2$을 이용하여 분모를 유리화한다.

11-1 다음 수의 분모를 유리화하시오.

(1) $\frac{1}{\sqrt{5}+3}$　　(2) $\frac{\sqrt{3}}{\sqrt{7}-\sqrt{5}}$

11-2 $\frac{\sqrt{6}-\sqrt{2}}{\sqrt{6}+\sqrt{2}}$의 분모를 유리화하면 $a+b\sqrt{3}$일 때, 유리수 a, b에 대하여 ab의 값을 구하시오.

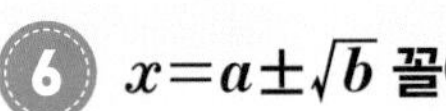

6 $x=a\pm\sqrt{b}$ 꼴이 주어진 경우 식의 값 구하기

방법 1 주어진 조건을 변형하여 식의 값을 구한다.

$x=a+\sqrt{b}$ ➡ $x-a=\sqrt{b}$ ➡ $(x-a)^2=b$

방법 2 주어진 조건을 식에 대입하여 식의 값을 구한다.

예 $x=1+\sqrt{2}$일 때, x^2-2x의 값 구하기

방법 1 $x-1=\sqrt{2}$이므로 양변을 제곱하면 $(x-1)^2=(\sqrt{2})^2$, $x^2-2x+1=2$
따라서 $x^2-2x=1$

방법 2 $x^2-2x=(1+\sqrt{2})^2-2(1+\sqrt{2})=1+2\sqrt{2}+2-2-2\sqrt{2}=1$

배운 내용 톡
식의 값: 문자를 사용한 식에서 문자에 수를 대입하여 계산한 결과

핵심예제 12 $x=2+\sqrt{3}$일 때, x^2-4x+1의 값을 구하시오.

> $x=a+\sqrt{b}$ 꼴일 때 식의 값 구하기
> 주어진 식을 변형하여 대입하면 계산이 간단하다.

12-1 $x=-1+\sqrt{5}$일 때, x^2+2x의 값은?

① -6 ② -4 ③ 2
④ 4 ⑤ 6

핵심예제 13 $x=\dfrac{1}{3+2\sqrt{2}}$일 때, x^2-6x의 값을 구하시오.

> $x=\dfrac{1}{a+\sqrt{b}}$ 꼴일 때 식의 값 구하기
> 곱셈 공식을 이용하여 분모를 유리화한 후 조건을 변형하여 구한다.

13-1 $x=\dfrac{1}{\sqrt{2}-1}$일 때, 다음 물음에 답하시오.

(1) x의 분모를 유리화하시오.
(2) x^2-2x의 값을 구하시오.

핵심예제 14 $\sqrt{18}$의 소수 부분을 x라 할 때, 다음 물음에 답하시오.

(1) x의 값을 구하시오.
(2) x^2+8x+3의 값을 구하시오.

> 무리수의 소수 부분을 구하여 식의 값 구하기
> 무리수의 소수 부분을 구한 후 식을 변형하여 대입한다.

7 곱셈 공식의 변형

(1) $(a+b)^2=a^2+2ab+b^2 \Rightarrow a^2+b^2=(a+b)^2-2ab$

(2) $(a-b)^2=a^2-2ab+b^2 \Rightarrow a^2+b^2=(a-b)^2+2ab$

(3) $(a+b)^2=(a-b)^2+4ab$ — $(a-b)^2+4ab=a^2-2ab+b^2+4ab=a^2+2ab+b^2=(a+b)^2$

(4) $(a-b)^2=(a+b)^2-4ab$ — $(a+b)^2-4ab=a^2+2ab+b^2-4ab=a^2-2ab+b^2=(a-b)^2$

핵심예제 15 $x+y=-3$, $xy=-4$일 때, x^2+y^2의 값을 구하시오.

> 곱셈 공식의 변형 (1)
> 두 수의 합과 곱이 주어진 경우
> $\Rightarrow a^2+b^2=(a+b)^2-2ab$ 이용

15-1 $x+y=5$, $xy=-2$일 때, x^2+y^2의 값은?

① 25 ② 27 ③ 29
④ 31 ⑤ 33

핵심예제 16 $x-y=2$, $xy=3$일 때, x^2+y^2의 값을 구하시오.

> 곱셈 공식의 변형 (2)
> 두 수의 차와 곱이 주어진 경우
> $\Rightarrow a^2+b^2=(a-b)^2+2ab$ 이용

16-1 $x-y=-2$, $xy=6$일 때, x^2+y^2의 값은?

① 10 ② 12 ③ 14
④ 16 ⑤ 18

핵심예제 17 $x-y=-5$, $xy=-3$일 때, $(x+y)^2$의 값을 구하시오.

> 곱셈 공식의 변형 (3)
> 두 수의 차와 곱이 주어진 경우
> $\Rightarrow (a+b)^2=(a-b)^2+4ab$ 이용

17-1 $x-y=1$, $xy=7$일 때, $(x+y)^2$의 값은?

① 21 ② 23 ③ 25
④ 27 ⑤ 29

핵심예제 18 $x+y=4$, $xy=-1$일 때, $(x-y)^2$의 값을 구하시오.

> 곱셈 공식의 변형 (4)
> 두 수의 합과 곱이 주어진 경우
> $\Rightarrow (a-b)^2=(a+b)^2-4ab$ 이용

18-1 $x+y=8$, $xy=3$일 때, $(x-y)^2$의 값은?

① 50 ② 52 ③ 54
④ 56 ⑤ 58

정답과 풀이 ★ 31쪽

곱셈 공식을 이용한 수의 계산

1 다음 중에서 298^2을 계산할 때, 가장 편리한 곱셈 공식은? (단, $a>0$, $b>0$)

① $(a+b)^2=a^2+2ab+b^2$ ② $(a-b)^2=a^2-2ab+b^2$
③ $(a+b)(a-b)=a^2-b^2$ ④ $(x+a)(x+b)=x^2+(a+b)x+ab$
⑤ $(ax+b)(cx+d)=acx^2+(ad+bc)x+bd$

곱셈 공식을 이용한 근호를 포함한 식의 계산

2 $(2\sqrt{3}-1)(\sqrt{27}-2)=a+b\sqrt{3}$일 때, 유리수 a, b에 대하여 $a-b$의 값을 구하시오.

근호 안에 제곱인 인수가 있으면 근호 밖으로 꺼낸 후 곱셈 공식을 이용하여 전개한다.

곱셈 공식을 이용한 분모의 유리화

3 $\dfrac{\sqrt{6}}{3-\sqrt{6}}$의 분모를 유리화하면 $a+b\sqrt{6}$일 때, 유리수 a, b에 대하여 ab의 값은?

① -3 ② -2 ③ 2
④ 3 ⑤ 6

분모가 두 수의 합 또는 차로 되어 있는 무리수
➡ $(a+b)(a-b)=a^2-b^2$을 이용하여 분모를 유리화한다.

곱셈 공식을 이용한 분모의 유리화

4 $x=\dfrac{2}{\sqrt{5}+2}$, $y=\dfrac{2}{\sqrt{5}-2}$일 때, $x+y$의 값을 구하시오.

먼저 두 수의 분모를 유리화한다.

곱셈 공식을 이용한 식의 값 구하기

5 $x=\dfrac{1}{2-\sqrt{3}}$일 때, x^2-4x+9의 값은?

① 2 ② 4 ③ 6
④ 8 ⑤ 10

분모를 유리화한 후 식을 변형하여 대입한다.

곱셈 공식의 변형

기출 **6** $x+y=3$, $x^2+y^2=12$일 때, 다음 식의 값을 구하시오.

(1) xy (2) $(x-y)^2$

$(x+y)^2=x^2+2xy+y^2$을 이용하여 xy의 값을 구한다.

중단원 마무리 테스트

정답과 풀이 ★ 32쪽

1

$(5a-b)(a+3b)$를 전개하면?

① $5a^2-14ab-3b^2$
② $5a^2-14ab+3b^2$
③ $5a^2+14ab-3b^2$
④ $5a^2+14ab+3b^2$
⑤ $5a^2+15ab-3b^2$

2

$(x-3y)(3x+2)$를 전개하였을 때, x^2의 계수를 a, y의 계수를 b라 하자. 이때 $a+b$의 값은?

① -5 ② -4 ③ -3
④ -2 ⑤ -1

3 신유형

다음은 영진이와 수아가 $(a-3b)^2$, $(x+7)^2$을 각각 전개한 것이다. 두 사람이 전개한 식에서 각각 틀린 부분을 찾아 바르게 고치시오.

$$(a-3b)^2=a^2-2\times a\times 3b-(3b)^2$$
$$=a^2-6ab-9b^2$$

$$(x+7)^2=x^2+7^2=x^2+49$$

4 중요

$(ax-6)^2=bx^2-36x+36$일 때, 상수 a, b에 대하여 $\dfrac{b}{a}$의 값을 구하시오.

5

다음 식을 계산하시오.

$$(-3x+1)(-3x-1)+4(x+2)(2-x)$$

6

$a^2=50$, $b^2=20$일 때, $\left(\dfrac{2}{5}a+\dfrac{1}{2}b\right)\left(\dfrac{2}{5}a-\dfrac{1}{2}b\right)$의 값은?

① -3 ② -2 ③ -1
④ 2 ⑤ 3

7 중요

다음 보기에서 전개식이 나머지 셋과 다른 하나를 고르시오.

보기

ㄱ. $(x+y)(x-y)$ ㄴ. $-(-x+y)(x+y)$
ㄷ. $(-x-y)(-x+y)$ ㄹ. $(-x-y)(x-y)$

8 신유형

$(x-3)(x+a)=x^2+bx-12$일 때, 오른쪽 그림과 같은 직각삼각형의 빗변의 길이와 높이는 각각 $a+b$, $a-b$이다. 이때 다음 물음에 답하시오.

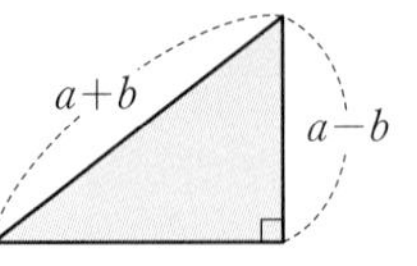

(1) 상수 a, b의 값을 각각 구하시오.
(2) 직각삼각형의 밑변의 길이를 구하시오.
(3) 직각삼각형의 넓이를 구하시오.

9

오른쪽 그림에서 색칠한 직사각형의 넓이를 구하시오.

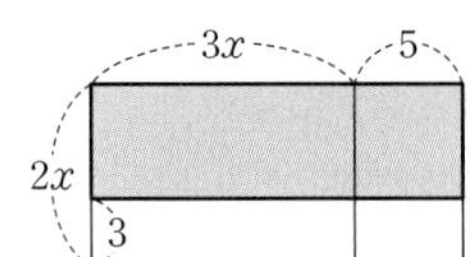

10

$(-2x+a)(6x+b)=-12x^2+Ax-4$일 때, 상수 A가 될 수 있는 값을 모두 구하시오. (단, a, b는 $a>b$인 정수)

11 중요

다음 중에서 옳은 것은?

① $(5x+1)^2=25x^2+5x+1$
② $(4x-3)^2=16x^2-9$
③ $(3x+7)(3x-7)=9x^2-7$
④ $(x-2)(x+5)=x^2+2x-10$
⑤ $(2x+1)(6x-5)=12x^2-4x-5$

12

곱셈 공식을 이용하여 다음을 계산하시오.

(1) 1005^2　　(2) 96×104

13

곱셈 공식을 이용하여 다음을 계산하시오.

$$\frac{1013\times1017+4}{1015}$$

14

$(6+\sqrt{7})(6-\sqrt{7})$을 계산하면?

① -29　② -27　③ -19
④ 27　⑤ 29

15 중요

$(2+3\sqrt{5})(3a+2\sqrt{5})$가 유리수가 되도록 하는 유리수 a의 값을 구하시오.

16

$\dfrac{\sqrt{7}-\sqrt{5}}{\sqrt{7}+\sqrt{5}}$의 분모를 유리화하면 $a+b\sqrt{35}$일 때, 유리수 a, b에 대하여 ab의 값은?

① -6 ② -4 ③ -2
④ 4 ⑤ 6

17

$x=\dfrac{\sqrt{2}-1}{\sqrt{2}+1}$일 때, $x+\dfrac{1}{x}$의 값은?

① 4 ② 6 ③ $3\sqrt{2}$
④ $4\sqrt{2}$ ⑤ $6\sqrt{2}$

18 중요

$x+y=7$, $xy=10$일 때, x^2+y^2의 값은?

① 25 ② 27 ③ 29
④ 31 ⑤ 32

19

$x+y=6$, $x-y=4$일 때, xy의 값을 구하시오.

기출 서술형

20

지수는 $(x+4)(x-8)$을 전개하는데 -8을 a로 잘못 보아 x^2+3x+b로 전개하였고, 태준이는 $(3x-2)(x+8)$을 전개하는데 3을 잘못 보아 $cx^2+6x-16$으로 전개하였다. 다음 물음에 답하시오. (단, 풀이 과정을 자세히 쓰시오.)

(1) 상수 a, b의 값을 각각 구하시오.
(2) 상수 c의 값을 구하시오.
(3) $a+b+c$의 값을 구하시오.

풀이 과정

(1)

(2)

(3)

답 | (1) (2) (3)

21

$\sqrt{7}+1$의 소수 부분을 x라 할 때, 다음 물음에 답하시오.
(단, 풀이 과정을 자세히 쓰시오.)

(1) x의 값을 구하시오.
(2) $x^2+4x+11$의 값을 구하시오.

풀이 과정

(1)

(2)

답 | (1) (2)

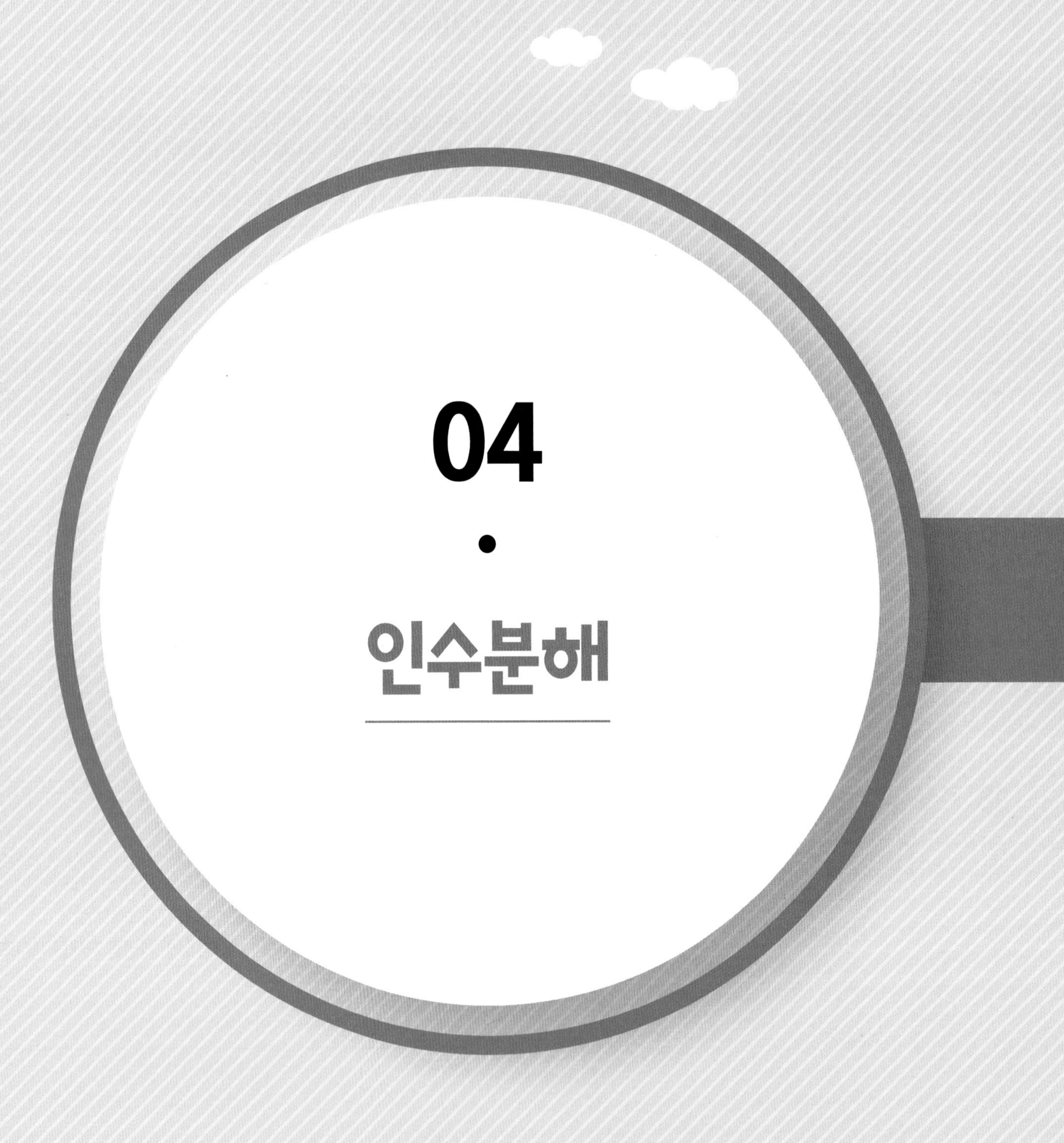

04

인수분해

이 단원의 학습 계통

배운 내용
지수법칙
식의 계산
다항식의 계산
다항식의 곱셈
이 단원의 내용
01 인수분해의 뜻과 공식 (1), (2)
02 인수분해 공식 (3), (4)
03 인수분해의 활용
배울 내용
이차방정식
이차함수와 그 그래프
다항식의 연산

01 인수분해의 뜻과 공식(1), (2)

1 인수분해의 뜻

(1) **인수**: 하나의 다항식을 두 개 이상의 다항식의 곱으로 나타낼 때, 각각의 식을 처음 다항식의 인수라 한다.

(2) **인수분해**: 하나의 다항식을 두 개 이상의 인수의 곱으로 나타내는 것을 그 다항식을 인수분해한다고 한다.
└ 인수분해는 전개의 반대 과정이다.

예 $x^2+5x+4 \underset{\text{전개}}{\overset{\text{인수분해}}{\rightleftarrows}} \underbrace{(x+1)}_{\text{인수}}\underbrace{(x+4)}_{\text{인수}}$

용어 톡
인수분해(因 원인, 數 수, 分 나누다, 解 가르다): 어떤 수나 식을 원인이 되는 수나 식으로 나누는 것

배운 내용 톡
전개: 두 개 이상의 다항식의 곱을 하나의 다항식으로 나타내는 것

2 공통인 인수를 이용한 인수분해

(1) 공통인 인수: 다항식의 각 항에 공통으로 들어 있는 인수

(2) 공통인 인수를 이용한 인수분해: 다항식의 각 항에 공통인 인수가 있을 때에는 분배법칙을 이용하여 공통인 인수로 묶어 내어 인수분해한다. ➡ $ma+mb=m(a+b)$

예 $2x^2-4xy=2x\times x-2x\times 2y=2x(x-2y)$
└공통인수┘

핵심예제 1 다음 중에서 다항식 $a(a+1)(a-1)$의 인수가 아닌 것은?

① a ② $a+1$ ③ $a(a-1)$
④ $(a+1)(a-1)$ ⑤ $a^2(a+1)$

1-1 다음 보기에서 다항식 $x^2(x-3)$의 인수인 것을 모두 고르시오.

보기
ㄱ. x ㄴ. $(x-3)^2$ ㄷ. $x+3$
ㄹ. $x-3$ ㅁ. x^2 ㅂ. $x(x-3)$

핵심예제 2 다음 식을 인수분해하시오.

(1) $3a^2-9ab$ (2) x^2y+3xy^2

공통인 인수를 이용하여 인수분해하기
공통인 인수를 찾아 공통인 인수가 남지 않도록 모두 묶어 낸다. 이때 공통인 인수는 수에서는 최대공약수를, 문자에서는 차수가 가장 낮은 것을 찾는다.

2-1 다음 다항식에서 각 항의 공통인 인수를 찾은 후 인수분해하시오.

다항식	공통인 인수	인수분해한 식
(1) $2ax+ay-a$		
(2) $3ax+6ay$		
(3) $2xy-4x^2y+6xy^3$		

3 인수분해 공식 (1) – 완전제곱식

└ 인수분해 공식은 곱셈 공식의 좌변과 우변을 서로 바꾸어 놓은 것이다.

(1) $a^2 \pm 2ab + b^2$의 인수분해

① $a^2+2ab+b^2=(a+b)^2$　　② $a^2-2ab+b^2=(a-b)^2$

예 ① $x^2+4x+4=x^2+2\times x\times 2+2^2=(x+2)^2$　　② $x^2-6x+9=x^2-2\times x\times 3+3^2=(x-3)^2$

(2) **완전제곱식** : 다항식의 제곱으로 된 식 또는 이 식에 상수를 곱한 식

예 $(a-1)^2$, $2(x+1)^2$, $-3(x+y)^2$

주의 $a(b-1)^2$, $x(x-y)^2$과 같이 다항식의 제곱으로 이루어진 식에 문자를 곱한 식은 완전제곱식이 아님에 주의한다.

(3) $x^2+ax+b\ (b>0)$가 완전제곱식이 될 조건

① $b=\left(\dfrac{a}{2}\right)^2$ ➡ $(상수항)=\left\{\dfrac{(x의\ 계수)}{2}\right\}^2$　　② $a=\pm 2\sqrt{b}$ ➡ $(x의\ 계수)=\pm 2\sqrt{(상수항)}$

예 ① x^2+6x+b가 완전제곱식이면 $b=\left(\dfrac{6}{2}\right)^2=9$　　② x^2+ax+4가 완전제곱식이면 $a=\pm 2\sqrt{4}=\pm 4$

4 인수분해 공식 (2) – 제곱의 차

$\underbrace{a^2-b^2}_{제곱의\ 차}=\underbrace{(a+b)}_{합}\underbrace{(a-b)}_{차}$　　예 $x^2-1=x^2-1^2=(x+1)(x-1)$

핵심예제 3 다음 식을 인수분해하시오.

(1) $a^2-12a+36$　　(2) $4x^2+12xy+9y^2$

> 완전제곱식의 인수분해
> $●^2+2\times ●\times ■+■^2=(●+■)^2$
> $●^2-2\times ●\times ■+■^2=(●-■)^2$

3-1 다음 식을 인수분해하시오.

(1) $x^2+10xy+25y^2$　　(2) $49a^2-42ab+9b^2$

3-2 다음 식이 완전제곱식이 되도록 □ 안에 알맞은 양수를 써넣으시오.

(1) $a^2-8a+\square$　　(2) $a^2+\square a+64$

(3) $9x^2-30x+\square$　　(4) $4x^2+\square xy+25y^2$

> $x^2+ax+b(b>0)$가 완전제곱식이 되기 위한 조건
> ① $b=\left(\dfrac{a}{2}\right)^2$
> ② $a=\pm 2\sqrt{b}$

핵심예제 4 다음 식을 인수분해하시오.

(1) a^2-49　　(2) $16x^2-9y^2$

> 제곱의 차 꼴인 다항식의 인수분해
> $●^2-■^2=(●+■)(●-■)$

4-1 다음 식을 인수분해하시오.

(1) $-a^2+9$　　(2) $9x^2-\dfrac{1}{4}$

(3) $4-25a^2$　　(4) $25x^2-y^2$

정답과 풀이 ★ 34쪽

인수 구하기

1 다음 보기에서 다항식 $(x-1)(x+4)$의 인수인 것을 모두 고르시오.

보기

ㄱ. $x+1$　　ㄴ. $x-1$　　ㄷ. $x+4$　　ㄹ. $x-4$

공통인 인수를 이용한 인수분해

2 다항식 $12x^2y-8xy^2$을 인수분해하시오.

다항식의 각 항에 공통인 인수가 있으면 그 인수로 묶어 내어 인수분해한다.

$a^2\pm2ab+b^2$의 인수분해

3 다음 중에서 다항식 $25a^2+30a+9$의 인수인 것은?

① $5a$　　② $5a+1$　　③ $5a+2$
④ $5a+3$　　⑤ $5a+4$

완전제곱식이 될 조건 구하기

4 이차식 $x^2-4x-12+k$가 완전제곱식이 되도록 하는 상수 k의 값은?

① 13　　② 14　　③ 15
④ 16　　⑤ 17

x^2의 계수가 1인 다항식이 완전제곱식이 되려면 상수항이 $\left\{\frac{(x\text{의 계수})}{2}\right\}^2$이 되어야 한다.

a^2-b^2의 인수분해

기출 **5** 다음 중에서 a^3-4a의 인수가 아닌 것은?

① a　　② $a+2$　　③ $a-2$
④ a^2-4　　⑤ a^3

공통인 인수가 있으면 그 인수로 묶어 낸 후 인수분해 공식을 이용한다.

02 인수분해 공식(3), (4)

정답과 풀이 ★ 34쪽

5 인수분해 공식 (3) — x^2의 계수가 1인 이차식

$$x^2+(a+b)x+ab=(x+a)(x+b)$$

$x^2+\underbrace{(a+b)}_{\text{합}}x+\underbrace{ab}_{\text{곱}}=(x+a)(x+b)$

예 x^2-3x+2를 인수분해하여 보자.

① 곱이 상수항 2가 되는 두 정수는 -1, -2 또는 1, 2이다.

② ①에서 구한 두 정수 중 합이 x의 계수 -3이 되는 두 정수는 -1, -2이다.

③ $x^2-3x+2=(x-1)(x-2)$

곱이 2인 두 정수	두 정수의 합
-1, -2	-3
1, 2	3

핵심예제 5 다음 식을 인수분해하시오.

(1) a^2+5a+4 (2) $x^2-7x+10$

(3) $a^2-3ab-18b^2$ (4) $x^2-xy-6y^2$

$x^2+(a+b)x+ab$의 인수분해
곱이 상수항이 되는 두 정수를 구한 후 그중에서 합이 x의 계수가 되는 두 정수를 찾는다.

5-1 합과 곱이 각각 다음과 같은 두 정수를 찾으시오.

(1) 합: 8, 곱: 12 (2) 합: -6, 곱: 8

(3) 합: 1, 곱: -12 (4) 합: -2, 곱: -15

5-2 다음 식을 인수분해하시오.

(1) a^2+4a+3 (2) x^2-2x-8

(3) a^2-a-30 (4) $x^2-9x+20$

5-3 다음 식을 인수분해하시오.

(1) $a^2+3ab+2b^2$ (2) $x^2-7xy+12y^2$

(3) $a^2-5ab-14b^2$ (4) $x^2+9xy-22y^2$

정답과 풀이 ★ 34쪽

6 인수분해 공식 (4) − x^2의 계수가 1이 아닌 이차식

$$acx^2+(ad+bc)x+bd=(ax+b)(cx+d)$$

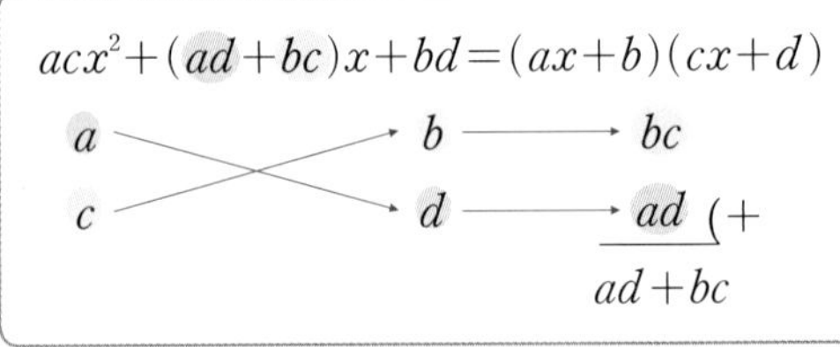

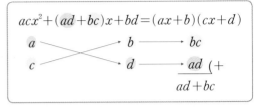

참고 $ac>0$이면 a, c는 모두 양수 또는 음수이지만 보통 양수로 생각하고 문제를 푼다. 또, $ac<0$이면 -1로 묶어 낸 후 인수분해한다.

예 $2x^2+x-1$을 인수분해하여 보자.

① 곱하여 x^2의 계수 2가 되는 두 정수 1, 2를 세로로 나열한다.

② 곱하여 상수항 -1이 되는 두 정수 -1, 1을 세로로 나열한다.

③ 대각선 방향으로 곱하여 더한 값이 x의 계수 1이 되는 것을 찾으면 오른쪽과 같다.

④ $2x^2+x-1=(x+1)(2x-1)$

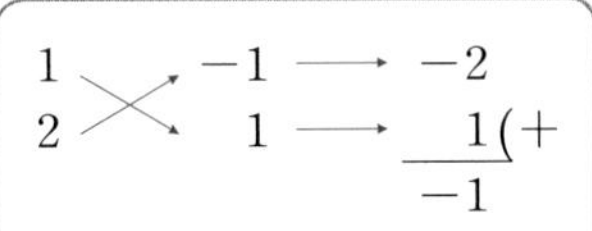

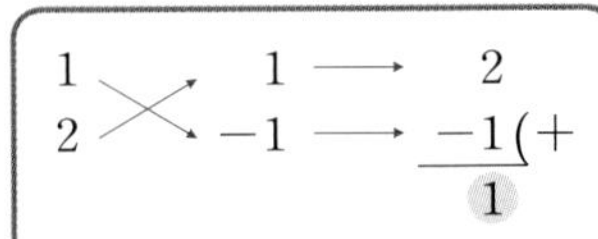

핵심예제 6 다음 식을 인수분해하시오.

(1) $2x^2+x-15$

(2) $9a^2+9ab-4b^2$

> ● $acx^2+(ad+bc)x+bd$의 인수분해
> 곱이 x^2의 계수가 되는 두 정수 a, c와 곱이 상수항이 되는 두 정수 b, d를 구하여 세로로 나열한 뒤 $ad+bc$가 x의 계수가 되는 a, b, c, d를 구한다.

6-1 다음 □ 안에 알맞은 수 또는 식을 써넣고, 주어진 식을 인수분해하시오.

(1) $3x^2-8x-3$

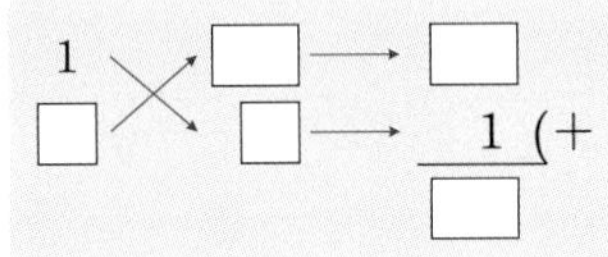

(2) $10x^2-3xy-y^2$

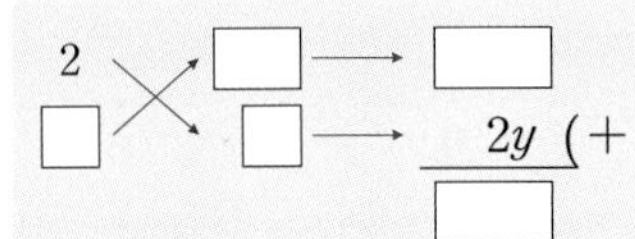

6-2 다음 식을 인수분해하시오.

(1) $2x^2-5x+2$

(2) $4a^2+8a+3$

(3) $5x^2-8x-4$

(4) $3a^2-7a+2$

6-3 다음 식을 인수분해하시오.

(1) $3a^2+ab-10b^2$

(2) $3x^2+4xy-4y^2$

(3) $14a^2-11ab+2b^2$

(4) $6x^2-25xy+14y^2$

소단원 핵심문제

정답과 풀이 ★ 35쪽

$x^2+(a+b)x+ab$의 인수분해

1 곱이 18인 두 정수를 찾아 그 합을 구하여 오른쪽 표를 완성하고, 다음 식을 인수분해하시오.

(1) $x^2+19x+18$

(2) $x^2-11x+18$

(3) $x^2-9x+18$

곱이 18인 두 정수	두 정수의 합
-1, -18	-19
1, □	□
-2, □	□
2, 9	11
□, -6	□
3, 6	9

● $x^2+(a+b)x+ab$를 인수분해할 때는 곱이 상수항인 두 정수를 구한 후 그중에서 합이 x의 계수인 두 정수를 구한다.

$x^2+(a+b)x+ab$의 인수분해

2 다음 두 다항식의 공통인 인수는?

$$x^2-6x-72, \qquad x^2-x-42$$

① $x+2$ ② $x+4$ ③ $x+6$
④ $x-7$ ⑤ $x-12$

● 각 다항식을 인수분해하여 공통으로 들어 있는 인수를 구한다.

$x^2+(a+b)x+ab$의 인수분해

기출 **3** 다항식 $x^2+kx+30$이 $(x+a)(x+b)$로 인수분해될 때, 다음 중 상수 k의 값이 될 수 없는 것은? (단, a, b는 자연수)

① 11 ② 13 ③ 17
④ 25 ⑤ 31

● 곱이 30인 두 자연수를 구하여 그 두 자연수의 합이 될 수 없는 것을 찾는다.

$acx^2+(ad+bc)x+bd$의 인수분해

4 다음 식을 인수분해하시오.

(1) $3x^2+22x-16$ (2) $6x^2-13xy-28y^2$

인수분해의 도형에의 활용

5 오른쪽 그림과 같이 넓이가 $6x^2+13x+6$인 직사각형의 세로의 길이가 $2x+3$일 때, 이 직사각형의 가로의 길이를 구하시오.

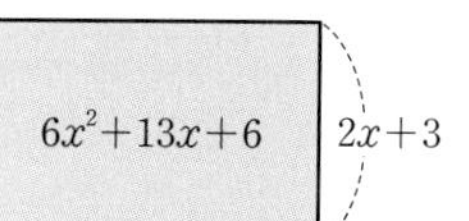

● (직사각형의 넓이) =(가로의 길이)×(세로의 길이)이므로 넓이를 인수분해하여 가로의 길이를 구한다.

03 인수분해의 활용

7 복잡한 식의 인수분해

(1) 치환을 이용한 다항식의 인수분해

공통부분 또는 복잡한 식을 한 문자로 치환한 후 인수분해 공식을 이용한다.

예 ① $(3x+1)^2+2(3x+1)+1$에서 $3x+1=A$로 놓으면

$(3x+1)^2+2(3x+1)+1=A^2+2A+1=\underline{(A+1)^2=\{(3x+1)+1\}^2}=(3x+2)^2$

치환하여 인수분해한 다음에는 원래의 식을 대입한다.

② $(a+b)^2-4$에서 $a+b=A$로 놓으면

$(a+b)^2-4=A^2-4=(A+2)(A-2)=(a+b+2)(a+b-2)$

(2) 항이 4개인 다항식의 인수분해

① 공통인 인수가 생기도록 두 항씩 나눈 후 인수분해한다.

예 $a^2-ab-a+b=\underline{(a^2-ab)-(a-b)}=\underline{a(a-b)-(a-b)=(a-b)(a-1)}$

두 항씩 나눈다. 공통인 인수로 묶어 낸다.

② 완전제곱식으로 나타낼 수 있는 세 항을 찾아 A^2-B^2 꼴로 변형한 후 인수분해한다.

예 $a^2-b^2+2a+1=\underline{(a^2+2a+1)}-b^2=(a+1)^2-b^2=\{(a+1)+b\}\{(a+1)-b\}=(a+b+1)(a-b+1)$

완전제곱식으로 나타낼 수 있는 세 항을 찾는다.

핵심예제 **7** 다음 식을 인수분해하시오.

(1) $(x-2)^2-3(x-2)-4$

(2) $(a+1)^2-5(a+1)+6$

공통부분이 있는 다항식의 인수분해
❶ 공통부분을 A로 놓고 인수분해 한다.
❷ A에 원래의 식을 대입하여 정리 한다.

7-1 다음 식을 인수분해하시오.

(1) $(a-b)^2-3(a-b)-28$

(2) $3(x-1)^2-(x-1)-2$

(3) $(2x-y+1)(2x-y)-12$

7-2 다음 식을 인수분해하시오.

(1) $9-(x+2y)^2$

(2) $(a+b)^2-(a-b)^2$

핵심예제 **8** 다음 식을 인수분해하시오.

(1) $a^2+ab-2a-2b$

(2) $x^2-6xy-9+9y^2$

항이 4개인 다항식의 인수분해
(2항)+(2항) 또는 (3항)+(1항) 또는 (1항)+(3항)으로 묶어서 인수분해한다.

8-1 다음 식을 인수분해하시오.

(1) $a^2-3ab-3a+9b$

(2) $x^2-10x+25-y^2$

(3) $2ab^2+a-2b^2-1$

(4) $4x^2-y^2+2y-1$

정답과 풀이 ★ 36쪽

8 인수분해 공식의 활용

(1) 인수분해 공식을 이용한 수의 계산

인수분해 공식을 이용할 수 있도록 수의 모양을 바꾸어 계산한다.

① 공통인 인수로 묶어 계산한다. ➡ $ma+mb=m(a+b)$

예 $15\times35-15\times25=15(35-25)=15\times10=150$

② 완전제곱식을 이용하여 계산한다. ➡ $a^2+2ab+b^2=(a+b)^2$, $a^2-2ab+b^2=(a-b)^2$

예 $102^2-2\times102\times2+2^2=(102-2)^2=100^2=10000$

③ 제곱의 차를 이용하여 계산한다. ➡ $a^2-b^2=(a+b)(a-b)$

예 $95^2-5^2=(95+5)(95-5)=100\times90=9000$

(2) 인수분해 공식을 이용한 식의 값

주어진 식을 인수분해한 후 문자에 수를 대입하여 계산한다.

예 $x=15$일 때, $x^2-10x+25$의 값을 구하여 보자.

$\underline{x^2-10x+25}=\underline{(x-5)^2}=\underline{(15-5)^2}=10^2=100$

인수분해한다. $x=15$를 대입한다.

핵심예제 **9** 인수분해 공식을 이용하여 다음을 계산하시오.

(1) $13\times75+13\times25$ (2) $16^2+2\times16\times4+4^2$ (3) 32^2-28^2

> **인수분해 공식을 이용하여 복잡한 수 계산하기**
> 다음의 인수분해 공식을 이용하면 편리하다.
> ① $ma+mb=m(a+b)$
> ② $a^2+2ab+b^2=(a+b)^2$, $a^2-2ab+b^2=(a-b)^2$
> ③ $a^2-b^2=(a+b)(a-b)$

9-1 인수분해 공식을 이용하여 다음을 계산하시오.

(1) $15\times57+15\times43$ (2) $77^2-2\times77\times7+7^2$

(3) 55^2-45^2 (4) $\sqrt{64^2-2\times64\times20+20^2}$

핵심예제 **10** $x=\sqrt{3}+2$, $y=\sqrt{3}-2$일 때, 다음 식의 값을 구하시오.

(1) x^2-4x+4 (2) x^2-y^2

> **인수분해 공식을 이용하여 식의 값 구하기**
> 주어진 식을 인수분해한 후 문자에 수를 대입하여 구한다.

10-1 인수분해 공식을 이용하여 다음을 구하시오.

(1) $x=57$일 때, x^2+6x+9의 값

(2) $x=68$, $y=32$일 때, x^2-y^2의 값

(3) $a=\sqrt{5}-2$, $b=\sqrt{5}+2$일 때, $a^2-2ab+b^2$의 값

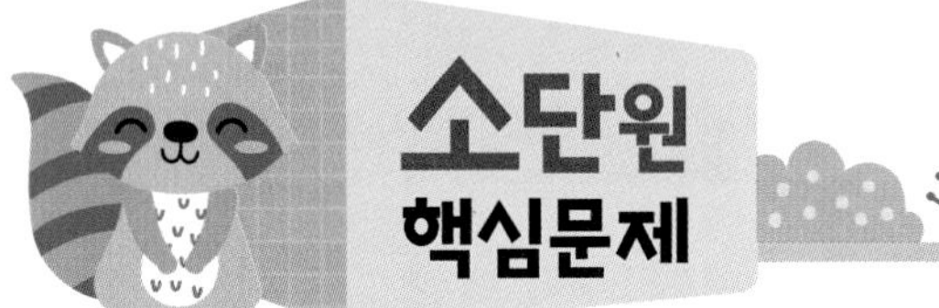

정답과 풀이 ★ 37쪽

치환을 이용한 다항식의 인수분해

1 다음 식을 인수분해하시오.

(1) $(x-5)^2-4(x-5)+4$

(2) $(x-3y)^2-16$

(3) $(x+y)^2-6(x+y)(x-y)+9(x-y)^2$

공통부분 또는 복잡한 식을 한 문자로 치환한 후 인수분해 공식을 이용한다.

공통부분이 있는 다항식의 인수분해 – 미지수 구하기

2 $(a-2b)^2-8(a-2b-1)+8$을 인수분해하면 $(pa-2b+q)^2$일 때, 상수 p, q에 대하여 $p-q$의 값은?

① 1 ② 2 ③ 3
④ 4 ⑤ 5

항이 4개인 다항식의 인수분해 – 공통인 인수 구하기

3 다음 두 다항식의 일차 이상의 공통인 인수를 구하시오.

$$x^2+x-3y-9y^2,\qquad x^3-3x^2y-x+3y$$

공통인 인수가 생기도록 두 항씩 나누어 인수분해한다.

인수분해 공식을 이용한 수의 계산

기출 **4** 인수분해 공식을 이용하여 $\dfrac{97^2-9}{45\times94+5\times94}$의 값을 구하면?

① $\dfrac{1}{2}$ ② 1 ③ $\dfrac{3}{2}$
④ 2 ⑤ $\dfrac{5}{2}$

인수분해 공식을 이용할 수 있도록 수의 모양을 바꾸어 계산한다.

인수분해 공식을 이용한 식의 값

5 $a=\sqrt{2}+1$, $b=\sqrt{2}-1$일 때, a^2+b^2+2ab의 값을 구하시오.

주어진 식을 인수분해한 후 문자에 수를 대입하여 계산한다.

중단원 마무리 테스트

정답과 풀이 ★ 37쪽

1

다음 보기에서 다항식 $4x^2y-8xy^2$의 인수인 것을 모두 고르시오.

보기

ㄱ. x　　ㄴ. xy

ㄷ. $x-2$　　ㄹ. $y(x-2y)$

2 중요

다음 이차식이 모두 완전제곱식이 될 때, □ 안에 알맞은 양수의 값이 가장 작은 것은?

① $x^2+\square x+9$　② $x^2-\frac{1}{2}x+\square$

③ $4x^2+8x+\square$　④ $\frac{1}{16}x^2-\square x+4$

⑤ $\square x^2+4x+4$

3

$-2<a<2$일 때, $\sqrt{a^2+4a+4}-\sqrt{a^2-4a+4}$를 간단히 하면?

① $-2a$　② -4　③ 0

④ 4　⑤ $2a$

4

다음 두 다항식의 1이 아닌 공통인 인수는?

$x^2-4,\quad x^2-5x-14$

① $x-7$　② $x-4$　③ $x+2$

④ $x+4$　⑤ $x+7$

5

다항식 $3x^2+7x-20$을 인수분해하면 $(x+a)(3x+b)$일 때, 상수 a, b에 대하여 $a+b$의 값은?

① -2　② -1　③ 0

④ 1　⑤ 2

6 중요

다음 중에서 인수분해를 바르게 한 것은?

① $x^2+8x+16=(x+8)^2$

② $9x^2-6x+1=(3x-1)^2$

③ $49x^2-4=(7x-1)(7x+4)$

④ $x^2-6x-27=(x-3)(x+9)$

⑤ $3x^2+8x-3=(3x+1)(x-3)$

7

x에 대한 이차식 $x^2+ax+40$이 $(x+p)(x+q)$로 인수분해될 때, 다음 중 상수 a의 값이 될 수 없는 것은? (단, p, q는 자연수)

① 13　② 14　③ 22

④ 30　⑤ 41

8

오른쪽 그림과 같이 넓이가 $10a^2+11a+3$인 직사각형의 세로의 길이가 $2a+1$일 때, 가로의 길이를 구하시오.

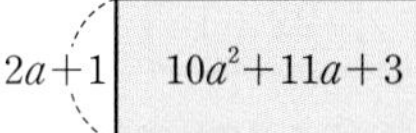

9 중요

다항식 x^2+4x+a가 $x+5$를 인수로 가질 때, 상수 a의 값은?

① -25　② -20　③ -15
④ -10　⑤ -5

10

다음 그림과 같은 세 종류의 직사각형 15개를 겹치지 않게 이어 붙여 새로운 직사각형을 만들려고 한다. 이 직사각형의 세로의 길이가 $x+2$일 때, 가로의 길이는?

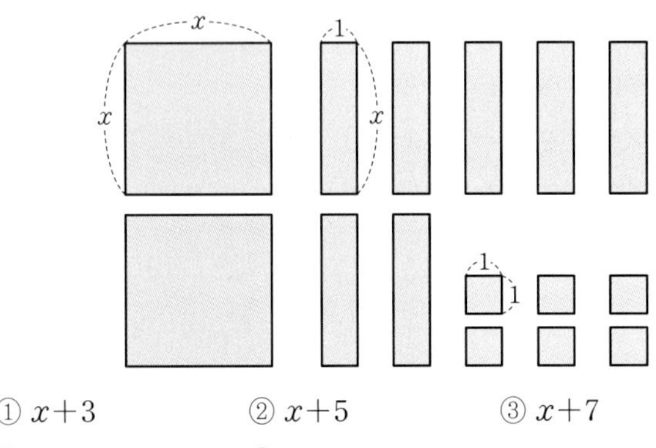

① $x+3$　② $x+5$　③ $x+7$
④ $2x+3$　⑤ $2x+5$

11 신유형

다음과 같이 서로 다른 다항식이 적힌 8장의 카드가 있다. 이 카드들을 책상 위에 뒤집어 놓고 현주가 두 장을 뽑아 카드에 적힌 식을 기억한 후 다시 뒤집어 8장의 카드를 섞은 후 승기가 두 장의 카드를 뽑았다.

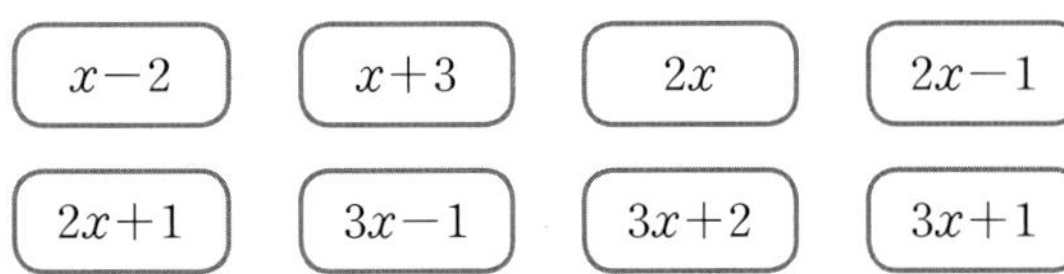

현주와 승기가 뽑은 카드에 적힌 두 다항식의 곱이 각각 $6x^2+7x+2$, $3x^2+11x+6$일 때, 두 사람이 공통으로 뽑은 카드에 적힌 다항식을 구하시오.

12 중요

다항식 $(x+y)(x+y-5)-24$가 x의 계수가 1인 두 일차식의 곱으로 인수분해될 때, 이 두 일차식의 합은?

① $2x+2y-3$　② $2x+2y-5$
③ $2x+y-3$　④ $2x+y-5$
⑤ $x+2y-3$

13

a^2+8b-b^2-16을 인수분해하시오.

14

$(x^2+x)(x^2+x-2)+k$가 완전제곱식이 될 때, 상수 k의 값은?

① -3　② -1　③ 0
④ 1　⑤ 3

15 중요

다음 중 $\sqrt{83^2+2\times83\times17+17^2}$을 계산하는 데 가장 알맞은 인수분해 공식은? (단, $a>0$, $b>0$)

① $a^2+2ab+b^2=(a+b)^2$
② $a^2-2ab+b^2=(a-b)^2$
③ $a^2-b^2=(a+b)(a-b)$
④ $x^2+(a+b)x+ab=(x+a)(x+b)$
⑤ $abx^2+(ad+bc)x+bd=(ax+b)(cx+d)$

16

$\sqrt{10}$의 소수 부분을 a라 할 때, a^2+6a+9의 값은?

① 2 ② 4 ③ 6
④ 8 ⑤ 10

17

인수분해 공식을 이용하여

$$6^2-5^2+4^2-3^2+2^2-1^2$$

의 값을 구하시오.

18 신유형

다음은 진경이와 성태의 대화이다.

> 진경: $(100-5)(100+1)+9=N^2$에서 자연수 N을 어떻게 구하지? 인수분해 공식을 이용하려니 어떻게 해야 할지 모르겠어.
> 성태: 100을 한 문자로 치환하면 어떨까? 그러면 인수분해 공식을 이용할 수 있겠다.

이 대화를 읽고 $(100-5)(100+1)+9=N^2$을 만족시키는 자연수 N의 값을 구하면?

① 96 ② 97 ③ 98
④ 99 ⑤ 100

19

오른쪽 그림과 같이 반지름의 길이가 15.5 m인 원 모양의 정원이 있다. 이 정원에 반지름의 길이가 5.5 m인 원 모양의 연못을 만들 때, 연못을 제외한 정원의 넓이를 인수분해 공식을 이용하여 구하시오.

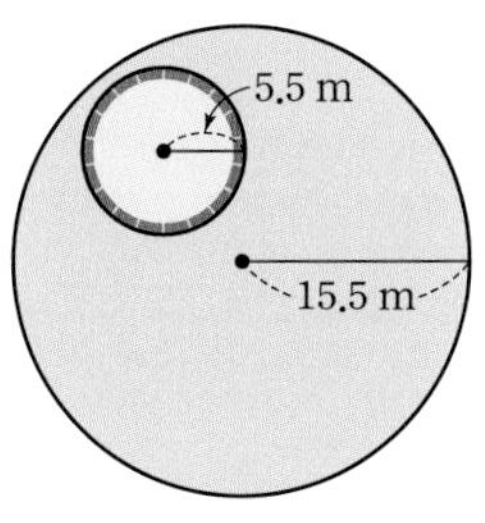

기출 서술형

20 중요

이차항의 계수가 2인 이차식을 인수분해하는데 주은이는 상수항을 잘못 보아 $(x-1)(2x-3)$으로 인수분해하였고, 은혁이는 x의 계수를 잘못 보아 $(x+4)(2x-3)$으로 인수분해하였다. 다음 물음에 답하시오. (단, 풀이 과정을 자세히 쓰시오.)

(1) 처음 이차식을 구하시오.
(2) 처음 이차식을 바르게 인수분해하시오.

풀이 과정

(1)

(2)

답 | (1) (2)

21

$a=\frac{1}{\sqrt{5}-2}$, $b=\frac{1}{\sqrt{5}+2}$일 때, 다음 물음에 답하시오.

(단, 풀이 과정을 자세히 쓰시오.)

(1) a, b의 분모를 각각 유리화하시오.
(2) a^2+b^2-2ab의 값을 구하시오.

풀이 과정

(1)

(2)

답 | (1) (2)

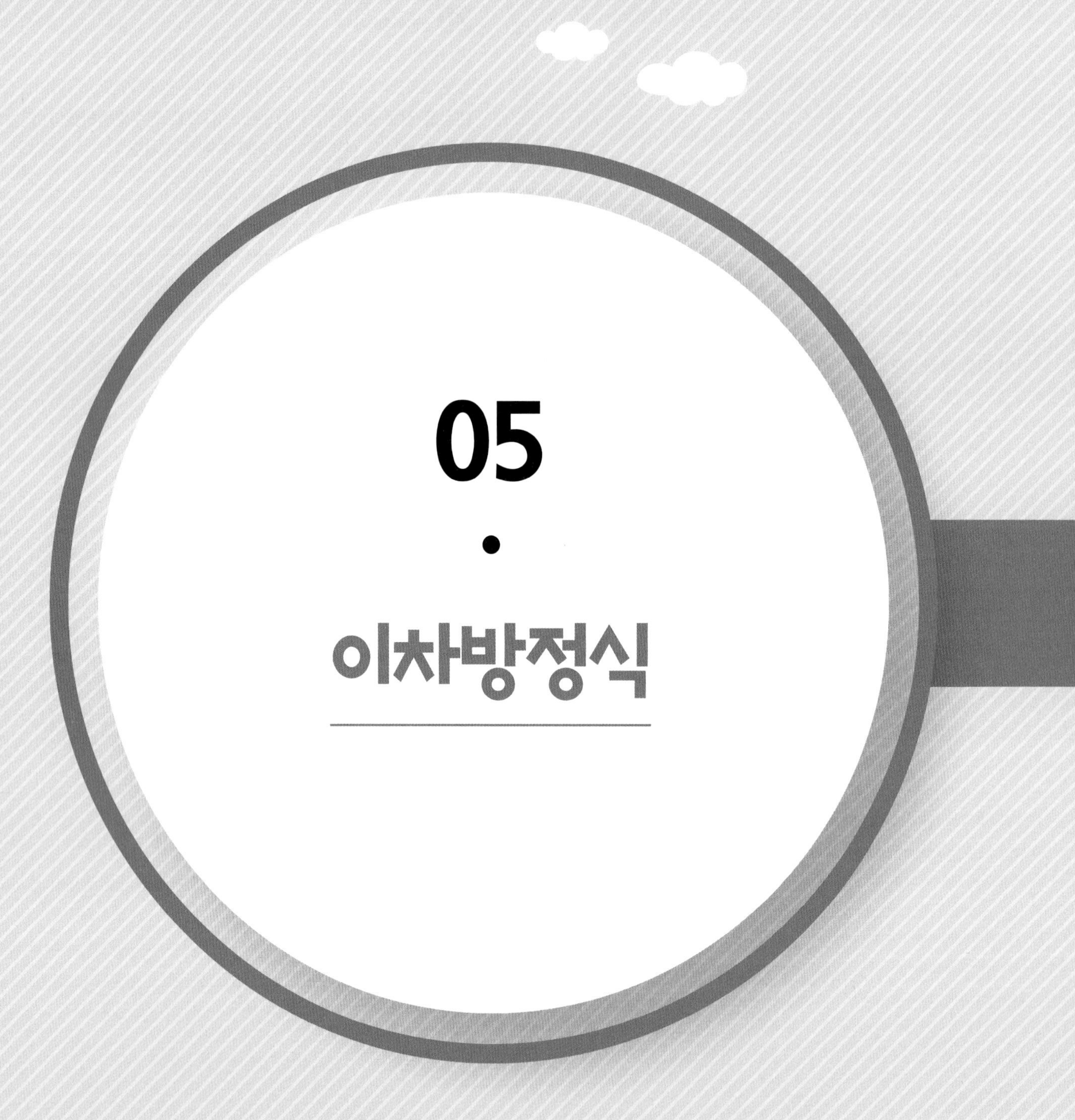

05

이차방정식

이 단원의 학습 계통

배운 내용
일차방정식
연립방정식
다항식의 곱셈
인수분해
이 단원의 내용
01 이차방정식의 뜻과 해
02 인수분해를 이용한 이차방정식의 풀이
03 완전제곱식을 이용한 이차방정식의 풀이
04 이차방정식의 근의 공식
05 이차방정식의 성질
06 이차방정식의 활용
배울 내용
이차함수와 그 그래프
이차함수와 이차방정식

01 이차방정식의 뜻과 해

정답과 풀이 ★ 39쪽

1 이차방정식

등식의 모든 항을 좌변으로 이항하여 정리하였을 때,

(x에 대한 이차식)$=0$

꼴로 나타나는 방정식을 x에 대한 **이차방정식**이라 한다.

일반적으로 x에 대한 이차방정식은

$ax^2+bx+c=0$ (a, b, c는 상수, $a\neq0$) └ 이차항의 계수가 0이 아니다.

꼴로 나타낼 수 있다.

예 $x^2=3(x+4)$ ➡ $x^2-3x-12=0$ ➡ x에 대한 이차방정식이다. (└ x에 대한 이차식)

$(x-2)^2=x^2$ ➡ $-4x+4=0$ ➡ x에 대한 이차방정식이 아니다. (└ x에 대한 일차식)

배운 내용 톡

① **방정식**: 미지수의 값에 따라 참이 되기도 하고 거짓이 되기도 하는 등식

② **이항**: 등식의 어느 한 변에 있는 항을 부호만 바꾸어 다른 변으로 옮기는 것

2 이차방정식의 해(근)

이차방정식을 참이 되게 하는 x의 값을 이차방정식의 해 또는 근이라 하고 이차방정식의 해를 모두 구하는 것을 이차방정식을 푼다고 한다.

예 $x=1$을 $x^2+x-2=0$에 대입하면 $1^2+1-2=0$이므로 참이다. ➡ $x=1$은 이차방정식 $x^2+x-2=0$의 해이다.

참고 x에 대한 이차방정식에서 x의 값의 범위가 주어지지 않을 때에는 실수 전체를 그 범위로 생각한다.

핵심예제 1 다음 보기에서 x에 대한 이차방정식인 것을 모두 고르시오.

보기

ㄱ. $x^2-1=x$　　ㄴ. $3x^2+2x$

ㄷ. $x(x-1)=x^2+2$　　ㄹ. $(x-3)(x+1)=0$

> **x에 대한 이차방정식 찾기**
> ❶ 등식인지 확인한다.
> ❷ 등식의 모든 항을 좌변으로 이항하여 정리하였을 때
> (x에 대한 이차식)$=0$
> 꼴이 되는 것을 찾는다.

1-1 다음 중에서 x에 대한 이차방정식이 아닌 것을 모두 고르면? (정답 2개)

① $x^2=3(x+2)$　② $x^2=x(x+3)$　③ $2x^2-3x=x^2+2$

④ $(x+1)(x-2)=x^2$　⑤ $2x^2=(x+1)(x-2)$

핵심예제 2 다음 보기에서 [　] 안의 수가 주어진 이차방정식의 해인 것을 모두 고르시오.

보기

ㄱ. $x^2-2x-3=0$ $[-1]$　　ㄴ. $x^2-4=0$ $[4]$

ㄷ. $2x^2+x-6=0$ $[-2]$　　ㄹ. $(2x-1)(x+3)=0$ $\left[\frac{1}{2}\right]$

> **이차방정식의 해(근)**
> $x=a$가 주어진 이차방정식의 해이면 $x=a$를 이차방정식에 대입하였을 때 등식이 성립한다.

2-1 x의 값이 -2, -1, 0, 1, 2일 때, 다음 이차방정식을 푸시오.

(1) $x^2-x=0$　　(2) $(x+1)(x-1)=0$

(3) $x^2=2-x$　　(4) $x^2-x-2=0$

> **이차방정식을 푼다**
> 주어진 x의 값을 모두 대입하여 이차방정식을 참이 되게 하는 x의 값을 모두 구한다.

소단원 핵심문제

정답과 풀이 ★ 40쪽

이차방정식 찾기

1 다음 보기 에서 x에 대한 이차방정식인 것을 모두 고르시오.

> **보기**
> ㄱ. $x^2+3=x-3$　　ㄴ. $x(3x-2)=3x^2-1$
> ㄷ. $(x-1)^2=2-x^2$　　ㄹ. $(x+1)(x-2)=x+2$

● 등식의 모든 항을 좌변으로 이항하여 정리하였을 때
　(x에 대한 이차식)$=0$
꼴로 나타나는 것을 찾는다.

이차방정식이 될 조건

2 다음 중에서 등식 $ax^2+3x+2=(x-1)(2x+1)$이 x에 대한 이차방정식이 되도록 하는 상수 a의 값으로 적당하지 않은 것은?

① -2　② -1　③ 0
④ 1　⑤ 2

● $ax^2+bx+c=0$ (a, b, c는 상수)이 x에 대한 이차방정식이 되려면 $a\neq0$이어야 한다.

이차방정식의 해

3 다음 중에서 [　] 안의 수가 주어진 이차방정식의 해가 아닌 것은?

① $x^2-4x-5=0$ $[-1]$　② $3x^2-5x-2=0$ $[2]$
③ $x^2+4x-12=0$ $[-2]$　④ $2x^2+3x-9=0$ $[-3]$
⑤ $x^2+x-12=0$ $[3]$

● $x=a$가 주어진 이차방정식의 해이면 $x=a$를 이차방정식에 대입하였을 때 등식이 성립한다.

한 근이 주어질 때, 미지수의 값 구하기

4 x에 대한 이차방정식 $x^2+ax-3=0$의 한 근이 $x=-1$일 때, 상수 a의 값을 구하시오.

두 이차방정식의 공통인 근

기출 **5** x에 대한 두 이차방정식 $ax^2+x-2=0$, $x^2+bx+4=0$의 공통인 해가 $x=-2$일 때, 상수 a, b에 대하여 $a+b$의 값은?

① 1　② 2　③ 3
④ 4　⑤ 5

● $x=-2$는 주어진 두 이차방정식을 모두 참이 되게 하는 x의 값이다.

02 인수분해를 이용한 이차방정식의 풀이

3 $AB=0$의 성질

두 수 또는 두 식 A, B에 대하여 다음이 성립한다.

$AB=0$이면 $A=0$ 또는 $B=0$

참고 $AB=0$은 다음 세 가지 중 어느 하나가 성립함을 의미한다.

① $A=0$, $B=0$ ② $A=0$, $B\neq0$ ③ $A\neq0$, $B=0$

4 인수분해를 이용한 이차방정식의 풀이

① 이차방정식을 정리한다. ➡ $ax^2+bx+c=0$

② 좌변을 인수분해한다. ➡ $a(x-\alpha)(x-\beta)=0$

③ $AB=0$의 성질을 이용한다. ➡ $x-\alpha=0$ 또는 $x-\beta=0$

④ 해를 구한다. ➡ $x=\alpha$ 또는 $x=\beta$

예 이차방정식 $2x^2-6x+4=0$에서

$2(x^2-3x+2)=0$, $2(x-1)(x-2)=0$, $x-1=0$ 또는 $x-2=0$

따라서 $x=1$ 또는 $x=2$

핵심예제 **3** 다음 이차방정식을 인수분해를 이용하여 푸시오.

(1) $x^2-4x-32=0$ (2) $x^2-2x+2=3x+8$

> 인수분해를 이용한 이차방정식의 풀이
> ❶ 이차방정식을 $ax^2+bx+c=0$ 꼴로 정리한다.
> ❷ 좌변을 인수분해한다.
> ❸ $AB=0$의 성질을 이용하여 해를 구한다.

3-1 다음 이차방정식을 푸시오.

(1) $(x+2)(x-3)=0$ (2) $(2x-1)(x+4)=0$

(3) $3(x+5)(x-2)=0$ (4) $4(x-5)(3x+2)=0$

3-2 다음 이차방정식을 인수분해를 이용하여 푸시오.

(1) $x^2-3x-18=0$ (2) $4x(x-2)=5$

(3) $3x^2-5x=6-3x^2$ (4) $(2x+1)(5x+2)=6x+3$

3-3 다음 두 이차방정식의 공통인 근을 구하시오.

$x^2-4=0$, $3(x+1)(x-2)=x(x-4)$

> 두 이차방정식을 모두 만족시키는 x의 값을 구한다.

정답과 풀이 ★ 40쪽

5 이차방정식의 중근

(1) **중근**: 이차방정식의 두 해가 중복일 때, 이 해를 주어진 이차방정식의 중근이라 한다.

예 이차방정식 $x^2-2x+1=0$에서 $(x-1)^2=0$, 즉 $(x-1)(x-1)=0$이므로
$x-1=0$ 또는 $x-1=0$
즉, $\underline{x=1}$ 또는 $\underline{x=1}$이므로 이차방정식 $x^2-2x+1=0$의 해는 $\underline{x=1}$
(중복) (중근)

용어 톡
중근(重 거듭하다, 根 뿌리): 중복되는 근

(2) 이차방정식이 중근을 가질 조건
① 이차방정식이 (완전제곱식)$=0$ 꼴로 나타내어지면 이 이차방정식은 중근을 갖는다.
② x^2의 계수가 1인 이차방정식 $x^2+ax+b=0$이 중근을 가질 조건
➡ $b=\left(\dfrac{a}{2}\right)^2$

예 이차방정식 $x^2+2x+a=0$이 중근을 가지려면 $a=\left(\dfrac{2}{2}\right)^2=1$이어야 한다.

핵심예제 4 다음 이차방정식을 인수분해를 이용하여 푸시오.

(1) $x^2+18x+81=0$　　(2) $2x^2-4x+3=2-2x^2$

> **중근을 갖는 이차방정식**
> (완전제곱식)$=0$ 꼴로 나타내어진다.

4-1 다음 이차방정식을 푸시오.

(1) $2(x+1)^2=0$　　(2) $(5x-4)^2=0$

4-2 다음 이차방정식을 인수분해를 이용하여 푸시오.

(1) $x^2-10x+25=0$　　(2) $x(x+8)=-16$
(3) $2x^2-10x+9=2x-9$　　(4) $9x^2-8x+3=4x-1$

핵심예제 5 다음 이차방정식이 중근을 가질 때, □ 안에 알맞은 양수를 써넣으시오.

(1) $x^2+6x+\square=0$　　(2) $3x^2-\square x+12=0$

> **이차방정식 $x^2+ax+b=0$이 중근을 가질 조건**
> ➡ $b=\left(\dfrac{a}{2}\right)^2$

5-1 다음 이차방정식이 중근을 가질 때, 상수 k의 값을 모두 구하시오.

(1) $x^2+12x+20-k=0$　　(2) $2x^2+3kx+8=0$

정답과 풀이 ★ 42쪽

인수분해를 이용한 이차방정식의 풀이

1 다음 이차방정식 중에서 해가 $x=-\frac{1}{3}$ 또는 $x=2$인 것은?

① $(3x+1)(x+2)=0$ ② $(3x-1)(x+2)=0$ ③ $3(x+1)(x+2)=0$
④ $(3x+1)(x-2)=0$ ⑤ $(3x-1)(x-2)=0$

$AB=0$의 성질을 이용하여 해를 구한다.

공통인 근 구하기

2 다음 두 이차방정식의 공통인 근은?

$$6x^2+7x-5=0,\qquad 2x^2+7x-4=0$$

① $x=-1$ ② $x=-\frac{1}{2}$ ③ $x=\frac{1}{2}$
④ $x=1$ ⑤ $x=\frac{3}{2}$

인수분해를 이용하여 두 이차방정식을 모두 만족시키는 x의 값을 구한다.

한 근이 주어졌을 때, 다른 한 근 구하기

기출 **3** x에 대한 이차방정식 $3x^2+ax-12=0$의 한 근이 $x=3$일 때, 다음을 구하시오.

(1) 상수 a의 값 (2) 다른 한 근

먼저 주어진 한 근을 이차방정식에 대입하여 미지수의 값을 구한다.

중근을 갖는 이차방정식

4 다음 보기에서 중근을 갖는 이차방정식을 모두 고르시오.

보기
ㄱ. $x^2+6x+4=2x$ ㄴ. $2x^2-7x+3=0$
ㄷ. $3x^2+6x-9=0$ ㄹ. $16x^2+1=8x$

(완전제곱식)$=0$ 꼴의 이차방정식을 찾는다.

중근을 가질 조건

5 이차방정식 $5x-4=x^2+ax+5$가 중근 $x=b$를 가질 때, $a+b$의 값은? (단, a는 양수)

① 5 ② 6 ③ 7
④ 8 ⑤ 9

이차방정식 $x^2+ax+b=0$이 중근을 가질 조건
➡ $b=\left(\frac{a}{2}\right)^2$

03 완전제곱식을 이용한 이차방정식의 풀이

정답과 풀이 ★ 42쪽

6 제곱근을 이용한 이차방정식의 풀이

(1) 이차방정식 $x^2=q(q\geq 0)$의 해

$x^2=q \Rightarrow x=\pm\sqrt{q}$

예 이차방정식 $x^2=3$의 해는 $x=\pm\sqrt{3}$

(2) 이차방정식 $(x-p)^2=q\ (q\geq 0)$의 해

$(x-p)^2=q \Rightarrow x-p=\pm\sqrt{q} \Rightarrow x=p\pm\sqrt{q}$

예 이차방정식 $(x+1)^2=3$의 해는 $x+1=\pm\sqrt{3}$에서 $x=-1\pm\sqrt{3}$

참고 이차방정식 $(x-p)^2=q$의 해

① $q>0$이면 서로 다른 두 근을 갖는다. $\Rightarrow x=p\pm\sqrt{q}$

② $q=0$이면 (완전제곱식)$=0$ 꼴이므로 중근을 갖는다. $\Rightarrow x=p$

(①, ②: 이차방정식 $(x-p)^2=q$가 근을 가질 조건 $\Rightarrow q\geq 0$)

③ $q<0$이면 해가 없다.

배운 내용 톡

제곱근: 어떤 수 x를 제곱하여 $a(a\geq 0)$가 될 때, 즉 $x^2=a$일 때, x를 a의 제곱근이라 한다.

핵심예제 6 다음 이차방정식을 제곱근을 이용하여 푸시오.

(1) $x^2-9=0$ (2) $(3x+1)^2=8$

> 제곱근을 이용한 이차방정식의 풀이
> ① $x^2=q\ (q\geq 0)$
> $\Rightarrow x=\pm\sqrt{q}$
> ② $(x-p)^2=q\ (q\geq 0)$
> $\Rightarrow x-p=\pm\sqrt{q}$
> $\Rightarrow x=p\pm\sqrt{q}$

6-1 다음 이차방정식을 제곱근을 이용하여 푸시오.

(1) $x^2=5$ (2) $x^2-7=0$

(3) $2x^2-8=0$ (4) $9x^2=2$

6-2 다음 이차방정식을 제곱근을 이용하여 푸시오.

(1) $(x+1)^2=16$ (2) $3(x-2)^2=12$

(3) $2(x+3)^2-6=0$ (4) $-4(x-1)^2+9=0$

6-3 다음 이차방정식이 해를 가질 조건을 구하시오.

(1) $x^2=a$ (2) $(x-3)^2=a-1$

(3) $2(x+1)^2=1-2a$ (4) $ax^2=-5$

> 이차방정식 $(x-p)^2=q$가 해를 가질 조건
> $\Rightarrow q\geq 0$

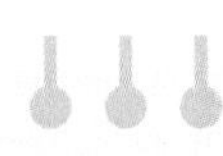

7 완전제곱식을 이용한 이차방정식의 풀이

이차방정식 $ax^2+bx+c=0$에서 좌변을 인수분해하기 어려울 때는 다음 순서에 따라 주어진 이차방정식을 (완전제곱식)=(상수) 꼴로 나타내어 해를 구할 수 있다.

① x^2의 계수로 양변을 나누어서 x^2의 계수를 1로 만든다.

② 상수항을 우변으로 이항한다.

③ 양변에 $\left\{\frac{(x\text{의 계수})}{2}\right\}^2$을 더한다.

④ 좌변을 완전제곱식으로 만든다.

⑤ 제곱근을 이용하여 이차방정식의 해를 구한다.

예 이차방정식 $2x^2+8x+4=0$에서

$x^2+4x+2=0$, $x^2+4x=-2$, $x^2+4x+\left(\frac{4}{2}\right)^2=-2+\left(\frac{4}{2}\right)^2$, $(x+2)^2=2$, $x+2=\pm\sqrt{2}$

따라서 $x=-2\pm\sqrt{2}$

핵심예제 7 다음 이차방정식을 완전제곱식을 이용하여 푸시오.

(1) $x^2+8x+4=0$ (2) $2x^2-\frac{1}{2}x-1=0$

> 완전제곱식을 이용한 이차방정식의 풀이
> 이차방정식 $ax^2+bx+c=0$을 $(x+p)^2=q$ 꼴로 변형하여 푼다.

7-1 다음 이차방정식을 $(x+p)^2=q$ 꼴로 고치시오.

(1) $x^2+3x+1=0$ (2) $x^2-2x-5=0$

(3) $2x^2-6x-3=0$ (4) $3x^2+3x-1=0$

7-2 다음 이차방정식을 완전제곱식을 이용하여 푸시오.

(1) $x^2-2x-1=0$ (2) $x^2+4x+1=0$

(3) $x^2+5x-2=0$ (4) $x^2-6x-3=0$

7-3 다음 이차방정식을 완전제곱식을 이용하여 푸시오.

(1) $2x^2+4x-5=0$ (2) $5x^2-4x-2=0$

(3) $-3x^2+6x-2=0$ (4) $6x^2-3x-2=0$

정답과 풀이 ★ 44쪽

제곱근을 이용한 이차방정식의 풀이

1 다음 이차방정식을 제곱근을 이용하여 푸시오.

(1) $16x^2=25$ (2) $3x^2-10=0$

(3) $(5-2x)^2=1$ (4) $4(x-3)^2-5=0$

> $x^2=q\ (q\ge0)$의 해
> ➡ $x=\pm\sqrt{q}$
> $(x-p)^2=q\ (q\ge0)$의 해
> ➡ $x=p\pm\sqrt{q}$

제곱근을 이용한 이차방정식의 풀이

2 다음 이차방정식 중에서 해가 $x=-3\pm2\sqrt{5}$인 것은?

① $(x+3)^2=10$ ② $(x-3)^2=10$ ③ $(x+3)^2=15$

④ $(x+3)^2=20$ ⑤ $(x-3)^2=20$

이차방정식이 해를 가질 조건

기출 **3** 다음 중에서 x에 대한 이차방정식 $(x+4)^2=5-a$가 근을 갖도록 하는 상수 a의 값으로 옳지 않은 것은?

① -1 ② 1 ③ 3

④ 5 ⑤ 7

> 이차방정식 $(x-p)^2=q$가 근을 가질 조건
> ➡ $q\ge0$

완전제곱근을 이용한 이차방정식의 풀이

4 오른쪽은 완전제곱식을 이용하여 이차방정식 $3x^2+6x+2=0$의 해를 구하는 과정이다. 유리수 a, b, c에 대하여 $ab-3c$의 값을 구하시오.

> $3x^2+6x+2=0$에서
> $x^2+2x+\frac{2}{3}=0$, $x^2+2x=-\frac{2}{3}$
> $x^2+2x+a=-\frac{2}{3}+a$
> $(x+b)^2=c$, $x+b=\pm\sqrt{c}$
> 따라서 $x=-b\pm\sqrt{c}$

> 이차방정식 $ax^2+bx+c=0$을 $(x+p)^2=q$ 꼴로 변형하여 푼다.

완전제곱근을 이용한 이차방정식의 풀이

5 다음 이차방정식을 완전제곱식을 이용하여 푸시오.

(1) $x^2-10x+18=0$ (2) $x^2-8x-3=0$

(3) $2x^2+6x-5=0$ (4) $4x^2-12x+1=0$

04 이차방정식의 근의 공식

8 이차방정식의 근의 공식

다음과 같이 이차방정식의 근을 구하는 공식을 이차방정식의 **근의 공식**이라 한다.

(1) 이차방정식 $ax^2+bx+c=0$의 근은

$$x=\frac{-b\pm\sqrt{b^2-4ac}}{2a}\ (\text{단, } b^2-4ac\ge0)$$

└ $b^2-4ac<0$이면 해가 없다.

(2) 이차방정식 $ax^2+2b'x+c=0$의 근은

$$x=\frac{-b'\pm\sqrt{b'^2-ac}}{a}\ (\text{단, } b'^2-ac\ge0)$$

예 이차방정식 $x^2-4x+1=0$에서

(1)을 이용할 경우 ➡ $a=1$, $b=-4$, $c=1$이므로

$$x=\frac{-(-4)\pm\sqrt{(-4)^2-4\times1\times1}}{2\times1}=\frac{4\pm2\sqrt{3}}{2}=2\pm\sqrt{3}$$

(2)를 이용할 경우 ➡ $a=1$, $b'=-2$, $c=1$이므로

$$x=\frac{-(-2)\pm\sqrt{(-2)^2-1\times1}}{1}=2\pm\sqrt{3}$$

x의 계수가 짝수일 때는 (1)보다 (2)를 이용하는 것이 간단하다.

근의 공식의 유도 과정

$$ax^2+bx+c=0$$
$$x^2+\frac{b}{a}x+\frac{c}{a}=0$$
$$x^2+\frac{b}{a}x=-\frac{c}{a}$$
$$x^2+\frac{b}{a}x+\left(\frac{b}{2a}\right)^2=-\frac{c}{a}+\left(\frac{b}{2a}\right)^2$$
$$\left(x+\frac{b}{2a}\right)^2=\frac{b^2-4ac}{4a^2}$$
$$x+\frac{b}{2a}=\pm\frac{\sqrt{b^2-4ac}}{2a}$$
$$x=\frac{-b\pm\sqrt{b^2-4ac}}{2a}$$

핵심예제 8 다음 이차방정식을 근의 공식을 이용하여 푸시오.

(1) $x^2+4x-3=0$ (2) $2x^2-5x+2=0$

8-1 다음 이차방정식을 근의 공식을 이용하여 푸시오.

(1) $x^2+5x-3=0$ (2) $x^2+1=3x$

(3) $3x^2-5x=1$ (4) $5x^2+7x-2=0$

8-2 다음 이차방정식을 근의 공식을 이용하여 푸시오.

(1) $x^2+2x=7$ (2) $x^2-4x+2=0$

(3) $2x^2-6x+3=0$ (4) $3x^2=10-2x$

8-3 이차방정식 $3x^2+4x-1=0$의 근이 $x=\frac{A\pm\sqrt{B}}{3}$일 때, $A+B$의 값을 구하시오.

(단, A, B는 유리수)

근의 공식을 이용한 이차방정식의 풀이

① 이차방정식 $ax^2+bx+c=0$의 근은

$$x=\frac{-b\pm\sqrt{b^2-4ac}}{2a}$$

(단, $b^2-4ac\ge0$)

② 이차방정식 $ax^2+2b'x+c=0$의 근은

$$x=\frac{-b'\pm\sqrt{b'^2-ac}}{a}$$

(단, $b'^2-ac\ge0$)

9 여러 가지 이차방정식의 풀이

다음 각 경우에 이차방정식을 $ax^2+bx+c=0$ 꼴로 정리한 후 인수분해 공식 또는 근의 공식을 이용하여 푼다.

(1) 괄호가 있는 경우: 곱셈 공식이나 분배법칙을 이용하여 괄호를 푼다.

예 $x(x-1)=2 \xrightarrow{\text{괄호를 풀어 정리한다.}} x^2-x-2=0$

(2) 계수가 소수인 경우: 양변에 10의 거듭제곱을 곱하여 계수를 정수로 고친다.

예 $0.4x^2-x+0.3=0 \xrightarrow[\text{정리한다.}]{\text{양변에 10을 곱하여}} 4x^2-10x+3=0$

(3) 계수가 분수인 경우: 양변에 분모의 최소공배수를 곱하여 계수를 정수로 고친다.

예 $\frac{1}{2}x^2+\frac{1}{3}x-1=0 \xrightarrow[\text{6을 곱하여 정리한다.}]{\text{양변에 2, 3의 최소공배수}} 3x^2+2x-6=0$

(4) 공통부분이 있는 경우: 공통부분을 한 문자로 놓는다.

예 $(x+1)^2+2(x+1)-3=0 \xrightarrow{x+1=A\text{로 놓는다.}} A^2+2A-3=0$

핵심예제 9 다음 이차방정식을 푸시오.

(1) $(x+1)(x-2)=x+3$

(2) $0.3x^2=x-0.7$

(3) $\frac{1}{2}x^2-x+\frac{1}{3}=0$

여러 가지 이차방정식의 풀이
① 괄호가 있는 경우
➡ 곱셈 공식 또는 분배법칙을 이용하여 괄호를 푼다.
② 계수가 소수 또는 분수인 경우
➡ 양변에 적당한 수를 곱하여 계수를 정수로 고친다.

9-1 다음 이차방정식을 푸시오.

(1) $x^2=3(2x-3)$

(2) $(2x+1)(3x-2)=5x$

(3) $0.4x^2+0.1=0.5x$

(4) $0.2x^2-x+0.7=0$

(5) $\frac{1}{2}x^2=1-\frac{1}{4}x$

(6) $\frac{4x^2+5}{12}=x$

핵심예제 10 다음 이차방정식을 푸시오.

(1) $(x-3)^2-3(x-3)-10=0$

(2) $2(x+2)^2+11(x+2)-6=0$

공통부분이 있는 이차방정식의 풀이
❶ 공통부분을 A로 놓고 A에 대한 이차방정식을 푼다.
❷ A에 원래의 식을 대입하여 x의 값을 구한다.

10-1 다음 이차방정식을 푸시오.

(1) $(x+5)^2=3(x+5)$

(2) $(2x+1)^2+2(2x+1)-35=0$

(3) $(3x-2)^2-(3x-2)-6=0$

(4) $\frac{1}{2}(x+3)^2=(x+3)+4$

소단원 핵심문제

정답과 풀이 ★ 46쪽

근의 공식을 이용한 이차방정식의 풀이

1 다음 이차방정식을 근의 공식을 이용하여 푸시오.

(1) $x^2+3x=x+4$　　(2) $x^2+3x=5$

(3) $2x^2=3x+3$　　(4) $3x^2+4x=1$

(5) $5x^2-7x-1=0$　　(6) $2x^2-5x-8=0$

> ① 이차방정식 $ax^2+bx+c=0$의 근은
> $x=\dfrac{-b\pm\sqrt{b^2-4ac}}{2a}$ (단, $b^2-4ac\geq 0$)
> ② 이차방정식 $ax^2+2b'x+c=0$의 근은
> $x=\dfrac{-b'\pm\sqrt{b'^2-ac}}{a}$ (단, $b'^2-ac\geq 0$)

근의 공식을 이용하여 이차방정식의 미지수의 값 구하기

2 이차방정식 $x^2-6x+a-5=0$의 해가 $x=3\pm\sqrt{3}$일 때, 유리수 a의 값은?

① 10　② 11　③ 12　④ 13　⑤ 14

계수가 소수인 이차방정식의 풀이

3 이차방정식 $0.6x^2+x-0.4=0$의 해는?

① $x=-2$ 또는 $x=-\dfrac{1}{3}$　② $x=-2$ 또는 $x=\dfrac{1}{3}$

③ $x=2$ 또는 $x=-\dfrac{1}{3}$　④ $x=2$ 또는 $x=\dfrac{1}{3}$

⑤ $x=-12\pm\sqrt{3}$

> 양변에 10의 거듭제곱을 곱하여 계수를 정수로 고친다.

계수가 분수인 이차방정식의 풀이

4 다음 이차방정식을 푸시오.

(1) $\dfrac{3}{2}x^2-\dfrac{1}{6}=x-\dfrac{1}{3}$　　(2) $\left(x-\dfrac{2}{5}\right)(x+3)=\dfrac{x-13}{5}$

> 양변에 분모의 최소공배수를 곱하여 계수를 정수로 고친다.

공통부분이 있는 이차방정식의 풀이

5 이차방정식 $3(x+1)^2-5(x+1)-2=0$의 두 근 중 정수인 근은?

① -2　② -1　③ 0　④ 1　⑤ 2

> ❶ 공통부분을 A로 놓고 A에 대한 이차방정식을 푼다.
> ❷ A에 원래의 식을 대입하여 x의 값을 구한다.

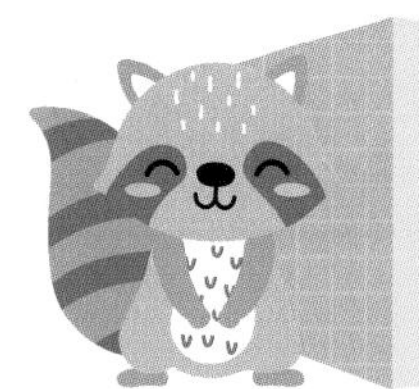

소단원 핵심문제

정답과 풀이 ★ 47쪽

근이 없는 이차방정식

1 다음 보기 의 이차방정식 중에서 근이 없는 것을 모두 고르시오.

보기

ㄱ. $x^2+3x-3=0$　　ㄴ. $3x^2-4x+4=0$

ㄷ. $4x^2+3x+1=0$　　ㄹ. $\frac{1}{2}x^2+\frac{5}{2}x+1=0$

> 이차방정식 $ax^2+bx+c=0$의 근이 없으면
> ➡ $b^2-4ac<0$

이차방정식의 근의 개수

2 다음 이차방정식의 근의 개수를 구하시오.

(1) $x^2-7x-2=0$　　(2) $3x^2-2x+5=0$

(3) $\frac{1}{6}x^2-x+\frac{1}{3}=0$　　(4) $4x^2=4x-1$

> ❶ 계수에 분수나 소수가 있으면 먼저 계수를 정수로 고쳐 $ax^2+bx+c=0$ 꼴로 만든다.
> ❷ b^2-4ac의 값의 부호를 조사하여 근의 개수를 구한다.

이차방정식이 근을 가질 조건

3 이차방정식 $3x^2-4x+k-2=0$이 해를 갖기 위한 상수 k의 값의 범위는?

① $k\le-3$　　② $k\le\frac{2}{3}$　　③ $k\le\frac{10}{3}$

④ $k>-3$　　⑤ $k>\frac{2}{3}$

> 이차방정식 $ax^2+bx+c=0$이 근을 가질 조건
> ➡ $b^2-4ac\ge0$

근이 주어졌을 때 이차방정식 구하기

4 다음 이차방정식을 $ax^2+bx+c=0$ 꼴로 나타내시오.

(1) 두 근이 $-\frac{1}{5}$, 2이고 x^2의 계수가 5인 이차방정식

(2) 중근이 4이고 x^2의 계수가 -1인 이차방정식

> ① 두 근이 α, β이고 x^2의 계수가 a인 이차방정식
> ➡ $a(x-\alpha)(x-\beta)=0$
> ② 중근이 α이고 x^2의 계수가 a인 이차방정식
> ➡ $a(x-\alpha)^2=0$

근이 주어졌을 때, 미지수 구하기

5 이차방정식 $4x^2+ax+b=0$의 두 근이 $-\frac{3}{2}$, $\frac{1}{2}$일 때, 상수 a, b에 대하여 $a+b$의 값은?

① -3　　② -2　　③ -1

④ 0　　⑤ 1

06 이차방정식의 활용

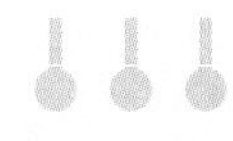

12 이차방정식을 활용한 문제 해결 과정

활용 문제 푸는 순서	연속하는 두 자연수의 곱이 210일 때, 두 자연수를 구하여 보자.
① 미지수 정하기 ➡ 문제의 뜻을 이해하고 구하려는 것을 미지수 x로 놓는다.	연속하는 두 자연수를 x, $x+1$이라 하자.
② 이차방정식 세우기 ➡ 문제의 뜻에 맞게 이차방정식을 세운다.	연속하는 두 자연수의 곱이 210이므로 $x(x+1)=210$
③ 이차방정식 풀기 ➡ 이차방정식을 푼다.	$x(x+1)=210$에서 $x^2+x-210=0$ $(x-14)(x+15)=0$, 즉 $x=14$ 또는 $x=-15$ 이때 x는 자연수이므로 $x=14$ 따라서 연속하는 두 자연수는 14, 15이다.
④ 확인하기 ➡ 구한 해가 문제의 뜻에 맞는지 확인한다.	$14\times15=210$이므로 구한 답은 문제의 뜻에 맞는다.

주의 미지수가 사람 수, 나이 등일 때는 미지수가 자연수이어야 하고, 미지수가 길이, 시간 등일 때는 미지수가 양수이어야 함에 주의한다.

핵심예제 **13** 어떤 정사각형에서 가로의 길이를 6 cm, 세로의 길이를 1 cm 늘여 만든 직사각형의 넓이가 처음 정사각형의 넓이의 4배라 할 때, 처음 정사각형의 한 변의 길이를 구하려고 한다. 다음 물음에 답하시오.

(1) 처음 정사각형의 한 변의 길이를 x cm라 할 때, x에 대한 이차방정식을 세우시오.

(2) 처음 정사각형의 한 변의 길이를 구하시오.

도형에 대한 이차방정식의 활용 문제 풀기

미지수를 정한 후 다음을 이용하여 이차방정식을 세운다.

① (직사각형의 넓이)
=(가로의 길이)×(세로의 길이)

② (삼각형의 넓이)
$=\frac{1}{2}\times$(밑변의 길이)×(높이)

③ (직육면체의 부피)
=(밑넓이)×(높이)

13-1 밑변의 길이가 높이보다 3 cm 더 긴 삼각형의 넓이가 20 cm²일 때, 밑변의 길이를 구하려고 한다. 다음 물음에 답하시오.

(1) 밑변의 길이를 x cm라 할 때, 높이를 x에 대한 식으로 나타내시오.

(2) x에 대한 이차방정식을 세우시오.

(3) 밑변의 길이를 구하시오.

13-2 오른쪽 그림과 같이 정사각형 모양의 종이에서 네 귀퉁이를 한 변의 길이가 4 cm인 정사각형 모양으로 잘라 내어 직육면체 모양의 뚜껑이 없는 상자를 만들었다. 이 상자의 부피가 256 cm³일 때, 처음 정사각형 모양의 종이의 한 변의 길이를 구하시오.

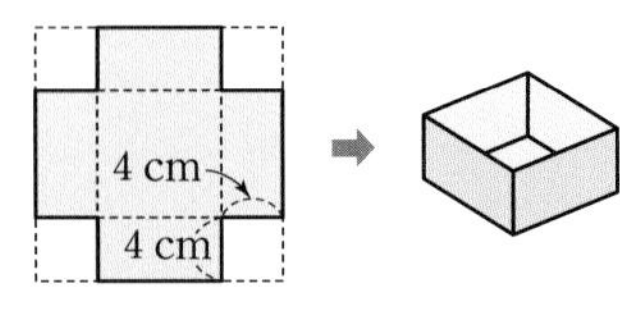

핵심예제 14 영주와 동생의 나이 차이는 4살이고 동생의 나이의 제곱은 영주의 나이의 5배보다 4살이 많다. 영주의 나이를 구하려고 할 때, 다음 물음에 답하시오.

(1) 영주의 나이를 x살이라 할 때, 동생의 나이를 x에 대한 식으로 나타내시오.

(2) x에 대한 이차방정식을 세우시오.

(3) 영주의 나이를 구하시오.

실생활에서의 이차방정식의 활용 문제 풀기

❶ 구하려는 것을 미지수 x로 놓는다.
❷ 문제의 뜻에 맞게 이차방정식을 세운다.
❸ 이차방정식을 풀어 해를 구한다.
❹ 구한 해가 문제의 뜻에 맞는지 확인한다.

14-1 오른쪽은 어느 해의 1월 달력이다. 이 달력에서 위, 아래로 이웃하는 두 수를 각각 제곱하여 더하였더니 289가 되었다. 위, 아래로 이웃한 두 수를 구하려고 할 때, 다음 물음에 답하시오.

(1) 위에 있는 수를 x라 할 때, 아래에 있는 수를 x에 대한 식으로 나타내시오.

(2) x에 대한 이차방정식을 세우시오.

(3) 두 수를 구하시오.

1월

일	월	화	수	목	금	토
	1	2	3	4	5	6
7	8	9	10	11	12	13
14	15	16	17	18	19	20
21	22	23	24	25	26	27
28	29	30	31			

14-2 240개의 사탕을 남김없이 모든 학생에게 똑같이 나누어 주면 한 학생이 받는 사탕의 개수는 학생 수보다 8만큼 적다고 한다. 학생 수와 한 학생이 받는 사탕의 개수를 각각 구하시오.

핵심예제 15 지면에서 초속 30 m로 쏘아 올린 공의 t초 후의 높이는 $(30t-5t^2)$ m라 한다. 이 공이 지면에 떨어지는 것은 쏘아 올리고 나서 몇 초 후인가?

① 2초 후 ② 3초 후 ③ 4초 후
④ 5초 후 ⑤ 6초 후

위로 쏘아 올린 물체에 대한 이차방정식의 활용 문제 풀기

지면에서 쏘아 올린 물체의 t초 후의 높이가 (at^2+bt) m일 때

① 높이가 h m이면
➡ $at^2+bt=h$

② 물체가 지면에 떨어졌을 때의 높이는 0 m이므로
➡ $at^2+bt=0$

15-1 지면으로부터 50 m 높이에 있는 건물 옥상에서 초속 15 m로 쏘아 올린 물체의 t초 후의 높이가 $(50+15t-5t^2)$ m일 때, 다음 물음에 답하시오.

(1) 지면으로부터 이 물체의 높이가 처음으로 60 m가 되는 것은 몇 초 후인지 구하시오.

(2) 지면에 떨어지는 것은 물체를 쏘아 올린 지 몇 초 후인지 구하시오.

소단원 핵심문제

정답과 풀이 ★ 49쪽

이차방정식의 활용 – 연속하는 수에 대한 문제

1 연속하는 두 홀수의 제곱의 합이 290일 때, 두 홀수 중 작은 수는?

① 5 ② 7 ③ 9
④ 11 ⑤ 13

연속하는 두 홀수를 x, $x+2$로 놓고 이차방정식을 세운다.

이차방정식의 활용 – 도형에 대한 문제

2 오른쪽 그림과 같이 정사각형의 가로의 길이를 2 cm만큼 늘이고, 세로의 길이를 2cm만큼 줄여서 만든 직사각형의 넓이가 60 cm^2일 때, 처음 정사각형의 한 변의 길이는?

① 5 cm ② 6 cm
③ 7 cm ④ 8 cm
⑤ 9 cm

2 cm
2 cm

처음 정사각형의 한 변의 길이를 x cm로 놓고 직사각형의 가로, 세로의 길이를 x에 대한 식으로 나타낸다.

이차방정식의 활용 – 실생활에 대한 문제

3 준우와 형의 나이 차이는 5살이고 형의 나이의 제곱은 준우의 나이의 제곱을 2배 한 것보다 25살이 많다고 한다. 준우의 나이를 구하시오.

준우의 나이를 x살로 놓고 형의 나이를 x에 대한 식으로 나타낸다.

이차방정식의 활용 – 실생활에 대한 문제

기출 **4** 같은 해에 태어난 현주와 미수의 생일은 모두 8월이고, 현주가 미수보다 3주 더 늦다고 한다. 두 사람의 생일의 날짜를 곱하면 196이 된다고 할 때, 두 사람의 생일은 각각 언제인지 구하시오.

미수의 생일을 8월 x일이라 하고 현주의 생일을 x에 대한 식으로 나타낸다.

이차방정식의 활용 – 위로 쏘아 올린 물체에 대한 문제

5 지면에서 초속 50 m로 수직으로 쏘아 올린 물로켓의 t초 후의 높이가 $(50t-5t^2)$ m라 한다. 이 물로켓의 높이가 처음으로 80 m가 되는 것은 물로켓을 쏘아 올린 지 몇 초 후인지 구하시오.

중단원 마무리 테스트

정답과 풀이 ★ 49쪽

1

다음 보기 에서 x에 대한 이차방정식이 아닌 것을 모두 고른 것은?

보기
ㄱ. $x^2=4$
ㄴ. x^2-3x-4
ㄷ. $3x(x-1)=x^2$
ㄹ. $(x-2)(x+1)=4x-5$
ㅁ. $2x^2=(x-3)(2x+1)$

① ㄱ, ㄴ ② ㄱ, ㄹ ③ ㄴ, ㄷ
④ ㄴ, ㅁ ⑤ ㄷ, ㄹ

2

다음 중에서 [ ] 안의 수가 주어진 이차방정식의 해인 것은?

① $x^2-3x=0$ $[-3]$
② $x^2-4x-5=0$ $[-5]$
③ $2x^2-5x-3=0$ $\left[-\frac{1}{2}\right]$
④ $x^2-3x-10=0$ $[2]$
⑤ $x(x-5)=-6$ $[5]$

3 중요

이차방정식 $x^2+ax-18=0$의 한 근이 -2일 때, 상수 a의 값과 다른 한 근을 차례로 구하면?

① -7, -9 ② 7, -9 ③ -5, -9
④ -7, 9 ⑤ 7, 9

4

다음 두 이차방정식의 공통인 해를 구하시오.

$$2x^2+x-6=0, \quad x(x+3)=3x+4$$

5

다음 이차방정식 중에서 중근을 갖는 것을 모두 고르면? (정답 2개)

① $x(8-x)=16$ ② $x(x+2)=0$
③ $x^2=25$ ④ $x^2+2x-24=0$
⑤ $x^2+36=12x$

6

이차방정식 $x^2-8x+20-p=0$이 중근 $x=q$를 가질 때, $p+q$의 값을 구하시오. (단, p는 상수)

7

이차방정식 $5(x+2)^2=10$의 해는?

① $x=2\pm\sqrt{2}$ ② $x=-2\pm\sqrt{2}$
③ $x=2\pm\sqrt{3}$ ④ $x=-2\pm\sqrt{3}$
⑤ $x=0$ 또는 $x=4$

8

다음은 완전제곱식을 이용하여 이차방정식 $x^2-4x-2=0$의 해를 구하는 과정이다. ①~⑤에 들어갈 수로 알맞지 않은 것은?

$x^2-4x-2=0$에서
$x^2-4x=2$
$x^2-4x+\boxed{①}=2+\boxed{①}$
$(x-\boxed{②})^2=\boxed{③}$
$x-\boxed{②}=\boxed{④}$
따라서 $x=\boxed{⑤}$

① 4 ② 2 ③ 6
④ $\sqrt{6}$ ⑤ $2\pm\sqrt{6}$

9 중요

이차방정식 $4x(x-1)=x^2+3$의 두 근 중 큰 근을 α라 할 때, $3\alpha-2$의 값은?

① $-\sqrt{13}$ ② $-\sqrt{3}$ ③ -1
④ $\sqrt{3}$ ⑤ $\sqrt{13}$

10 신유형

이차방정식 $x^2-x-\boxed{}=0$의 $\boxed{}$ 안에 보기의 수를 써넣어 이차방정식을 풀 때, 자연수인 해를 갖는 것을 모두 고른 것은?

보기
ㄱ. 2 ㄴ. 4 ㄷ. 6
ㄹ. 8 ㅁ. 10

① ㄱ, ㄴ ② ㄱ, ㄷ ③ ㄴ, ㄷ
④ ㄴ, ㅁ ⑤ ㄷ, ㄹ

11

이차방정식 $2x^2-7x+4=0$의 해가 $x=\frac{A\pm\sqrt{B}}{4}$일 때, $B-A$의 값을 구하시오. (단, A, B는 유리수)

12

이차방정식 $\frac{1}{5}x^2+0.3x-\frac{1}{2}=0$의 해를 구하시오.

13

다음 이차방정식 중에서 서로 다른 근의 개수가 나머지 넷과 다른 것은?

① $x^2=5x+2$ ② $2x^2-3x+1=0$
③ $\frac{3}{2}x\left(x-\frac{4}{3}\right)=1$ ④ $4x=1-2x^2$
⑤ $9x^2+4=12x$

14 중요

이차방정식 $x^2+ax+b=0$을 푸는데 현지는 a를 잘못 보고 풀어 $x=-5$ 또는 $x=3$을 해로 얻었고, 현우는 b를 잘못 보고 풀어 $x=-2$ 또는 $x=4$를 해로 얻었다. 이때 다음 물음에 답하시오.

(1) 상수 b의 값을 구하시오.
(2) 상수 a의 값을 구하시오.
(3) 이차방정식 $x^2+ax+b=0$을 푸시오.

15

n각형의 대각선의 총개수는 $\frac{n(n-3)}{2}$이다. 대각선의 총개수가 54인 다각형은?

① 구각형 ② 십각형 ③ 십일각형
④ 십이각형 ⑤ 십삼각형

16 중요

어떤 자연수와 그 수의 제곱의 합이 90일 때, 어떤 자연수는?

① 6 ② 7 ③ 8
④ 9 ⑤ 10

17

오른쪽 그림과 같이 두 정사각형이 겹치지 않게 붙어 있다. $\overline{BF}=12\text{ cm}$이고 두 정사각형의 넓이의 합이 80 cm^2일 때, $\overline{BC}$의 길이를 구하시오. (단, $\overline{BC}>\overline{CF}$)

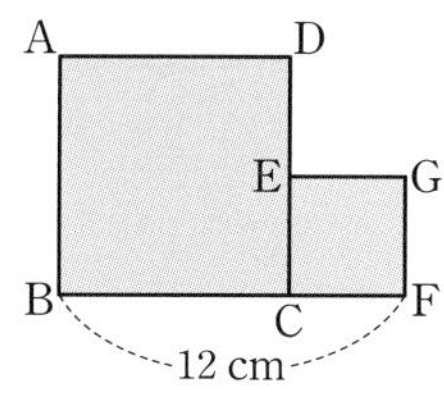

18

지면으로부터 15 m 높이의 건물 옥상에서 수직으로 쏘아 올린 물로켓의 t초 후의 지면으로부터의 높이가 $(15+20t-5t^2)$ m라 한다. 이때 쏘아 올린 물로켓이 처음으로 지면으로부터 30 m의 높이에 도달하는 것은 물로켓을 쏘아 올린 지 몇 초 후인가?

① 0.5초 후 ② 1초 후 ③ 1.5초 후
④ 2초 후 ⑤ 2.5초 후

기출 서술형

19 중요

이차방정식 $x^2+5x+a=0$의 한 근이 -3이고 다른 한 근은 이차방정식 $3x^2+2x+b=0$의 근이다. 다음 물음에 답하시오.

(단, 풀이 과정을 자세히 쓰시오.)

(1) 상수 a의 값을 구하시오.
(2) 이차방정식 $x^2+5x+a=0$의 다른 한 근을 구하시오.
(3) 상수 b의 값을 구하시오.

풀이 과정

(1)

(2)

(3)

답 | (1) (2) (3)

20

오른쪽 그림과 같이 한 변의 길이가 16 m인 정사각형 모양의 땅을 구간을 나누어 허브를 심고 휴게실을 만들려고 한다. 라벤더, 바질, 율마를 심는 땅은 정사각형 모양이고, 애플민트와 로즈마리를 심는 땅의 넓이의 합이 32 m^2일 때, 다음 물음에 답하시오. (단, 풀이 과정을 자세히 쓰시오.)

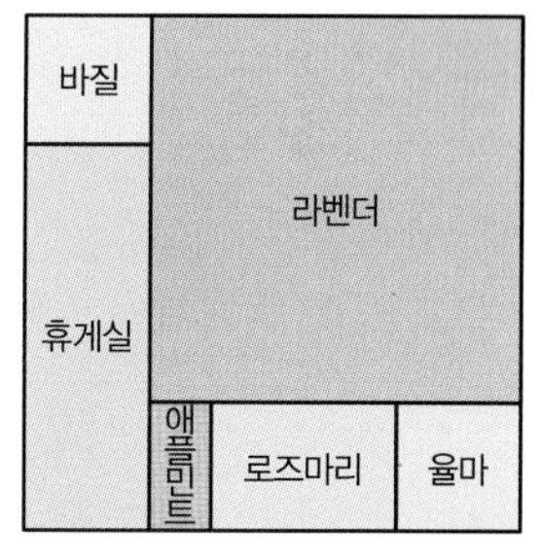

(1) 바질을 심는 땅의 한 변의 길이를 x m라 할 때, x에 대한 이차방정식을 세우시오.
(2) 휴게실의 넓이를 구하시오.

풀이 과정

(1)

(2)

답 | (1) (2)

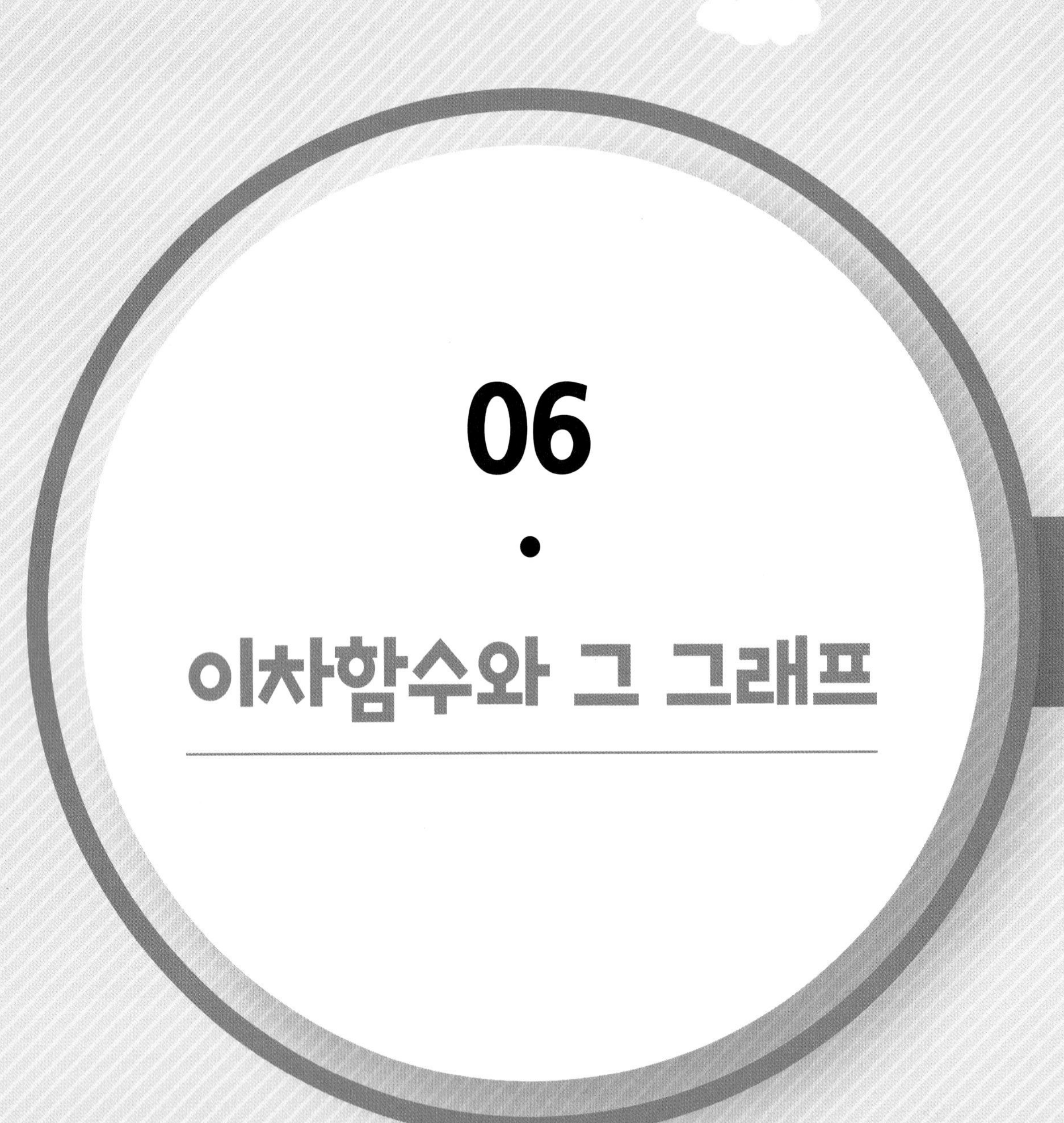

06

이차함수와 그 그래프

이 단원의 학습 계통

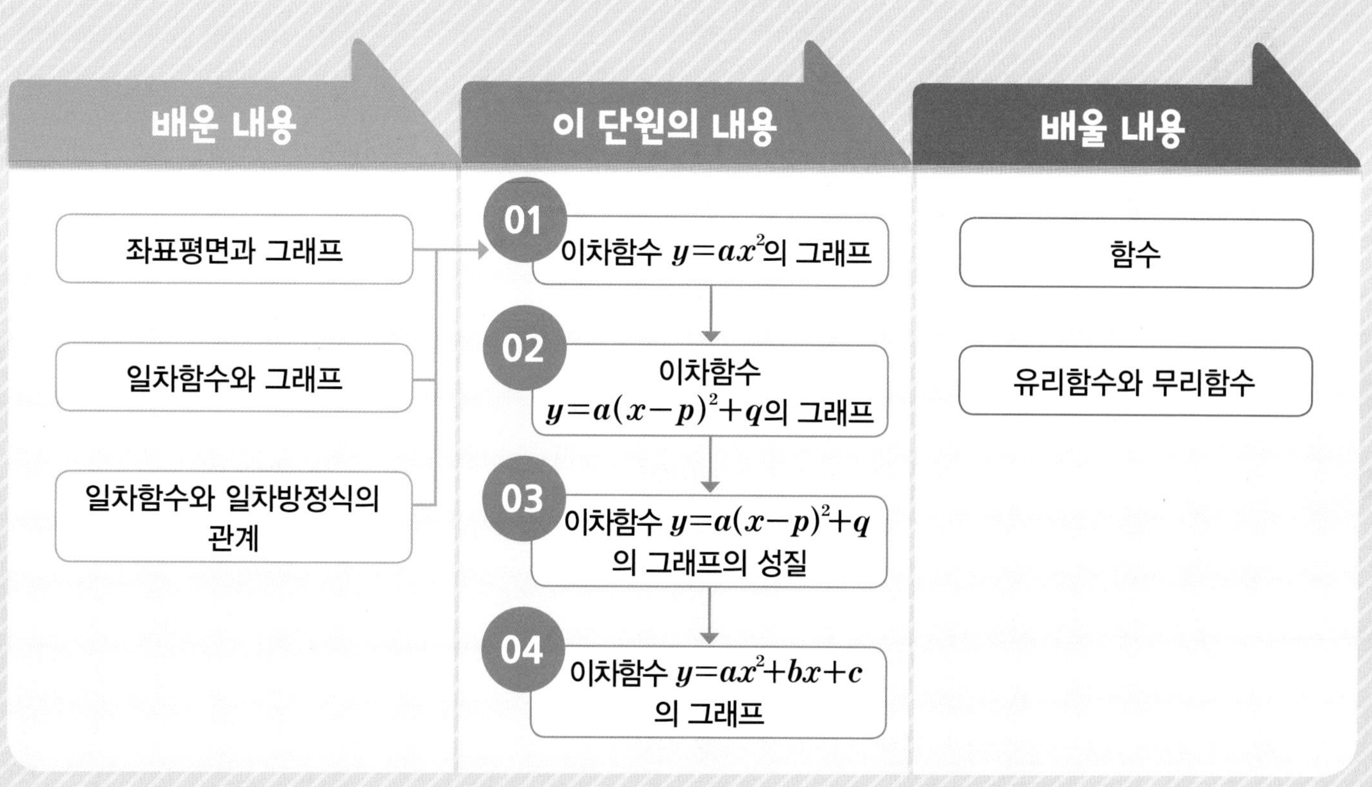

배운 내용	이 단원의 내용	배울 내용
좌표평면과 그래프	01 이차함수 $y=ax^2$의 그래프	함수
일차함수와 그래프	02 이차함수 $y=a(x-p)^2+q$의 그래프	유리함수와 무리함수
일차함수와 일차방정식의 관계	03 이차함수 $y=a(x-p)^2+q$의 그래프의 성질	
	04 이차함수 $y=ax^2+bx+c$의 그래프	

01 이차함수 $y=ax^2$의 그래프

① 이차함수의 뜻

함수 $y=f(x)$에서 y가 x에 대한 이차식으로 다음과 같이 나타날 때, 이 함수를 x에 대한 **이차함수**라 한다.

$y=ax^2+bx+c$ (a, b, c는 상수, $a\neq0$)
└ $y=$(x에 대한 이차식)　└ $y=ax^2+bx+c$가 이차함수가 되는 조건이다.

참고 특별한 말이 없으면 x의 값의 범위는 실수 전체로 생각한다.

예 ① $y=x^2+1$, $f(x)=-\frac{1}{2}x^2-x$ ➡ x에 대한 이차함수이다.

② $y=-x-2$, $f(x)=\frac{1}{x^2}-x+4$ ➡ x에 대한 이차함수가 아니다.
x에 대한 일차식 ┘　└ 차수가 2가 아니다.

> **배운 내용 톡**
> **일차함수**: 함수 $y=f(x)$에서 y가 x에 대한 일차식 $y=ax+b$ (a, b는 상수, $a\neq0$)로 나타나는 함수

핵심예제 1 다음에서 y를 x에 대한 식으로 나타내고, 이차함수인 것을 모두 찾으시오.

(1) 반지름의 길이가 x cm인 원의 넓이 y cm²
(2) 자전거를 타고 시속 10 km로 x시간 동안 달린 거리 y km
(3) 꼭짓점의 개수가 x인 다각형의 대각선의 총개수 y개

> **이차함수 찾기**
> ❶ x와 y 사이의 관계를 식으로 나타내기
> ❷ $y=$(x에 대한 식) 꼴로 정리하기
> ❸ x에 대한 식이 이차식인지 확인하기

1-1 다음 보기에서 y가 x에 대한 이차함수인 것을 모두 고르시오.

보기
ㄱ. $y=(x+2)(x-2)$　　ㄴ. $y=\frac{1}{x}+x+1$
ㄷ. $y=-\frac{x^2}{2}+5$　　ㄹ. $y=x^2-(3x+x^2)$

핵심예제 2 이차함수 $f(x)=x^2+x$에 대하여 $f(3)+f(-2)$의 값을 구하시오.

> **함숫값 $f(a)$**
> 함수 $y=f(x)$에 대하여 함숫값 $f(a)$
> $\Longleftrightarrow$ $x=a$일 때, y의 값

2-1 이차함수 $f(x)=\frac{1}{3}x^2-x+2$에 대하여 다음 함숫값을 구하시오.

(1) $f(0)$　　(2) $f(-1)$
(3) $f(1)$　　(4) $f(-3)$

2 이차함수 $y=x^2$의 그래프

(1) 원점 $(0,\ 0)$을 지나고 아래로 볼록한 곡선이다.

(2) y축에 대칭이다. – y축을 접는 선으로 하여 접었을 때, 그래프가 완전히 포개어진다.

(3) $x<0$일 때, x의 값이 증가하면 y의 값은 감소한다.
$x>0$일 때, x의 값이 증가하면 y의 값도 증가한다.

(4) 원점을 제외한 모든 부분은 x축보다 위쪽에 있다.

(5) 이차함수 $y=-x^2$의 그래프와 x축에 대칭인 곡선이다.
└ x축을 접는 선으로 하여 접었을 때, 그래프가 완전히 포개어진다.

참고 이차함수 $y=-x^2$의 그래프

① 원점 $(0,\ 0)$을 지나고 위로 볼록한 곡선이다.
② y축에 대칭이다.
③ $x<0$일 때, x의 값이 증가하면 y의 값도 증가한다.
$x>0$일 때, x의 값이 증가하면 y의 값은 감소한다.
④ 원점을 제외한 모든 부분은 x축보다 아래쪽에 있다.

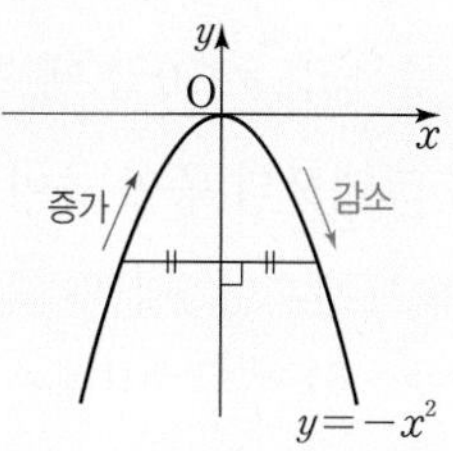

핵심예제 3 이차함수 $y=x^2$에 대하여 다음 물음에 답하시오.

(1) 다음 표를 완성하시오.

x	$\cdots$	-3	-2	-1	0	1	2	3	$\cdots$
y	$\cdots$								$\cdots$

(2) x의 값의 범위가 실수 전체일 때 이차함수 $y=x^2$의 그래프를 오른쪽 좌표평면 위에 그리시오.

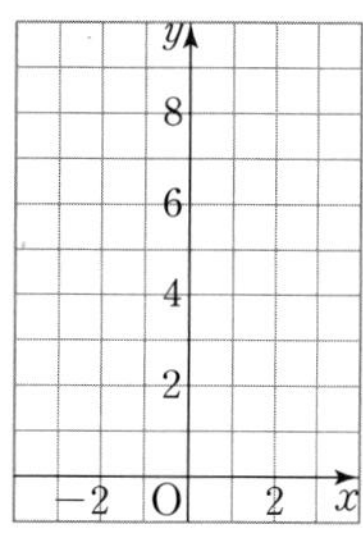

이차함수 $y=x^2$의 그래프 그리기

• 꺾이지 않게 그린다.

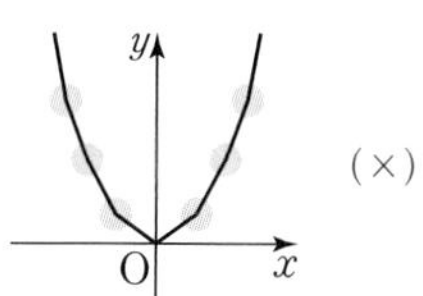

• y축에 대칭이 되게 그린다.

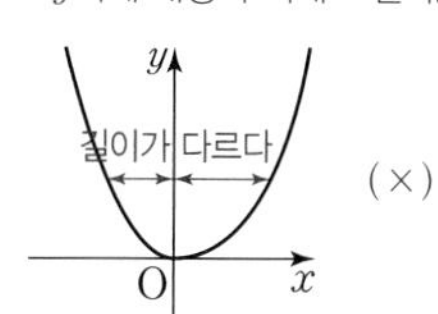

핵심예제 4 다음 **보기**에서 이차함수 $y=x^2$의 그래프에 대한 설명으로 옳은 것을 모두 고르시오.

보기
ㄱ. 점 $(0,\ 1)$을 지난다.
ㄴ. x의 값이 0에서 3까지 증가할 때, y의 값도 증가한다.
ㄷ. 제1사분면과 제2사분면을 지난다.
ㄹ. x의 값이 -5, 5일 때, y의 값은 차례로 -25, 25이다.

이차함수 $y=x^2$과 $y=-x^2$의 그래프

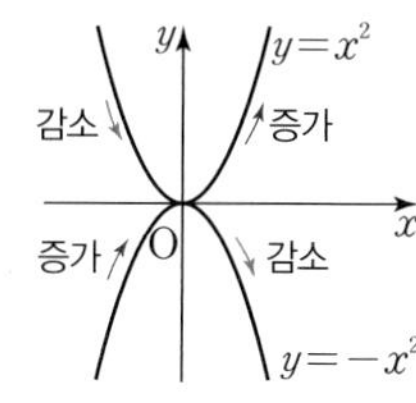

4-1 다음은 이차함수 $y=-x^2$의 그래프에 대한 설명이다. □ 안에 알맞은 것을 써넣으시오.

(1) □축에 대칭이다.

(2) 원점을 지나고 위로 □한 곡선이다.

(3) $x<0$이면 x의 값이 증가할 때 y의 값은 □한다.

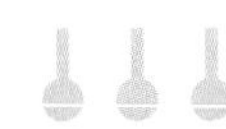

3 포물선

(1) **포물선**: 이차함수 $y=x^2$, $y=-x^2$과 같은 모양의 곡선

(2) **축**: 포물선은 선대칭도형으로 그 대칭축을 포물선의 축이라 한다.

(3) **꼭짓점**: 포물선과 축의 교점

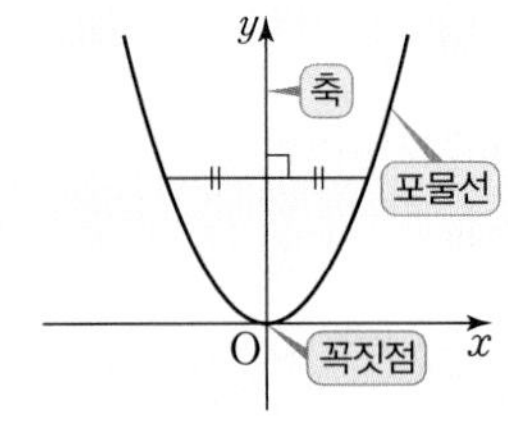

참고 이차함수 $y=x^2$, $y=-x^2$의 그래프에서 축과 꼭짓점
① 축의 방정식: $x=0$　　② 꼭짓점의 좌표: $(0, 0)$

4 이차함수 $y=ax^2$의 그래프

(1) y축을 축으로 하고, 원점을 꼭짓점으로 하는 포물선이다.

(2) $a>0$일 때 아래로 볼록하고, $a<0$일 때 위로 볼록하다.

(3) a의 절댓값이 클수록 그래프의 폭이 좁아진다.

(4) 이차함수 $y=-ax^2$의 그래프와 x축에 서로 대칭이다.

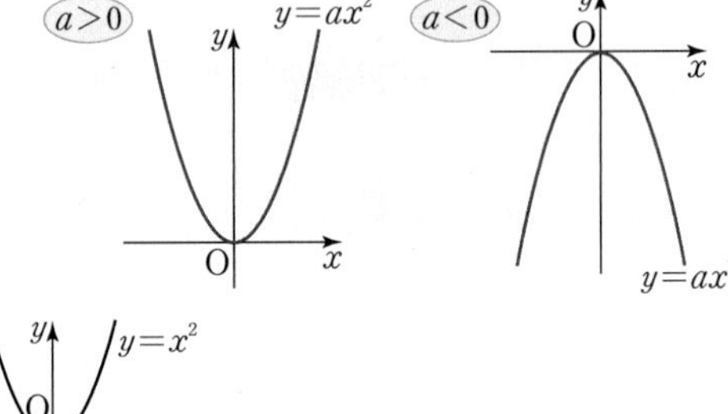

주의 이차함수 $y=x^2$과 $y=-3x^2$의 그래프에서 $|1|<|-3|$이므로 $y=-3x^2$의 그래프의 폭이 더 좁다.
└ $1>-3$으로 비교하지 않도록 주의한다.

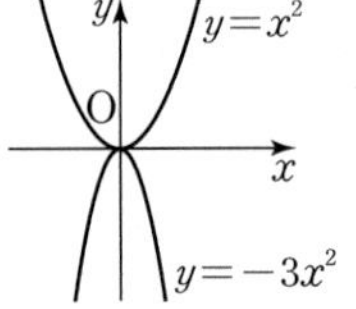

핵심예제 5 이차함수 $y=x^2$과 $y=\frac{1}{2}x^2$의 그래프에 대하여 다음 물음에 답하시오.

(1) □ 안에 알맞은 수를 써넣으시오.

> $y=\frac{1}{2}x^2$의 그래프는 $y=x^2$의 그래프의 각 점에 대하여 y좌표를 □배로 하는 점을 연결하여 그릴 수 있다.

(2) 오른쪽 좌표평면 위에 이차함수 $y=x^2$의 그래프를 이용하여 이차함수 $y=\frac{1}{2}x^2$의 그래프를 그리시오.

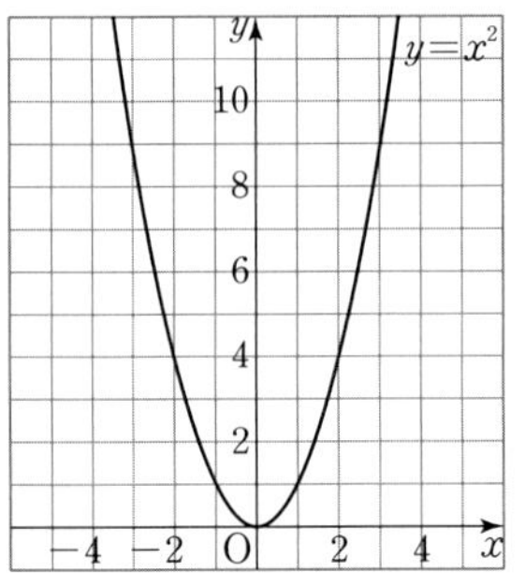

이차함수 $y=x^2$의 그래프를 이용하여 $y=ax^2$의 그래프 그리기

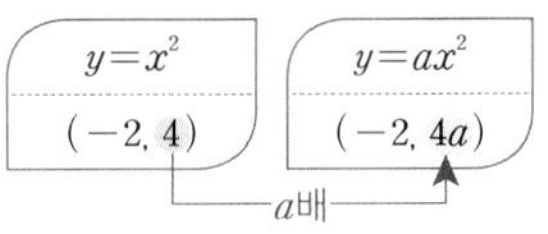

핵심예제 6 다음 보기의 이차함수의 그래프 중에서 x축에 서로 대칭인 것끼리 짝 지으시오.

> 보기
> ㄱ. $y=3x^2$　　ㄴ. $y=\frac{1}{2}x^2$　　ㄷ. $y=-\frac{1}{6}x^2$　　ㄹ. $y=-3x^2$

이차함수 $y=ax^2$의 그래프

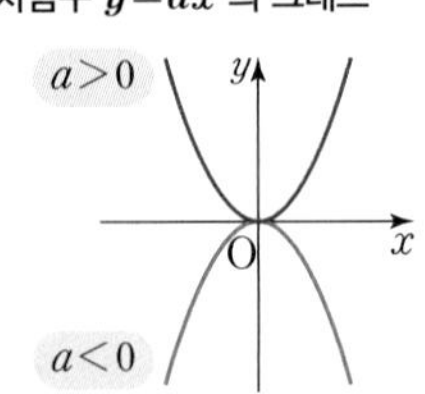

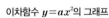

6-1 다음 두 그래프가 x축에 서로 대칭인 것은 ○표, 대칭이 아닌 것은 ×표를 (　) 안에 써넣으시오.

(1) $y=-x^2$, $y=x^2$　(　　)　　(2) $y=7x^2$, $y=-7x^2$　(　　)

(3) $y=-\frac{1}{2}x^2$, $y=2x^2$　(　　)　　(4) $y=4x^2$, $y=\frac{1}{4}x^2$　(　　)

소단원 핵심문제

정답과 풀이 ★ 52쪽

이차함수

1 **다음 중에서 y가 x에 대한 이차함수인 것은?**

① $y=x-2$　② $y=x^2-x(x+1)$　③ $(2x+1)(x-2)+3=0$

④ $y=\frac{4}{7}x^2-3x$　⑤ $y=9-x+\frac{5}{x}$

이차함수는 함수 $y=f(x)$에서 y가 x에 대한 이차식으로 나타나는 함수이다.

이차함수와 함숫값

2 **밑변의 길이가 $4x$ cm이고, 높이가 $(x+3)$ cm인 삼각형의 넓이를 y cm^2라 할 때, 다음 물음에 답하시오.**

(1) x와 y 사이의 관계를 식으로 나타내고, y가 x에 대한 이차함수인지 말하시오.

(2) x의 값이 2, 3일 때 삼각형의 넓이를 차례로 구하시오.

이차함수 $y=-x^2$의 그래프

3 **다음 보기에서 이차함수 $y=-x^2$의 그래프에 대한 설명으로 옳은 것을 모두 고르시오.**

보기

ㄱ. 아래로 볼록한 포물선이다.

ㄴ. 축의 방정식은 y축인 $x=0$이다.

ㄷ. x축과는 꼭짓점 $(0, 0)$에서 만난다.

ㄹ. 이차함수 $y=x^2$의 그래프와 y축에 서로 대칭이다.

이차함수 $y=ax^2$의 그래프

4 **이차함수 $y=\frac{1}{4}x^2$의 그래프와 x축에 서로 대칭인 그래프가 점 $(2, a)$를 지날 때, a의 값을 구하시오.**

이차함수 $y=ax^2$의 그래프와 x축에 서로 대칭인 그래프는 이차함수 $y=-ax^2$의 그래프이다.

이차함수 $y=ax^2$의 그래프 찾기

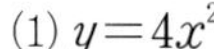

기출 **5** **다음 이차함수의 그래프로 알맞은 것을 오른쪽 그래프의 ㉠~㉢ 중에서 찾아 짝 지으시오.**

(1) $y=4x^2$

(2) $y=-\frac{1}{9}x^2$

(3) $y=x^2$

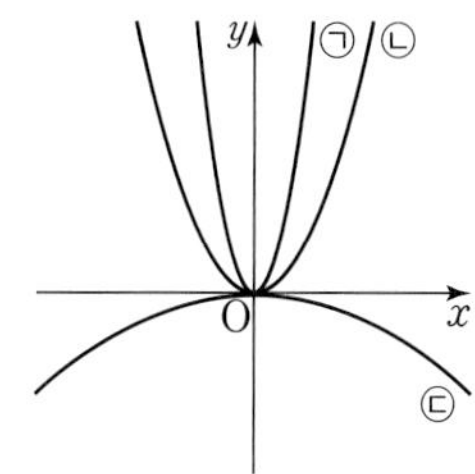

이차함수 $y=ax^2$의 그래프에서 a의 부호로 모양을 비교할 수 있고, a의 절댓값의 크기로 폭을 비교할 수 있다.

02 이차함수 $y=a(x-p)^2+q$의 그래프

5 이차함수 $y=ax^2+q$의 그래프

이차함수 $y=ax^2+q$의 그래프는 이차함수 $y=ax^2$의 그래프를 y축의 방향으로 q만큼 평행이동한 것이다.

(1) 축의 방정식: $x=0$ (y축)

(2) 꼭짓점의 좌표: $(0,\ q)$

참고 이차함수 $y=ax^2+q$의 그래프는 이차함수 $y=ax^2$의 그래프를 y축의 방향으로 일정하게 평행이동한 것이므로 그래프의 모양과 축은 변하지 않는다.

$a>0,\ q>0$

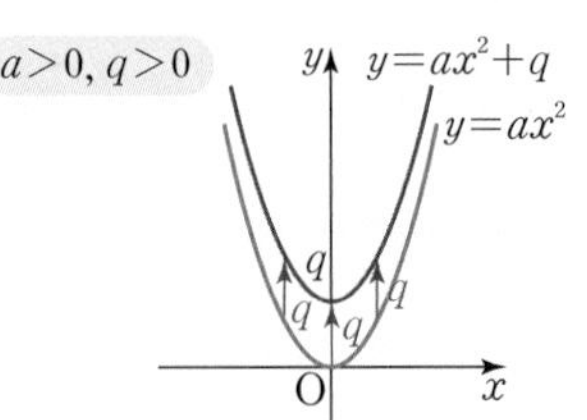

배운 내용 톡

- 평행이동: 한 도형을 일정한 방향으로 일정한 거리만큼 옮기는 것
- 일차함수의 그래프의 평행이동:

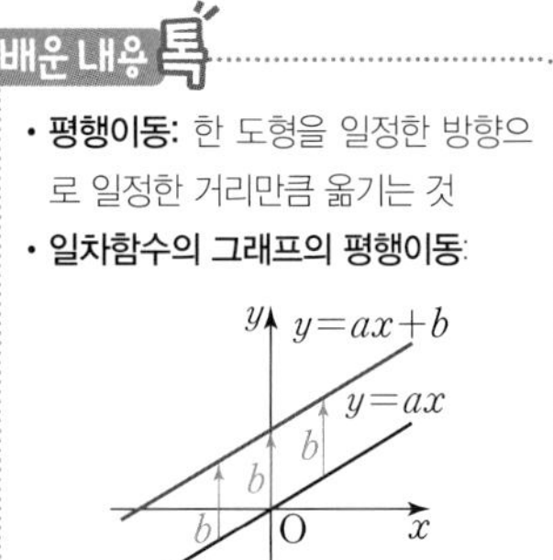

핵심예제 **7** 다음 이차함수의 그래프를 y축의 방향으로 [ ] 안의 수만큼 평행이동한 그래프를 나타내는 이차함수의 식을 구하시오.

(1) $y=7x^2$ $[-3]$

(2) $y=-\frac{1}{2}x^2$ $[5]$

이차함수 $y=ax^2+q$의 그래프

$y=ax^2$
↓ y축의 방향으로 q만큼 평행이동
$y=ax^2+q$

7-1 다음 이차함수의 그래프는 이차함수 $y=-8x^2$의 그래프를 y축의 방향으로 얼마만큼 평행이동한 것인지 말하시오.

(1) $y=-8x^2+9$

(2) $y=-8x^2-1$

핵심예제 **8** 주어진 좌표평면 위에 주어진 이차함수의 그래프를 이용하여 다음 이차함수의 그래프를 그리고, 축의 방정식과 꼭짓점의 좌표를 각각 구하시오.

(1) $y=4x^2-2$

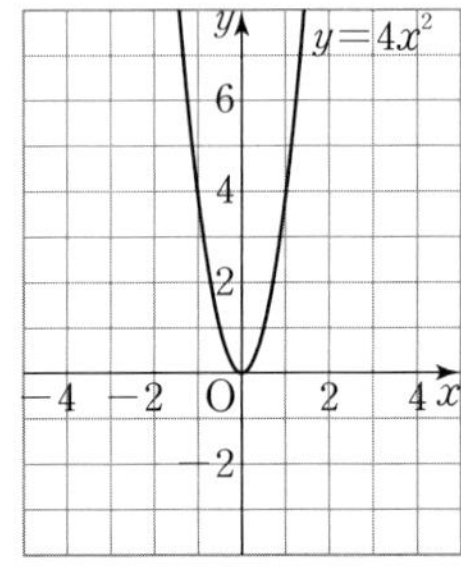

(2) $y=-2x^2+3$

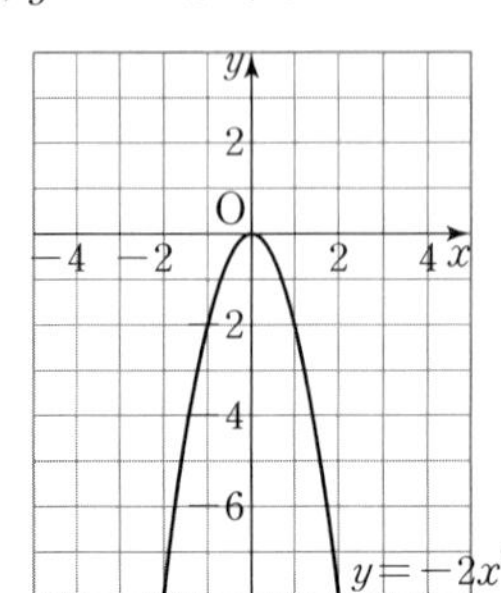

이차함수 $y=ax^2+q$의 그래프의 축과 꼭짓점

축의 방정식	꼭짓점의 좌표
$x=0$	$(0,\ q)$

6 이차함수 $y=a(x-p)^2$의 그래프

이차함수 $y=a(x-p)^2$의 그래프는 이차함수 $y=ax^2$의 그래프를 x축의 방향으로 p만큼 평행이동한 것이다.

포물선의 축도 x축의 방향으로 p만큼 평행이동한다.

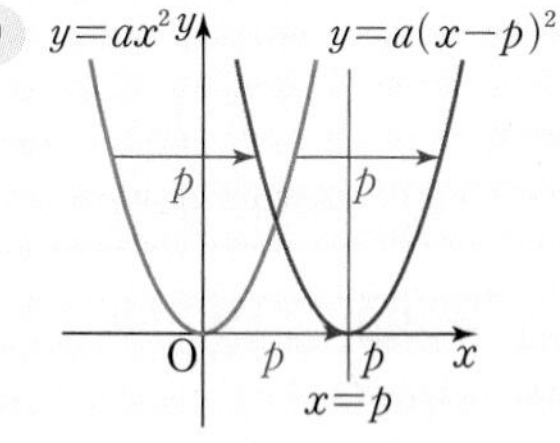

(1) 축의 방정식: $x=p$

(2) 꼭짓점의 좌표: $(p, 0)$

참고 이차함수 $y=a(x-p)^2$의 그래프는 이차함수 $y=ax^2$의 그래프를 x축의 방향으로 p만큼 평행이동하여 축의 방정식이 $x=p$가 되므로 그래프의 증가 또는 감소 구간도 축의 방정식 $x=p$를 기준으로 생각해야 한다.

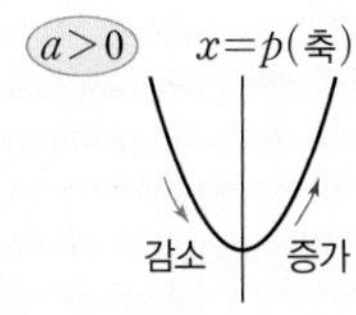

➡ $a>0$일 때 이차함수 $y=a(x-p)^2$의 그래프에서

- $x<p$일 때, x의 값이 증가하면 y의 값은 감소한다.
- $x>p$일 때, x의 값이 증가하면 y의 값도 증가한다.

핵심예제 9 다음 이차함수의 그래프를 x축의 방향으로 [ ] 안의 수만큼 평행이동한 그래프를 나타내는 이차함수의 식을 구하시오.

(1) $y=-x^2$ $[6]$ (2) $y=\frac{1}{6}x^2$ $[-3]$

이차함수 $y=a(x-p)^2$의 그래프

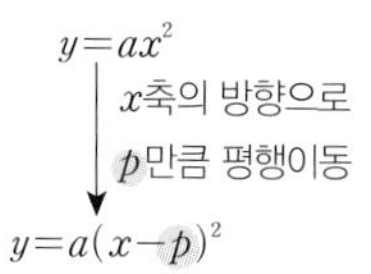

9-1 다음 이차함수의 그래프는 이차함수 $y=9x^2$의 그래프를 x축의 방향으로 얼마만큼 평행이동한 것인지 말하시오.

(1) $y=9(x+4)^2$ (2) $y=9(x-7)^2$

핵심예제 10 오른쪽 좌표평면 위에 이차함수 $y=-\frac{1}{2}x^2$의 그래프를 이용하여 다음 이차함수의 그래프를 그리고, 축의 방정식과 꼭짓점의 좌표를 각각 구하시오.

(1) $y=-\frac{1}{2}(x+2)^2$

(2) $y=-\frac{1}{2}(x-3)^2$

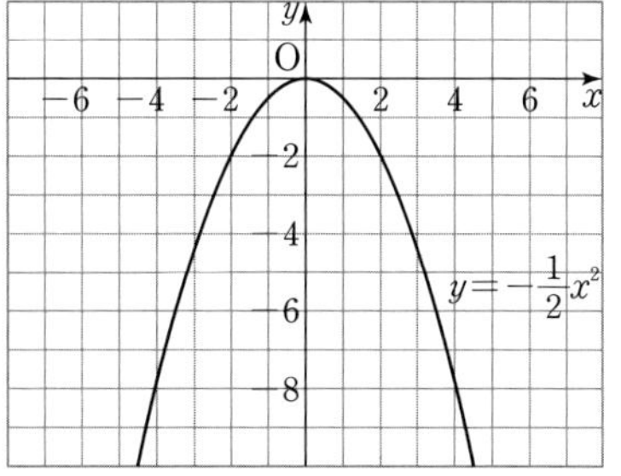

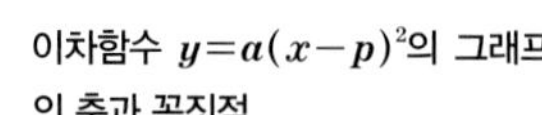

이차함수 $y=a(x-p)^2$의 그래프의 축과 꼭짓점

축의 방정식	꼭짓점의 좌표
$x=p$	$(p, 0)$

10-1 다음 이차함수의 그래프의 축의 방정식과 꼭짓점의 좌표를 차례로 구하시오.

(1) $y=\frac{4}{3}(x+3)^2$ (2) $y=-5(x-1)^2$

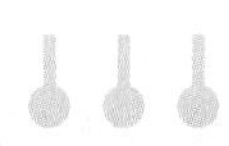

7 이차함수 $y=a(x-p)^2+q$의 그래프

이차함수 $y=a(x-p)^2+q$의 그래프는 이차함수 $y=ax^2$의 그래프를 x축의 방향으로 p만큼, y축의 방향으로 q만큼 평행이동한 것이다.

(1) 축의 방정식: $x=p$

(2) 꼭짓점의 좌표: (p, q)

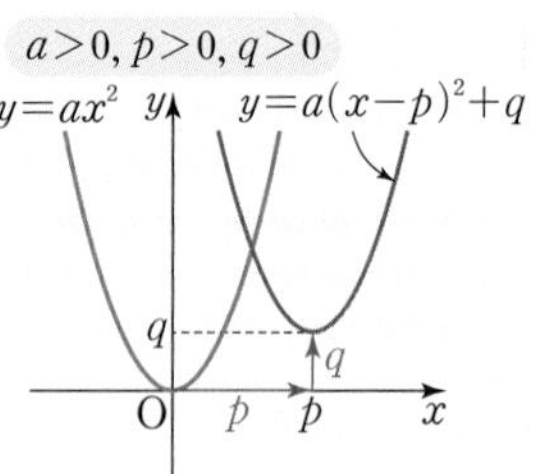

예 이차함수 $y=(x-2)^2+3$의 그래프 그리기

└ $y=x^2$의 그래프를 x축의 방향으로 2만큼, y축의 방향으로 3만큼 평행이동한 그래프

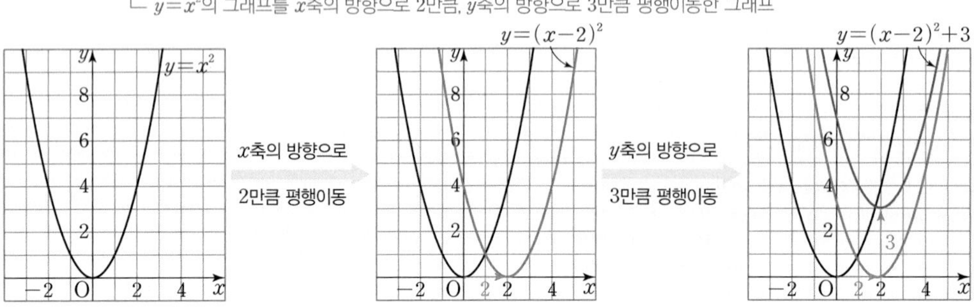

핵심예제 **11** 다음 이차함수의 그래프는 이차함수 $y=-\frac{3}{4}x^2$의 그래프를 어떻게 평행이동한 것인지 말하시오.

(1) $y=-\frac{3}{4}(x-2)^2+1$

(2) $y=-\frac{3}{4}(x+5)^2-2$

● 이차함수 $y=a(x-p)^2+q$의 그래프

$y=ax^2$
↓ x축의 방향으로 p만큼 평행이동
$y=a(x-p)^2$
↓ y축의 방향으로 q만큼 평행이동
$y=a(x-p)^2+q$

핵심예제 **12** 오른쪽 좌표평면 위에 이차함수 $y=3x^2$의 그래프를 이용하여 이차함수 $y=3(x+4)^2-3$의 그래프를 그리고 다음을 구하시오.

(1) 축의 방정식

(2) 꼭짓점의 좌표

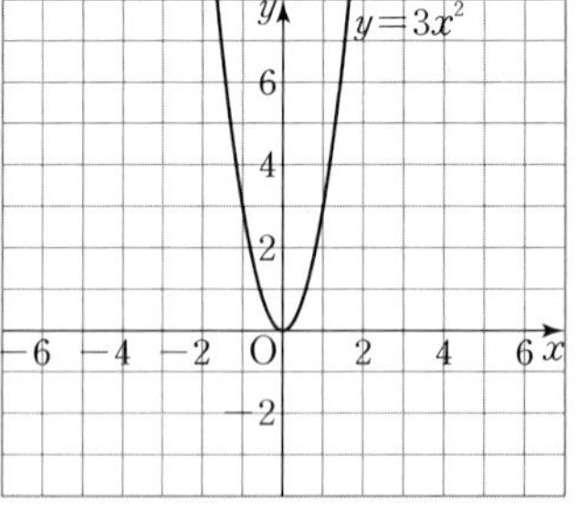

● 이차함수 $y=a(x-p)^2+q$의 그래프의 축과 꼭짓점

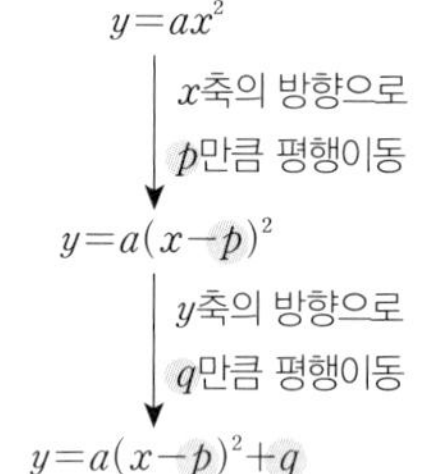

축의 방정식	꼭짓점의 좌표
$x=p$	(p, q)

12-1 이차함수 $y=\frac{1}{5}x^2$의 그래프를 x축의 방향으로 -1만큼, y축의 방향으로 -5만큼 평행이동한 그래프에 대하여 다음 □ 안에 알맞은 것을 써넣으시오.

(1) 평행이동한 그래프를 나타내는 이차함수의 식은 $y=$□이다.

(2) 평행이동한 그래프의 축의 방정식은 □이다.

(3) 평행이동한 그래프의 꼭짓점의 좌표는 (□, □)이다.

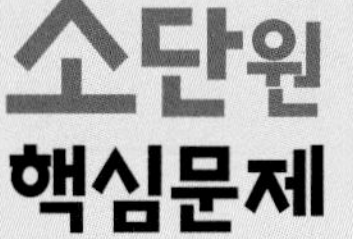

정답과 풀이 ★ 54쪽

이차함수 $y=ax^2+q$의 그래프

1 다음은 이차함수 $y=-x^2-4$의 그래프에 대한 설명이다. □ 안에 알맞은 것을 써넣으시오.

• 이차함수 $y=-x^2$의 그래프를 □축의 방향으로 □만큼 평행이동한 그래프이다.
• □축을 축으로 하고, 꼭짓점의 좌표는 (□, □)이다.

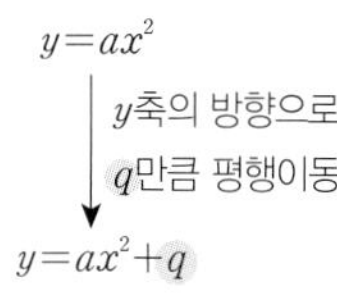

이차함수 $y=ax^2+q$의 그래프가 지나는 점

2 이차함수 $y=\frac{1}{2}x^2+q$의 그래프가 점 $(1, 2)$를 지날 때, 상수 q의 값을 구하시오.

이차함수 $y=a(x-p)^2$의 그래프

3 오른쪽 그림은 이차함수 $y=\frac{1}{2}x^2$의 그래프를 x축의 방향으로 평행이동한 그래프이다. 이 그래프를 나타내는 이차함수의 식을 구하시오.

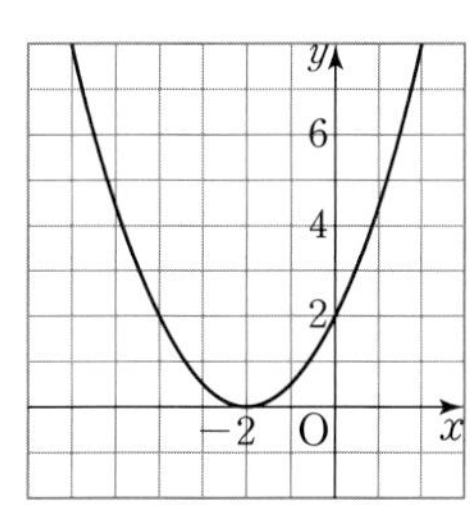

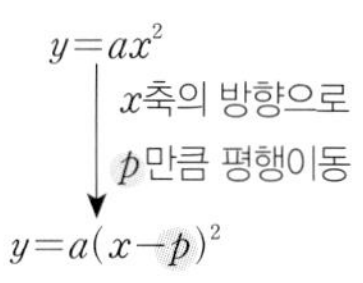

이차함수 $y=a(x-p)^2$의 그래프 위의 점

기출 **4** 이차함수 $y=-\frac{2}{3}x^2$의 그래프를 x축의 방향으로 3만큼 평행이동하면 점 $(3, k)$를 지날 때, k의 값은?

① -1 ② 0 ③ 1
④ 2 ⑤ 3

이차함수 $y=a(x-p)^2+q$의 그래프

5 다음 중에서 이차함수 $y=5(x-1)^2+2$의 그래프에 대한 설명으로 옳지 않은 것은?

① 그래프의 모양은 아래로 볼록하다.
② 축의 방정식은 $x=1$이다.
③ x축과 한 점에서 만난다.
④ 꼭짓점의 좌표는 $(1, 2)$이다.
⑤ 이차함수 $y=5x^2$의 그래프를 평행이동한 것이다.

$a>0, p>0, q>0$

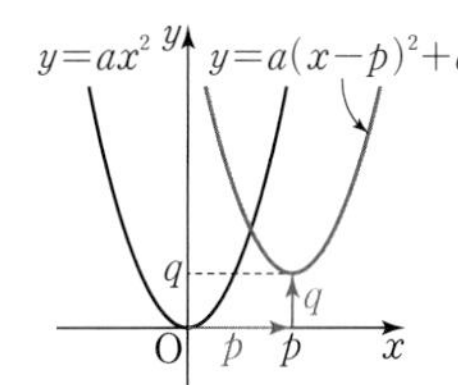

03 이차함수 $y=a(x-p)^2+q$의 그래프의 성질

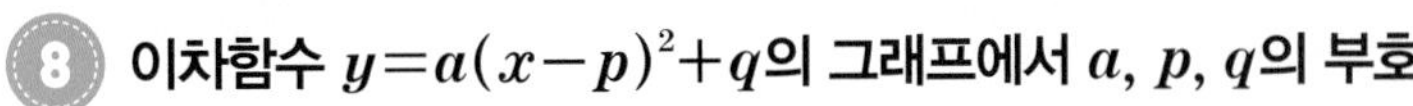

8 이차함수 $y=a(x-p)^2+q$의 그래프에서 a, p, q의 부호

(1) 이차함수 $y=a(x-p)^2+q$의 그래프에서 a의 부호: 그래프의 모양으로 결정

① 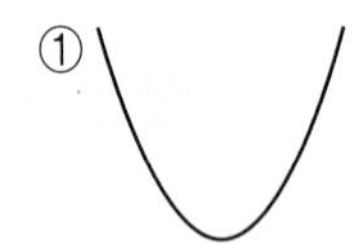 ➡ 그래프의 모양이 아래로 볼록 ➡ $a>0$

②  ➡ 그래프의 모양이 위로 볼록 ➡ $a<0$

(2) 이차함수 $y=a(x-p)^2+q$의 그래프에서 p, q의 부호: 꼭짓점의 위치로 결정

① 꼭짓점이 제1사분면 위에 있다. ➡ $p>0,\ q>0$

② 꼭짓점이 제2사분면 위에 있다. ➡ $p<0,\ q>0$

③ 꼭짓점이 제3사분면 위에 있다. ➡ $p<0,\ q<0$

④ 꼭짓점이 제4사분면 위에 있다. ➡ $p>0,\ q<0$

제2사분면 $(-,+)$	제1사분면 $(+,+)$
제3사분면 $(-,-)$	제4사분면 $(+,-)$

핵심예제 **13** 이차함수 $y=a(x-p)^2+q$의 그래프가 오른쪽 그림과 같을 때, 다음을 구하시오. (단, a, p, q는 상수)

(1) a의 부호

(2) p의 부호

(3) q의 부호

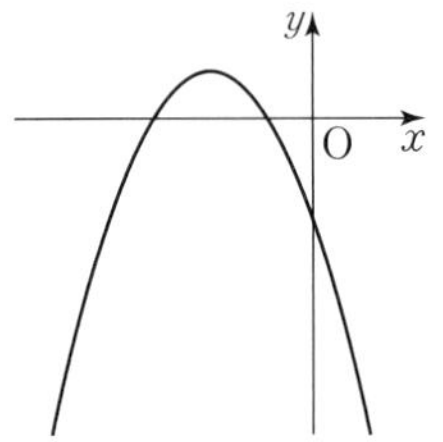

이차함수 $y=a(x-p)^2+q$의 그래프에서 a, p, q의 부호
① 그래프의 모양으로 a의 부호 결정
② 꼭짓점의 위치로 p, q의 부호 결정

13-1 이차함수 $y=a(x-p)^2+q$의 그래프가 오른쪽 그림과 같을 때, 다음 에서 옳은 것을 모두 고르시오. (단, a, p, q는 상수)

보기
ㄱ. $a>0$　　ㄴ. $p<0$
ㄷ. $q>0$　　ㄹ. $a+p<0$
ㅁ. $a+p+q>0$

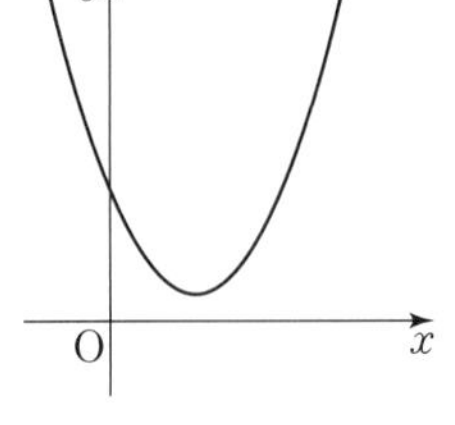

13-2 이차함수 $y=a(x-p)^2+q$의 그래프가 오른쪽 그림과 같을 때, 상수 a, p, q의 부호를 각각 구하시오.

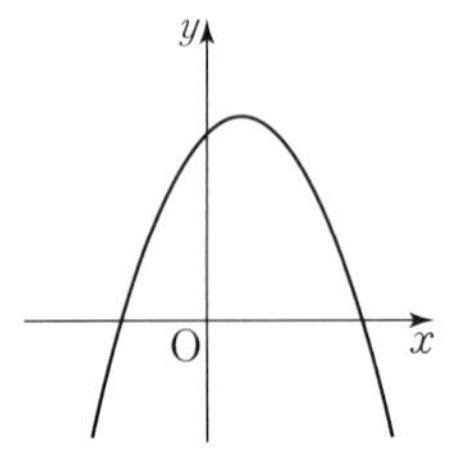

핵심예제 **14** 이차함수 $y=a(x-p)^2+q$의 그래프가 오른쪽 그림과 같을 때, 이차함수 $y=p(x-a)^2+q$의 그래프에 대하여 알아보려고 한다. 다음 물음에 답하시오. (단, a, p, q는 상수)

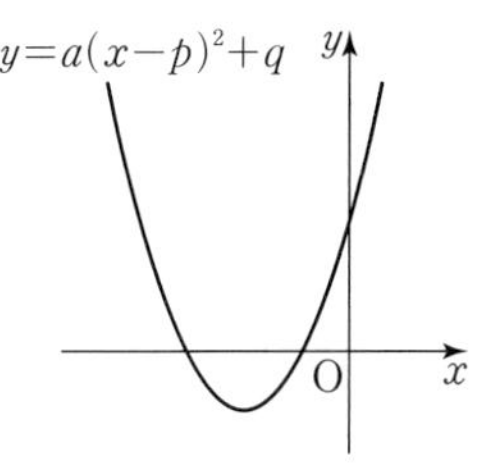

(1) a, p, q의 부호를 각각 구하시오.

(2) 이차함수 $y=p(x-a)^2+q$의 그래프에 대하여 □ 안에 알맞은 것을 써넣으시오.

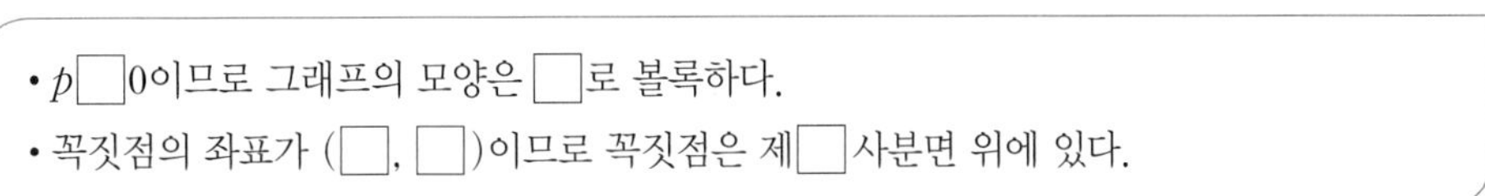

• p□0이므로 그래프의 모양은 □로 볼록하다.
• 꼭짓점의 좌표가 (□, □)이므로 꼭짓점은 제□사분면 위에 있다.

(3) 다음 **보기**에서 이차함수 $y=p(x-a)^2+q$의 그래프로 알맞은 것을 고르시오.

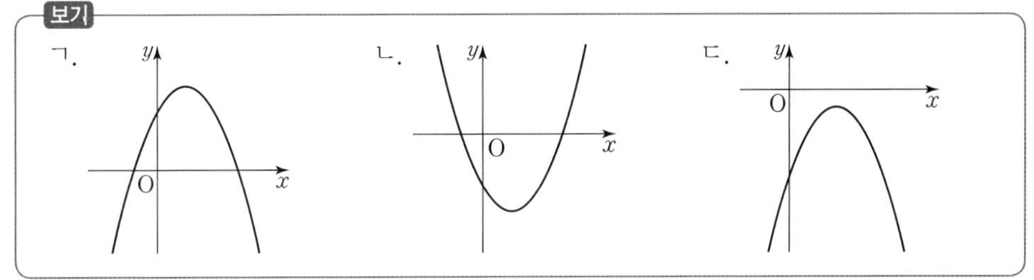

• $y=a(x-p)^2+q$
  a: 그래프의 모양, p, q: 꼭짓점의 위치
• $y=p(x-a)^2+q$
  p: 그래프의 모양, a, q: 꼭짓점의 위치

14-1 이차함수 $y=a(x-p)^2+q$의 그래프가 오른쪽 그림과 같을 때, 다음 중 이차함수 $y=q(x-a)^2+p$의 그래프에 대한 설명으로 옳은 것은 ○표, 옳지 않은 것은 ×표를 (　　) 안에 써넣으시오. (단, a, p, q는 상수)

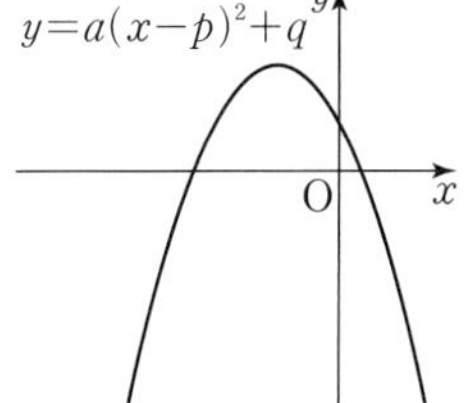

(1) $a<0$, $p<0$, $q>0$이다. (　　　)

(2) 위로 볼록한 곡선이다. (　　　)

(3) 꼭짓점은 제3사분면 위에 있다. (　　　)

핵심예제 **15** 원점을 지나는 이차함수 $y=a(x-p)^2+q$의 그래프가 오른쪽 그림과 같을 때, 상수 a, p, q의 값을 각각 구하시오.

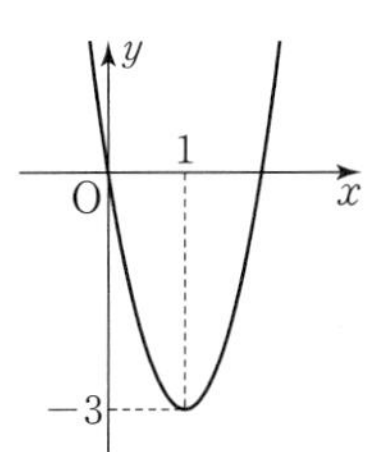

이차함수 $y=a(x-p)^2+q$의 그래프에서 a, p, q의 값 구하기
❶ 꼭짓점의 좌표로 p, q의 값을 구한다.
❷ 그래프가 지나는 한 점의 좌표를 대입하여 a의 값을 구한다.

15-1 원점을 지나는 이차함수 $y=a(x-p)^2+q$의 그래프가 오른쪽 그림과 같을 때, 상수 a, p, q의 값을 각각 구하시오.

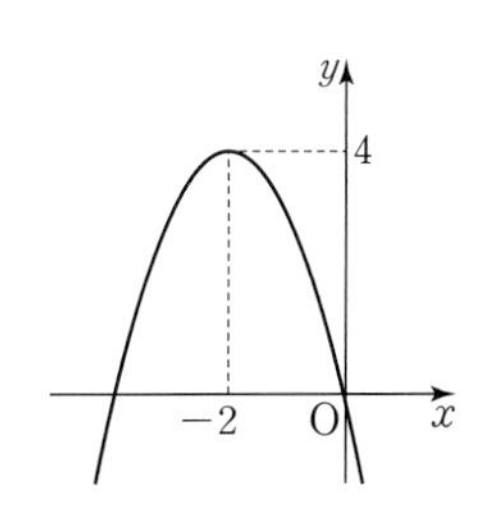

9 이차함수 $y=a(x-p)^2+q$의 그래프의 평행이동과 대칭이동

이차함수 $y=a(x-p)^2+q$의 그래프를

(1) x축의 방향으로 m만큼, y축의 방향으로 n만큼 평행이동한 그래프

$y=a(x-p)^2+q$

➡ $y=a\{x-(p+m)\}^2+q+n$

꼭짓점의 좌표: (p, q) ➡ $(p+m, q+n)$

$y=a\{x-(p+m)\}^2+q+n$, $y=a(x-p)^2+q$, p, q, O, x, y, $+n$, $+m$

참고 이차함수의 그래프는 평행이동하면 그래프의 모양과 폭은 변하지 않고 꼭짓점의 위치만 변한다.

(2) x축에 대칭이동한 그래프

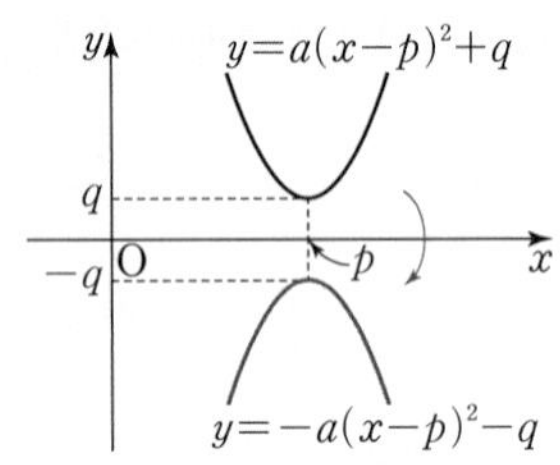

(3) y축에 대칭이동한 그래프

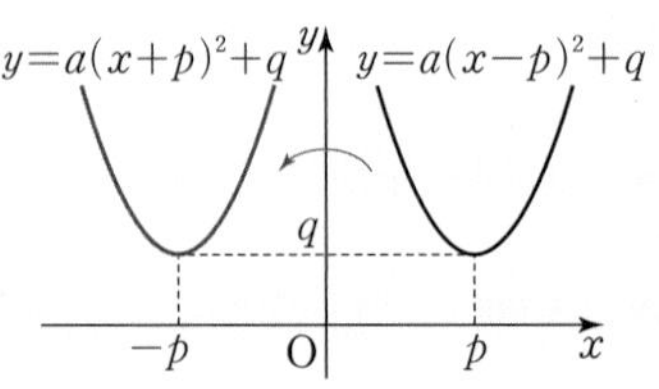

$y=a(x-p)^2+q$ ➡ $y=-a(x-p)^2-q$

$y=a(x-p)^2+q$ ➡ $y=a(x+p)^2+q$

참고 이차함수의 그래프는 x축에 대칭이동하면 그래프의 모양과 꼭짓점이 위치한 사분면이 바뀌고, y축에 대칭이동하면 꼭짓점이 위치한 사분면만 바뀐다.

핵심예제 16 이차함수 $y=2(x-1)^2+5$의 그래프를 다음과 같이 평행이동한 그래프를 나타내는 이차함수의 식을 구하시오.

(1) x축의 방향으로 3만큼 평행이동

(2) y축의 방향으로 -4만큼 평행이동

(3) x축의 방향으로 3만큼, y축의 방향으로 -4만큼 평행이동

평행이동한 그래프의 꼭짓점의 좌표
이차함수 $y=a(x-p)^2+q$의 그래프를 x축의 방향으로 m만큼, y축의 방향으로 n만큼 평행이동한 그래프의 꼭짓점의 좌표는
$(p+m, q+n)$

16-1 이차함수 $y=-(x+4)^2-7$의 그래프를 x축의 방향으로 -2만큼, y축의 방향으로 3만큼 평행이동한 그래프에 대하여 다음 물음에 답하시오.

(1) 평행이동한 그래프의 꼭짓점의 좌표를 구하시오.

(2) 평행이동한 그래프를 나타내는 이차함수의 식을 구하시오.

핵심예제 17 이차함수 $y=-3(x-2)^2-6$의 그래프를 다음과 같이 대칭이동한 그래프를 나타내는 이차함수의 식을 구하시오.

(1) x축에 대칭이동

(2) y축에 대칭이동

대칭이동한 그래프의 꼭짓점의 좌표
이차함수 $y=a(x-p)^2+q$의 그래프를
- x축에 대칭이동한 그래프의 꼭짓점의 좌표
  (p, q) ➡ $(p, -q)$
- y축에 대칭이동한 그래프의 꼭짓점의 좌표
  (p, q) ➡ $(-p, q)$

17-1 이차함수 $y=5(x+2)^2+0.5$의 그래프에 대하여 다음 물음에 답하시오.

(1) x축, y축에 각각 대칭이동한 그래프의 꼭짓점의 좌표를 차례로 구하시오.

(2) x축, y축에 각각 대칭이동한 그래프를 나타내는 이차함수의 식을 차례로 구하시오.

소단원 핵심문제

정답과 풀이 ★ 55쪽

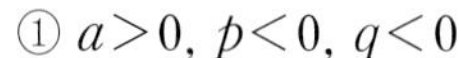

이차함수 $y=a(x-p)^2+q$의 그래프에서 a, p, q의 부호

1 **이차함수 $y=a(x-p)^2+q$의 그래프가 오른쪽 그림과 같을 때, 다음 중 에서 옳은 것은? (단, a, p, q는 상수)**

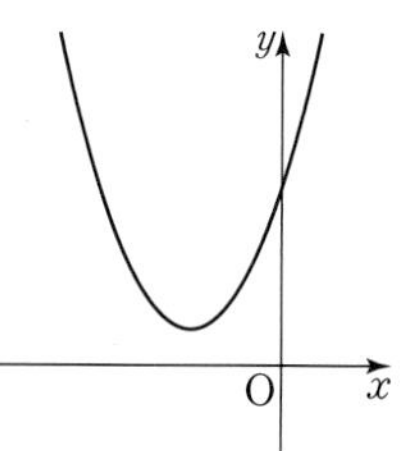

① $a>0,\ p<0,\ q<0$　　② $a<0,\ p<0,\ q>0$

③ $a>0,\ p>0,\ q<0$　　④ $a<0,\ p>0,\ q<0$

⑤ $a>0,\ p<0,\ q>0$

● 이차함수 $y=a(x-p)^2+q$의 그래프에서
- 그래프의 모양으로 a의 부호 결정
- 꼭짓점의 위치로 p, q의 부호 결정

a, p, q의 부호로 이차함수 $y=a(x-p)^2+q$의 그래프 찾기

2 **$a<0$, $p>0$, $q<0$일 때, 다음 중 이차함수 $y=a(x-p)^2+q$의 그래프로 알맞은 것은?**

①
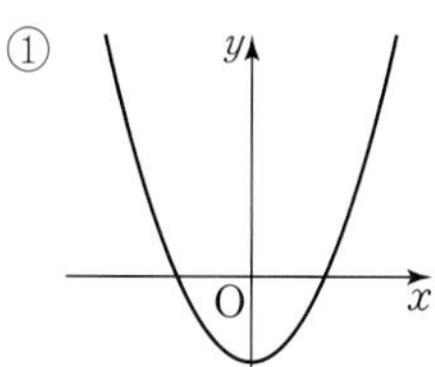
②
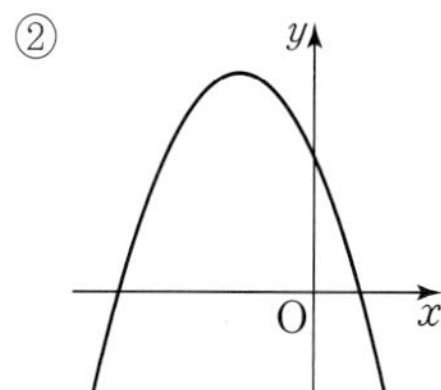
③
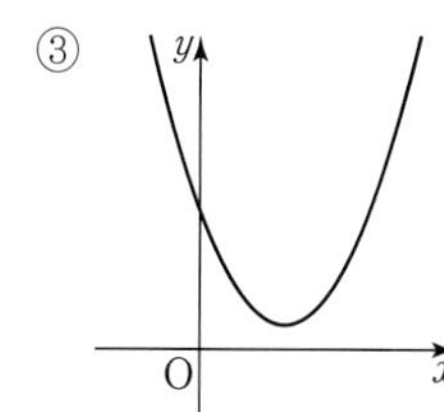
④
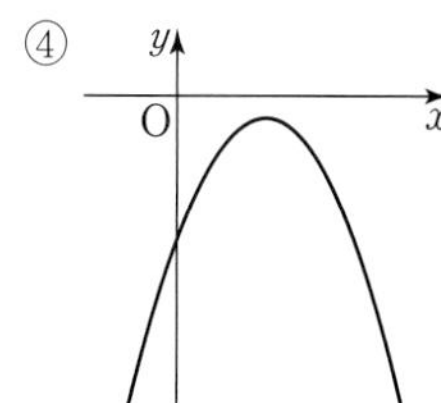
⑤
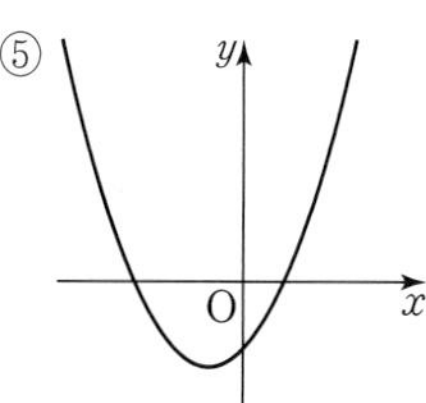

이차함수 $y=a(x-p)^2+q$의 그래프를 보고 a, p, q의 값 구하기

기출 **3** **원점을 지나는 이차함수 $y=a(x-p)^2+q$의 그래프가 오른쪽 그림과 같을 때, 상수 a, p, q의 값을 각각 구하시오.**

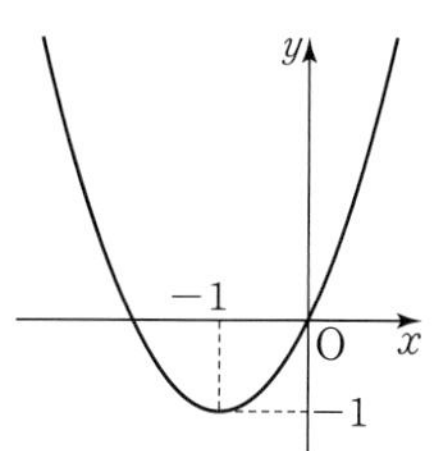

이차함수 $y=a(x-p)^2+q$의 그래프의 평행이동

4 **이차함수 $y=-6(x-2)^2+1$의 그래프를 x축의 방향으로 5만큼, y축의 방향으로 -3만큼 평행이동한 그래프의 꼭짓점의 좌표를 (p, q)라 할 때, $p+q$의 값을 구하시오.**

● x축의 방향으로 m만큼, y축의 방향으로 n만큼 평행이동한 그래프의 꼭짓점도 x축의 방향으로 m만큼, y축의 방향으로 n만큼 평행이동한다.

이차함수 $y=a(x-p)^2+q$의 그래프의 대칭이동

5 **이차함수 $y=\frac{1}{2}(x+5)^2-3$의 그래프를 y축에 대칭이동한 그래프의 축의 방정식을 $x=k$라 할 때, k의 값을 구하시오.**

● 이차함수의 그래프를 y축에 대칭이동하면 꼭짓점의 x좌표의 부호가 바뀐다.

04 이차함수 $y=ax^2+bx+c$의 그래프

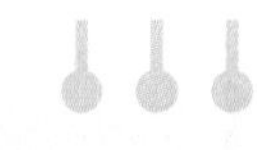

10 이차함수 $y=ax^2+bx+c$의 그래프

(1) 그래프 그리기: 이차함수 $y=ax^2+bx+c$를 $y=a(x-p)^2+q$ 꼴로 고쳐서 그래프를 그릴 수 있다.

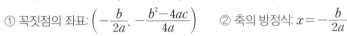

$$\underbrace{y=ax^2+bx+c}_{\text{이차함수의 일반형}} \Rightarrow \underbrace{y=a(x-p)^2+q}_{\text{이차함수의 표준형}}$$

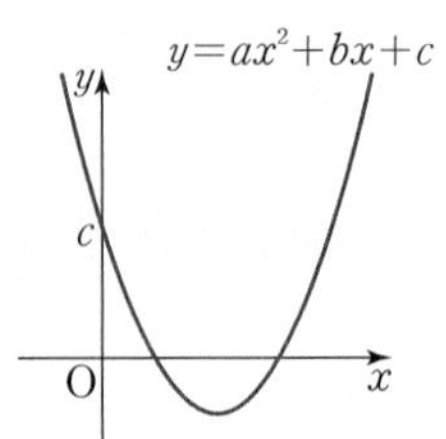

참고 $y=ax^2+bx+c=a\left(x^2+\frac{b}{a}x\right)+c=a\left\{x^2+\frac{b}{a}x+\left(\frac{b}{2a}\right)^2-\left(\frac{b}{2a}\right)^2\right\}+c$

$=a\left\{x^2+\frac{b}{a}x+\left(\frac{b}{2a}\right)^2\right\}-a\left(\frac{b}{2a}\right)^2+c=a\left(x+\frac{b}{2a}\right)^2-\frac{b^2-4ac}{4a}$

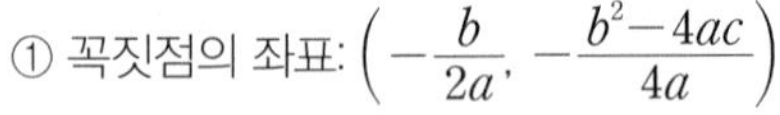

① 꼭짓점의 좌표: $\left(-\frac{b}{2a}, -\frac{b^2-4ac}{4a}\right)$ ② 축의 방정식: $x=-\frac{b}{2a}$

예 $y=2x^2+4x-3=2(x^2+2x)-3=2(x^2+2x+1-1)-3=2(x^2+2x+1)-2-3=2(x+1)^2-5$

(2) $a>0$이면 아래로 볼록하고, $a<0$이면 위로 볼록하다.

(3) y축 위의 점 $(0, c)$를 지난다. — 이차함수 $y=ax^2+bx+c$에서 $x=0$일 때, $y=c$

핵심예제 **18** 다음 □ 안에 알맞은 수를 써넣고, 이차함수의 그래프를 오른쪽 좌표평면 위에 그리시오.

$y=-x^2-2x+2=-(x+□)^2+□$

(1) 꼭짓점의 좌표: (□, □)

(2) y축과의 교점의 좌표: (□, □)

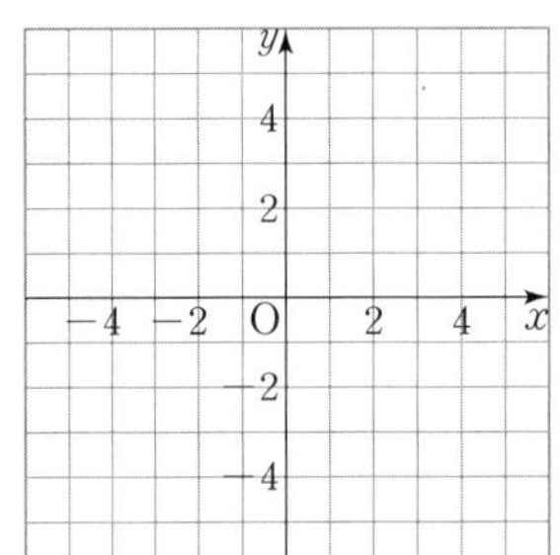

● 이차함수 $y=ax^2+bx+c$의 그래프 그리기

❶ 이차함수를 $y=a(x-p)^2+q$ 꼴로 고치기

❷ a의 부호를 확인하고 꼭짓점의 좌표, y축과의 교점의 좌표 찾기

❸ 포물선으로 연결하기

핵심예제 **19** 다음 □ 안에 알맞은 수를 써넣고, 이차함수의 그래프의 축의 방정식과 꼭짓점의 좌표를 구하시오.

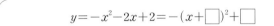

$y=2x^2-8x+5 \Rightarrow y=2(x-□)^2-□$

(1) 축의 방정식 (2) 꼭짓점의 좌표

● 이차함수 $y=ax^2+bx+c$의 그래프는 $y=a(x-p)^2+q$ 꼴로 고쳐서 그린다.

19-1 이차함수 $y=-3x^2+6x+1$의 그래프에 대하여 다음 □ 안에 알맞은 것을 써넣으시오.

(1) 꼭짓점의 좌표는 (□, □)이다.

(2) y축과의 교점의 좌표는 (□, □)이다.

(3) $-3<0$이므로 □로 볼록하다.

정답과 풀이 ★ 55쪽

11 이차함수 $y=ax^2+bx+c$의 그래프에서 a, b, c의 부호

(1) a의 부호: 그래프의 모양으로 결정

① 그래프의 모양이 아래로 볼록 ➡ $a>0$

② 그래프의 모양이 위로 볼록 ➡ $a<0$

(2) b의 부호: 축의 위치로 결정

① 축이 y축의 왼쪽에 위치 ➡ a, b는 서로 같은 부호 ➡ $ab>0$

② 축이 y축의 오른쪽에 위치 ➡ a, b는 서로 다른 부호 ➡ $ab<0$

③ 축이 y축에 위치 ➡ $b=0$

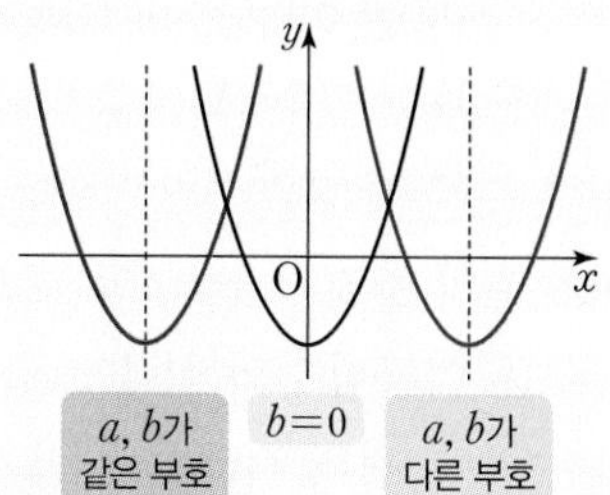

참고 $y=ax^2+bx+c=a\left(x+\frac{b}{2a}\right)^2-\frac{b^2-4ac}{4a}$에서 축의 방정식은 $x=-\frac{b}{2a}$이므로

① 축이 y축의 왼쪽에 위치하면 $-\frac{b}{2a}<0$에서 $ab>0$ ➡ a, b는 서로 같은 부호

② 축이 y축의 오른쪽에 위치하면 $-\frac{b}{2a}>0$에서 $ab<0$ ➡ a, b는 서로 다른 부호

(3) c의 부호: y축과의 교점의 위치로 결정

① y축과의 교점이 x축보다 위쪽에 위치 ➡ $c>0$

② y축과의 교점이 x축보다 아래쪽에 위치 ➡ $c<0$

③ y축과의 교점이 원점 ➡ $c=0$

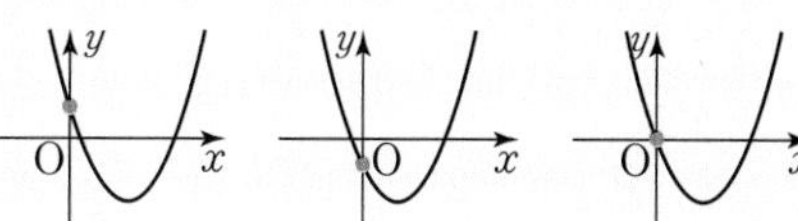

핵심예제 20 이차함수 $y=ax^2+bx+c$의 그래프가 오른쪽 그림과 같을 때, □ 안에 알맞은 것을 써넣으시오. (단, a, b, c는 상수)

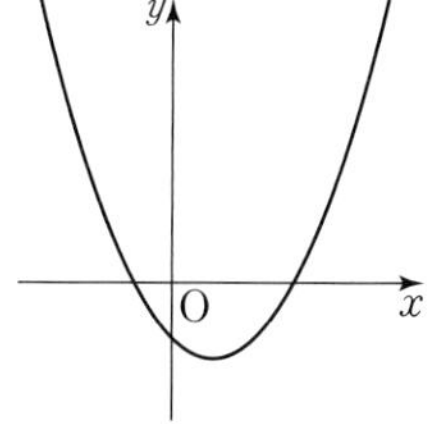

(1) 그래프가 □로 볼록하므로 a□0이다.

(2) 축이 y축의 □쪽에 있으므로 ab□0에서 b□0이다.

(3) y축과의 교점이 x축보다 □쪽에 있으므로 c□0이다.

● 이차함수 $y=ax^2+bx+c$의 그래프에서 a, b, c의 부호 구하기
그래프의 모양, 축의 위치, y축과의 교점의 위치를 차례로 살펴본다.

20-1 이차함수 $y=ax^2+bx+c$의 그래프가 오른쪽 그림과 같을 때, 다음 설명 중 옳은 것은 ○표, 옳지 않은 것은 ×표를 ( ) 안에 써넣으시오.

(1) 그래프가 위로 볼록하므로 $a>0$이다. ( )

(2) 축이 y축의 왼쪽에 있으므로 $b>0$이다. ( )

(3) y축과의 교점이 x축보다 위쪽에 있으므로 $c>0$이다. ( )

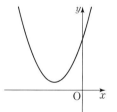

20-2 이차함수 $y=ax^2+bx+c$의 그래프가 다음 그림과 같을 때, ○ 안에 >, =, < 중 알맞은 것을 써넣으시오.

(1)

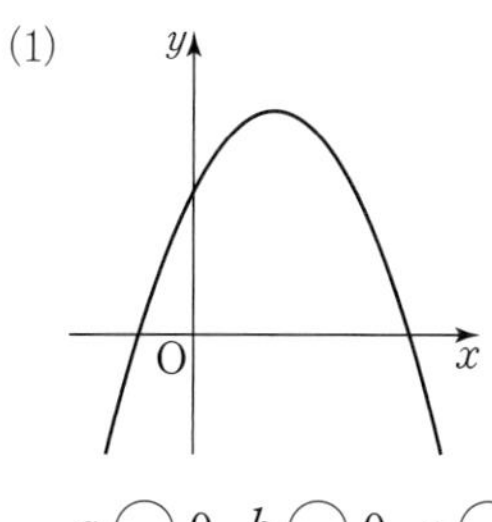

a ○ 0, b ○ 0, c ○ 0

(2)

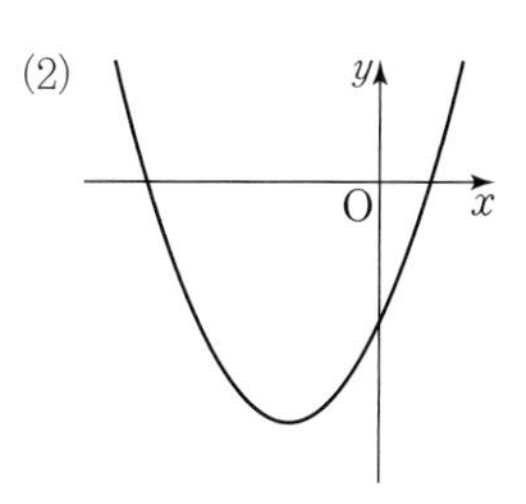

a ○ 0, b ○ 0, c ○ 0

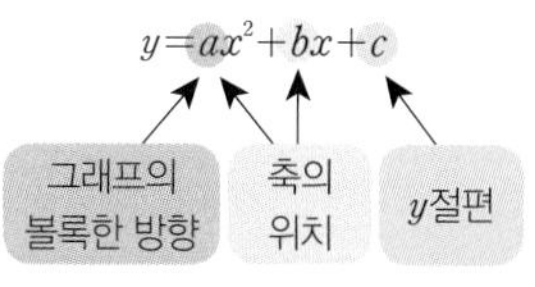

12 이차함수의 식 구하기 (1)

(1) 꼭짓점의 좌표 (p, q)와 그래프가 지나는 다른 한 점의 좌표를 알 때

① 이차함수의 식을 $y=a(x-p)^2+q$로 놓는다.

② 다른 한 점의 좌표를 ①의 식에 대입하여 a의 값을 구한다.

예 꼭짓점의 좌표가 $(1, 2)$이고, 점 $(2, 6)$을 지나는 포물선을 그래프로 하는 이차함수의 식을 구하여 보자.
구하는 이차함수의 식을 $y=a(x-1)^2+2$로 놓으면 그래프가 점 $(2, 6)$을 지나므로
$6=a\times(2-1)^2+2$, $6=a+2$, $a=4$
따라서 구하는 이차함수의 식은 $y=4(x-1)^2+2$

(2) 축의 방정식 $x=p$와 그래프가 지나는 두 점의 좌표를 알 때

① 이차함수의 식을 $y=a(x-p)^2+q$로 놓는다.

② 두 점의 좌표를 ①의 식에 각각 대입하여 a와 q의 값을 각각 구한다.

예 축의 방정식이 $x=-1$이고, 두 점 $(0, -1)$, $(1, -7)$을 지나는 포물선을 그래프로 하는 이차함수의 식을 구하여 보자.
구하는 이차함수의 식을 $y=a(x+1)^2+q$로 놓으면 그래프가 두 점 $(0, -1)$, $(1, -7)$을 지나므로
$-1=a\times(0+1)^2+q$, $a+q=-1$ ……㉠
$-7=a\times(1+1)^2+q$, $4a+q=-7$ ……㉡
㉠, ㉡을 연립하여 풀면 $a=-2$, $q=1$
따라서 구하는 이차함수의 식은 $y=-2(x+1)^2+1$

핵심예제 **21** 다음 포물선을 그래프로 하는 이차함수의 식을 구하시오.

꼭짓점의 좌표가 $(3, 2)$이고, 점 $(1, -2)$를 지나는 포물선

이차함수의 그래프의 꼭짓점의 좌표가 (p, q)일 때 이차함수의 식
➡ $y=a(x-p)^2+q$

21-1 다음 포물선을 그래프로 하는 이차함수의 식을 구하시오.

(1) 꼭짓점의 좌표가 $(-2, -1)$이고, 점 $(0, 1)$을 지나는 포물선

(2) 꼭짓점의 좌표가 $(1, 4)$이고, 점 $(-1, -4)$를 지나는 포물선

핵심예제 **22** 다음 포물선을 그래프로 하는 이차함수의 식을 구하시오.

축의 방정식이 $x=1$이고, 두 점 $(0, 2)$, $(3, -7)$을 지나는 포물선

이차함수의 그래프의 축의 방정식이 $x=p$일 때 이차함수의 식
➡ $y=a(x-p)^2+q$

22-1 다음 포물선을 그래프로 하는 이차함수의 식을 구하시오.

(1) 축의 방정식이 $x=-4$이고, 두 점 $(-3, -1)$, $(-2, 5)$를 지나는 포물선

(2) 축의 방정식이 $x=3$이고, 두 점 $(0, 11)$, $(2, 3)$을 지나는 포물선

13 이차함수의 식 구하기 (2)

(1) 그래프가 지나는 서로 다른 세 점의 좌표를 알 때

① 이차함수의 식을 $y=ax^2+bx+c$로 놓는다.

② 세 점의 좌표를 ①의 식에 각각 대입하여 a, b, c의 값을 구한다.

참고 y축과의 교점 $(0, c)$와 그래프가 지나는 다른 두 점의 좌표를 알 때

① 이차함수의 식을 $y=ax^2+bx+c$로 놓는다.

② 두 점의 좌표를 ①의 식에 각각 대입하여 a, b의 값을 구한다.

(2) x축과의 두 교점 $(\alpha, 0)$, $(\beta, 0)$과 그래프가 지나는 다른 한 점의 좌표를 알 때

① 이차함수의 식을 $y=a(x-\alpha)(x-\beta)$로 놓는다.

② 다른 한 점의 좌표를 ①의 식에 대입하여 a의 값을 구한다.

참고 x축과의 두 교점과 다른 한 점의 좌표를 알 때도 (1)과 같은 방법으로 이차함수의 식을 구할 수도 있다.
세 점의 좌표

예 x축과 두 점 $(-1, 0)$, $(1, 0)$에서 만나고, 점 $(0, -1)$을 지나는 포물선을 그래프로 하는 이차함수의 식을 구하여 보자.
구하는 이차함수의 식을 $y=a(x+1)(x-1)$로 놓으면 이 그래프가 점 $(0, -1)$을 지나므로
$-1=a\times(0+1)\times(0-1)$, $a=1$
따라서 구하는 이차함수의 식은 $y=(x+1)(x-1)=x^2-1$

핵심예제 23 다음 포물선을 그래프로 하는 이차함수의 식을 구하시오.

세 점 $(-2, -1)$, $(0, -3)$, $(1, -1)$을 지나는 포물선

> 세 점의 좌표를 알 때 이차함수의 식 구하기
> ➡ 이차함수의 식을 $y=ax^2+bx+c$로 놓고 세 점의 좌표를 각각 대입한다.

23-1 다음 포물선을 그래프로 하는 이차함수의 식을 구하시오.

(1) 세 점 $(-1, 4)$, $(0, 7)$, $(1, 8)$을 지나는 포물선

(2) 세 점 $(-1, 16)$, $(0, 6)$, $(2, -2)$를 지나는 포물선

핵심예제 24 다음 포물선을 그래프로 하는 이차함수의 식을 $y=ax^2+bx+c$ 꼴로 나타내시오. (단, a, b, c는 상수)

x축과 두 점 $(-1, 0)$, $(2, 0)$에서 만나고, 점 $(1, 4)$를 지나는 포물선

> x축과의 두 교점 $(\alpha, 0)$, $(\beta, 0)$과 다른 한 점의 좌표를 알 때 이차함수의 식 구하기
> ➡ 이차함수의 식을 $y=a(x-\alpha)(x-\beta)$로 놓고 다른 한 점의 좌표를 대입한다.

24-1 다음 포물선을 그래프로 하는 이차함수의 식을 $y=ax^2+bx+c$ 꼴로 나타내시오. (단, a, b, c는 상수)

(1) x축과 두 점 $(3, 0)$, $(6, 0)$에서 만나고, 점 $(2, 2)$를 지나는 포물선

(2) x축과 두 점 $(-5, 0)$, $(-2, 0)$에서 만나고, 점 $(-3, 2)$를 지나는 포물선

소단원 핵심문제

정답과 풀이 ★ 57쪽

이차함수 $y=ax^2+bx+c$를 $y=a(x-p)^2+q$ 꼴로 고치기

1 다음은 이차함수 $y=-4x^2+12x-3$을 $y=a(x-p)^2+q$ 꼴로 고치는 과정이다. 처음으로 잘못된 부분을 찾아 기호를 쓰고, 바르게 고치시오.

$y=-4x^2+12x-3$
$=-4(x^2+12x)-3$ ……… ㈎
$=-4(x^2+12x+36-36)-3$ ……… ㈏
$=-4(x+6)^2+141$ ……… ㈐

이차함수 $y=ax^2+bx+c$의 그래프

2 다음 보기에서 이차함수 $y=3x^2-6x+4$의 그래프에 대한 설명으로 옳은 것을 모두 고르시오.

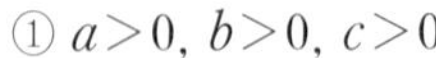

보기
ㄱ. 꼭짓점의 좌표는 $(-1, 1)$이다.
ㄴ. 축의 방정식은 $x=1$이다.
ㄷ. y축과 만나는 점의 좌표는 $(0, 4)$이다.
ㄹ. 제2, 3, 4사분면을 지나지 않는다.

● 이차함수 $y=ax^2+bx+c$의 그래프는 $y=a(x-p)^2+q$ 꼴로 고쳐서 그린다.

이차함수 $y=ax^2+bx+c$의 그래프에서 a, b, c의 부호

3 이차함수 $y=ax^2-bx+c$의 그래프가 오른쪽 그림과 같을 때, 상수 a, b, c의 부호는?

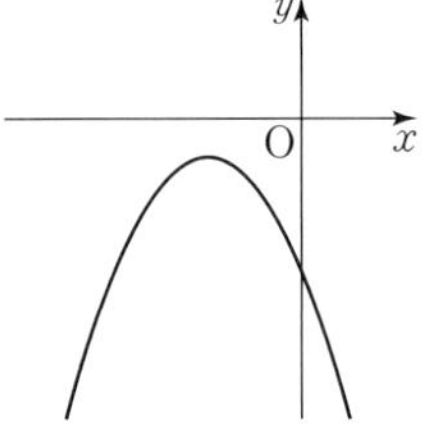

① $a>0$, $b>0$, $c>0$ ② $a>0$, $b>0$, $c<0$
③ $a<0$, $b>0$, $c<0$ ④ $a<0$, $b>0$, $c>0$
⑤ $a<0$, $b<0$, $c<0$

● 그래프의 모양, 축의 위치, y축과의 교점의 위치를 이용하여 a, b, c의 부호를 알아본다.

이차함수의 식 구하기 (1)

4 이차함수 $y=ax^2+bx+c$의 그래프가 점 $(-1, 7)$을 꼭짓점으로 하고, 점 $(2, -11)$을 지난다. 이 이차함수의 식을 구하시오.

이차함수의 식 구하기 (2)

기출 **5** 오른쪽 그림과 같이 이차함수 $y=ax^2+bx-3$의 그래프가 두 점 $(-2, 0)$, $(3, 0)$을 지날 때, 상수 a, b의 값을 각각 구하시오.

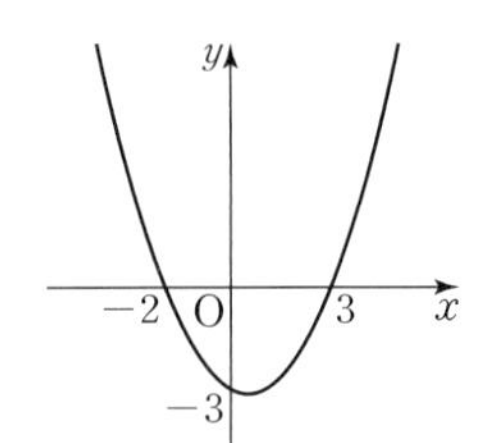

● 이차함수의 그래프가 두 점 $(\alpha, 0)$, $(\beta, 0)$에서 만나면 이차함수의 식을 $y=a(x-\alpha)(x-\beta)$로 놓을 수 있다.

중단원 마무리 테스트

정답과 풀이 ★ 57쪽

1

다음 중에서 y가 x에 대한 이차함수인 것을 모두 고르면? (정답 2개)

① x^2보다 2만큼 작은 수 y
② 한 개에 1500원 빵 x개의 가격 y원
③ 밑변의 길이와 높이가 각각 x cm인 삼각형의 넓이 y cm^2
④ 시속 15 km로 x km를 가는 데 걸리는 시간 y시간
⑤ 반지름의 길이가 x cm인 원의 둘레의 길이 y cm

2

함수 $y=x^2-x(ax+3)-5$가 x에 대한 이차함수가 되도록 하는 상수 a의 조건을 구하시오.

3

이차함수 $f(x)=\frac{1}{2}x^2-5x-11$에서 $f(-2)$의 값은?

① 0 ② 1 ③ 2
④ 3 ⑤ 4

4 신유형

다음은 이차함수 $y=-3x^2$의 그래프에 대한 학생들의 대화이다. 옳게 설명한 학생을 모두 찾으시오.

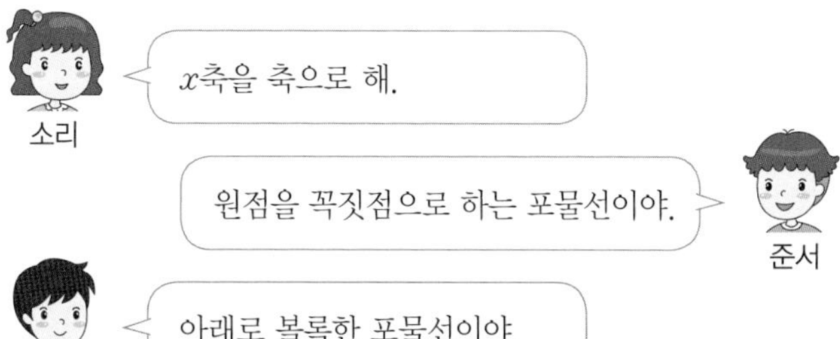

소리: x축을 축으로 해.
준서: 원점을 꼭짓점으로 하는 포물선이야.
민혁: 아래로 볼록한 포물선이야.

나영: 이차함수 $y=3x^2$의 그래프와 x축에 서로 대칭이야.

5

다음 보기의 이차함수의 그래프 중에서 그래프의 폭이 좁은 것부터 차례로 기호를 쓰시오.

보기
ㄱ. $y=\frac{2}{3}x^2$　　ㄴ. $y=-2x^2$
ㄷ. $y=-\frac{1}{2}x^2$　　ㄹ. $y=6x^2$

6 중요

이차함수 $y=ax^2$의 그래프를 y축의 방향으로 -2만큼 평행이동하면 그래프가 점 $(1, -4)$를 지난다. 이때 상수 a의 값은?

① -4 ② -2 ③ -1
④ 1 ⑤ 2

7

오른쪽 그림은 이차함수 $y=x^2$의 그래프를 x축의 방향으로 -2만큼 평행이동한 그래프이다. 이 그래프와 y축과의 교점 A의 좌표를 구하시오.

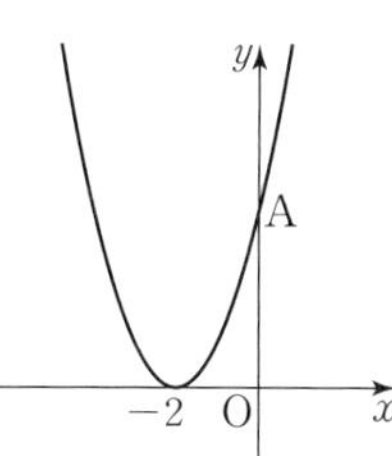

8

다음 중 이차함수 $y=-3x^2$의 그래프를 x축의 방향으로 1만큼, y축의 방향으로 2만큼 평행이동한 그래프를 나타내는 이차함수의 식은?

① $y=-3x^2+2$ ② $y=-3(x+1)^2$
③ $y=(x-1)^2+2$ ④ $y=-3(x+1)^2+2$
⑤ $y=-3(x-1)^2+2$

9

다음 보기의 이차함수 중에서 그 그래프를 평행이동하여 겹치게 할 수 있는 것끼리 짝 지으시오.

보기

ㄱ. $y=\frac{1}{2}x^2$　　ㄴ. $y=-5x^2-1$

ㄷ. $y=-\frac{2}{5}(x-1)^2$　　ㄹ. $y=2(x+1)^2$

ㅁ. $y=\frac{1}{2}(x+5)^2+2$

10

이차함수 $y=a(x-p)^2+q$의 그래프가 오른쪽 그림과 같을 때, 상수 a, p, q의 값을 각각 구하면?

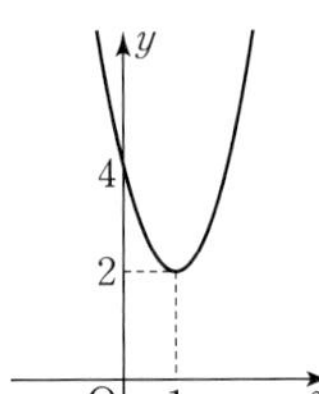

① $a=1$, $p=1$, $q=4$
② $a=1$, $p=2$, $q=1$
③ $a=2$, $p=1$, $q=2$
④ $a=2$, $p=-1$, $q=4$
⑤ $a=2$, $p=2$, $q=1$

11 신유형

일차함수 $y=ax+b$의 그래프가 오른쪽 그림과 같을 때, 다음 중 이차함수 $y=a(x-b)^2$의 그래프를 바르게 그린 사람을 찾으시오. (단, a, b는 상수)

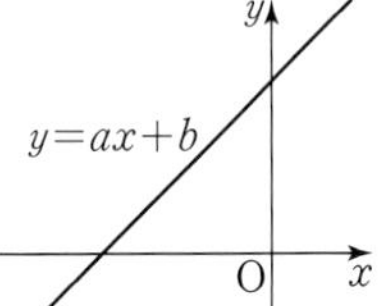

준하: $a>0$, $b>0$

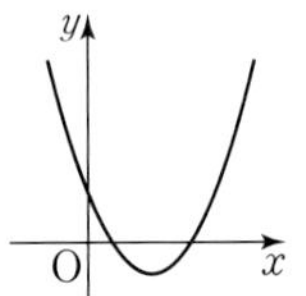

유리: $a>0$, $b<0$

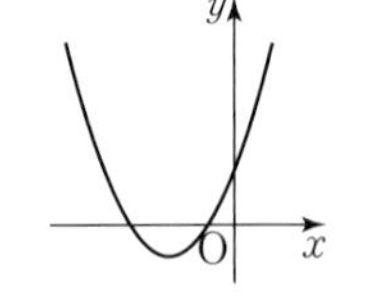

현성: $a>0$, $b>0$

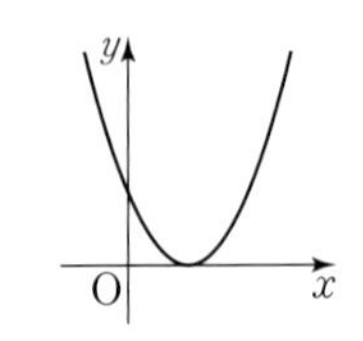

하연: $a>0$, $b<0$

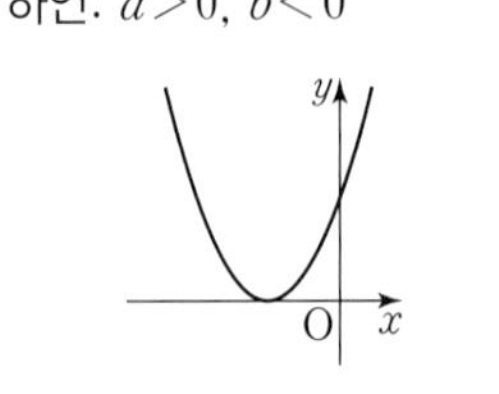

12 중요

이차함수 $y=5x^2-3$의 그래프를 x축의 방향으로 p만큼, y축의 방향으로 q만큼 평행이동하면 이차함수 $y=5(x-4)^2+1$의 그래프와 일치한다. 이때 pq의 값을 구하시오.

13

두 이차함수 $y=(x+2)^2$, $y=(x+2)^2-6$의 그래프가 오른쪽 그림과 같을 때, 색칠한 부분의 넓이는?

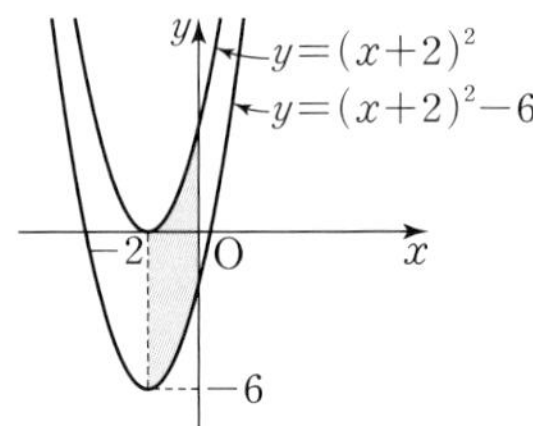

① 6　　② 8
③ 10　　④ 12
⑤ 16

14 중요

다음 중에서 이차함수 $y=-2x^2+4x+3$의 그래프에 대한 설명으로 옳지 않은 것은?

① 위로 볼록한 포물선이다.
② 축의 방정식은 $x=1$이다.
③ 꼭짓점의 좌표는 $(1, 1)$이다.
④ y축과 만나는 점의 좌표는 $(0, 3)$이다.
⑤ 이차함수 $y=-2x^2$의 그래프를 평행이동하면 겹쳐진다.

15

이차함수 $y=ax^2-bx+c$의 그래프가 오른쪽 그림과 같을 때, 상수 a, b, c의 부호를 각각 구하시오.

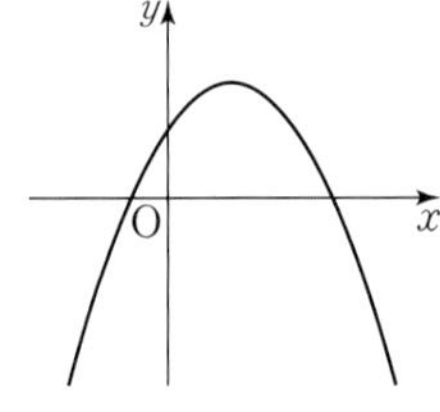

16

이차함수 $y=\frac{1}{4}x^2-2x+5$의 그래프의 꼭짓점을 A, y축과의 교점을 B라 할 때, $\overline{AB}$의 길이는?

① $\sqrt{2}$ ② $\sqrt{3}$ ③ $2\sqrt{2}$
④ $3\sqrt{3}$ ⑤ $4\sqrt{2}$

17

다음 보기에서 이차함수 $y=-x^2-4x-3$의 그래프가 지나는 사분면을 모두 고르시오.

보기
ㄱ. 제1사분면 ㄴ. 제2사분면
ㄷ. 제3사분면 ㄹ. 제4사분면

18 중요

이차함수 $y=ax^2-bx+c$의 그래프가 오른쪽 그림과 같을 때, 이차함수 $y=cx^2+ax+b$의 그래프로 알맞은 것은? (단, a, b, c는 상수)

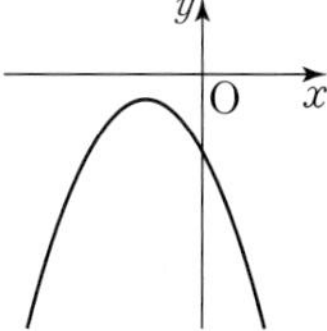

①
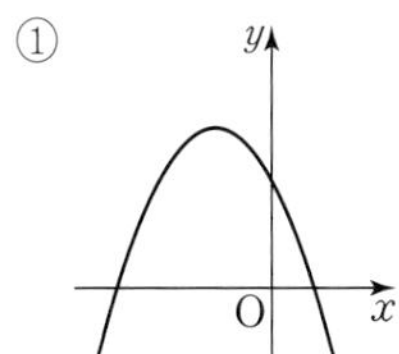

②
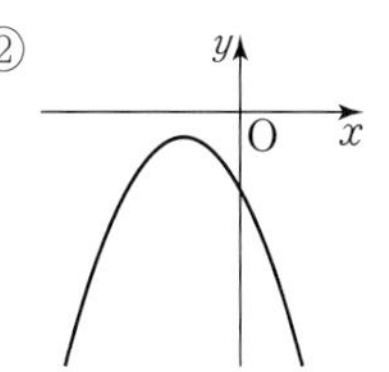

③
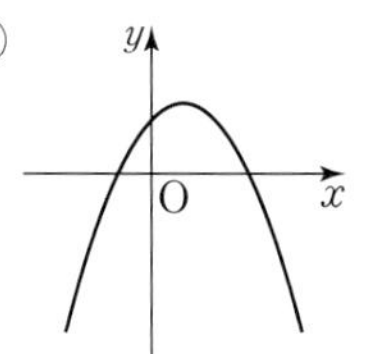

④
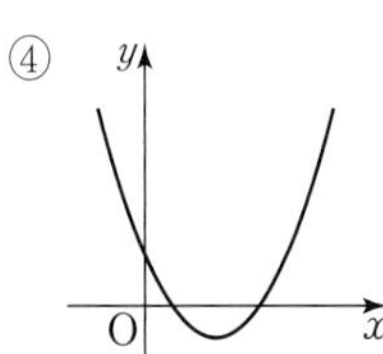

⑤
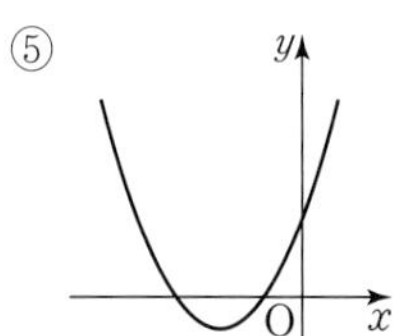

19 중요

이차함수 $y=ax^2+bx+c$의 그래프는 꼭짓점의 좌표가 $(-1, 3)$이고, 점 $(1, 15)$를 지날 때, 상수 a, b, c에 대하여 $a-b+c$의 값을 구하시오.

기출 서술형

20

오른쪽 그림은 이차함수 $y=-\frac{1}{3}x^2$의 그래프를 y축의 방향으로 3만큼 평행이동한 그래프이다. 이 그래프의 꼭짓점을 A, 그래프가 x축과 만나는 두 점을 각각 B, C라 할 때, 다음 물음에 답하시오.

(단, 풀이 과정을 자세히 쓰시오.)

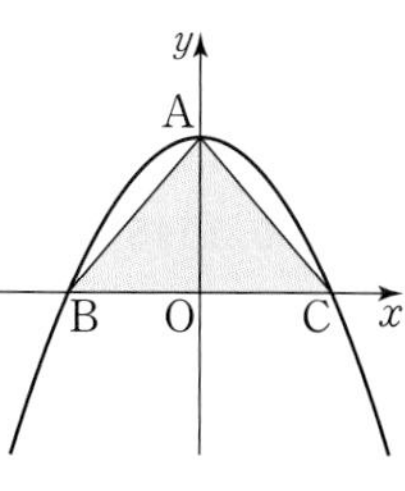

(1) 꼭짓점 A의 좌표를 구하시오.
(2) 삼각형 ABC의 넓이가 9일 때, 두 점 B, C의 좌표를 각각 구하시오.

풀이 과정

(1)

(2)

답 | (1) (2)

21

이차함수 $y=x^2+2kx+k^2+3$의 그래프의 꼭짓점이 직선 $y=-x+2$ 위에 있을 때, 다음 물음에 답하시오.

(단, 풀이 과정을 자세히 쓰시오.)

(1) 이차함수의 그래프의 꼭짓점의 좌표를 구하시오.
(2) 상수 k의 값을 구하시오.

풀이 과정

(1)

(2)

답 | (1) (2)

제곱근표 1

수	0	1	2	3	4	5	6	7	8	9
1.0	1.000	1.005	1.010	1.015	1.020	1.025	1.030	1.034	1.039	1.044
1.1	1.049	1.054	1.058	1.063	1.068	1.072	1.077	1.082	1.086	1.091
1.2	1.095	1.100	1.105	1.109	1.114	1.118	1.122	1.127	1.131	1.136
1.3	1.140	1.145	1.149	1.153	1.158	1.162	1.166	1.170	1.175	1.179
1.4	1.183	1.187	1.192	1.196	1.200	1.204	1.208	1.212	1.217	1.221
1.5	1.225	1.229	1.233	1.237	1.241	1.245	1.249	1.253	1.257	1.261
1.6	1.265	1.269	1.273	1.277	1.281	1.285	1.288	1.292	1.296	1.300
1.7	1.304	1.308	1.311	1.315	1.319	1.323	1.327	1.330	1.334	1.338
1.8	1.342	1.345	1.349	1.353	1.356	1.360	1.364	1.367	1.371	1.375
1.9	1.378	1.382	1.386	1.389	1.393	1.396	1.400	1.404	1.407	1.411
2.0	1.414	1.418	1.421	1.425	1.428	1.432	1.435	1.439	1.442	1.446
2.1	1.449	1.453	1.456	1.459	1.463	1.466	1.470	1.473	1.476	1.480
2.2	1.483	1.487	1.490	1.493	1.497	1.500	1.503	1.507	1.510	1.513
2.3	1.517	1.520	1.523	1.526	1.530	1.533	1.536	1.539	1.543	1.546
2.4	1.549	1.552	1.556	1.559	1.562	1.565	1.568	1.572	1.575	1.578
2.5	1.581	1.584	1.587	1.591	1.594	1.597	1.600	1.603	1.606	1.609
2.6	1.612	1.616	1.619	1.622	1.625	1.628	1.631	1.634	1.637	1.640
2.7	1.643	1.646	1.649	1.652	1.655	1.658	1.661	1.664	1.667	1.670
2.8	1.673	1.676	1.679	1.682	1.685	1.688	1.691	1.694	1.697	1.700
2.9	1.703	1.706	1.709	1.712	1.715	1.718	1.720	1.723	1.726	1.729
3.0	1.732	1.735	1.738	1.741	1.744	1.746	1.749	1.752	1.755	1.758
3.1	1.761	1.764	1.766	1.769	1.772	1.775	1.778	1.780	1.783	1.786
3.2	1.789	1.792	1.794	1.797	1.800	1.803	1.806	1.808	1.811	1.814
3.3	1.817	1.819	1.822	1.825	1.828	1.830	1.833	1.836	1.838	1.841
3.4	1.844	1.847	1.849	1.852	1.855	1.857	1.860	1.863	1.865	1.868
3.5	1.871	1.873	1.876	1.879	1.881	1.884	1.887	1.889	1.892	1.895
3.6	1.897	1.900	1.903	1.905	1.908	1.910	1.913	1.916	1.918	1.921
3.7	1.924	1.926	1.929	1.931	1.934	1.936	1.939	1.942	1.944	1.947
3.8	1.949	1.952	1.954	1.957	1.960	1.962	1.965	1.967	1.970	1.972
3.9	1.975	1.977	1.980	1.982	1.985	1.987	1.990	1.992	1.995	1.997
4.0	2.000	2.002	2.005	2.007	2.010	2.012	2.015	2.017	2.020	2.022
4.1	2.025	2.027	2.030	2.032	2.035	2.037	2.040	2.042	2.045	2.047
4.2	2.049	2.052	2.054	2.057	2.059	2.062	2.064	2.066	2.069	2.071
4.3	2.074	2.076	2.078	2.081	2.083	2.086	2.088	2.090	2.093	2.095
4.4	2.098	2.100	2.102	2.105	2.107	2.110	2.112	2.114	2.117	2.119
4.5	2.121	2.124	2.126	2.128	2.131	2.133	2.135	2.138	2.140	2.142
4.6	2.145	2.147	2.149	2.152	2.154	2.156	2.159	2.161	2.163	2.166
4.7	2.168	2.170	2.173	2.175	2.177	2.179	2.182	2.184	2.186	2.189
4.8	2.191	2.193	2.195	2.198	2.200	2.202	2.205	2.207	2.209	2.211
4.9	2.214	2.216	2.218	2.220	2.223	2.225	2.227	2.229	2.232	2.234
5.0	2.236	2.238	2.241	2.243	2.245	2.247	2.249	2.252	2.254	2.256
5.1	2.258	2.261	2.263	2.265	2.267	2.269	2.272	2.274	2.276	2.278
5.2	2.280	2.283	2.285	2.287	2.289	2.291	2.293	2.296	2.298	2.300
5.3	2.302	2.304	2.307	2.309	2.311	2.313	2.315	2.317	2.319	2.322
5.4	2.324	2.326	2.328	2.330	2.332	2.335	2.337	2.339	2.341	2.343

수	0	1	2	3	4	5	6	7	8	9
5.5	2.345	2.347	2.349	2.352	2.354	2.356	2.358	2.360	2.362	2.364
5.6	2.366	2.369	2.371	2.373	2.375	2.377	2.379	2.381	2.383	2.385
5.7	2.387	2.390	2.392	2.394	2.396	2.398	2.400	2.402	2.404	2.406
5.8	2.408	2.410	2.412	2.415	2.417	2.419	2.421	2.423	2.425	2.427
5.9	2.429	2.431	2.433	2.435	2.437	2.439	2.441	2.443	2.445	2.447
6.0	2.449	2.452	2.454	2.456	2.458	2.460	2.462	2.464	2.466	2.468
6.1	2.470	2.472	2.474	2.476	2.478	2.480	2.482	2.484	2.486	2.488
6.2	2.490	2.492	2.494	2.496	2.498	2.500	2.502	2.504	2.506	2.508
6.3	2.510	2.512	2.514	2.516	2.518	2.520	2.522	2.524	2.526	2.528
6.4	2.530	2.532	2.534	2.536	2.538	2.540	2.542	2.544	2.546	2.548
6.5	2.550	2.551	2.553	2.555	2.557	2.559	2.561	2.563	2.565	2.567
6.6	2.569	2.571	2.573	2.575	2.577	2.579	2.581	2.583	2.585	2.587
6.7	2.588	2.590	2.592	2.594	2.596	2.598	2.600	2.602	2.604	2.606
6.8	2.608	2.610	2.612	2.613	2.615	2.617	2.619	2.621	2.623	2.625
6.9	2.627	2.629	2.631	2.632	2.634	2.636	2.638	2.640	2.642	2.644
7.0	2.646	2.648	2.650	2.651	2.653	2.655	2.657	2.659	2.661	2.663
7.1	2.665	2.666	2.668	2.670	2.672	2.674	2.676	2.678	2.680	2.681
7.2	2.683	2.685	2.687	2.689	2.691	2.693	2.694	2.696	2.698	2.700
7.3	2.702	2.704	2.706	2.707	2.709	2.711	2.713	2.715	2.717	2.718
7.4	2.720	2.722	2.724	2.726	2.728	2.729	2.731	2.733	2.735	2.737
7.5	2.739	2.740	2.742	2.744	2.746	2.748	2.750	2.751	2.753	2.755
7.6	2.757	2.759	2.760	2.762	2.764	2.766	2.768	2.769	2.771	2.773
7.7	2.775	2.777	2.778	2.780	2.782	2.784	2.786	2.787	2.789	2.791
7.8	2.793	2.795	2.796	2.798	2.800	2.802	2.804	2.805	2.807	2.809
7.9	2.811	2.812	2.814	2.816	2.818	2.820	2.821	2.823	2.825	2.827
8.0	2.828	2.830	2.832	2.834	2.835	2.837	2.839	2.841	2.843	2.844
8.1	2.846	2.848	2.850	2.851	2.853	2.855	2.857	2.858	2.860	2.862
8.2	2.864	2.865	2.867	2.869	2.871	2.872	2.874	2.876	2.877	2.879
8.3	2.881	2.883	2.884	2.886	2.888	2.890	2.891	2.893	2.895	2.897
8.4	2.898	2.900	2.902	2.903	2.905	2.907	2.909	2.910	2.912	2.914
8.5	2.915	2.917	2.919	2.921	2.922	2.924	2.926	2.927	2.929	2.931
8.6	2.933	2.934	2.936	2.938	2.939	2.941	2.943	2.944	2.946	2.948
8.7	2.950	2.951	2.953	2.955	2.956	2.958	2.960	2.961	2.963	2.965
8.8	2.966	2.968	2.970	2.972	2.973	2.975	2.977	2.978	2.980	2.982
8.9	2.983	2.985	2.987	2.988	2.990	2.992	2.993	2.995	2.997	2.998
9.0	3.000	3.002	3.003	3.005	3.007	3.008	3.010	3.012	3.013	3.015
9.1	3.017	3.018	3.020	3.022	3.023	3.025	3.027	3.028	3.030	3.032
9.2	3.033	3.035	3.036	3.038	3.040	3.041	3.043	3.045	3.046	3.048
9.3	3.050	3.051	3.053	3.055	3.056	3.058	3.059	3.061	3.063	3.064
9.4	3.066	3.068	3.069	3.071	3.072	3.074	3.076	3.077	3.079	3.081
9.5	3.082	3.084	3.085	3.087	3.089	3.090	3.092	3.094	3.095	3.097
9.6	3.098	3.100	3.102	3.103	3.105	3.106	3.108	3.110	3.111	3.113
9.7	3.114	3.116	3.118	3.119	3.121	3.122	3.124	3.126	3.127	3.129
9.8	3.130	3.132	3.134	3.135	3.137	3.138	3.140	3.142	3.143	3.145
9.9	3.146	3.148	3.150	3.151	3.153	3.154	3.156	3.158	3.159	3.161

제곱근표 2

수	0	1	2	3	4	5	6	7	8	9
10	3.162	3.178	3.194	3.209	3.225	3.240	3.256	3.271	3.286	3.302
11	3.317	3.332	3.347	3.362	3.376	3.391	3.406	3.421	3.435	3.450
12	3.464	3.479	3.493	3.507	3.521	3.536	3.550	3.564	3.578	3.592
13	3.606	3.619	3.633	3.647	3.661	3.674	3.688	3.701	3.715	3.728
14	3.742	3.755	3.768	3.782	3.795	3.808	3.821	3.834	3.847	3.860
15	3.873	3.886	3.899	3.912	3.924	3.937	3.950	3.962	3.975	3.987
16	4.000	4.012	4.025	4.037	4.050	4.062	4.074	4.087	4.099	4.111
17	4.123	4.135	4.147	4.159	4.171	4.183	4.195	4.207	4.219	4.231
18	4.243	4.254	4.266	4.278	4.290	4.301	4.313	4.324	4.336	4.347
19	4.359	4.370	4.382	4.393	4.405	4.416	4.427	4.438	4.450	4.461
20	4.472	4.483	4.494	4.506	4.517	4.528	4.539	4.550	4.561	4.572
21	4.583	4.593	4.604	4.615	4.626	4.637	4.648	4.658	4.669	4.680
22	4.690	4.701	4.712	4.722	4.733	4.743	4.754	4.764	4.775	4.785
23	4.796	4.806	4.817	4.827	4.837	4.848	4.858	4.868	4.879	4.889
24	4.899	4.909	4.919	4.930	4.940	4.950	4.960	4.970	4.980	4.990
25	5.000	5.010	5.020	5.030	5.040	5.050	5.060	5.070	5.079	5.089
26	5.099	5.109	5.119	5.128	5.138	5.148	5.158	5.167	5.177	5.187
27	5.196	5.206	5.215	5.225	5.235	5.244	5.254	5.263	5.273	5.282
28	5.292	5.301	5.310	5.320	5.329	5.339	5.348	5.357	5.367	5.376
29	5.385	5.394	5.404	5.413	5.422	5.431	5.441	5.450	5.459	5.468
30	5.477	5.486	5.495	5.505	5.514	5.523	5.532	5.541	5.550	5.559
31	5.568	5.577	5.586	5.595	5.604	5.612	5.621	5.630	5.639	5.648
32	5.657	5.666	5.675	5.683	5.692	5.701	5.710	5.718	5.727	5.736
33	5.745	5.753	5.762	5.771	5.779	5.788	5.797	5.805	5.814	5.822
34	5.831	5.840	5.848	5.857	5.865	5.874	5.882	5.891	5.899	5.908
35	5.916	5.925	5.933	5.941	5.950	5.958	5.967	5.975	5.983	5.992
36	6.000	6.008	6.017	6.025	6.033	6.042	6.050	6.058	6.066	6.075
37	6.083	6.091	6.099	6.107	6.116	6.124	6.132	6.140	6.148	6.156
38	6.164	6.173	6.181	6.189	6.197	6.205	6.213	6.221	6.229	6.237
39	6.245	6.253	6.261	6.269	6.277	6.285	6.293	6.301	6.309	6.317
40	6.325	6.332	6.340	6.348	6.356	6.364	6.372	6.380	6.387	6.395
41	6.403	6.411	6.419	6.427	6.434	6.442	6.450	6.458	6.465	6.473
42	6.481	6.488	6.496	6.504	6.512	6.519	6.527	6.535	6.542	6.550
43	6.557	6.565	6.573	6.580	6.588	6.595	6.603	6.611	6.618	6.626
44	6.633	6.641	6.648	6.656	6.663	6.671	6.678	6.686	6.693	6.701
45	6.708	6.716	6.723	6.731	6.738	6.745	6.753	6.760	6.768	6.775
46	6.782	6.790	6.797	6.804	6.812	6.819	6.826	6.834	6.841	6.848
47	6.856	6.863	6.870	6.877	6.885	6.892	6.899	6.907	6.914	6.921
48	6.928	6.935	6.943	6.950	6.957	6.964	6.971	6.979	6.986	6.993
49	7.000	7.007	7.014	7.021	7.029	7.036	7.043	7.050	7.057	7.064
50	7.071	7.078	7.085	7.092	7.099	7.106	7.113	7.120	7.127	7.134
51	7.141	7.148	7.155	7.162	7.169	7.176	7.183	7.190	7.197	7.204
52	7.211	7.218	7.225	7.232	7.239	7.246	7.253	7.259	7.266	7.273
53	7.280	7.287	7.294	7.301	7.308	7.314	7.321	7.328	7.335	7.342
54	7.348	7.355	7.362	7.369	7.376	7.382	7.389	7.396	7.403	7.409
55	7.416	7.423	7.430	7.436	7.443	7.450	7.457	7.463	7.470	7.477
56	7.483	7.490	7.497	7.503	7.510	7.517	7.523	7.530	7.537	7.543
57	7.550	7.556	7.563	7.570	7.576	7.583	7.589	7.596	7.603	7.609
58	7.616	7.622	7.629	7.635	7.642	7.649	7.655	7.662	7.668	7.675
59	7.681	7.688	7.694	7.701	7.707	7.714	7.720	7.727	7.733	7.740
60	7.746	7.752	7.759	7.765	7.772	7.778	7.785	7.791	7.797	7.804
61	7.810	7.817	7.823	7.829	7.836	7.842	7.849	7.855	7.861	7.868
62	7.874	7.880	7.887	7.893	7.899	7.906	7.912	7.918	7.925	7.931
63	7.937	7.944	7.950	7.956	7.962	7.969	7.975	7.981	7.987	7.994
64	8.000	8.006	8.012	8.019	8.025	8.031	8.037	8.044	8.050	8.056
65	8.062	8.068	8.075	8.081	8.087	8.093	8.099	8.106	8.112	8.118
66	8.124	8.130	8.136	8.142	8.149	8.155	8.161	8.167	8.173	8.179
67	8.185	8.191	8.198	8.204	8.210	8.216	8.222	8.228	8.234	8.240
68	8.246	8.252	8.258	8.264	8.270	8.276	8.283	8.289	8.295	8.301
69	8.307	8.313	8.319	8.325	8.331	8.337	8.343	8.349	8.355	8.361
70	8.367	8.373	8.379	8.385	8.390	8.396	8.402	8.408	8.414	8.420
71	8.426	8.432	8.438	8.444	8.450	8.456	8.462	8.468	8.473	8.479
72	8.485	8.491	8.497	8.503	8.509	8.515	8.521	8.526	8.532	8.538
73	8.544	8.550	8.556	8.562	8.567	8.573	8.579	8.585	8.591	8.597
74	8.602	8.608	8.614	8.620	8.626	8.631	8.637	8.643	8.649	8.654
75	8.660	8.666	8.672	8.678	8.683	8.689	8.695	8.701	8.706	8.712
76	8.718	8.724	8.729	8.735	8.741	8.746	8.752	8.758	8.764	8.769
77	8.775	8.781	8.786	8.792	8.798	8.803	8.809	8.815	8.820	8.826
78	8.832	8.837	8.843	8.849	8.854	8.860	8.866	8.871	8.877	8.883
79	8.888	8.894	8.899	8.905	8.911	8.916	8.922	8.927	8.933	8.939
80	8.944	8.950	8.955	8.961	8.967	8.972	8.978	8.983	8.989	8.994
81	9.000	9.006	9.011	9.017	9.022	9.028	9.033	9.039	9.044	9.050
82	9.055	9.061	9.066	9.072	9.077	9.083	9.088	9.094	9.099	9.105
83	9.110	9.116	9.121	9.127	9.132	9.138	9.143	9.149	9.154	9.160
84	9.165	9.171	9.176	9.182	9.187	9.192	9.198	9.203	9.209	9.214
85	9.220	9.225	9.230	9.236	9.241	9.247	9.252	9.257	9.263	9.268
86	9.274	9.279	9.284	9.290	9.295	9.301	9.306	9.311	9.317	9.322
87	9.327	9.333	9.338	9.343	9.349	9.354	9.359	9.365	9.370	9.375
88	9.381	9.386	9.391	9.397	9.402	9.407	9.413	9.418	9.423	9.429
89	9.434	9.439	9.445	9.450	9.455	9.460	9.466	9.471	9.476	9.482
90	9.487	9.492	9.497	9.503	9.508	9.513	9.518	9.524	9.529	9.534
91	9.539	9.545	9.550	9.555	9.560	9.566	9.571	9.576	9.581	9.586
92	9.592	9.597	9.602	9.607	9.612	9.618	9.623	9.628	9.633	9.638
93	9.644	9.649	9.654	9.659	9.664	9.670	9.675	9.680	9.685	9.690
94	9.695	9.701	9.706	9.711	9.716	9.721	9.726	9.731	9.737	9.742
95	9.747	9.752	9.757	9.762	9.767	9.772	9.778	9.783	9.788	9.793
96	9.798	9.803	9.808	9.813	9.818	9.823	9.829	9.834	9.839	9.844
97	9.849	9.854	9.859	9.864	9.869	9.874	9.879	9.884	9.889	9.894
98	9.899	9.905	9.910	9.915	9.920	9.925	9.930	9.935	9.940	9.945
99	9.950	9.955	9.960	9.965	9.970	9.975	9.980	9.985	9.990	9.995

메모

Contents / 이 책의 차례

1 빠른 정답

2 정답과 풀이 / 개념북

3 정답과 풀이 / 워크북

빠른 정답

1. 제곱근과 실수

01. 제곱근의 뜻 | 8~9쪽 |

1 (1) $4, -4$ (2) $0.1, -0.1$ (3) $\frac{2}{11}, -\frac{2}{11}$ (4) $10, -10$

1-1 (1) $3, -3$ (2) $5, -5$ (3) $7, -7$

1-2 (1) $9, -9$ (2) $0.8, -0.8$ (3) $\frac{4}{5}, -\frac{4}{5}$ (4) $6, -6$

2 ㄷ　**2-1** (1) ○ (2) ○ (3) ×

3 (1) $\pm\sqrt{5}$ (2) $\pm\sqrt{0.7}$ (3) $\pm\sqrt{\frac{8}{15}}$

3-1 (1) $\pm\sqrt{6}$ (2) $\pm\sqrt{0.21}$ (3) $\pm\sqrt{\frac{3}{5}}$

4 (1) 4 (2) -0.7 (3) $\pm\frac{8}{9}$

4-1 (1) 5 (2) 0.2 (3) $-\frac{1}{10}$

5 (1) $-\sqrt{11}$ (2) $\sqrt{17}$ (3) $\sqrt{\frac{1}{6}}$

5-1 (1) $\sqrt{13}, -\sqrt{13}$ (2) $\sqrt{3.2}$ (3) $\sqrt{\frac{8}{3}}$

소단원 핵심문제 | 10쪽 |

1 ③　2 ②　3 ①, ⑤　4 $\sqrt{20}$　5 10

02. 제곱근의 성질 | 11~14쪽 |

6 (1) 6 (2) 4.5 (3) $\frac{4}{7}$ (4) 11 (5) 19 (6) $\frac{8}{11}$ (7) 15 (8) -1.03

6-1 (1) 10 (2) 1.4 (3) $-\frac{2}{5}$ (4) 0.32 (5) 8 (6) 12
(7) 5.9 (8) $-\frac{7}{9}$

7 7　**7-1** (1) -6 (2) 21

8 (1) $3x$ (2) $-3x$ (3) $4x$ (4) $-4x$

8-1 (1) $x, -x$ (2) $5x, -5x$

9 $2x-11$

9-1 (1) $x-1, -x+1$ (2) $x-y, -x+y$

9-2 (1) $x-5$ (2) $-x-3$ (3) $-3x-1$

10 (1) 5 (2) 6　**10-1** (1) 2 (2) 15

11 3　**11-1** 2

12 (1) $\sqrt{0.24}<\sqrt{0.45}$ (2) $\sqrt{\frac{11}{15}}>\sqrt{\frac{7}{10}}$
(3) $\sqrt{13}<4$ (4) $-\sqrt{\frac{2}{5}}<-\sqrt{\frac{3}{8}}$

12-1 (1) < (2) > (3) < (4) <

13 5　**13-1** (1) 1, 2, 3 (2) 2, 3, 4, 5, 6, 7, 8

소단원 핵심문제 | 15쪽 |

1 ④　2 9　3 ④　4 2, 7, 10　5 ⑤
6 22

03. 무리수와 실수 | 16~17쪽 |

14 $\sqrt{10}, \sqrt{\frac{4}{7}}, 2+\sqrt{5}$

14-1 (1) 무 (2) 무 (3) 유 (4) 무

15 ㄱ, ㄷ

15-1 (1) × (2) ○ (3) × (4) ×

16 (1) ㄱ (2) ㄱ, ㅂ, ㅈ (3) ㄱ, ㄴ, ㄹ, ㅁ, ㅂ, ㅈ
(4) ㄷ, ㅅ, ㅇ (5) ㄱ, ㄴ, ㄷ, ㄹ, ㅁ, ㅂ, ㅅ, ㅇ, ㅈ

16-1

	$-\frac{7}{13}$	$\sqrt{8}$	$2.0\dot{1}$	$-\sqrt{49}$	6	$4+\sqrt{7}$
자연수					○	
정수				○	○	
유리수	○		○	○	○	
무리수		○				○
실수	○	○	○	○	○	○

16-2 $-\sqrt{\frac{1}{7}}, -\sqrt{0.12}, 2-\sqrt{3}$

소단원 핵심문제 | 18쪽 |

1 ③, ④　2 4　3 ②, ④　4 ⑤

04. 실수의 대소 관계 | 19~21쪽 |

17 (1) $\sqrt{8}$ (2) $\sqrt{5}$ (3) $-\sqrt{8}$ (4) $1+\sqrt{5}$

17-1 (1) $\sqrt{13}$ (2) $-1+\sqrt{13}$ (3) $-1-\sqrt{13}$

18 ㄱ, ㄷ

19 (1) $3>\sqrt{3}+1$ (2) $5-\sqrt{12}<2$
(3) $7+\sqrt{8}>9$ (4) $\sqrt{13}-\sqrt{10}<4-\sqrt{10}$

19-1 (1) > (2) > (3) < (4) >

20 (1) 정수 부분: 2, 소수 부분: $\sqrt{7}-2$
(2) 정수 부분: 4, 소수 부분: $\sqrt{18}-4$
(3) 정수 부분: 6, 소수 부분: $\sqrt{40}-6$
(4) 정수 부분: 8, 소수 부분: $\sqrt{68}-8$

20-1 4, 5, 4, 4

20-2 (1) 정수 부분: 1, 소수 부분: $\sqrt{3}-1$
(2) 정수 부분: 2, 소수 부분: $\sqrt{5}-2$
(3) 정수 부분: 3, 소수 부분: $\sqrt{12}-3$
(4) 정수 부분: 6, 소수 부분: $\sqrt{38}-6$

21 정수 부분: 4, 소수 부분: $3-\sqrt{5}$

21-1 ⑤

소단원 핵심문제 | 22쪽 |

1 $a=2-\sqrt{2}$, $b=2+\sqrt{2}$　2 ②, ⑤　3 ④
4 6, $3+\sqrt{5}$, $\sqrt{5}+\sqrt{7}$　5 $\sqrt{6}-6$

중단원 마무리 테스트 | 23~25쪽 |

1 ④	2 ④, ⑤	3 $\sqrt{54}$ m	4 15	5 은지
6 ④, ⑤	7 21	8 -1	9 18	10 ⑤
11 15	12 3	13 27개	14 $-3+\sqrt{8}$	
15 ①	16 ③	17 -1, 0, 1, 2, 3, 4		18 ①
19 a^2	20 (1) 8 (2) 6 (3) 2			

21 (1) 5 (2) $\sqrt{26}-5$ (3) $15-\sqrt{26}$

2. 근호를 포함한 식의 계산

01. 근호를 포함한 식의 계산 (1) | 28~30쪽 |

1 (1) $\sqrt{18}$ (2) -4 (3) $12\sqrt{21}$ (4) $-63\sqrt{10}$

1-1 (1) $\sqrt{14}$ (2) $-\sqrt{30}$ (3) $8\sqrt{35}$ (4) $-12\sqrt{6}$

2 (1) $\sqrt{\frac{7}{10}}$ (2) $-\sqrt{\frac{1}{2}}$ (3) $\frac{2}{3}$ (4) $-\frac{\sqrt{3}}{2}$

2-1 (1) $\sqrt{3}$ (2) $-\sqrt{\frac{1}{6}}$ (3) $5\sqrt{3}$ (4) $-\frac{1}{4}\sqrt{\frac{5}{6}}$

3 (1) $3\sqrt{5}$ (2) $-4\sqrt{5}$ (3) $\frac{\sqrt{7}}{6}$

3-1 (1) $2\sqrt{7}$ (2) $-5\sqrt{2}$ (3) $\frac{\sqrt{6}}{5}$

4 (1) $\sqrt{54}$ (2) $-\sqrt{75}$ (3) $\sqrt{\frac{2}{49}}$

5 (1) $\frac{7\sqrt{10}}{10}$ (2) $\frac{\sqrt{55}}{11}$ (3) $\frac{\sqrt{6}}{30}$

5-1 (1) $\frac{\sqrt{6}}{2}$ (2) $\frac{\sqrt{7}}{7}$ (3) $\frac{\sqrt{5}}{10}$

6 (1) 2.496 (2) 2.534

6-1 (1) 2.764 (2) 2.786

7 (1) 22.36 (2) 70.71 (3) 0.7071 (4) 0.2236

7-1 (1) 17.32 (2) 54.77 (3) 0.5477 (4) 0.1732

소단원 핵심문제 | 31쪽 |

1 ④　2 $\sqrt{3}$　3 92　4 15
5 (1) -10 (2) $\frac{4\sqrt{30}}{5}$　6 $x=44.72$, $y=0.01414$

02. 근호를 포함한 식의 계산 (2) | 32~33쪽 |

8 (1) $11\sqrt{6}$ (2) $-2\sqrt{5}$ (3) $\frac{19\sqrt{2}}{10}$ (4) $5\sqrt{3}+3\sqrt{11}$

8-1 (1) $14\sqrt{3}$ (2) $3\sqrt{2}$ (3) $\frac{11\sqrt{3}}{12}$ (4) $-\sqrt{7}+\sqrt{10}$

9 (1) $9\sqrt{2}$ (2) $2\sqrt{3}$ (3) $3\sqrt{5}$ (4) $\frac{7\sqrt{3}}{6}$

9-1 (1) $6\sqrt{3}$ (2) $3\sqrt{2}$ (3) $3\sqrt{6}$ (4) $-\frac{3\sqrt{2}}{10}$

10 (1) $3\sqrt{2}+\sqrt{30}$ (2) $2\sqrt{15}-6\sqrt{2}$

10-1 (1) $\sqrt{14}-2\sqrt{6}$ (2) $2\sqrt{6}+\sqrt{10}$

11 7 **11-1** (1) $\frac{2\sqrt{7}+\sqrt{21}}{7}$ (2) $\frac{\sqrt{10}-4}{2}$

12 $3\sqrt{6}+\sqrt{3}+4\sqrt{5}$

소단원 핵심문제 | 34쪽 |

1 ①, ⑤ 2 $-\sqrt{7}-\sqrt{3}$ 3 $2\sqrt{30}-12\sqrt{2}$
4 ④ 5 ⑤

중단원 마무리 테스트 | 35~37쪽 |

1 ⑤ 2 (1) $15\sqrt{3}$ (2) $4\sqrt{5}$ 3 ② 4 풀이 참조
5 4 6 $4\sqrt{6}$ cm^2 7 (1) 448 (2) 28 (3) $2\sqrt{7}$ 8 ③, ⑤
9 ⑤ 10 (1) 26.46 (2) 0.02646 11 $x=100$, $y=-\frac{1}{10}$
12 ㄴ, ㄷ 13 $a=3$, $b=-4$ 14 63 15 ④
16 $3+2\sqrt{3}$ 17 $-3+2\sqrt{2}$ 18 ④ 19 $6\sqrt{2}-\sqrt{3}$
20 (1) $2\sqrt{6x}$ (2) $12\sqrt{30}$ (3) $6\sqrt{5}$
21 (1) $-1-\sqrt{2}$ (2) $-2+\sqrt{2}$ (3) $-5+\sqrt{2}$

3. 다항식의 곱셈

01. 곱셈 공식 | 40~42쪽 |

1 (1) $ab-5a+3b-15$ (2) $6a^2-5a-4$
(3) $x^2+4xy-5y^2$ (4) $15x^2+7xy-2y^2$

1-1 (1) $ac-2ad+bc-2bd$ (2) $14a^2-19a-3$
(3) $3x^2-2xy-8y^2$ (4) $8x^2-10xy+3y^2$

2 7 **2-1** (1) -23 (2) -43 (3) 7

3 (1) a^2+4a+4 (2) $9a^2+24a+16$
(3) x^2-6x+9 (4) $4x^2-20xy+25y^2$

3-1 (1) $a^2+10a+25$ (2) $4a^2+28a+49$
(3) $x^2+12x+36$ (4) $16x^2-24xy+9y^2$

4 (1) $4a^2-25$ (2) $9a^2-\frac{9}{16}b^2$ (3) x^2-9 (4) $4y^2-25x^2$

4-1 (1) a^2-16 (2) $\frac{1}{4}a^2-\frac{1}{9}b^2$ (3) x^2-4 (4) y^2-x^2

5 $a=2$, $b=5$

5-1 (1) $a^2+3a-10$ (2) $x^2-18x+80$ **5-2** ②

6 5 **6-1** $6x^2-25xy-9y^2$ **6-2** ⑤

7 $-5x^2-12xy+5y^2$ **7-1** (1) $20x$ (2) $4x^2-12x-64$

소단원 핵심문제 | 43쪽 |

1 ② 2 ③ 3 6 4 ②, ⑤
5 $-3x^2+21x$

02. 곱셈 공식의 활용 | 44~47쪽 |

8 (1) 39601 (2) 2025

8-1 ㄱ, ㄹ

8-2 (1) 10816 (2) 2304

9 (1) 99.91 (2) 2499

9-1 ㄱ, ㄷ

9-2 (1) 2475 (2) 10710

10 (1) $9+4\sqrt{5}$ (2) $8-4\sqrt{3}$ (3) 1 (4) $34-13\sqrt{7}$

10-1 (1) $28+10\sqrt{3}$ (2) $5-2\sqrt{6}$ (3) 10 (4) $-44-25\sqrt{2}$

11 3

11-1 (1) $\frac{3-\sqrt{5}}{4}$ (2) $\frac{\sqrt{21}+\sqrt{15}}{2}$ **11-2** -2

12 0 **12-1** ④

13 -1 **13-1** (1) $\sqrt{2}+1$ (2) 1

14 (1) $3\sqrt{2}-4$ (2) 5

15 17 **15-1** ③

16 10 **16-1** ④

17 13 **17-1** ⑤

18 20 **18-1** ②

소단원 핵심문제 | 48쪽 |

1 ② 2 27 3 ③ 4 $4\sqrt{5}$ 5 ④
6 (1) $-\frac{3}{2}$ (2) 15

중단원 마무리 테스트 | 49~51쪽 |

1 ③ 2 ③ 3 풀이 32쪽 참조 4 3
5 $5x^2+15$ 6 ⑤ 7 ㄹ
8 (1) $a=4$, $b=1$ (2) 4 (3) 6 9 $6x^2+x-15$ 10 14, 16, 26
11 ⑤ 12 (1) 1010025 (2) 9984 13 1015
14 ⑤ 15 $-\frac{4}{9}$ 16 ① 17 ②
18 ③ 19 5 20 (1) $a=-1$, $b=-4$ (2) 1 (3) -4
21 (1) $\sqrt{7}-2$ (2) 14

4. 인수분해

01. 인수분해의 뜻과 공식 (1), (2) | 54~55쪽 |

1 ⑤ **1-1** ㄱ, ㄹ, ㅁ, ㅂ

2 (1) $3a(a-3b)$ (2) $xy(x+3y)$

2-1

다항식	공통인 인수	인수분해한 식
(1) $2ax+ay-a$	a	$a(2x+y-1)$
(2) $3ax+6ay$	$3a$	$3a(x+2y)$
(3) $2xy-4x^2y+6xy^3$	$2xy$	$2xy(1-2x+3y^2)$

3 (1) $(a-6)^2$ (2) $(2x+3y)^2$

3-1 (1) $(x+5y)^2$ (2) $(7a-3b)^2$

3-2 (1) 16 (2) 16 (3) 25 (4) 20

4 (1) $(a+7)(a-7)$ (2) $(4x+3y)(4x-3y)$

4-1 (1) $(3+a)(3-a)$ (2) $\left(3x+\frac{1}{2}\right)\left(3x-\frac{1}{2}\right)$
(3) $(2+5a)(2-5a)$ (4) $(5x+y)(5x-y)$

소단원 핵심문제 | 56쪽 |

1 ㄴ, ㄷ 2 $4xy(3x-2y)$ 3 ④ 4 ④
5 ⑤

02. 인수분해 공식 (3), (4) | 57~58쪽 |

5 (1) $(a+1)(a+4)$ (2) $(x-2)(x-5)$
(3) $(a+3b)(a-6b)$ (4) $(x+2y)(x-3y)$

5-1 (1) 2, 6 (2) -2, -4 (3) -3, 4 (4) 3, -5

5-2 (1) $(a+1)(a+3)$ (2) $(x+2)(x-4)$
(3) $(a+5)(a-6)$ (4) $(x-4)(x-5)$

5-3 (1) $(a+b)(a+2b)$ (2) $(x-3y)(x-4y)$
(3) $(a+2b)(a-7b)$ (4) $(x-2y)(x+11y)$

6 (1) $(x+3)(2x-5)$ (2) $(3a-b)(3a+4b)$

6-1 (1) $(x-3)(3x+1)$ (✎ -3, -9, 3, 1, -8)
(2) $(2x-y)(5x+y)$ (✎ $-y$, $-5y$, 5, y, $-3y$)

6-2 (1) $(x-2)(2x-1)$ (2) $(2a+1)(2a+3)$
(3) $(x-2)(5x+2)$ (4) $(a-2)(3a-1)$

6-3 (1) $(a+2b)(3a-5b)$ (2) $(x+2y)(3x-2y)$
(3) $(2a-b)(7a-2b)$ (4) $(2x-7y)(3x-2y)$

소단원 핵심문제 | 59쪽 |

1 18, 19, -9, -11, -3, -9
(1) $(x+1)(x+18)$ (2) $(x-2)(x-9)$ (3) $(x-3)(x-6)$
2 ③ 3 ④
4 (1) $(x+8)(3x-2)$ (2) $(2x-7y)(3x+4y)$
5 $3x+2$

03. 인수분해의 활용 | 60~61쪽 |

7 (1) $(x-1)(x-6)$ (2) $(a-1)(a-2)$

7-1 (1) $(a-b+4)(a-b-7)$ (2) $(x-2)(3x-1)$
(3) $(2x-y-3)(2x-y+4)$

7-2 (1) $(3+x+2y)(3-x-2y)$ (2) $4ab$

8 (1) $(a-2)(a+b)$ (2) $(x-3y+3)(x-3y-3)$

8-1 (1) $(a-3)(a-3b)$ (2) $(x+y-5)(x-y-5)$
(3) $(a-1)(2b^2+1)$ (4) $(2x+y-1)(2x-y+1)$

9 (1) 1300 (2) 400 (3) 240

9-1 (1) 1500 (2) 4900 (3) 1000 (4) 44

10 (1) 3 (2) $8\sqrt{3}$

10-1 (1) 3600 (2) 3600 (3) 16

소단원 핵심문제 | 62쪽 |

1 (1) $(x-7)^2$ (2) $(x-3y+4)(x-3y-4)$ (3) $4(x-2y)^2$
2 ⑤ 3 $x-3y$ 4 ④ 5 8

중단원 마무리 테스트 | 63~65쪽 |

1 ㄱ, ㄴ, ㄹ 2 ② 3 ⑤ 4 ③ 5 ②
6 ② 7 ④ 8 $5a+3$ 9 ⑤ 10 ④
11 $3x+2$ 12 ② 13 $(a+b-4)(a-b+4)$
14 ④ 15 ① 16 ⑤ 17 21 18 ③
19 $210\pi\ \mathrm{m}^2$ 20 (1) $2x^2-5x-12$ (2) $(x-4)(2x+3)$
21 (1) $a=\sqrt{5}+2$, $b=\sqrt{5}-2$ (2) 16

5. 이차방정식

01. 이차방정식의 뜻과 해 | 68쪽 |

1 ㄱ, ㄹ **1-1** ②, ④

2 ㄱ, ㄷ, ㄹ

2-1 (1) $x=0$ 또는 $x=1$ (2) $x=-1$ 또는 $x=1$
(3) $x=-2$ 또는 $x=1$ (4) $x=-1$ 또는 $x=2$

소단원 핵심문제 | 69쪽 |

1 ㄱ, ㄷ, ㄹ 2 ⑤ 3 ③ 4 -2 5 ⑤

02. 인수분해를 이용한 이차방정식의 풀이 | 70~71쪽 |

3 (1) $x=-4$ 또는 $x=8$ (2) $x=-1$ 또는 $x=6$

3-1 (1) $x=-2$ 또는 $x=3$ (2) $x=\frac{1}{2}$ 또는 $x=-4$
(3) $x=-5$ 또는 $x=2$ (4) $x=5$ 또는 $x=-\frac{2}{3}$

3-2 (1) $x=-3$ 또는 $x=6$ (2) $x=-\frac{1}{2}$ 또는 $x=\frac{5}{2}$
(3) $x=-\frac{2}{3}$ 또는 $x=\frac{3}{2}$ (4) $x=-\frac{1}{2}$ 또는 $x=\frac{1}{5}$

3-3 $x=-2$

4 (1) $x=-9$ (2) $x=\frac{1}{2}$

4-1 (1) $x=-1$ (2) $x=\frac{4}{5}$

4-2 (1) $x=5$ (2) $x=-4$ (3) $x=3$ (4) $x=\frac{2}{3}$

5 (1) 9 (2) 12 **5-1** (1) -16 (2) $\pm\frac{8}{3}$

소단원 핵심문제 | 72쪽 |

1 ④ 2 ③ 3 (1) -5 (2) $-\frac{4}{3}$ 4 ㄱ, ㄹ
5 ④

03. 완전제곱식을 이용한 이차방정식의 풀이 | 73~74쪽 |

6 (1) $x=\pm 3$ (2) $x=\frac{-1\pm 2\sqrt{2}}{3}$

6-1 (1) $x=\pm\sqrt{5}$ (2) $x=\pm\sqrt{7}$ (3) $x=\pm 2$ (4) $x=\pm\frac{\sqrt{2}}{3}$

6-2 (1) $x=-5$ 또는 $x=3$ (2) $x=0$ 또는 $x=4$
(3) $x=-3\pm\sqrt{3}$ (4) $x=-\frac{1}{2}$ 또는 $x=\frac{5}{2}$

6-3 (1) $a\geq 0$ (2) $a\geq 1$ (3) $a\leq\frac{1}{2}$ (4) $a<0$

7 (1) $x=-4\pm 2\sqrt{3}$ (2) $x=\frac{1\pm\sqrt{33}}{8}$

7-1 (1) $\left(x+\frac{3}{2}\right)^2=\frac{5}{4}$ (2) $(x-1)^2=6$
(3) $\left(x-\frac{3}{2}\right)^2=\frac{15}{4}$ (4) $\left(x+\frac{1}{2}\right)^2=\frac{7}{12}$

7-2 (1) $x=1\pm\sqrt{2}$ (2) $x=-2\pm\sqrt{3}$
(3) $x=\frac{-5\pm\sqrt{33}}{2}$ (4) $x=3\pm 2\sqrt{3}$

7-3 (1) $x=\frac{-2\pm\sqrt{14}}{2}$ (2) $x=\frac{2\pm\sqrt{14}}{5}$
(3) $x=\frac{3\pm\sqrt{3}}{3}$ (4) $x=\frac{3\pm\sqrt{57}}{12}$

소단원 핵심문제 | 75쪽 |

1 (1) $x=\pm\frac{5}{4}$ (2) $x=\pm\frac{\sqrt{30}}{3}$ (3) $x=2$ 또는 $x=3$
(4) $x=\frac{6\pm\sqrt{5}}{2}$ 2 ④ 3 ⑤ 4 0
5 (1) $x=5\pm\sqrt{7}$ (2) $x=4\pm\sqrt{19}$ (3) $x=\frac{-3\pm\sqrt{19}}{2}$
(4) $x=\frac{3\pm 2\sqrt{2}}{2}$

04. 이차방정식의 근의 공식 | 76~77쪽 |

8 (1) $x=-2\pm\sqrt{7}$ (2) $x=\frac{1}{2}$ 또는 $x=2$

8-1 (1) $x=\frac{-5\pm\sqrt{37}}{2}$ (2) $x=\frac{3\pm\sqrt{5}}{2}$
(3) $x=\frac{5\pm\sqrt{37}}{6}$ (4) $x=\frac{-7\pm\sqrt{89}}{10}$

8-2 (1) $x=-1\pm 2\sqrt{2}$ (2) $x=2\pm\sqrt{2}$
(3) $x=\frac{3\pm\sqrt{3}}{2}$ (4) $x=\frac{-1\pm\sqrt{31}}{3}$

8-3 5

9 (1) $x=1\pm\sqrt{6}$ (2) $x=1$ 또는 $x=\frac{7}{3}$ (3) $x=\frac{3\pm\sqrt{3}}{3}$

9-1 (1) $x=3$ (2) $x=\frac{3\pm\sqrt{21}}{6}$
(3) $x=\frac{1}{4}$ 또는 $x=1$ (4) $x=\frac{5\pm\sqrt{11}}{2}$
(5) $x=\frac{-1\pm\sqrt{33}}{4}$ (6) $x=\frac{1}{2}$ 또는 $x=\frac{5}{2}$

10 (1) $x=1$ 또는 $x=8$ (2) $x=-8$ 또는 $x=-\frac{3}{2}$

10-1 (1) $x=-5$ 또는 $x=-2$ (2) $x=-4$ 또는 $x=2$
(3) $x=0$ 또는 $x=\frac{5}{3}$ (4) $x=-5$ 또는 $x=1$

소단원 핵심문제 | 78쪽 |

1 (1) $x=-1\pm\sqrt{5}$ (2) $x=\frac{-3\pm\sqrt{29}}{2}$ (3) $x=\frac{3\pm\sqrt{33}}{4}$
(4) $x=\frac{-2\pm\sqrt{7}}{3}$ (5) $x=\frac{7\pm\sqrt{69}}{10}$ (6) $x=\frac{5\pm\sqrt{89}}{4}$
2 ② 3 ②
4 (1) $x=\frac{1}{3}$ (2) $x=-\frac{7}{5}$ 또는 $x=-1$ 5 ④

05. 이차방정식의 성질 | 79~80쪽 |

11 ㄴ, ㄹ

11-1 (1) $k<9$ (2) $k=9$ (3) $k>9$

11-2 $k=2$, 중근: $x=2$

11-3 ④

12 (1) $2x^2-4x-30=0$ (2) $-3x^2+24x-48=0$

12-1 (1) $x^2+2x=0$ (2) $8x^2+2x-1=0$
(3) $x^2+4x+4=0$ (4) $-2x^2+12x-18=0$

12-2 (1) $a=-16$, $b=24$ (2) $a=1$, $b=-1$
(3) $a=4$, $b=2$ (4) $a=-20$, $b=50$

12-3 ③

소단원 핵심문제 | 81쪽 |

1 ㄴ, ㄷ　2 (1) 2 (2) 0 (3) 2 (4) 1　3 ③
4 (1) $5x^2-9x-2=0$ (2) $-x^2+8x-16=0$　5 ⑤

06. 이차방정식의 활용 | 82~83쪽 |

13 (1) $(x+6)(x+1)=4x^2$ (2) 3 cm

13-1 (1) $(x-3)$ cm (2) $\frac{1}{2}x(x-3)=20$ (3) 8 cm

13-2 16 cm

14 (1) $(x-4)$살 (2) $(x-4)^2=5x+4$ (3) 12살

14-1 (1) $x+7$ (2) $x^2+(x+7)^2=289$ (3) 8, 15

14-2 학생 수: 20, 사탕의 개수: 12

15 ⑤

15-1 (1) 1초 후 (2) 5초 후

소단원 핵심문제 | 84쪽 |

1 ④　2 ④　3 10살
4 미수: 8월 7일, 현주: 8월 28일　5 2초 후

중단원 마무리 테스트 | 85~87쪽 |

1 ④　2 ③　3 ④　4 $x=-2$　5 ①, ⑤
6 8　7 ②　8 ④　9 ⑤　10 ②
11 10　12 $x=-\frac{5}{2}$ 또는 $x=1$　13 ⑤
14 (1) -15 (2) -2 (3) $x=-3$ 또는 $x=5$　15 ④
16 ④　17 8 cm　18 ②　19 (1) 6 (2) -2 (3) -8
20 (1) $(16-2x)x=32$ (2) 48 m^2

6. 이차함수와 그 그래프

01. 이차함수 $y=ax^2$의 그래프 | 90~92쪽 |

1 (1) $y=\pi x^2$ (2) $y=10x$ (3) $y=\frac{1}{2}x^2-\frac{3}{2}x$
이차함수: (1), (3)

1-1 ㄱ, ㄷ

2 14　**2-1** (1) 2 (2) $\frac{10}{3}$ (3) $\frac{4}{3}$ (4) 8

3 (1) 9, 4, 1, 0, 1, 4, 9 (2) 풀이 51쪽 참조

4 ㄴ, ㄷ　**4-1** (1) y (2) 볼록 (3) 증가

5 (1) $\frac{1}{2}$ (2) 풀이 52쪽 참조

6 ㄱ과 ㄹ　**6-1** (1) ○ (2) ○ (3) × (4) ×

소단원 핵심문제 | 93쪽 |

1 ④　2 (1) $y=2x^2+6x$, 이차함수이다. (2) 20 cm^2, 36 cm^2
3 ㄴ, ㄷ　4 -1　5 (1) ㉠ (2) ㉢ (3) ㉡

02. 이차함수 $y=a(x-p)^2+q$의 그래프 | 94~96쪽 |

7 (1) $y=7x^2-3$ (2) $y=-\frac{1}{2}x^2+5$

7-1 (1) 9 (2) -1

8 (1) 그래프는 풀이 53쪽 참조 /
축의 방정식: $x=0$, 꼭짓점의 좌표: $(0, -2)$
(2) 그래프는 풀이 53쪽 참조 /
축의 방정식: $x=0$, 꼭짓점의 좌표: $(0, 3)$

9 (1) $y=-(x-6)^2$ (2) $y=\frac{1}{6}(x+3)^2$

9-1 (1) -4 (2) 7

10 (1) 그래프는 풀이 53쪽 참조 /
축의 방정식: $x=-2$, 꼭짓점의 좌표: $(-2, 0)$
(2) 그래프는 풀이 53쪽 참조 /
축의 방정식: $x=3$, 꼭짓점의 좌표: $(3, 0)$

10-1 (1) $x=-3$, $(-3, 0)$ (2) $x=1$, $(1, 0)$

11 (1) x축의 방향으로 2만큼, y축의 방향으로 1만큼 평행이동
(2) x축의 방향으로 -5만큼, y축의 방향으로 -2만큼 평행이동

12 그래프는 풀이 53쪽 참조 /
(1) $x=-4$ (2) $(-4, -3)$

12-1 (1) $\frac{1}{5}(x+1)^2-5$ (2) $x=-1$ (3) -1, -5

소단원 핵심문제 | 97쪽 |

1 y, -4, y, 0, -4 2 $\frac{3}{2}$ 3 $y=\frac{1}{2}(x+2)^2$
4 ② 5 ③

03. 이차함수 $y=a(x-p)^2+q$의 그래프의 성질 | 98~100쪽 |

13 (1) $a<0$ (2) $p<0$ (3) $q>0$

13-1 ㄱ, ㄷ, ㅁ **13-2** $a<0$, $p>0$, $q>0$

14 (1) $a>0$, $p<0$, $q<0$ (2) $<$, 위, a, q, 4 (3) ㄷ

14-1 (1) ○ (2) × (3) ○

15 $a=3$, $p=1$, $q=-3$ **15-1** $a=-1$, $p=-2$, $q=4$

16 (1) $y=2(x-4)^2+5$ (2) $y=2(x-1)^2+1$
(3) $y=2(x-4)^2+1$

16-1 (1) $(-6, -4)$ (2) $y=-(x+6)^2-4$

17 (1) $y=3(x-2)^2+6$ (2) $y=-3(x+2)^2-6$

17-1 (1) $(-2, -0.5)$, $(2, 0.5)$
(2) $y=-5(x+2)^2-0.5$, $y=5(x-2)^2+0.5$

소단원 핵심문제 | 101쪽 |

1 ⑤ 2 ④ 3 $a=1$, $p=-1$, $q=-1$
4 5 5 5

04. 이차함수 $y=ax^2+bx+c$의 그래프 | 102~105쪽 |

18 1, 3 (1) -1, 3 (2) 0, 2 / 그래프는 풀이 55쪽 참조

19 2, 3 (1) $x=2$ (2) $(2, -3)$

19-1 (1) 1, 4 (2) 0, 1 (3) 위

20 (1) 아래, $>$ (2) 오른, $<$, $<$ (3) 아래, $<$

20-1 (1) × (2) ○ (3) ○

20-2 (1) $<$, $>$, $>$ (2) $>$, $>$, $<$

21 $y=-(x-3)^2+2$

21-1 (1) $y=\frac{1}{2}(x+2)^2-1$ (2) $y=-2(x-1)^2+4$

22 $y=-3(x-1)^2+5$

22-1 (1) $y=2(x+4)^2-3$ (2) $y=(x-3)^2+2$

23 $y=x^2+x-3$

23-1 (1) $y=-x^2+2x+7$ (2) $y=2x^2-8x+6$

24 $y=-2x^2+2x+4$

24-1 (1) $y=\frac{1}{2}x^2-\frac{9}{2}x+9$ (2) $y=-x^2-7x-10$

소단원 핵심문제 | 106쪽 |

1 (개), $y=-4\left(x-\frac{3}{2}\right)^2+6$ 2 ㄴ, ㄷ 3 ③
4 $y=-2x^2-4x+5$ 5 $a=\frac{1}{2}$, $b=-\frac{1}{2}$

중단원 마무리 테스트 | 107~109쪽 |

1 ①, ③ 2 $a\neq1$ 3 ② 4 준서, 나영
5 ㄹ, ㄴ, ㄱ, ㄷ 6 ② 7 $(0, 4)$ 8 ⑤
9 ㄱ과 ㅁ 10 ③ 11 현성 12 16 13 ④
14 ③ 15 $a<0$, $b<0$, $c>0$ 16 ⑤
17 ㄴ, ㄷ, ㄹ 18 ① 19 3
20 (1) $\mathrm{A}(0, 3)$ (2) $\mathrm{B}(-3, 0)$, $\mathrm{C}(3, 0)$ 21 (1) $(-k, 3)$ (2) 1

빠른 정답

워크북

1. 제곱근과 실수

01. 제곱근의 뜻 | 2~3쪽 |

제곱근

❶ 제곱근　❷ 2　❸ 0

1 5, -5　2 13, -13　3 8, -8　4 1.2, -1.2　5 0.6, -0.6

6 $\frac{1}{2}, -\frac{1}{2}$　7 $\frac{2}{5}, -\frac{2}{5}$　8 $\frac{7}{11}, -\frac{7}{11}$　9 2

10 2　11 1　12 0　13 2　14 0

15 2　16 2　17 2　18 2

제곱근의 표현

❹ 제곱근

19 $\pm\sqrt{7}$　20 $\pm\sqrt{19}$　21 $\pm\sqrt{0.53}$　22 $\pm\sqrt{\frac{8}{13}}$　23 $\sqrt{35}$

24 $-\sqrt{29}$　25 $-\sqrt{0.17}$　26 $\sqrt{\frac{3}{4}}$　27 3　28 ±1.5

29 -16　30 $\frac{5}{12}$　31 $\pm\sqrt{17}$　32 $\pm\sqrt{\frac{10}{23}}$

33 $\pm\sqrt{\frac{16}{49}}$　34 $\sqrt{9.6}$　35 $\sqrt{\frac{1}{4}}$　36 $\sqrt{11}$

소단원 핵심문제 | 4~5쪽 |

1 ②　2 ㄱ　3 ⑤　4 $\sqrt{51}$　5 ⑤

6 (1) ±10 (2) $\pm\frac{1}{12}$ (3) $\pm\frac{2}{7}$ (4) ±1.3　7 2개

8 ②, ④　9 ③, ⑤　10 $-\sqrt{15}$

02. 제곱근의 성질 | 6~7쪽 |

제곱근의 성질

1 17　2 2.3　3 14　4 $\frac{7}{12}$　5 9

6 3　7 -0.4　8 -4

$\sqrt{A^2}$의 성질

❶ A　❷ $-A$

9 $2x$　10 $-7x$　11 $-3x$　12 $2-x$　13 $-x-5$

14 $-2x+5y$　15 $2x-1$　16 $-2x-3$

제곱근과 제곱수

❸ 제곱수

17 10　18 30　19 3　20 6　21 2

22 4　23 6　24 4

제곱근의 대소 관계

❹ <　❺ <　❻ >

25 <　26 >　27 >　28 >　29 <

30 1, 2, 3, 4, 5, 6, 7, 8

31 1, 2, 3, 4, 5, 6, 7, 8, 9, 10, 11, 12, 13, 14, 15

32 2, 3

소단원 핵심문제 | 8~9쪽 |

1 ㄹ　2 ②　3 2　4 28

5 (1) $\sqrt{5}<\sqrt{9}$ (2) $-\sqrt{5.9}<-\sqrt{3.7}$ (3) $\sqrt{\frac{7}{12}}>\sqrt{\frac{3}{8}}$

6 ②　7 -20　8 ④　9 $\frac{x}{3}$　10 ③

11 ④

03. 무리수와 실수 | 10~11쪽 |

무리수

❶ 유리수　❷ 무리수　❸ 순환소수

1 유리수　2 무리수　3 무리수　4 유리수　5 유리수

6 유리수　7 유리수　8 ×　9 ×　10 ○

11 ○　12 ○　13 ○　14 ○　15 ×

16 ○

실수

❹ 실수　❺ 자연수　❻ 무리수

17 $\sqrt{81}$　18 $\sqrt{81}$, $4.0\dot{5}$　19 $-\pi$, $-\sqrt{11}$, $\sqrt{\frac{1}{8}}$

20 $\sqrt{81}$, $-\pi$, $4.0\dot{5}$, $-\sqrt{11}$, $\sqrt{\frac{1}{8}}$　21 2.27, $\sqrt{\frac{1}{16}}$

22 $-\sqrt{10}$, $1+\sqrt{3}$, $-\sqrt{\frac{7}{2}}$

23 $-\sqrt{10}$, $1+\sqrt{3}$, 2.27, $-\sqrt{\frac{7}{2}}$, $\sqrt{\frac{1}{16}}$

24 ×　25 ○　26 ×　27 ×　28 ○

29 ×　30 ×　31 ×　32 ×

소단원 핵심문제 | 12~13쪽 |

1 ④ 2 ④, ⑤ 3 ⑤ 4 (1) 2 (2) 4 (3) 2 (4) 6
5 ④ 6 ①, ⑤ 7 ②, ③ 8 ③

04. 실수의 대소 관계 | 14~15쪽 |

무리수를 수직선 위에 나타내기

1 $2+\sqrt{5}$, $2-\sqrt{5}$ 2 $1+\sqrt{8}$, $1-\sqrt{13}$
3 $-1+\sqrt{13}$, $-1-\sqrt{17}$

실수와 수직선

❶ 실수 ❷ 양수 ❸ 음수
4 × 5 ○ 6 ○ 7 × 8 ○
9 ○

실수의 대소 관계

❹ > ❺ = ❻ <
10 < 11 > 12 < 13 < 14 <
15 > 16 > 17 >

무리수의 정수 부분과 소수 부분

❼ n ❽ $\sqrt{a}-n$
18 정수 부분: 2, 소수 부분: $\sqrt{6}-2$
19 정수 부분: 3, 소수 부분: $\sqrt{11}-3$
20 정수 부분: 5, 소수 부분: $\sqrt{29}-5$
21 정수 부분: 7, 소수 부분: $\sqrt{55}-7$
22 정수 부분: 8, 소수 부분: $\sqrt{74}-8$
23 정수 부분: 4, 소수 부분: $\sqrt{3}-1$
24 정수 부분: 6, 소수 부분: $\sqrt{7}-2$
25 정수 부분: 4, 소수 부분: $2-\sqrt{2}$
26 정수 부분: 1, 소수 부분: $4-\sqrt{12}$

소단원 핵심문제 | 16~17쪽 |

1 P: $-4-\sqrt{20}$, Q: $-4+\sqrt{20}$ 2 ㄱ, ㄹ 3 ㄴ, ㄹ
4 ④ 5 $\sqrt{39}$ 6 ③ 7 ⑤ 8 ②
9 ⑤ 10 ③

2. 근호를 포함한 식의 계산

01. 근호를 포함한 식의 계산 (1) | 18~19쪽 |

제곱근의 곱셈과 나눗셈

❶ $\sqrt{ab}$ ❷ $mn\sqrt{ab}$ ❸ $\sqrt{\frac{a}{b}}$ ❹ $\frac{m}{n}\sqrt{\frac{a}{b}}$
1 $\sqrt{6}$ 2 $-\sqrt{5}$ 3 4 4 $6\sqrt{12}$ 5 $-18\sqrt{12}$
6 $\sqrt{8}$ 7 $\sqrt{2}$ 8 -2 9 $2\sqrt{3}$ 10 1

근호가 있는 식의 변형

❺ $a\sqrt{b}$ ❻ $\frac{\sqrt{b}}{a}$ ❼ $\sqrt{a^2b}$ ❽ $\sqrt{\frac{b}{a^2}}$
11 $2\sqrt{5}$ 12 $-3\sqrt{6}$ 13 $\frac{\sqrt{6}}{5}$ 14 $\frac{\sqrt{3}}{5}$ (✎ 3, 3)
15 $\sqrt{45}$ 16 $-\sqrt{50}$ 17 $\sqrt{\frac{5}{36}}$ 18 $-\sqrt{\frac{28}{9}}$ (✎ 2, $\frac{28}{9}$)

분모의 유리화

❾ 분모의 유리화 ❿ $\sqrt{b}$ ⓫ $\sqrt{b}$ ⓬ $a\sqrt{b}$
19 $\frac{2\sqrt{3}}{3}$ 20 $-\frac{4\sqrt{7}}{7}$ 21 $-\frac{\sqrt{30}}{10}$ 22 $\frac{5\sqrt{3}}{6}$ 23 $\frac{\sqrt{3}}{6}$
24 $\frac{\sqrt{15}}{12}$ 25 $-\frac{3\sqrt{2}}{8}$ 26 $-\frac{2\sqrt{21}}{15}$

제곱근표

⓭ 제곱근표
27 1.803 28 1.836 29 24.49 30 77.46 31 0.7746
32 0.02449

소단원 핵심문제 | 20~21쪽 |

1 ㄷ, ㄹ 2 ② 3 ④ 4 3 5 $4\sqrt{10}$
6 ⑤ 7 $6\sqrt{21}$ 8 ② 9 5 10 ④
11 ⑤ 12 73.96

02. 근호를 포함한 식의 계산 (2) | 22~23쪽 |

제곱근의 덧셈과 뺄셈

❶ $m+n$ ❷ $m-n$ ❸ $m+n-l$

1 $6\sqrt{3}$ 2 $12\sqrt{6}$ 3 $3\sqrt{2}$ 4 $4\sqrt{11}$ 5 $\frac{7\sqrt{5}}{12}$

6 $-2\sqrt{7}$ 7 $6\sqrt{5}$ 8 $\sqrt{6}$ 9 $-4\sqrt{3}-\sqrt{7}$

10 $7\sqrt{13}-4\sqrt{10}$ 11 $10\sqrt{5}$ (✐ 3, 10) 12 $7\sqrt{3}$

13 $3\sqrt{3}$ 14 $-2\sqrt{2}$ 15 $6\sqrt{2}$ 16 $5\sqrt{3}-3\sqrt{6}$

17 $\frac{7\sqrt{6}}{2}$ (✐ 3, 2, 7, 2) 18 $\frac{4\sqrt{7}}{7}$ 19 $-\frac{5\sqrt{6}}{24}$ 20 $-\frac{12\sqrt{5}}{5}$

21 $-\frac{\sqrt{2}}{4}$ 22 $-\frac{\sqrt{3}}{6}-2\sqrt{2}$

근호를 포함한 식의 분배법칙

❹ $\sqrt{ab}$ ❺ $\sqrt{ab}$ ❻ $\sqrt{bc}$ ❼ $\sqrt{bc}$ ❽ $\sqrt{bc}$

23 $\sqrt{21}+\sqrt{6}$ 24 $3\sqrt{10}-\sqrt{22}$ 25 $2\sqrt{15}+3\sqrt{2}$

26 $3\sqrt{14}-14\sqrt{2}$ 27 $\frac{\sqrt{3}+\sqrt{6}}{3}$ 28 $\frac{\sqrt{35}-\sqrt{30}}{5}$

29 $\frac{2\sqrt{5}+3\sqrt{6}}{2}$ 30 $\frac{\sqrt{30}-3\sqrt{3}}{6}$

근호를 포함한 식의 혼합 계산

❾ 분배법칙 ❿ 유리화 ⓫ 나눗셈 ⓬ 뺄셈

31 $8\sqrt{14}$ 32 $\sqrt{3}$ 33 $2\sqrt{5}$

34 $-3\sqrt{3}$ 35 $-6+3\sqrt{6}$ 36 $6\sqrt{2}+4\sqrt{3}$

37 $6\sqrt{2}-4$ 38 $\frac{11\sqrt{3}}{3}$ 39 $5\sqrt{10}+\frac{7\sqrt{2}}{2}$

40 $\frac{11\sqrt{3}}{3}+3$

소단원 핵심문제 | 24~25쪽 |

1 ㄴ, ㄹ 2 ② 3 16 4 $3-3\sqrt{6}$

5 ③ 6 ④ 7 ⑤ 8 $1-\sqrt{2}$

9 $10\sqrt{2}+5$ 10 (1) $a=-1-3\sqrt{2}$, $b=-1+3\sqrt{2}$ (2) $5+4\sqrt{2}$

3. 다항식의 곱셈

01. 곱셈 공식 | 26~27쪽 |

다항식의 곱셈

❶ 분배

1 $xy-2x+y-2$ 2 $ab+3a-4b-12$

3 $-6xy+3x+4y-2$ 4 $x^2-2x-35$ (✐ 5, 35, 2, 35)

5 $6a^2-20a+16$ 6 $-15a^2+16a-4$

7 $-12x^2+44x-7$ 8 $2a^2-ab+a-3b^2+b$

9 $16x^2-54xy-8x-7y^2+28y$

10 $-3x^2+23xy-15x-30y^2+25y$

곱셈 공식

❷ $a+b$ ❸ $a-b$ ❹ a^2-b^2 ❺ $a+b$ ❻ $ad+bc$

11 x^2+2x+1 12 a^2+4a+4

13 $4x^2+4x+1$ 14 $16a^2+24ab+9b^2$

15 x^2-6x+9 16 $a^2-12a+36$

17 $9a^2-30a+25$ 18 $25x^2-40xy+16y^2$

19 $x^2+16x+64$ 20 $4a^2-12a+9$

21 x^2-1 22 a^2-9

23 $x^2-\frac{1}{4}$ 24 $4a^2-25$

25 $16x^2-9$ (✐ 3, $16x^2-9$) 26 $49b^2-36a^2$

27 $a^2+7a+10$ (✐ 5, 5, 7, 10) 28 $x^2-3x-28$

29 $a^2+\frac{1}{3}a-\frac{2}{3}$ 30 $x^2+8xy+15y^2$

31 $a^2-4ab-12b^2$ 32 $x^2-12xy+32y^2$

33 $6x^2+7x+2$ (✐ 3, 2, 3, 2, $6x^2+7x+2$)

34 $12a^2+7a-12$ 35 $12x^2-7xy-10y^2$

36 $-12a^2+64ab-45b^2$ 37 $10a+5$ (✐ 6, 4, 4, 10, 5)

38 $3x^2+8x+7$ 39 $3a^2-15a-20$

40 $7x^2-9x+23$ 41 $2x^2+xy-3y^2$

42 $11a^2-18ab-3b^2$

소단원 핵심문제 | 28~29쪽 |

1 -33 2 ㄱ과 ㄷ, ㄴ과 ㄹ 3 ⑤ 4 ③, ⑤

5 ① 6 ③ 7 (1) $a=4$, $b=8$ (2) $a=\frac{1}{5}$, $b=-\frac{2}{5}$

8 $a=3$, $b=-33$ 9 -4 10 ⑤

02. 곱셈 공식의 활용 | 30~31쪽 |

곱셈 공식을 이용한 수의 계산

❶ $a^2+2ab+b^2$ ❷ $a^2-2ab+b^2$ ❸ a^2-b^2
1 10404 (✎ 2, 2, 2, 400, 4, 10404) 2 2209 3 9604
4 159201 5 1006009 6 9964 (✎ 6, 6, 6, 36, 9964)
7 2496 8 10914 9 37440 10 99.99

곱셈 공식을 이용한 근호를 포함한 식의 계산

❹ 곱셈 공식
11 $7+2\sqrt{10}$ 12 $11+6\sqrt{2}$ 13 $25+4\sqrt{6}$ 14 $9-6\sqrt{2}$
15 $32-10\sqrt{7}$ 16 $29-12\sqrt{5}$ 17 1 18 6
19 $-22-5\sqrt{2}$ 20 $9+29\sqrt{3}$

곱셈 공식을 이용한 분모의 유리화

❺ $\sqrt{a}-\sqrt{b}$ ❻ $\sqrt{a}-\sqrt{b}$ ❼ $\frac{c(\sqrt{a}-\sqrt{b})}{a-b}$
21 $\frac{3-\sqrt{5}}{2}$ 22 $-2\sqrt{5}-\sqrt{15}$ 23 $4\sqrt{6}-4\sqrt{5}$
24 $\frac{9-2\sqrt{14}}{5}$

$x=a\pm\sqrt{b}$ 꼴이 주어진 경우 식의 값 구하기

❽ b
25 1 (✎ $-\sqrt{2}$, 2, 1) 26 3 27 -4 28 -22

곱셈 공식의 변형

❾ $a+b$ ❿ $a-b$ ⓫ $4ab$ ⓬ $4ab$
29 12 30 11 31 61 32 16 33 30
34 24 35 71 36 61

소단원 핵심문제 | 32~33쪽 |

1 ③ 2 ④ 3 3 4 ② 5 -7
6 $\frac{1}{2}$ 7 (1) 40401 (2) 2499.36 8 ⑤ 9 ③
10 ④ 11 (1) $2\sqrt{3}$ (2) 1 (3) 10

4. 인수분해

01. 인수분해의 뜻과 공식 (1), (2) | 34~35쪽 |

인수분해

❶ 인수분해 ❷ 전개
1 x^2+2x 2 a^2-4a+4 3 x^2-1 4 a^2+a-6
5 $3x^2+2x-1$ 6 ㄱ, ㄴ, ㄹ 7 ㄴ, ㄷ, ㄹ

공통인 인수를 이용한 인수분해

❸ m
8 $a(2b-3)$ 9 $xy(1+2x)$ 10 $5x^2(2x-3)$
11 $6ab(2a-b)$ 12 $2x(4x+y-2)$ 13 $ab(a+b-2)$
14 $xy(x+y-1)$ (✎ xy) 15 $(2a+1)(a+b)$
16 $(x-2)(x-3)$

인수분해 공식 (1) – 완전제곱식

❹ $a-b$ ❺ $\frac{a}{2}$
17 $(a+9)^2$ (✎ 9, 9) 18 $(3x+4)^2$ 19 $(6y+1)^2$
20 $(a+5b)^2$ 21 $(9x+2y)^2$
22 $x(a-2)^2$ (✎ x, 4, x, 2) 23 $2a(x-5)^2$
24 $3(a-2b)^2$ 25 1 26 $\frac{2}{3}$
27 25

인수분해 공식 (2) – 제곱의 차

28 $(x+4)(x-4)$ 29 $\left(\frac{1}{2}a+5\right)\left(\frac{1}{2}a-5\right)$
30 $(2y+x)(2y-x)$ 31 $3(2+a)(2-a)$ (✎ 3, 3, a)
32 $4(x+3y)(x-3y)$
33 $(a^2+1)(a+1)(a-1)$ (✎ a^2+1, a^2+1)
34 $(x^2+4y^2)(x+2y)(x-2y)$
35 $3\left(a^2+\frac{1}{9}b^2\right)\left(a+\frac{1}{3}b\right)\left(a-\frac{1}{3}b\right)$

소단원 핵심문제 | 36~37쪽 |

1 ③ 2 ③ 3 $(4x+5)^2$ 4 68 5 ④
6 ②, ③ 7 ⑤ 8 $a+b$ 9 (1) $a+1$ (2) $-a+2$
10 ③

02. 인수분해 공식 (3), (4)

| 38~39쪽 |

인수분해 공식 (3) – x^2의 계수가 1인 이차식

❶ $a+b$ ❷ ab
1 -7, 8 2 5, 8 3 -6, -4 4 -10, 3
5 $(x-4)(x+6)$ (✎ 2, 6, 6) 6 $(x+4)(x-9)$
7 $(a+1)(a-12)$ 8 $(x+9)(x-8)$
9 $(y+5)(y+3)$ 10 $(x+4)(x-7)$
11 $(x-5y)(x-10y)$ (✎ -15, -10, 10)
12 $(a-3b)(a-7b)$ 13 $(x+2y)(x-10y)$
14 $(a+2b)(a+12b)$ 15 $(x+21y)(x-2y)$
16 $3(a+1)(a+7)$ (✎ 3, 7, 3, 7)
17 $2(x+6)(x-2)$ 18 $4x(a+3)(a-5)$
19 $2(a+2b)(a-3b)$ 20 $5(x-3y)(x-4y)$

인수분해 공식 (4) – x^2의 계수가 1이 아닌 이차식

21 $(2x+1)(x-4)$ (✎ 2, 1, -4, -8) 22 $(a+1)(2a+5)$
23 $(2x+1)(2x-3)$ 24 $(2a-1)(3a-2)$
25 $(2x+3)(7x-2)$ 26 $(a+4)(5a-2)$
27 $(2x-3y)(3x-5y)$ (✎ -3, -9, 3, -5, -10)
28 $(a+4b)(5a+b)$ 29 $(x+2y)(6x-5y)$
30 $(a-3b)(3a-2b)$ 31 $(x+2y)(2x-5y)$
32 $3(2a+3)(a-2)$ (✎ 3, 6, 3, 2) 33 $2(2x-1)(2x-3)$
34 $2x(a+3)(2a+1)$ 35 $5(a+b)(3a+2b)$
36 $4(x-y)(5x-4y)$

소단원 핵심문제

| 40~41쪽 |

1 표는 풀이 74쪽 참조 (1) $(x-1)(x+32)$ (2) $(x-2)(x+16)$
(3) $(x+4)(x-8)$ 2 ㄱ, ㄹ 3 ②, ④ 4 ㄴ, ㄹ
5 ④ 6 $2x-3$ 7 $a=-2$, $b=10$ 또는 $a=10$, $b=-2$
8 ㄱ, ㄷ 9 ② 10 -21

03. 인수분해의 활용

| 42~43쪽 |

복잡한 식의 인수분해

❶ 공통부분 ❷ A^2-B^2
1 $(3x-1)(6x+5)$ (✎ $2A+1$, $6x+5$)
2 $(a+b+4)(a+b-4)$ 3 $(x+2)(x-9)$
4 $(2a+6b+1)(3a+9b+2)$ 5 $(3x-2)(x+8)$ (✎ $A-B$, $x+8$)
6 $(x-5)^2$ 7 $3x(x+2y)$
8 $(x-1)(y+1)$ (✎ x, $x-1$) 9 $(a^2-2)(b-3)$
10 $(x-2)(3xy-1)$ 11 $(2a+b)(2a-b-1)$
12 $(x+y-2)(x-y-2)$ (✎ $x-2$, $x-y-2$)
13 $(a+b+3)(a-b-3)$ 14 $(5x+y+5)(5x-y-5)$
15 $(2a+3b-1)(2a-3b-1)$ 16 $(3a+b+1)(3a-b+1)$

인수분해 공식의 활용

❸ $m(a+b)$ ❹ $a-b$
17 360 (✎ 19, 30, 360) 18 34.5 19 42
20 1600 (✎ 13, 1600) 21 25 22 100
23 998000 (✎ 999, 999, 1000, 998000) 24 800
25 1 26 6 27 7 (✎ 3, $\sqrt{7}$, 7) 28 5600
29 8 30 $-4\sqrt{6}$ (✎ $a-b$, $2\sqrt{3}$, $-4\sqrt{6}$) 31 10000
32 $4+4\sqrt{3}$

소단원 핵심문제

| 44~45쪽 |

1 (1) $(4x-1)(6x-5)$ (2) $3(x-3)(x-7)$
(3) $-(x-4)(13x-1)$
2 ④ 3 $2x+2$ 4 60 5 ④ 6 ⑤
7 ④ 8 $x-2y$ 9 ⑤ 10 ③

5. 이차방정식

01. 이차방정식의 뜻과 해

| 46~47쪽 |

이차방정식

❶ x에 대한 이차식 ❷ 0
1 ○ 2 ○ 3 × 4 ○ 5 × 6 ○
7 ○ 8 ○ 9 ○ 10 × 11 0 12 1
13 -1 14 3 15 -2 16 2 17 -1
18 -1 19 $\frac{1}{2}$ 20 $\frac{1}{2}$

이차방정식의 해(근)

❸ 참 ❹ 해
21 × 22 ○ 23 × 24 ○ 25 ×
26 $x=1$ 또는 $x=4$(표는 풀이 77쪽 참조) 27 $x=1$
28 $x=5$ 29 $x=2$ 또는 $x=3$ 30 $x=4$ 31 4
32 -4 33 8 34 -11 35 -4 36 $\frac{17}{3}$

소단원 핵심문제

| 48~49쪽 |

1 ③ 2 $a\neq3$ 3 ②, ⑤ 4 ① 5 12
6 ㄴ, ㄹ 7 ② 8 ①, ④ 9 1 10 ④

02. 인수분해를 이용한 이차방정식의 풀이 | 50~51쪽 |

$AB=0$의 성질

❶ $A=0$

1 $x=-6$ 또는 $x=1$
2 $x=0$ 또는 $x=3$
3 $x=-2$ 또는 $x=2$
4 $x=-\frac{1}{2}$ 또는 $x=5$
5 $x=-1$ 또는 $x=5$
6 $x=-\frac{2}{5}$ 또는 $x=\frac{1}{3}$
7 $x=-\frac{5}{2}$ 또는 $x=4$
8 $x=\frac{3}{4}$ 또는 $x=6$
9 $x=-\frac{2}{5}$ 또는 $x=\frac{1}{3}$
10 $x=-7$ 또는 $x=\frac{1}{3}$
11 $x=2$ 또는 $x=-\frac{2}{3}$

인수분해를 이용한 이차방정식의 풀이

❷ $AB=0$

12 $x=0$ 또는 $x=-5$
13 $x=-1$ 또는 $x=2$
14 $x=-4$ 또는 $x=4$
15 $x=-3$ 또는 $x=1$
16 $x=-7$ 또는 $x=-5$
17 $x=-\frac{3}{2}$ 또는 $x=4$
18 $x=-1$ 또는 $x=\frac{4}{3}$
19 $x=-\frac{2}{3}$ 또는 $x=\frac{3}{5}$
20 $x=0$ 또는 $x=6$
21 $x=-2$ 또는 $x=4$
22 $x=-5$ 또는 $x=3$
23 $x=-3$ 또는 $x=4$
24 $x=\frac{1}{4}$ 또는 $x=3$
25 $x=-2$ 또는 $x=-\frac{3}{5}$

이차방정식의 중근

❸ 완전제곱식 ❹ $\frac{a}{2}$

26 $x=-1$ 27 $x=\frac{2}{3}$ 28 $x=-3$ 29 $x=2$ 30 $x=8$
31 $x=\frac{3}{2}$ 32 $x=3$ 33 $x=\frac{1}{2}$ 34 $x=-4$ 35 16
36 49 37 $\frac{25}{4}$ 38 8 39 10

소단원 핵심문제 | 52~53쪽 |

1 ② 2 ④ 3 (1) 5 (2) $\frac{1}{2}$ 4 ②
5 ② 6 ② 7 -3 8 ② 9 ㄴ, ㄹ
10 10

03. 완전제곱식을 이용한 이차방정식의 풀이 | 54~55쪽 |

제곱근을 이용한 이차방정식의 풀이

❶ $\geq$ ❷ q ❸ $p\pm\sqrt{q}$

1 $x=\pm\sqrt{3}$ 2 $x=\pm\sqrt{11}$ 3 $x=\pm\sqrt{10}$
4 $x=\pm2\sqrt{5}$ 5 $x=\pm4$ 6 $x=\pm\sqrt{7}$
7 $x=1\pm\sqrt{3}$ 8 $x=3\pm2\sqrt{2}$ 9 $x=-2\pm3\sqrt{2}$
10 $x=5\pm2\sqrt{7}$ 11 $x=-3\pm3\sqrt{2}$ 12 $x=1\pm\sqrt{11}$
13 $x=-8$ 또는 $x=0$ 14 $x=2\pm\sqrt{3}$
15 $x=\frac{1\pm\sqrt{5}}{2}$ 16 $x=\frac{-2\pm\sqrt{6}}{3}$ 17 $a\geq2$
18 $a\geq-\frac{1}{2}$ 19 $a\leq1$ 20 $a<0$

완전제곱식을 이용한 이차방정식의 풀이

❹ 완전제곱식

21 $(x-2)^2=9$ (✐ 4, 4, 2, 9) 22 $(x+6)^2=31$
23 $\left(x-\frac{5}{2}\right)^2=\frac{37}{4}$ 24 $\left(x+\frac{3}{2}\right)^2=\frac{11}{4}$ 25 $(x-3)^2=\frac{23}{3}$
26 $(x+2)^2=\frac{13}{2}$ 27 $\left(x-\frac{1}{3}\right)^2=\frac{5}{18}$ 28 $\left(x-\frac{2}{3}\right)^2=\frac{10}{9}$
29 $x=4\pm2\sqrt{3}$ 30 $x=\frac{-5\pm\sqrt{26}}{2}$ 31 $x=8\pm\sqrt{69}$
32 $x=\frac{-3\pm\sqrt{29}}{2}$ 33 $x=\frac{-3\pm3\sqrt{3}}{2}$ 34 $x=\frac{1}{2}$ 또는 $x=\frac{5}{2}$
35 $x=\frac{5\pm\sqrt{31}}{2}$ 36 $x=\frac{2\pm\sqrt{7}}{2}$ 37 $x=\frac{-1\pm\sqrt{7}}{2}$
38 $x=\frac{1\pm\sqrt{145}}{8}$ 39 $x=\frac{5\pm\sqrt{35}}{5}$ 40 $x=\frac{1\pm\sqrt{37}}{6}$

소단원 핵심문제 | 56~57쪽 |

1 (1) $x=\pm\frac{7}{2}$ (2) $x=\pm\sqrt{6}$ (3) $x=\frac{2}{3}$ 또는 $x=2$
(4) $x=-2\pm\sqrt{5}$
2 ④ 3 ⑤ 4 ③
5 (1) $x=\frac{5\pm\sqrt{17}}{2}$ (2) $x=\frac{4\pm3\sqrt{2}}{2}$ (3) $x=\frac{5\pm\sqrt{34}}{3}$
(4) $x=\frac{-4\pm\sqrt{19}}{2}$
6 ③ 7 -1 8 ① 9 18
10 $a=3$, $b=2$

04. 이차방정식의 근의 공식

| 58~59쪽 |

이차방정식의 근의 공식

❶ b^2-4ac ❷ b'^2-ac

1 $x=\frac{5\pm\sqrt{21}}{2}$ (✐ -5, -5, 1, 5) 2 $x=\frac{3\pm\sqrt{13}}{2}$

3 $x=\frac{-5\pm\sqrt{41}}{4}$ 4 $x=\frac{-7\pm\sqrt{13}}{6}$ 5 $x=\frac{11\pm\sqrt{97}}{6}$

6 $x=\frac{1\pm\sqrt{17}}{8}$ 7 $x=\frac{3\pm\sqrt{33}}{4}$ 8 $x=\frac{9\pm3\sqrt{13}}{2}$

9 $x=\frac{-3\pm\sqrt{41}}{4}$ 10 $x=\frac{7\pm\sqrt{17}}{8}$ 11 $x=-\frac{1}{5}$ 또는 $x=\frac{1}{2}$

12 $x=2\pm\sqrt{7}$ (✐ -2, -2, -3, 2) 13 $x=3\pm\sqrt{6}$

14 $x=\frac{2\pm\sqrt{10}}{2}$ 15 $x=\frac{-2\pm\sqrt{10}}{3}$ 16 $x=\frac{1\pm\sqrt{2}}{2}$

17 $x=\frac{-4\pm3\sqrt{2}}{2}$ 18 $x=\frac{-3\pm\sqrt{14}}{5}$ 19 $x=\frac{-3\pm2\sqrt{3}}{3}$

여러 가지 이차방정식의 풀이

❸ 분배법칙 ❹ 10 ❺ 최소공배수

20 $x=-3$ 또는 $x=1$ (✐ x^2-4x-5, x^2+2x-3, 3, 1, -3, 1)

21 $x=-1$ 또는 $x=4$ 22 $x=5\pm\sqrt{21}$ 23 $x=\frac{1\pm\sqrt{17}}{2}$

24 $x=\frac{-5\pm\sqrt{33}}{4}$ (✐ 10, $2x^2+5x-1$, $\frac{-5\pm\sqrt{33}}{4}$)

25 $x=\frac{6\pm2\sqrt{34}}{5}$ 26 $x=\frac{3\pm\sqrt{17}}{4}$ 27 $x=\frac{5\pm\sqrt{46}}{3}$

28 $x=\frac{1}{3}$ 또는 $x=1$ (✐ 6, $3x^2-4x+1$, 3, 1, $\frac{1}{3}$, 1)

29 $x=\frac{-3\pm\sqrt{21}}{2}$ 30 $x=-\frac{1}{3}$ 또는 $x=2$ 31 $x=\frac{-3\pm\sqrt{201}}{8}$

32 $x=-6$ 또는 $x=2$ (✐ $x+3$, $A^2-2A-15$, 3, 5, -3, 5, -3, 5, -6, 2)

33 $x=\frac{3}{2}$ 또는 $x=\frac{9}{2}$ 34 $x=\frac{3}{4}$ 또는 $x=2$

소단원 핵심문제

| 60~61쪽 |

1 (1) $x=\frac{-7\pm\sqrt{41}}{2}$ (2) $x=\frac{3\pm2\sqrt{6}}{3}$ (3) $x=\frac{5\pm\sqrt{35}}{2}$

(4) $x=-4$ 또는 $x=\frac{1}{3}$ (5) $x=\frac{1\pm\sqrt{2}}{2}$ (6) $x=\frac{3\pm\sqrt{21}}{4}$

2 ③ 3 ②

4 (1) $x=\frac{-9\pm\sqrt{241}}{10}$ (2) $x=-\frac{7}{12}$ 또는 $x=1$

5 (1) $x=\frac{2}{3}$ 또는 $x=2$ (2) $x=-\frac{5}{3}$ 또는 $x=1$

6 14 7 ②

8 (1) $x=\frac{1}{2}$ 또는 $x=2$ (2) $x=\frac{1\pm\sqrt{17}}{2}$

9 ③ 10 ④

05. 이차방정식의 성질

| 62~63쪽 |

이차방정식의 근의 개수

❶ $>$ ❷ $=$ ❸ $<$

1 2 (✐ -1, 13, 2) 2 2 3 1 4 2 5 0

6 1 7 2 8 0 9 $k>-\frac{25}{4}$

10 $-\frac{9}{8}$ 11 $k<\frac{5}{4}$ 12 -10 13 $k<5$ 14 $k\geq-\frac{9}{4}$

15 $k\geq\frac{15}{8}$ 16 $k\leq\frac{3}{5}$ 17 $k\leq\frac{9}{16}$ 18 $k\leq\frac{2}{3}$

이차방정식 구하기

❹ a ❺ α

19 $x^2-3x-10=0$ (✐ 2, 5, 3, 10) 20 $2x^2+10x+8=0$

21 $-x^2+6x-8=0$ 22 $3x^2-3x-18=0$

23 $6x^2+x-1=0$ 24 $x^2+2x+1=0$ (✐ 1, 2, 1)

25 $-2x^2+2x-\frac{1}{2}=0$ 26 $3x^2-24x+48=0$

27 $a=6$, $b=-12$ 28 $a=5$, $b=1$

29 $a=-7$, $b=1$ 30 $a=36$, $b=54$

31 $a=-2$, $b=\frac{1}{6}$ 32 $a=16$, $b=12$

33 $a=-3$, $b=-1$ 34 $a=-10$, $b=4$

35 $a=4$, $b=1$ 36 $a=-8$, $b=4$

소단원 핵심문제

| 64~65쪽 |

1 ③, ⑤ 2 (1) 2 (2) 0 (3) 1 (4) 2 3 ④

4 (1) $8x^2-2x-1=0$ (2) $-2x^2-4x-2=0$

5 ⑤ 6 -1, 7 7 ④ 8 ①

9 (1) $3x^2+10x+3=0$ (2) $4x^2-12x+9=0$ 10 ④

06. 이차방정식의 활용

| 66~67쪽 |

이차방정식을 활용한 문제 해결 과정

1 (1) $x+1$ (2) $x^2+(x+1)^2=265$

(3) $x=-12$ 또는 $x=11$ (4) 11, 12

2 (1) $x+x^2=72$ (2) $x=-9$ 또는 $x=8$ (3) 8

3 (1) 가로: $(15-x)$ m, 세로: $(10-x)$ m

(2) $(15-x)(10-x)=104$ (3) $x=2$ 또는 $x=23$ (4) 2 m

4 (1) $(x+3)$ cm (2) $\pi(x+3)^2=36\pi$ (3) $x=-9$ 또는 $x=3$

(4) 3 cm

5 (1) $(x+10)$살 (2) $(x+10)^2=3x^2+52$ (3) $x=-2$ 또는 $x=12$

(4) 12살

6 (1) $x-6$ (2) $x(x-6)=160$ (3) $x=-10$ 또는 $x=16$ (4) 16
7 (1) $x+7$ (2) $x(x+7)=260$ (3) $x=-20$ 또는 $x=13$ (4) 13, 20
8 (1) $60x-5x^2=100$ (2) $x=2$ 또는 $x=10$ (3) 2초 후

소단원 핵심문제

| 68~69쪽 |

1 ③ 2 ③ 3 15살 4 ② 5 2초 후
6 ④ 7 ③ 8 ③
9 영수의 생일: 7월 11일, 엄마의 생일: 7월 18일
10 14초 후

6. 이차함수와 그 그래프

01. 이차함수 $y=ax^2$의 그래프

| 70~71쪽 |

이차함수

❶ 이차식 ❷ 0
1 × 2 ○ 3 × 4 × 5 × 6 ○
7 6 8 -94 9 $\frac{13}{2}$

이차함수 $y=x^2$, $y=-x^2$의 그래프

❸ 아래 ❹ 원점 ❺ 위
10 0 11 y 12 감소 13 증가 14 위
15 0 16 y 17 증가 18 감소 19 아래
20 x

이차함수 $y=ax^2$의 그래프

❻ 축 ❼ 꼭짓점 ❽ $x=0$ ❾ 폭
21 3 22 아래, y 23 0, 0, $x=0$ 24 $<$
25 볼록, y 26 0, 0, $x=0$ 27 3, 4 28 감소
29 x 30 × 31 × 32 ○ 33 ○
34 ㄴ, ㄷ, ㄹ 35 ㄱ, ㅁ, ㅂ 36 ㄴ, ㅂ
37 ㄱ, ㅁ, ㅂ 38 ㅁ

소단원 핵심문제

| 72~73쪽 |

1 3
2 (1) $y=x^2+10x+25$, 이차함수이다. (2) 36 cm^2, 64 cm^2
3 ③, ⑤ 4 $a=7$, $k=\frac{1}{7}$ 5 ㉡ 6 ①
7 1 8 8 9 ③ 10 ②

02. 이차함수 $y=a(x-p)^2+q$의 그래프

| 74~75쪽 |

이차함수 $y=ax^2+q$의 그래프

❶ q ❷ 0 ❸ q
1 $y=x^2-1$ 2 $y=-3x^2+6$ 3 $y=-\frac{1}{4}x^2-4$
4 3 5 $-\frac{1}{2}$ 6 -2 7 $x=0$, 0, 1
8 $x=0$, 0, -0.5 9 $x=0$, 0, 7

이차함수 $y=a(x-p)^2$의 그래프

❹ x ❺ p ❻ p
10 $y=-\frac{1}{2}(x-1)^2$ 11 $y=4(x+2)^2$ 12 $y=0.1(x-9)^2$
13 -1 14 6 15 0.5
16 $x=2$, 2, 0 17 $x=-6$, -6, 0 18 $x=1.5$, 1.5, 0

이차함수 $y=a(x-p)^2+q$의 그래프

❼ p ❽ y ❾ p ❿ p ⓫ q
19 $y=-6(x-1)^2+2$ 20 $y=2.5(x+0.2)^2+3$
21 $y=-\frac{3}{5}(x+5)^2-1$ 22 $y=10\left(x-\frac{1}{2}\right)^2+\frac{1}{4}$
23 -3, -1 24 $\frac{4}{5}$, 7 25 4.5, 6
26 $x=5$, 5, -0.5 27 $x=-6$, -6, 9
28 $x=4$, 4, 3 29 $y=4(x+3)^2-\frac{3}{2}$
30 $x=-3$ 31 -3, $-\frac{3}{2}$
32 $y=-\frac{5}{7}(x+0.5)^2+7$ 33 $x=-0.5$
34 -0.5, 7

소단원 핵심문제

| 76~77쪽 |

1 ㄴ, ㄹ 2 7 3 $y=-\frac{1}{7}(x-4)^2$
4 ④ 5 (1) $y=-6(x+5)^2+\frac{1}{2}$ (2) $y=1.5(x-4)^2-8$
6 (1) $-\frac{1}{8}x^2-4$ (2) $x=0$, 0, -4 (3) 위, 3, 4
7 3 8 ④
9 (1) 축의 방정식: $x=-5$, 꼭짓점의 좌표: $\left(-5, -\frac{4}{5}\right)$
(2) 축의 방정식: $x=7$, 꼭짓점의 좌표: $(7, 3)$
(3) 축의 방정식: $x=\frac{3}{2}$, 꼭짓점의 좌표: $\left(\frac{3}{2}, -4\right)$
(4) 축의 방정식: $x=-3$, 꼭짓점의 좌표: $(-3, 0.9)$
10 0

03. 이차함수 $y=a(x-p)^2+q$의 그래프의 성질 | 78~80쪽 |

이차함수 $y=a(x-p)^2+q$의 그래프에서 a, p, q의 부호

❶ $<$ ❷ $<$ ❸ $<$

1 아래, $>$, $<$ 2 위, $<$, $>$ 3 아래, $>$, 3, $<$, $<$

4 $<$, $>$ 5 $>$, $>$ 6 $>$, $<$ 7 $<$, $<$ 8 $<$, $<$, $<$

9 $>$, $>$, $<$ 10 $<$, $>$, $>$ / $>$, 아래, a, q, 2

11 $>$, $<$, $>$ / $>$, 아래, a, p, 4

12 $>$, $>$, $<$ / $>$, 아래, q, a, 2 13 3, -2, $\frac{2}{9}$

14 -2, 6, $-\frac{3}{2}$ 15 4, 4, $-\frac{1}{4}$

이차함수 $y=a(x-p)^2+q$의 그래프의 평행이동

❹ 꼭짓점 ❺ m ❻ n

16 2 17 2 18 2, 2

19 $y=8(x-2)^2$ 20 $y=8(x-7)^2-3$ 21 $y=8(x-1)^2+5$

이차함수 $y=a(x-p)^2+q$의 그래프의 대칭이동

❼ y ❽ x

22 -2, $-$ 23 $+$

24 $y=\frac{2}{3}(x-1)^2+8$ 25 $y=-\frac{2}{3}(x+1)^2-8$

26 $y=-0.3\left(x+\frac{3}{8}\right)^2-0.7$ 27 $y=0.3\left(x-\frac{3}{8}\right)^2+0.7$

소단원 핵심문제 | 81~82쪽 |

1 ㄷ, ㅁ 2 ㄱ 3 $\frac{19}{9}$ 4 ③ 5 -1

6 $a>0$, $p<0$, $q<0$ 7 ③ 8 ② 9 ㄴ, ㄷ

04. 이차함수 $y=ax^2+bx+c$의 그래프 | 83~86쪽 |

이차함수 $y=ax^2+bx+c$의 그래프

❶ $-\frac{b}{2a}$ ❷ $-\frac{b}{2a}$ ❸ c

1 9, 9, 3, 13, -3, -3, -13

2 1, 1, 1, 7, -1, -1, 7 3 4, 4, 2, $\frac{7}{4}$, 2, 2, $-\frac{7}{4}$

4 $y=2(x-1)^2+1$ (1) $(1, 1)$ (2) $x=1$ (3) $(0, 3)$

5 $y=3\left(x-\frac{3}{2}\right)^2-\frac{55}{4}$ (1) $\left(\frac{3}{2}, -\frac{55}{4}\right)$ (2) $x=\frac{3}{2}$ (3) $(0, -7)$

6 $y=-2\left(x-\frac{1}{2}\right)^2+3$ (1) $\left(\frac{1}{2}, 3\right)$ (2) $x=\frac{1}{2}$ (3) $\left(0, \frac{5}{2}\right)$

7 $y=\frac{1}{2}(x+1)^2-\frac{13}{2}$ (1) $\left(-1, -\frac{13}{2}\right)$ (2) $x=-1$ (3) $(0, -6)$

8 $y=-\frac{1}{3}(x+3)^2+4$ (1) $(-3, 4)$ (2) $x=-3$ (3) $(0, 1)$

이차함수 $y=ax^2+bx+c$의 그래프에서 a, b, c의 부호

❹ $>$ ❺ 0 ❻ $<$ ❼ $<$

9 (1) 아래, $>$ (2) 왼, 같은, $>$, $>$ (3) 위, $>$

10 (1) 위, $<$ (2) 오른, 다른, $<$, $>$ (3) 아래, $<$

11 (1) $>$ (2) $<$ (3) $>$ 12 (1) $<$ (2) $<$ (3) $=$

13 (1) $>$ (2) $>$ (3) $=$ 14 (1) $<$ (2) $<$ (3) $<$

이차함수의 식 구하기 (1)

❽ a ❾ q

15 $y=2(x-3)^2-10$ (✐ 9, 2, $2(x-3)^2-10$)

16 $y=(x-2)^2-6$ (✐ 9, 1, $(x-2)^2-6$)

17 $y=-(x+1)^2+4$ 18 $y=\frac{1}{3}(x-2)^2$

19 $y=\frac{3}{2}(x-2)^2-3$ $\left(✐\ 2, 4, \frac{3}{2}, \frac{3}{2}(x-2)^2-3\right)$

20 $y=-\frac{1}{4}(x+4)^2+9$ $\left(✐\ 4, 4, 36, -\frac{1}{4}, 9, -\frac{1}{4}(x+4)^2+9\right)$

21 $y=-2(x+2)^2$ 22 $y=(x+1)^2-3$

23 $y=\frac{1}{2}(x-1)^2+3$

이차함수의 식 구하기 (2)

❿ c ⓫ β ⓬ a

24 $y=-x^2+2x+3$ (✐ 3, 3, 3, 3, -1, 2, $-x^2+2x+3$)

25 $y=-x^2+5x-9$ (✐ -9, 9, 9, 9, -1, 5, $-x^2+5x-9$)

26 $y=2x^2+8x$ 27 $y=-2x^2-6x+10$

28 $y=-\frac{1}{2}x^2+x+\frac{3}{2}$ $\left(✐\ 1, 3, -4, -\frac{1}{2}, -\frac{1}{2}x^2+x+\frac{3}{2}\right)$

29 $y=3x^2-15x+12$ (✐ 4, -2, 3, $3x^2-15x+12$)

30 $y=\frac{1}{12}x^2+\frac{2}{3}x+\frac{5}{4}$ 31 $y=-4x^2-4x+24$

32 $y=\frac{1}{6}x^2-\frac{4}{3}x+2$

소단원 핵심문제 | 87~88쪽 |

1 (1) $y=-\frac{1}{4}(x-8)^2+15$ (2) $y=5(x-1)^2+4$

2 ④ 3 ④ 4 $y=-\frac{1}{4}x^2-x+2$

5 -6 6 ③ 7 ㄱ, ㄹ, ㅁ 8 ② 9 ④

정답과 풀이 개념북

1. 제곱근과 실수

01. 제곱근의 뜻 | 8~9쪽 |

핵심예제 1 (1) 4, -4 (2) 0.1, -0.1 (3) $\frac{2}{11}$, $-\frac{2}{11}$ (4) 10, -10

(4) $(-10)^2=100$이고 100의 제곱근은 10, -10이다.

1-1 (1) 3, -3 (2) 5, -5 (3) 7, -7

1-2 (1) 9, -9 (2) 0.8, -0.8 (3) $\frac{4}{5}$, $-\frac{4}{5}$ (4) 6, -6

(4) $6^2=36$이고 36의 제곱근은 6, -6이다.

핵심예제 2 ㄷ

ㄱ. 제곱하여 -16이 되는 수는 없으므로 -16의 제곱근은 없다.
ㄴ. 0의 제곱근은 0이다.
ㄷ. $(-0.7)^2=0.49$이고 0.49의 제곱근은 0.7, -0.7의 2개이다. 이때 두 제곱근의 합은 $0.7+(-0.7)=0$이다.
따라서 옳은 것은 ㄷ뿐이다.

2-1 (1) ○ (2) ○ (3) ×

(1) 0의 제곱근은 0의 한 개이다.
(2) 양수의 제곱근은 2개이므로 0.04의 제곱근은 2개이다.
(3) $\left(-\frac{1}{6}\right)^2=\frac{1}{36}>0$이므로 $\left(-\frac{1}{6}\right)^2$의 제곱근은 2개이다.

핵심예제 3 (1) $\pm\sqrt{5}$ (2) $\pm\sqrt{0.7}$ (3) $\pm\sqrt{\frac{8}{15}}$

3-1 (1) $\pm\sqrt{6}$ (2) $\pm\sqrt{0.21}$ (3) $\pm\sqrt{\frac{3}{5}}$

핵심예제 4 (1) 4 (2) -0.7 (3) $\pm\frac{8}{9}$

(1) $\sqrt{16}$은 16의 양의 제곱근이므로 4이다.
(2) $-\sqrt{0.49}$는 0.49의 음의 제곱근이므로 -0.7이다.
(3) $\pm\sqrt{\frac{64}{81}}$는 $\frac{64}{81}$의 제곱근이므로 $\pm\frac{8}{9}$이다.

4-1 (1) 5 (2) 0.2 (3) $-\frac{1}{10}$

(1) $\sqrt{25}$는 25의 양의 제곱근이므로 5이다.
(2) $\sqrt{0.04}$는 0.04의 양의 제곱근이므로 0.2이다.
(3) $-\sqrt{\frac{1}{100}}$은 $\frac{1}{100}$의 음의 제곱근이므로 $-\frac{1}{10}$이다.

핵심예제 5 (1) $-\sqrt{11}$ (2) $\sqrt{17}$ (3) $\sqrt{\frac{1}{6}}$

5-1 (1) $\sqrt{13}$, $-\sqrt{13}$ (2) $\sqrt{3.2}$ (3) $\sqrt{\frac{8}{3}}$

(3) 제곱근 $\frac{8}{3}$은 $\frac{8}{3}$의 양의 제곱근이므로 $\sqrt{\frac{8}{3}}$이다.

소단원 핵심문제 | 10쪽 |

1 ③　2 ②　3 ①, ⑤　4 $\sqrt{20}$　5 10

1 36의 제곱근은 $\pm\sqrt{36}=\pm6$이다.

2 ①, ③, ④, ⑤ ±8 ② 8

3 ① 제곱근 9는 $\sqrt{9}=3$이다.
② 음수의 제곱근은 없다.
③ $\sqrt{16}=4$이고 4의 제곱근은 ±2이다.
④ 음이 아닌 수 중 0의 제곱근은 0의 한 개이다.
⑤ $\left(-\frac{1}{3}\right)^2=\frac{1}{9}$이고 $\frac{1}{9}$의 음의 제곱근은 $-\sqrt{\frac{1}{9}}=-\frac{1}{3}$이다.

4 피타고라스 정리에 의하여 $x^2=4^2+2^2=20$
이때 x는 20의 제곱근이고, $x>0$이므로 $x=\sqrt{20}$

5 $(-7)^2=49$이고 49의 양의 제곱근은 $\sqrt{49}=7$이므로 $a=7$
$\sqrt{81}=9$이고 9의 음의 제곱근은 $-\sqrt{9}=-3$이므로 $b=-3$
따라서 $a-b=7-(-3)=10$

02. 제곱근의 성질 | 11~14쪽 |

핵심예제 6 (1) 6 (2) 4.5 (3) $\frac{4}{7}$ (4) 11 (5) 19 (6) $\frac{8}{11}$ (7) 15 (8) -1.03

(7) $\sqrt{(-15)^2}=\sqrt{15^2}=15$
(8) $\sqrt{(-1.03)^2}=\sqrt{1.03^2}=1.03$이므로 $-\sqrt{(-1.03)^2}=-1.03$

6-1 (1) 10 (2) 1.4 (3) $-\frac{2}{5}$ (4) 0.32 (5) 8 (6) 12 (7) 5.9 (8) $-\frac{7}{9}$

(3) $\left(-\sqrt{\frac{2}{5}}\right)^2=\left(\sqrt{\frac{2}{5}}\right)^2=\frac{2}{5}$이므로 $-\left(-\sqrt{\frac{2}{5}}\right)^2=-\frac{2}{5}$
(6) $\sqrt{(-12)^2}=\sqrt{12^2}=12$
(7) $\sqrt{(-5.9)^2}=\sqrt{5.9^2}=5.9$
(8) $\sqrt{\left(-\frac{7}{9}\right)^2}=\sqrt{\left(\frac{7}{9}\right)^2}=\frac{7}{9}$이므로 $-\sqrt{\left(-\frac{7}{9}\right)^2}=-\frac{7}{9}$

핵심예제 7 7

$$\sqrt{144}\div\sqrt{\left(-\frac{6}{5}\right)^2}-(\sqrt{3})^2=\sqrt{12^2}\div\frac{6}{5}-3=12\times\frac{5}{6}-3=10-3=7$$

7-1 (1) -6 (2) 21

(1) $(\sqrt{7})^2-\sqrt{(-13)^2}=7-13=-6$

(2) $(-\sqrt{15})^2+\sqrt{64}\times\sqrt{\left(-\frac{3}{4}\right)^2}=15+\sqrt{8^2}\times\frac{3}{4}=15+8\times\frac{3}{4}$
$=15+6=21$

핵심예제 8 (1) $3x$ (2) $-3x$ (3) $4x$ (4) $-4x$

(1) $3x>0$이므로 $\sqrt{(3x)^2}=3x$
(2) $3x<0$이므로 $\sqrt{(3x)^2}=-3x$
(3) $-4x<0$이므로 $\sqrt{(-4x)^2}=-(-4x)=4x$
(4) $-4x>0$이므로 $\sqrt{(-4x)^2}=-4x$

8-1 (1) x, $-x$ (2) $5x$, $-5x$

(1) $x\geq0$일 때, $-x\leq0$이므로 $\sqrt{(-x)^2}=-(-x)=x$
$x<0$일 때, $-x>0$이므로 $\sqrt{(-x)^2}=-x$
(2) $x\geq0$일 때, $5x\geq0$이므로 $\sqrt{(5x)^2}=5x$
$x<0$일 때, $5x<0$이므로 $\sqrt{(5x)^2}=-5x$

핵심예제 9 $2x-11$

$4<x<7$이므로 $x-4>0$, $7-x>0$
따라서 $\sqrt{(x-4)^2}-\sqrt{(7-x)^2}=(x-4)-(7-x)$
$=x-4-7+x=2x-11$

9-1 (1) $x-1$, $-x+1$ (2) $x-y$, $-x+y$

(1) $x\geq1$일 때, $x-1\geq0$이므로 $\sqrt{(x-1)^2}=x-1$
$x<1$일 때, $x-1<0$이므로 $\sqrt{(x-1)^2}=-(x-1)=-x+1$
(2) $x\geq y$일 때, $x-y\geq0$이므로 $\sqrt{(x-y)^2}=x-y$
$x<y$일 때, $x-y<0$이므로 $\sqrt{(x-y)^2}=-(x-y)=-x+y$

9-2 (1) $x-5$ (2) $-x-3$ (3) $-3x-1$

(1) $x-5>0$이므로 $\sqrt{(x-5)^2}=x-5$
(2) $x+3<0$이므로 $\sqrt{(x+3)^2}=-(x+3)=-x-3$
(3) $-2x>0$, $x+1>0$이므로
$\sqrt{(-2x)^2}-\sqrt{(x+1)^2}=-2x-(x+1)$
$=-2x-x-1=-3x-1$

핵심예제 10 (1) 5 (2) 6

(1) $\sqrt{20x}=\sqrt{2^2\times5\times x}$이므로 x는 $5\times$(자연수)^2 꼴이어야 한다.
따라서 가장 작은 자연수 x는 5이다.
(2) $\sqrt{\frac{24}{x}}=\sqrt{\frac{2^3\times3}{x}}$이므로 x는 $2\times3\times$(자연수)^2 꼴이고 24의 약수이어야 한다.
따라서 가장 작은 자연수 x는 $2\times3=6$이다.

10-1 (1) 2 (2) 15

(1) $\sqrt{18x}=\sqrt{2\times3^2\times x}$이므로 x는 $2\times$(자연수)^2 꼴이어야 한다.
따라서 가장 작은 자연수 x는 2이다.
(2) x는 $3\times5\times$(자연수)^2 꼴이고 $2^2\times3\times5$의 약수이어야 한다.
따라서 가장 작은 자연수 x는 $3\times5=15$이다.

핵심예제 11 3

$\sqrt{6+x}$가 자연수가 되려면 $6+x$는 6보다 큰 (자연수)^2 꼴이어야 하므로 $6+x=9$, 16, 25, ⋯
따라서 $x=3$, 10, 19, ⋯이므로 가장 작은 자연수 x의 값은 3이다.

11-1 2

$\sqrt{18-x}$가 자연수가 되려면 $18-x$는 18보다 작은 (자연수)^2 꼴이어야 하므로 $18-x=16$, 9, 4, 1
따라서 $x=2$, 9, 14, 17이므로 가장 작은 자연수 x의 값은 2이다.

핵심예제 12 (1) $\sqrt{0.24}<\sqrt{0.45}$ (2) $\sqrt{\frac{11}{15}}>\sqrt{\frac{7}{10}}$ (3) $\sqrt{13}<4$ (4) $-\sqrt{\frac{2}{5}}<-\sqrt{\frac{3}{8}}$

(1) $0.24<0.45$이므로 $\sqrt{0.24}<\sqrt{0.45}$
(2) $\frac{11}{15}=\frac{22}{30}$, $\frac{7}{10}=\frac{21}{30}$에서 $\frac{11}{15}>\frac{7}{10}$이므로 $\sqrt{\frac{11}{15}}>\sqrt{\frac{7}{10}}$
(3) $4=\sqrt{16}$이고 $13<16$이므로 $\sqrt{13}<4$
(4) $\frac{2}{5}=\frac{16}{40}$, $\frac{3}{8}=\frac{15}{40}$에서 $\frac{2}{5}>\frac{3}{8}$이므로 $\sqrt{\frac{2}{5}}>\sqrt{\frac{3}{8}}$
따라서 $-\sqrt{\frac{2}{5}}<-\sqrt{\frac{3}{8}}$

12-1 (1) $<$ (2) $>$ (3) $<$ (4) $<$

(1) $5<8$이므로 $\sqrt{5}<\sqrt{8}$
(2) $3.1>2.7$이므로 $\sqrt{3.1}>\sqrt{2.7}$
(3) $6=\sqrt{36}$이고 $36>35$이므로 $6>\sqrt{35}$
따라서 $-6<-\sqrt{35}$
(4) $\frac{3}{7}=\sqrt{\frac{9}{49}}$, $\sqrt{\frac{2}{7}}=\sqrt{\frac{14}{49}}$이고, $\frac{9}{49}<\frac{14}{49}$이므로 $\frac{3}{7}<\sqrt{\frac{2}{7}}$

핵심예제 13 5

$3<\sqrt{x}<\sqrt{15}$의 각 변을 제곱하면 $9<x<15$
따라서 주어진 부등식을 만족시키는 자연수 x는 10, 11, 12, 13, 14의 5개이다.

다른 풀이
$3<\sqrt{x}<\sqrt{15}$에서 $\sqrt{9}<\sqrt{x}<\sqrt{15}$이므로 $9<x<15$

13-1 (1) 1, 2, 3 (2) 2, 3, 4, 5, 6, 7, 8

(1) $\sqrt{x}<2$의 양변을 제곱하면 $x<4$
따라서 주어진 부등식을 만족시키는 자연수 x의 값은 1, 2, 3이다.
(2) $1<\sqrt{x}<3$의 각 변을 제곱하면 $1<x<9$
따라서 주어진 부등식을 만족시키는 자연수 x의 값은 2, 3, 4, 5, 6, 7, 8이다.

다른 풀이
(1) $\sqrt{x}<2$에서 $\sqrt{x}<\sqrt{4}$이므로 $x<4$
(2) $1<\sqrt{x}<3$에서 $\sqrt{1}<\sqrt{x}<\sqrt{9}$이므로 $1<x<9$

소단원 핵심문제 | 15쪽 |

1 ④ 2 9 3 ④ 4 2, 7, 10 5 ⑤
6 22

1 ①, ②, ③, ⑤ 6 ④ -6

2 $(-\sqrt{5})^2\times\sqrt{0.4^2}+\sqrt{36}\div\sqrt{\left(-\frac{6}{7}\right)^2}=5\times0.4+6\div\frac{6}{7}$
$=5\times0.4+6\times\frac{7}{6}$
$=2+7=9$

3 $-2<x<3$일 때, $x+2>0$, $x-3<0$이므로
$\sqrt{(x+2)^2}-\sqrt{(x-3)^2}=x+2-\{-(x-3)\}$
$=x+2+x-3=2x-1$

4 $\sqrt{11-x}$가 자연수가 되려면 $11-x$는 11보다 작은 (자연수)^2 꼴이어야 하므로 $11-x=9, 4, 1$
따라서 $x=2, 7, 10$

5 ⑤ $\frac{1}{2}=\sqrt{\left(\frac{1}{2}\right)^2}=\sqrt{\frac{1}{4}}$이고 $\frac{1}{4}=\frac{3}{12}$, $\frac{2}{3}=\frac{8}{12}$이므로 $\frac{1}{4}<\frac{2}{3}$
따라서 $\frac{1}{2}<\sqrt{\frac{2}{3}}$이므로 $-\frac{1}{2}>-\sqrt{\frac{2}{3}}$

6 $4\le\sqrt{n+9}<5$의 각 변을 제곱하면
$4^2\le(\sqrt{n+9})^2<5^2$, $16\le n+9<25$, $7\le n<16$
따라서 부등식을 만족시키는 자연수 n의 값 중 가장 큰 수는 15, 가장 작은 수는 7이므로 $a=15$, $b=7$
따라서 $a+b=15+7=22$

03. 무리수와 실수 | 16~17쪽 |

핵심예제 14 $\sqrt{10}$, $\sqrt{\frac{4}{7}}$, $2+\sqrt{5}$

$-\sqrt{25}=-\sqrt{5^2}=-5$
무리수는 유리수가 아닌 수, 즉 순환소수가 아닌 무한소수로 나타낼 수 있는 수이다.
따라서 주어진 수 중에서 무리수는 $\sqrt{10}$, $\sqrt{\frac{4}{7}}$, $2+\sqrt{5}$이다.

14-1 (1) 무 (2) 무 (3) 유 (4) 무

(3) $-\sqrt{\frac{9}{16}}=-\sqrt{\left(\frac{3}{4}\right)^2}=-\frac{3}{4}$이므로 $-\sqrt{\frac{9}{16}}$는 유리수이다.

핵심예제 15 ㄱ, ㄷ

ㄴ. 유리수이면서 무리수인 수는 없다.
ㄹ. 근호를 사용하여 나타낸 수 중에서 근호 안의 수가 어떤 유리수의 제곱이면 그 수는 유리수이다.
따라서 옳은 것은 ㄱ, ㄷ이다.

15-1 (1) × (2) ○ (3) × (4) ×

(1) 무한소수 중 순환소수는 유리수이다.
(3) $\sqrt{0.\dot{4}}=\sqrt{\frac{4}{9}}=\frac{2}{3}$이므로 $\sqrt{0.\dot{4}}$는 유리수이다.
(4) 무리수는 순환소수로 나타낼 수 없다.

핵심예제 16 (1) ㄱ (2) ㄱ, ㅂ, ㅈ (3) ㄱ, ㄴ, ㄹ, ㅁ, ㅂ, ㅈ
(4) ㄷ, ㅅ, ㅇ (5) ㄱ, ㄴ, ㄷ, ㄹ, ㅁ, ㅂ, ㅅ, ㅇ, ㅈ

ㄱ. $\sqrt{121}=\sqrt{11^2}=11$ ㄴ. $0.\dot{0}\dot{9}=\frac{9}{99}=\frac{1}{11}$
ㅁ. $-\sqrt{\frac{16}{25}}=-\sqrt{\left(\frac{4}{5}\right)^2}=-\frac{4}{5}$

16-1

	$-\frac{7}{13}$	$\sqrt{8}$	$2.0\dot{1}$	$-\sqrt{49}$	6	$4+\sqrt{7}$
자연수					○	
정수				○	○	
유리수	○		○	○	○	
무리수		○				○
실수	○	○	○	○	○	○

16-2 $-\sqrt{\frac{1}{7}}$, $-\sqrt{0.12}$, $2-\sqrt{3}$

□ 안의 수는 무리수이므로 $-\sqrt{\frac{1}{7}}$, $-\sqrt{0.12}$, $2-\sqrt{3}$이다.

소단원 핵심문제 | 18쪽 |

1 ③, ④ 2 4 3 ②, ④ 4 ⑤

1 ① $-\sqrt{0.09}=-\sqrt{0.3^2}=-0.3$ ② $\sqrt{1.44}=\sqrt{1.2^2}=1.2$
⑤ $\sqrt{\frac{81}{100}}=\sqrt{\left(\frac{9}{10}\right)^2}=\frac{9}{10}$
따라서 무리수는 ③, ④이다.

2 □ 안의 수는 순환소수가 아닌 무한소수이므로 무리수이다.
$-\sqrt{49}=-\sqrt{7^2}=-7$, $-\sqrt{1.\dot{1}}=-\sqrt{\frac{10}{9}}$,
$-\sqrt{\frac{1}{4}}=-\sqrt{\left(\frac{1}{2}\right)^2}=-\frac{1}{2}$
따라서 주어진 수 중에서 무리수는 $\sqrt{24}$, $-\sqrt{1.\dot{1}}$, $\sqrt{\frac{2}{9}}$, $\sqrt{6.07}$의 4개이다.

3 ① 유리수는 유한소수와 순환소수로 나타낼 수 있다.
② $\sqrt{9}=3$의 제곱근은 $\pm\sqrt{3}$이므로 무리수이다.
③ 무한소수 중 순환소수는 유리수이다.
④ 근호를 사용하여 나타낸 수 중에서 근호 안의 수가 어떤 유리수의 제곱이면 유리수이다.
⑤ $\frac{(\text{정수})}{(0\text{이 아닌 정수})}$ 꼴로 나타낼 수 있는 수는 유리수이다.

4 ① 자연수는 $\sqrt{25}=5$의 1개이다.
② 정수는 $\sqrt{25}=5$의 1개이다.
③ 정수가 아닌 유리수는 $\frac{5}{3}$, $-\sqrt{0.04}=-0.2$, $4.\dot{2}\dot{6}$의 3개이다.
④ 유리수는 $\frac{5}{3}$, $\sqrt{25}=5$, $-\sqrt{0.04}=-0.2$, $4.\dot{2}\dot{6}$의 4개이다.
⑤ 유리수가 아닌 실수는 무리수이므로 π, $-\sqrt{2.23}$의 2개이다.

04. 실수의 대소 관계 | 19~21쪽 |

핵심예제 17 (1) $\sqrt{8}$ (2) $\sqrt{5}$ (3) $-\sqrt{8}$ (4) $1+\sqrt{5}$

(1) $\overline{AB}=\sqrt{2^2+2^2}=\sqrt{8}$
(2) $\overline{CD}=\sqrt{1^2+2^2}=\sqrt{5}$
(3) $\overline{AP}=\overline{AB}=\sqrt{8}$이므로 점 P에 대응하는 수는
$0-\sqrt{8}=-\sqrt{8}$
(4) $\overline{CQ}=\overline{CD}=\sqrt{5}$이므로 점 Q에 대응하는 수는
$1+\sqrt{5}$

17-1 (1) $\sqrt{13}$ (2) $-1+\sqrt{13}$ (3) $-1-\sqrt{13}$

(1) $\overline{AB}=\sqrt{3^2+2^2}=\sqrt{13}$
(2) $\overline{AP}=\overline{AB}=\sqrt{13}$이므로 점 P에 대응하는 수는
$-1+\sqrt{13}$
(3) $\overline{AQ}=\overline{AB}=\sqrt{13}$이므로 점 Q에 대응하는 수는
$-1-\sqrt{13}$

핵심예제 18 ㄱ, ㄷ

ㄴ. 수직선은 유리수와 무리수에 대응하는 점들로 완전히 메울 수 있다.
따라서 옳은 것은 ㄱ, ㄷ이다.

핵심예제 19 (1) $3>\sqrt{3}+1$ (2) $5-\sqrt{12}<2$
(3) $7+\sqrt{8}>9$ (4) $\sqrt{13}-\sqrt{10}<4-\sqrt{10}$

(1) $3-(\sqrt{3}+1)=3-\sqrt{3}-1=2-\sqrt{3}>0$이므로 $3>\sqrt{3}+1$
(2) $(5-\sqrt{12})-2=3-\sqrt{12}<0$이므로 $5-\sqrt{12}<2$
(3) $(7+\sqrt{8})-9=\sqrt{8}-2>0$이므로 $7+\sqrt{8}>9$
(4) $\sqrt{13}<4$이므로 양변에서 $\sqrt{10}$을 빼면
$\sqrt{13}-\sqrt{10}<4-\sqrt{10}$

다른 풀이
(1) $1<\sqrt{3}<2$에서 $\sqrt{3}=1.\cdots$이므로 $\sqrt{3}+1=2.\cdots$
따라서 $3>\sqrt{3}+1$
(3) $2<\sqrt{8}<3$에서 $\sqrt{8}=2.\cdots$이므로 $7+\sqrt{8}=9.\cdots$
따라서 $7+\sqrt{8}>9$

19-1 (1) > (2) > (3) < (4) >

(1) $2<\sqrt{5}<3$에서 $\sqrt{5}=2.\cdots$이므로 $3+\sqrt{5}=5.\cdots$
따라서 $7>3+\sqrt{5}$
(2) $2<\sqrt{8}<3$에서 $\sqrt{8}=2.\cdots$이므로 $\sqrt{8}-1=1.\cdots$
따라서 $2>\sqrt{8}-1$
(3) $(6-\sqrt{6})-4=6-\sqrt{6}-4=2-\sqrt{6}<0$이므로 $6-\sqrt{6}<4$
(4) $5>\sqrt{14}$이므로 양변에 $\sqrt{2}$를 더하면
$5+\sqrt{2}>\sqrt{14}+\sqrt{2}$

핵심예제 20 (1) 정수 부분: 2, 소수 부분: $\sqrt{7}-2$
(2) 정수 부분: 4, 소수 부분: $\sqrt{18}-4$
(3) 정수 부분: 6, 소수 부분: $\sqrt{40}-6$
(4) 정수 부분: 8, 소수 부분: $\sqrt{68}-8$

(1) $\sqrt{4}<\sqrt{7}<\sqrt{9}$이므로 $2<\sqrt{7}<3$
따라서 $\sqrt{7}$의 정수 부분은 2, 소수 부분은 $\sqrt{7}-2$이다.
(2) $\sqrt{16}<\sqrt{18}<\sqrt{25}$이므로 $4<\sqrt{18}<5$
따라서 $\sqrt{18}$의 정수 부분은 4, 소수 부분은 $\sqrt{18}-4$이다.
(3) $\sqrt{36}<\sqrt{40}<\sqrt{49}$이므로 $6<\sqrt{40}<7$
따라서 $\sqrt{40}$의 정수 부분은 6, 소수 부분은 $\sqrt{40}-6$이다.
(4) $\sqrt{64}<\sqrt{68}<\sqrt{81}$이므로 $8<\sqrt{68}<9$
따라서 $\sqrt{68}$의 정수 부분은 8, 소수 부분은 $\sqrt{68}-8$이다.

20-1 4, 5, 4, 4

20-2 (1) 정수 부분: 1, 소수 부분: $\sqrt{3}-1$
(2) 정수 부분: 2, 소수 부분: $\sqrt{5}-2$
(3) 정수 부분: 3, 소수 부분: $\sqrt{12}-3$
(4) 정수 부분: 6, 소수 부분: $\sqrt{38}-6$

(1) $\sqrt{1}<\sqrt{3}<\sqrt{4}$이므로 $1<\sqrt{3}<2$
따라서 $\sqrt{3}$의 정수 부분은 1, 소수 부분은 $\sqrt{3}-1$이다.
(2) $\sqrt{4}<\sqrt{5}<\sqrt{9}$이므로 $2<\sqrt{5}<3$
따라서 $\sqrt{5}$의 정수 부분은 2, 소수 부분은 $\sqrt{5}-2$이다.
(3) $\sqrt{9}<\sqrt{12}<\sqrt{16}$이므로 $3<\sqrt{12}<4$
따라서 $\sqrt{12}$의 정수 부분은 3, 소수 부분은 $\sqrt{12}-3$이다.
(4) $\sqrt{36}<\sqrt{38}<\sqrt{49}$이므로 $6<\sqrt{38}<7$
따라서 $\sqrt{38}$의 정수 부분은 6, 소수 부분은 $\sqrt{38}-6$이다.

핵심예제 21 정수 부분: 4, 소수 부분: $3-\sqrt{5}$

$2<\sqrt{5}<3$에서 $-3<-\sqrt{5}<-2$이므로
$4<7-\sqrt{5}<5$
따라서 $7-\sqrt{5}$의 정수 부분은 4, 소수 부분은
$(7-\sqrt{5})-4=3-\sqrt{5}$이다.

21-1 ⑤

$\sqrt{4}<\sqrt{8}<\sqrt{9}$이므로 $2<\sqrt{8}<3$
각 변에 4를 더하면 $4+2<4+\sqrt{8}<4+3$
즉, $6<4+\sqrt{8}<7$
따라서 $4+\sqrt{8}$의 정수 부분이 6이므로 소수 부분은
$(4+\sqrt{8})-6=\sqrt{8}-2$이다.

소단원 핵심문제

| 22쪽 |

1 $a=2-\sqrt{2}$, $b=2+\sqrt{2}$　　2 ②, ⑤　　3 ④
4 6, $3+\sqrt{5}$, $\sqrt{5}+\sqrt{7}$　　5 $\sqrt{6}-6$

1 직각삼각형 ABC에서 피타고라스 정리에 의하여
$\overline{AC}=\sqrt{1^2+1^2}=\sqrt{2}$
이때 $\overline{AP}=\overline{AQ}=\overline{AC}=\sqrt{2}$이므로
$a=2-\sqrt{2}$, $b=2+\sqrt{2}$

2 ② 0과 1 사이에는 무수히 많은 무리수가 있다.
⑤ 수직선은 유리수와 무리수에 대응하는 점들로 완전히 메울 수 있다.

3 ④ $-2-(1-\sqrt{11})=-2-1+\sqrt{11}=-3+\sqrt{11}>0$
따라서 $-2>1-\sqrt{11}$

4 $(3+\sqrt{5})-6=\sqrt{5}-3<0$이므로
$3+\sqrt{5}<6$
$3>\sqrt{7}$이므로 양변에 $\sqrt{5}$를 더하면
$3+\sqrt{5}>\sqrt{5}+\sqrt{7}$
따라서 $\sqrt{5}+\sqrt{7}<3+\sqrt{5}<6$이므로 큰 수부터 차례로 나열하면 6, $3+\sqrt{5}$, $\sqrt{5}+\sqrt{7}$이다.

5 $4<\sqrt{21}<5$이므로 $\sqrt{21}$의 정수 부분은 $a=4$
$2<\sqrt{6}<3$에서 $\sqrt{6}$의 정수 부분은 2이므로 소수 부분은
$b=\sqrt{6}-2$
따라서 $b-a=(\sqrt{6}-2)-4=\sqrt{6}-6$

중단원 마무리 테스트

| 23~25쪽 |

1 ④	2 ④, ⑤	3 $\sqrt{54}$ m	4 15	5 은지
6 ④, ⑤	7 21	8 −1	9 18	10 ⑤
11 15	12 3	13 27개	14 $-3+\sqrt{8}$	
15 ①	16 ③	17 −1, 0, 1, 2, 3, 4	18 ①	
19 a^2	20 (1) 8 (2) 6 (3) 2			
21 (1) 5 (2) $\sqrt{26}-5$ (3) $15-\sqrt{26}$				

2 ④ 제곱하여 음수가 되는 수는 없으므로 음수의 제곱근은 없다.
⑤ 제곱근 9는 $\sqrt{9}=3$이다.

3 (정사각형 모양 꽃밭의 넓이)=(평행사변형 모양 꽃밭의 넓이)
=(밑변의 길이)×(높이)
$=9\times6=54\ (\text{m}^2)$
정사각형 모양의 꽃밭의 한 변의 길이를 x m라 하면
$x^2=54$, 즉 $x=\sqrt{54}$
따라서 정사각형 모양의 꽃밭의 한 변의 길이는 $\sqrt{54}$ m이다.

4 $\frac{25}{36}$의 양의 제곱근은 $a=\sqrt{\frac{25}{36}}=\sqrt{\left(\frac{5}{6}\right)^2}=\frac{5}{6}$
-3이 b의 음의 제곱근이므로 $b=(-3)^2=9$
따라서 $2ab=2\times\frac{5}{6}\times9=15$

5 영진, 수빈, 준서: 5, 은지: −5
따라서 나머지 셋과 다른 값을 갖고 있는 학생은 은지이다.

6 ④ $\sqrt{\left(-\frac{2}{7}\right)^2}\times\sqrt{\frac{49}{16}}=\frac{2}{7}\times\frac{7}{4}=\frac{1}{2}$
⑤ $(-\sqrt{6})^2-\sqrt{\left(\frac{5}{3}\right)^2}\div\sqrt{\frac{25}{81}}=6-\frac{5}{3}\div\frac{5}{9}$
$=6-\frac{5}{3}\times\frac{9}{5}$
$=6-3=3$

7 $A=(-\sqrt{4})^2\times\sqrt{\left(-\frac{3}{2}\right)^2}=4\times\frac{3}{2}=6$
$B=-\sqrt{(-3)^2}\times\sqrt{\frac{4}{9}}-\sqrt{169}=-3\times\frac{2}{3}-13=-15$
따라서 $A-B=6-(-15)=21$

8 $a<0$이므로 $-a>0$, $a-1<0$
따라서 $\sqrt{(-a)^2}-\sqrt{(a-1)^2}=-a+(a-1)=-1$

9 $\sqrt{72x}=\sqrt{2^3\times3^2\times x}$이므로 x는 $2\times(\text{자연수})^2$ 꼴이어야 한다.
즉, x의 값은 $2\times1^2=2$, $2\times2^2=8$, $2\times3^2=18$, …
따라서 가장 작은 두 자리 자연수 x의 값은 18이다.

10 ①, ②, ③, ④ $<$　⑤ $>$

11 $\sqrt{2}<\sqrt{3x}<4$의 각 변을 제곱하면 $2<3x<16$
즉, $\frac{2}{3}<x<\frac{16}{3}$이므로 주어진 부등식을 만족시키는 자연수 x의 값은 1, 2, 3, 4, 5
따라서 구하는 합은 $1+2+3+4+5=15$

12 $\sqrt{64}=8$, $-\sqrt{\frac{1}{25}}=-\frac{1}{5}$
따라서 무리수는 $-\sqrt{31}$, $\sqrt{0.07}$, $\sqrt{\frac{10}{13}}$의 3개이다.

13 $\sqrt{2x}$가 무리수가 되려면 $2x$는 제곱수가 아니어야 한다.
$2x$가 제곱수가 되려면 $x=2\times(\text{자연수})^2$ 꼴이어야 하므로 30 이하의 자연수 중 x는 2, $2\times2^2=8$, $2\times3^2=18$의 3개이다.
따라서 조건을 모두 만족시키는 x는 $30-3=27$(개)이다.

14 피타고라스 정리에 의하여
$\overline{AB}=\overline{AD}=\sqrt{2^2+2^2}=\sqrt{8}$
$\overline{AB}=\overline{AP}$, $\overline{AD}=\overline{AQ}$이므로 점 A에 대응하는 수를 x라 하면
점 P에 대응하는 수는 $x+\sqrt{8}$
점 Q에 대응하는 수는 $x-\sqrt{8}$
이때 점 Q에 대응하는 수가 $-3-\sqrt{8}$이므로 $x=-3$
따라서 점 P에 대응하는 수는 $x+\sqrt{8}=-3+\sqrt{8}$

15 ㄱ. 유리수와 무리수를 통틀어 실수라 한다.
ㄴ. 무한소수 중 순환소수는 유리수이다.
따라서 옳지 않은 것은 ㄱ, ㄴ이다.

16 $3<\sqrt{11}<4$이므로 $11<8+\sqrt{11}<12$
따라서 $8+\sqrt{11}$에 대응하는 점이 존재하는 구간은 ③이다.

17 $3<\sqrt{15}<4$에서 $-4<-\sqrt{15}<-3$이므로 $-2<2-\sqrt{15}<-1$
$3<\sqrt{10}<4$이므로 $4<1+\sqrt{10}<5$
따라서 $2-\sqrt{15}$와 $1+\sqrt{10}$ 사이에 있는 정수는 -1, 0, 1, 2, 3, 4이다.

18 $\sqrt{7}<4$이므로 양변에 $\sqrt{3}$을 더하면 $\sqrt{3}+\sqrt{7}<4+\sqrt{3}$
즉, $a<b$ …… ㉠
$b-c=(4+\sqrt{3})-6=\sqrt{3}-2<0$이므로
$b<c$ …… ㉡
㉠, ㉡에 의하여 $a<b<c$

19 $0<a<1$이므로 $1>a>a^2>0$, $\frac{1}{a}>1$
이때 $1>a>a^2>0$에서 $1>\sqrt{a}>\sqrt{a^2}>0$이므로 $\sqrt{a}>a$
따라서 $\frac{1}{a}>\sqrt{a}>a>a^2$이므로 가장 작은 수는 a^2이다.

다른 풀이

$0<a<1$이므로 $a=\frac{1}{2}$이라 하면
$\sqrt{a}=\sqrt{\frac{1}{2}}$, $a^2=\frac{1}{4}=\sqrt{\frac{1}{16}}$, $\frac{1}{a}=2=\sqrt{4}$, $a=\frac{1}{2}=\sqrt{\frac{1}{4}}$
$\sqrt{\frac{1}{16}}<\sqrt{\frac{1}{4}}<\sqrt{\frac{1}{2}}<\sqrt{4}$이므로 $\frac{1}{a}>\sqrt{a}>a>a^2$

20 (1) $8<\sqrt{75}<9$이므로 $N(75)=8$ …… ❶
(2) $6<\sqrt{40}<7$이므로 $N(40)=6$ …… ❷
(3) $N(75)-N(40)=8-6=2$ …… ❸

	채점 기준	비율
(1)	❶ $N(75)$의 값 구하기	45 %
(2)	❷ $N(40)$의 값 구하기	45 %
(3)	❸ $N(75)-N(40)$의 값 구하기	10 %

21 (1) $3<\sqrt{13}<4$이므로 $5<2+\sqrt{13}<6$
따라서 $2+\sqrt{13}$의 정수 부분은 $a=5$ …… ❶
(2) $5<\sqrt{26}<6$이므로 $2<\sqrt{26}-3<3$
따라서 $\sqrt{26}-3$의 정수 부분은 2이므로 소수 부분은
$b=(\sqrt{26}-3)-2=\sqrt{26}-5$ …… ❷
(3) $2a-b=2\times5-(\sqrt{26}-5)$
$=10-\sqrt{26}+5=15-\sqrt{26}$ …… ❸

	채점 기준	비율
(1)	❶ a의 값 구하기	40 %
(2)	❷ b의 값 구하기	40 %
(3)	❸ $2a-b$의 값 구하기	20 %

2. 근호를 포함한 식의 계산

01. 근호를 포함한 식의 계산 (1)

| 28~30쪽 |

핵심예제 1 (1) $\sqrt{18}$ (2) -4 (3) $12\sqrt{21}$ (4) $-63\sqrt{10}$

(1) $\sqrt{3}\times\sqrt{6}=\sqrt{3\times6}=\sqrt{18}$
(2) $-\sqrt{2}\sqrt{8}=-\sqrt{2\times8}=-\sqrt{16}=-4$
(3) $6\sqrt{3}\times2\sqrt{7}=(6\times2)\sqrt{3\times7}=12\sqrt{21}$
(4) $7\sqrt{2}\times(-9\sqrt{5})=\{7\times(-9)\}\sqrt{2\times5}=-63\sqrt{10}$

1-1 (1) $\sqrt{14}$ (2) $-\sqrt{30}$ (3) $8\sqrt{35}$ (4) $-12\sqrt{6}$

(1) $\sqrt{7}\times\sqrt{2}=\sqrt{7\times2}=\sqrt{14}$
(2) $-\sqrt{5}\sqrt{6}=-\sqrt{5\times6}=-\sqrt{30}$
(3) $8\sqrt{7}\times\sqrt{5}=(8\times1)\sqrt{7\times5}=8\sqrt{35}$
(4) $(-3\sqrt{3})\times4\sqrt{2}=\{(-3)\times4\}\sqrt{3\times2}=-12\sqrt{6}$

핵심예제 2 (1) $\sqrt{\frac{7}{10}}$ (2) $-\sqrt{\frac{1}{2}}$ (3) $\frac{2}{3}$ (4) $-\frac{\sqrt{3}}{2}$

(1) $\sqrt{7}\div\sqrt{10}=\frac{\sqrt{7}}{\sqrt{10}}=\sqrt{\frac{7}{10}}$
(2) $-\frac{\sqrt{3}}{\sqrt{6}}=-\sqrt{\frac{3}{6}}=-\sqrt{\frac{1}{2}}$
(3) $3\sqrt{12}\div9\sqrt{3}=\frac{3\sqrt{12}}{9\sqrt{3}}=\frac{3}{9}\sqrt{\frac{12}{3}}=\frac{1}{3}\sqrt{4}=\frac{2}{3}$
(4) $2\sqrt{6}\div(-4\sqrt{2})=\frac{2\sqrt{6}}{-4\sqrt{2}}=\frac{2}{-4}\sqrt{\frac{6}{2}}=-\frac{\sqrt{3}}{2}$

2-1 (1) $\sqrt{3}$ (2) $-\sqrt{\frac{1}{6}}$ (3) $5\sqrt{3}$ (4) $-\frac{1}{4}\sqrt{\frac{5}{6}}$

(1) $\sqrt{21}\div\sqrt{7}=\frac{\sqrt{21}}{\sqrt{7}}=\sqrt{\frac{21}{7}}=\sqrt{3}$
(2) $-\frac{\sqrt{3}}{\sqrt{18}}=-\sqrt{\frac{3}{18}}=-\sqrt{\frac{1}{6}}$
(3) $10\sqrt{15}\div2\sqrt{5}=\frac{10\sqrt{15}}{2\sqrt{5}}=\frac{10}{2}\sqrt{\frac{15}{5}}=5\sqrt{3}$
(4) $-2\sqrt{5}\div8\sqrt{6}=\frac{-2\sqrt{5}}{8\sqrt{6}}=\frac{-2}{8}\sqrt{\frac{5}{6}}=-\frac{1}{4}\sqrt{\frac{5}{6}}$

핵심예제 3 (1) $3\sqrt{5}$ (2) $-4\sqrt{5}$ (3) $\frac{\sqrt{7}}{6}$

(1) $\sqrt{45}=\sqrt{3^2\times5}=3\sqrt{5}$
(2) $-\sqrt{80}=-\sqrt{4^2\times5}=-4\sqrt{5}$
(3) $\sqrt{\frac{7}{36}}=\sqrt{\frac{7}{6^2}}=\frac{\sqrt{7}}{\sqrt{6^2}}=\frac{\sqrt{7}}{6}$

3-1 (1) $2\sqrt{7}$ (2) $-5\sqrt{2}$ (3) $\frac{\sqrt{6}}{5}$

(1) $\sqrt{28}=\sqrt{2^2\times7}=2\sqrt{7}$
(2) $-\sqrt{50}=-\sqrt{5^2\times2}=-5\sqrt{2}$

(3) $\sqrt{\frac{6}{25}}=\sqrt{\frac{6}{5^2}}=\frac{\sqrt{6}}{\sqrt{5^2}}=\frac{\sqrt{6}}{5}$

핵심예제 4 (1) $\sqrt{54}$ (2) $-\sqrt{75}$ (3) $\sqrt{\frac{2}{49}}$

(1) $3\sqrt{6}=\sqrt{3^2\times6}=\sqrt{54}$

(2) $-5\sqrt{3}=-\sqrt{5^2\times3}=-\sqrt{75}$

(3) $\frac{\sqrt{2}}{7}=\sqrt{\frac{2}{7^2}}=\sqrt{\frac{2}{49}}$

핵심예제 5 (1) $\frac{7\sqrt{10}}{10}$ (2) $\frac{\sqrt{55}}{11}$ (3) $\frac{\sqrt{6}}{30}$

(1) $\frac{7}{\sqrt{10}}=\frac{7\times\sqrt{10}}{\sqrt{10}\times\sqrt{10}}=\frac{7\sqrt{10}}{10}$

(2) $\frac{\sqrt{5}}{\sqrt{11}}=\frac{\sqrt{5}\times\sqrt{11}}{\sqrt{11}\times\sqrt{11}}=\frac{\sqrt{55}}{11}$

(3) $\frac{\sqrt{3}}{5\sqrt{18}}=\frac{1}{5\sqrt{6}}=\frac{1\times\sqrt{6}}{5\sqrt{6}\times\sqrt{6}}=\frac{\sqrt{6}}{30}$

다른 풀이

(3) $\frac{\sqrt{3}}{5\sqrt{18}}=\frac{\sqrt{3}}{5\sqrt{3^2\times2}}=\frac{\sqrt{3}}{(5\times3)\sqrt{2}}$

$=\frac{\sqrt{3}\times\sqrt{2}}{15\sqrt{2}\times\sqrt{2}}=\frac{\sqrt{6}}{30}$

5-1 (1) $\frac{\sqrt{6}}{2}$ (2) $\frac{\sqrt{7}}{7}$ (3) $\frac{\sqrt{5}}{10}$

(1) $\frac{3}{\sqrt{6}}=\frac{3\times\sqrt{6}}{\sqrt{6}\times\sqrt{6}}=\frac{3\sqrt{6}}{6}=\frac{\sqrt{6}}{2}$

(2) $\frac{\sqrt{3}}{\sqrt{21}}=\frac{1}{\sqrt{7}}=\frac{1\times\sqrt{7}}{\sqrt{7}\times\sqrt{7}}=\frac{\sqrt{7}}{7}$

(3) $\frac{1}{2\sqrt{5}}=\frac{1\times\sqrt{5}}{2\sqrt{5}\times\sqrt{5}}=\frac{\sqrt{5}}{10}$

핵심예제 6 (1) 2.496 (2) 2.534

6-1 (1) 2.764 (2) 2.786

핵심예제 7 (1) 22.36 (2) 70.71 (3) 0.7071 (4) 0.2236

(1) $\sqrt{500}=\sqrt{10^2\times5}=10\sqrt{5}=10\times2.236=22.36$

(2) $\sqrt{5000}=\sqrt{10^2\times50}=10\sqrt{50}=10\times7.071=70.71$

(3) $\sqrt{0.5}=\sqrt{\frac{50}{100}}=\sqrt{\frac{50}{10^2}}=\frac{\sqrt{50}}{10}=\frac{7.071}{10}=0.7071$

(4) $\sqrt{0.05}=\sqrt{\frac{5}{100}}=\sqrt{\frac{5}{10^2}}=\frac{\sqrt{5}}{10}=\frac{2.236}{10}=0.2236$

7-1 (1) 17.32 (2) 54.77 (3) 0.5477 (4) 0.1732

(1) $\sqrt{300}=\sqrt{10^2\times3}=10\sqrt{3}=10\times1.732=17.32$

(2) $\sqrt{3000}=\sqrt{10^2\times30}=10\sqrt{30}=10\times5.477=54.77$

(3) $\sqrt{0.3}=\sqrt{\frac{30}{100}}=\sqrt{\frac{30}{10^2}}=\frac{\sqrt{30}}{10}=\frac{5.477}{10}=0.5477$

(4) $\sqrt{0.03}=\sqrt{\frac{3}{100}}=\sqrt{\frac{3}{10^2}}=\frac{\sqrt{3}}{10}=\frac{1.732}{10}=0.1732$

소단원 핵심문제 | 31쪽 |

1 ④ 2 $\sqrt{3}$ 3 92 4 15
5 (1) -10 (2) $\frac{4\sqrt{30}}{5}$ 6 $x=44.72$, $y=0.01414$

1 ④ $3\sqrt{\frac{3}{10}}\times4\sqrt{\frac{5}{6}}=(3\times4)\sqrt{\frac{3}{10}\times\frac{5}{6}}=12\sqrt{\frac{1}{4}}=6$

⑤ $8\sqrt{\frac{4}{5}}\times\sqrt{\frac{15}{2}}=(8\times1)\sqrt{\frac{4}{5}\times\frac{15}{2}}=8\sqrt{6}$

2 $\sqrt{24}\div\sqrt{12}\div\sqrt{\frac{2}{3}}=\frac{\sqrt{24}}{\sqrt{12}}\div\frac{\sqrt{2}}{\sqrt{3}}=\sqrt{2}\times\frac{\sqrt{3}}{\sqrt{2}}=\sqrt{3}$

3 $\sqrt{108}=\sqrt{6^2\times3}=6\sqrt{3}$이므로 $x=6$

$7\sqrt{2}=\sqrt{7^2\times2}=\sqrt{98}$이므로 $y=98$

따라서 $y-x=98-6=92$

4 $\frac{\sqrt{5}}{\sqrt{48}}=\frac{\sqrt{5}}{\sqrt{4^2\times3}}=\frac{\sqrt{5}}{4\sqrt{3}}=\frac{\sqrt{5}\times\sqrt{3}}{4\sqrt{3}\times\sqrt{3}}=\frac{\sqrt{15}}{12}$

따라서 $a=15$

5 (1) $\sqrt{30}\div(-\sqrt{6})\times2\sqrt{5}=\sqrt{30}\times\left(-\frac{1}{\sqrt{6}}\right)\times2\sqrt{5}=-10$

(2) $\sqrt{3}\times\sqrt{8}\div\frac{\sqrt{5}}{2}=\sqrt{3}\times2\sqrt{2}\times\frac{2}{\sqrt{5}}=\frac{4\sqrt{6}}{\sqrt{5}}=\frac{4\sqrt{6}\times\sqrt{5}}{\sqrt{5}\times\sqrt{5}}=\frac{4\sqrt{30}}{5}$

6 $x=\sqrt{2000}=\sqrt{10^2\times20}=10\sqrt{20}=10\times4.472=44.72$

$y=\sqrt{0.0002}=\sqrt{\frac{2}{10000}}=\sqrt{\frac{2}{100^2}}=\frac{\sqrt{2}}{100}=\frac{1.414}{100}=0.01414$

02. 근호를 포함한 식의 계산 (2) | 32~33쪽 |

핵심예제 8 (1) $11\sqrt{6}$ (2) $-2\sqrt{5}$ (3) $\frac{19\sqrt{2}}{10}$ (4) $5\sqrt{3}+3\sqrt{11}$

(1) $8\sqrt{6}+3\sqrt{6}=(8+3)\sqrt{6}=11\sqrt{6}$

(2) $5\sqrt{5}-7\sqrt{5}=(5-7)\sqrt{5}=-2\sqrt{5}$

(3) $\frac{5\sqrt{2}}{2}-\frac{3\sqrt{2}}{5}=\left(\frac{5}{2}-\frac{3}{5}\right)\sqrt{2}=\left(\frac{25}{10}-\frac{6}{10}\right)\sqrt{2}=\frac{19\sqrt{2}}{10}$

(4) $7\sqrt{3}+5\sqrt{11}-2\sqrt{3}-2\sqrt{11}=(7-2)\sqrt{3}+(5-2)\sqrt{11}$

$=5\sqrt{3}+3\sqrt{11}$

8-1 (1) $14\sqrt{3}$ (2) $3\sqrt{2}$ (3) $\frac{11\sqrt{3}}{12}$ (4) $-\sqrt{7}+\sqrt{10}$

(1) $10\sqrt{3}+4\sqrt{3}=(10+4)\sqrt{3}=14\sqrt{3}$

(2) $9\sqrt{2}-6\sqrt{2}=(9-6)\sqrt{2}=3\sqrt{2}$

(3) $\frac{2\sqrt{3}}{3}+\frac{\sqrt{3}}{4}=\left(\frac{2}{3}+\frac{1}{4}\right)\sqrt{3}=\left(\frac{8}{12}+\frac{3}{12}\right)\sqrt{3}=\frac{11\sqrt{3}}{12}$

(4) $3\sqrt{7}+2\sqrt{10}-4\sqrt{7}-\sqrt{10}=(3-4)\sqrt{7}+(2-1)\sqrt{10}$

$=-\sqrt{7}+\sqrt{10}$

핵심예제 9 (1) $9\sqrt{2}$ (2) $2\sqrt{3}$ (3) $3\sqrt{5}$ (4) $\frac{7\sqrt{3}}{6}$

(1) $\sqrt{50}+\sqrt{32}=5\sqrt{2}+4\sqrt{2}=(5+4)\sqrt{2}=9\sqrt{2}$

(2) $\sqrt{75}-\sqrt{27}=5\sqrt{3}-3\sqrt{3}=(5-3)\sqrt{3}=2\sqrt{3}$

(3) $\sqrt{20}+\sqrt{80}-\sqrt{45}=2\sqrt{5}+4\sqrt{5}-3\sqrt{5}$
$=(2+4-3)\sqrt{5}=3\sqrt{5}$

(4) $\frac{3}{\sqrt{3}}+\frac{\sqrt{12}}{3}-\frac{\sqrt{3}}{2}=\sqrt{3}+\frac{2\sqrt{3}}{3}-\frac{\sqrt{3}}{2}=\left(1+\frac{2}{3}-\frac{1}{2}\right)\sqrt{3}$
$=\left(\frac{6}{6}+\frac{4}{6}-\frac{3}{6}\right)\sqrt{3}=\frac{7\sqrt{3}}{6}$

9-1 (1) $6\sqrt{3}$ (2) $3\sqrt{2}$ (3) $3\sqrt{6}$ (4) $-\frac{3\sqrt{2}}{10}$

(1) $\sqrt{48}+2\sqrt{3}=4\sqrt{3}+2\sqrt{3}=(4+2)\sqrt{3}=6\sqrt{3}$

(2) $\sqrt{72}-\sqrt{18}=6\sqrt{2}-3\sqrt{2}=(6-3)\sqrt{2}=3\sqrt{2}$

(3) $\sqrt{24}-\sqrt{54}+\sqrt{96}=2\sqrt{6}-3\sqrt{6}+4\sqrt{6}$
$=(2-3+4)\sqrt{6}=3\sqrt{6}$

(4) $\frac{5}{\sqrt{2}}-\sqrt{18}+\frac{\sqrt{2}}{5}=\frac{5\sqrt{2}}{2}-3\sqrt{2}+\frac{\sqrt{2}}{5}=\left(\frac{5}{2}-3+\frac{1}{5}\right)\sqrt{2}$
$=\left(\frac{25}{10}-\frac{30}{10}+\frac{2}{10}\right)\sqrt{2}=-\frac{3\sqrt{2}}{10}$

핵심예제 10 (1) $3\sqrt{2}+\sqrt{30}$ (2) $2\sqrt{15}-6\sqrt{2}$

(1) $\sqrt{6}(\sqrt{3}+\sqrt{5})=\sqrt{18}+\sqrt{30}=3\sqrt{2}+\sqrt{30}$

(2) $(2\sqrt{5}-\sqrt{24})\sqrt{3}=(2\sqrt{5}-2\sqrt{6})\sqrt{3}$
$=2\sqrt{15}-2\sqrt{18}=2\sqrt{15}-6\sqrt{2}$

10-1 (1) $\sqrt{14}-2\sqrt{6}$ (2) $2\sqrt{6}+\sqrt{10}$

(1) $\sqrt{2}(\sqrt{7}-2\sqrt{3})=\sqrt{14}-2\sqrt{6}$

(2) $(\sqrt{12}+\sqrt{5})\sqrt{2}=(2\sqrt{3}+\sqrt{5})\sqrt{2}=2\sqrt{6}+\sqrt{10}$

핵심예제 11 7

$\frac{\sqrt{27}-\sqrt{2}}{2\sqrt{5}}=\frac{3\sqrt{3}-\sqrt{2}}{2\sqrt{5}}=\frac{(3\sqrt{3}-\sqrt{2})\times\sqrt{5}}{2\sqrt{5}\times\sqrt{5}}=\frac{3\sqrt{15}-\sqrt{10}}{10}$

따라서 $a=3$, $b=10$이므로

$b-a=10-3=7$

11-1 (1) $\frac{2\sqrt{7}+\sqrt{21}}{7}$ (2) $\frac{\sqrt{10}-4}{2}$

(1) $\frac{2+\sqrt{3}}{\sqrt{7}}=\frac{(2+\sqrt{3})\times\sqrt{7}}{\sqrt{7}\times\sqrt{7}}=\frac{2\sqrt{7}+\sqrt{21}}{7}$

(2) $\frac{\sqrt{5}-\sqrt{8}}{\sqrt{2}}=\frac{\sqrt{5}-2\sqrt{2}}{\sqrt{2}}=\frac{(\sqrt{5}-2\sqrt{2})\times\sqrt{2}}{\sqrt{2}\times\sqrt{2}}=\frac{\sqrt{10}-4}{2}$

핵심예제 12 $3\sqrt{6}+\sqrt{3}+4\sqrt{5}$

$\sqrt{6}(3+\sqrt{2})-(\sqrt{6}-4\sqrt{10})\div\sqrt{2}$
$=3\sqrt{6}+\sqrt{12}-(\sqrt{6}-4\sqrt{10})\times\frac{1}{\sqrt{2}}$
$=3\sqrt{6}+2\sqrt{3}-(\sqrt{3}-4\sqrt{5})$
$=3\sqrt{6}+2\sqrt{3}-\sqrt{3}+4\sqrt{5}$
$=3\sqrt{6}+\sqrt{3}+4\sqrt{5}$

소단원 핵심문제

| 34쪽 |

1 ①, ⑤ 2 $-\sqrt{7}-\sqrt{3}$ 3 $2\sqrt{30}-12\sqrt{2}$
4 ④ 5 ⑤

1 ① 근호 안의 수가 다르므로 계산할 수 없다.
⑤ $2\sqrt{10}-5\sqrt{3}+11\sqrt{10}-4\sqrt{3}=2\sqrt{10}+11\sqrt{10}-5\sqrt{3}-4\sqrt{3}$
$=(2+11)\sqrt{10}+(-5-4)\sqrt{3}$
$=13\sqrt{10}-9\sqrt{3}$

2 $\sqrt{28}+\sqrt{75}-\sqrt{63}-2\sqrt{27}=2\sqrt{7}+5\sqrt{3}-3\sqrt{7}-6\sqrt{3}$
$=2\sqrt{7}-3\sqrt{7}+5\sqrt{3}-6\sqrt{3}$
$=(2-3)\sqrt{7}+(5-6)\sqrt{3}$
$=-\sqrt{7}-\sqrt{3}$

3 $\sqrt{6}(\sqrt{20}-\sqrt{48})=\sqrt{6}(2\sqrt{5}-4\sqrt{3})$
$=2\sqrt{30}-4\sqrt{18}$
$=2\sqrt{30}-12\sqrt{2}$

4 $\frac{9-\sqrt{6}}{\sqrt{3}}-\sqrt{32}=\frac{(9-\sqrt{6})\times\sqrt{3}}{\sqrt{3}\times\sqrt{3}}-4\sqrt{2}=\frac{9\sqrt{3}-\sqrt{18}}{3}-4\sqrt{2}$
$=\frac{9\sqrt{3}-3\sqrt{2}}{3}-4\sqrt{2}=3\sqrt{3}-\sqrt{2}-4\sqrt{2}$
$=3\sqrt{3}-5\sqrt{2}$

5 $2\sqrt{2}(3+\sqrt{12})-\frac{6\sqrt{3}}{\sqrt{2}}+\sqrt{6}=2\sqrt{2}(3+2\sqrt{3})-\frac{6\sqrt{6}}{2}+\sqrt{6}$
$=6\sqrt{2}+4\sqrt{6}-3\sqrt{6}+\sqrt{6}$
$=6\sqrt{2}+2\sqrt{6}$

따라서 $a=6$, $b=2$

중단원 마무리 테스트

| 35~37쪽 |

1 ⑤ 2 (1) $15\sqrt{3}$ (2) $4\sqrt{5}$ 3 ② 4 풀이 참조
5 4 6 $4\sqrt{6}$ cm^2 7 (1) 448 (2) 28 (3) $2\sqrt{7}$ 8 ③, ⑤
9 ⑤ 10 (1) 26.46 (2) 0.02646 11 $x=100$, $y=-\frac{1}{10}$
12 ㄴ, ㄷ 13 $a=3$, $b=-4$ 14 63 15 ④
16 $3+2\sqrt{3}$ 17 $-3+2\sqrt{2}$ 18 ④ 19 $6\sqrt{2}-\sqrt{3}$
20 (1) $2\sqrt{6}x$ (2) $12\sqrt{30}$ (3) $6\sqrt{5}$
21 (1) $-1-\sqrt{2}$ (2) $-2+\sqrt{2}$ (3) $-5+\sqrt{2}$

1 ⑤ $4\sqrt{24}\div2\sqrt{6}=\frac{4\sqrt{24}}{2\sqrt{6}}=\frac{4}{2}\sqrt{\frac{24}{6}}=2\sqrt{4}=4$

2 (1) $5\sqrt{2}\times6\sqrt{3}\div2\sqrt{2}=30\sqrt{6}\div2\sqrt{2}=\frac{30\sqrt{6}}{2\sqrt{2}}=15\sqrt{3}$

(2) $\frac{\sqrt{15}}{\sqrt{5}}\div\frac{1}{\sqrt{5}}\times\frac{4}{\sqrt{3}}=\sqrt{3}\times\sqrt{5}\times\frac{4}{\sqrt{3}}=4\sqrt{5}$

3 $\sqrt{54}=\sqrt{3^2\times6}=3\sqrt{6}=3x$

4 수아는 $\sqrt{a^2b}=a\sqrt{b}$를, 태민이는 $a\sqrt{b}=\sqrt{a^2b}$를 이용한 것이므로 바르게 계산하면 다음과 같다.
수아: $\sqrt{45}=\sqrt{3^2\times5}=3\sqrt{5}$
태민: $-4\sqrt{2}=-\sqrt{4^2\times2}=-\sqrt{32}$

5 $4\sqrt{5}=\sqrt{4^2\times5}=\sqrt{80}$이므로 $a=80$
$\sqrt{150}=\sqrt{5^2\times6}=5\sqrt{6}$이므로 $b=5$
따라서 $\sqrt{\frac{a}{b}}=\sqrt{\frac{80}{5}}=\sqrt{16}=4$

6 정사각형 A의 넓이가 8 cm^2이므로 한 변의 길이는
$\sqrt{8}=2\sqrt{2}$ (cm)
정사각형 B의 넓이가 12 cm^2이므로 한 변의 길이는
$\sqrt{12}=2\sqrt{3}$ (cm)
따라서 직사각형 C는 가로의 길이가 $2\sqrt{2}$ cm, 세로의 길이가 $2\sqrt{3}$ cm이므로 그 넓이는
$2\sqrt{2}\times2\sqrt{3}=4\sqrt{6}$ (cm^2)

7 (1) 처음 정사각형은 한 변의 길이가 $\sqrt{448}$이므로 그 넓이는
$(\sqrt{448})^2=448$
(2) 각 단계에서 정사각형의 넓이는 접기 전의 정사각형의 넓이의 $\frac{1}{2}$이므로 [4단계]에서 생기는 정사각형의 넓이는
$448\times\frac{1}{2}\times\frac{1}{2}\times\frac{1}{2}\times\frac{1}{2}=28$
(3) [4단계]에서 생기는 정사각형의 한 변의 길이는
$\sqrt{28}=\sqrt{2^2\times7}=2\sqrt{7}$

8 ① $\frac{2}{\sqrt{5}}=\frac{2\times\sqrt{5}}{\sqrt{5}\times\sqrt{5}}=\frac{2\sqrt{5}}{5}$
② $\frac{3}{\sqrt{6}}=\frac{3\times\sqrt{6}}{\sqrt{6}\times\sqrt{6}}=\frac{\sqrt{6}}{2}$
④ $\frac{\sqrt{2}}{2\sqrt{3}}=\frac{\sqrt{2}\times\sqrt{3}}{2\sqrt{3}\times\sqrt{3}}=\frac{\sqrt{6}}{6}$

9 $3\sqrt{20}\times\left(-\frac{\sqrt{3}}{2}\right)\div(-\sqrt{18})=6\sqrt{5}\times\left(-\frac{\sqrt{3}}{2}\right)\div(-3\sqrt{2})$
$=(-3\sqrt{15})\times\left(-\frac{1}{3\sqrt{2}}\right)$
$=\frac{\sqrt{15}}{\sqrt{2}}=\frac{\sqrt{15}\times\sqrt{2}}{\sqrt{2}\times\sqrt{2}}$
$=\frac{\sqrt{30}}{2}$

10 (1) $\sqrt{700}=\sqrt{10^2\times7}=10\sqrt{7}=10\times2.646=26.46$
(2) $\sqrt{0.0007}=\sqrt{\frac{7}{10000}}=\sqrt{\frac{7}{100^2}}=\frac{\sqrt{7}}{100}=\frac{2.646}{100}=0.02646$

11 $\sqrt{59000}-\sqrt{0.85}=\sqrt{10000\times5.9}-\sqrt{\frac{85}{100}}$
$=\sqrt{100^2\times5.9}-\sqrt{\frac{85}{10^2}}$
$=100\sqrt{5.9}-\frac{\sqrt{85}}{10}$
$=100a-\frac{1}{10}b$
따라서 $x=100$, $y=-\frac{1}{10}$

12 ㄱ. $5\sqrt{3}+2\sqrt{3}=(5+2)\sqrt{3}=7\sqrt{3}$
따라서 계산 결과가 옳은 것은 ㄴ, ㄷ이다.

13 $6\sqrt{3}-7\sqrt{5}-\sqrt{12}+\sqrt{45}-\sqrt{3}=6\sqrt{3}-7\sqrt{5}-2\sqrt{3}+3\sqrt{5}-\sqrt{3}$
$=(6-2-1)\sqrt{3}+(-7+3)\sqrt{5}$
$=3\sqrt{3}-4\sqrt{5}$
따라서 $a=3$, $b=-4$

14 $\langle x\rangle+\langle 28\rangle=\langle 175\rangle$에서 $\sqrt{x}+\sqrt{28}=\sqrt{175}$이므로
$\sqrt{x}=\sqrt{175}-\sqrt{28}=\sqrt{5^2\times7}-\sqrt{2^2\times7}$
$=5\sqrt{7}-2\sqrt{7}=3\sqrt{7}$
$=\sqrt{3^2\times7}=\sqrt{63}$
따라서 $x=63$

15 ① $(1+2\sqrt{3})-(2+\sqrt{3})=1+2\sqrt{3}-2-\sqrt{3}=-1+\sqrt{3}>0$
따라서 $1+2\sqrt{3}>2+\sqrt{3}$
② $(\sqrt{7}+\sqrt{3})-3\sqrt{3}=\sqrt{7}-2\sqrt{3}=\sqrt{7}-\sqrt{12}<0$
따라서 $\sqrt{7}+\sqrt{3}<3\sqrt{3}$
③ $3<\sqrt{10}<4$이므로 $5<2+\sqrt{10}<6$
$4<\sqrt{17}<5$이므로 $3<\sqrt{17}-1<4$
따라서 $2+\sqrt{10}>\sqrt{17}-1$
④ $(\sqrt{2}-3)-(4-\sqrt{2})=\sqrt{2}-3-4+\sqrt{2}$
$=2\sqrt{2}-7=\sqrt{8}-\sqrt{49}<0$
따라서 $\sqrt{2}-3<4-\sqrt{2}$
⑤ $(5\sqrt{3}-4)-(3\sqrt{5}-4)=5\sqrt{3}-4-3\sqrt{5}+4$
$=5\sqrt{3}-3\sqrt{5}=\sqrt{75}-\sqrt{45}>0$
따라서 $5\sqrt{3}-4>3\sqrt{5}-4$

16 (대각선에 있는 세 수의 합)$=(2-\sqrt{27})+\sqrt{3}+(-1+\sqrt{108})$
$=2-3\sqrt{3}+\sqrt{3}-1+6\sqrt{3}$
$=1+4\sqrt{3}$
가로, 세로, 대각선에 있는 세 수의 합이 모두 같으므로
$(2-\sqrt{27})+A+(-4+5\sqrt{3})=1+4\sqrt{3}$
따라서 $A=1+4\sqrt{3}-(2-\sqrt{27})-(-4+5\sqrt{3})$
$=1+4\sqrt{3}-2+\sqrt{27}+4-5\sqrt{3}$
$=1+4\sqrt{3}-2+3\sqrt{3}+4-5\sqrt{3}$
$=3+2\sqrt{3}$

17 $4<\sqrt{18}<5$에서 $\sqrt{18}$의 정수 부분이 4이므로 소수 부분은
$a=\sqrt{18}-4=3\sqrt{2}-4$

$1<\sqrt{2}<2$이므로 $5<4+\sqrt{2}<6$
즉, $4+\sqrt{2}$의 정수 부분이 5이므로 소수 부분은
$b=4+\sqrt{2}-5=\sqrt{2}-1$
따라서 $a-b=(3\sqrt{2}-4)-(\sqrt{2}-1)$
$=3\sqrt{2}-4-\sqrt{2}+1$
$=-3+2\sqrt{2}$

18 $\frac{\sqrt{27}-\sqrt{6}}{3\sqrt{8}}=\frac{3\sqrt{3}-\sqrt{6}}{6\sqrt{2}}=\frac{(3\sqrt{3}-\sqrt{6})\times\sqrt{2}}{6\sqrt{2}\times\sqrt{2}}$
$=\frac{3\sqrt{6}-2\sqrt{3}}{12}=\frac{\sqrt{6}}{4}-\frac{\sqrt{3}}{6}$
따라서 $a=\frac{1}{4}$, $b=-\frac{1}{6}$이므로
$a+b=\frac{1}{4}+\left(-\frac{1}{6}\right)=\frac{1}{12}$

19 $\sqrt{6}\left(\sqrt{27}-\frac{4}{\sqrt{3}}\right)-\frac{1}{\sqrt{2}}(\sqrt{6}-2)=\sqrt{6}\left(3\sqrt{3}-\frac{4\sqrt{3}}{3}\right)-\frac{\sqrt{2}}{2}(\sqrt{6}-2)$
$=\sqrt{6}\times\frac{5\sqrt{3}}{3}-\frac{2\sqrt{3}}{2}+\sqrt{2}$
$=5\sqrt{2}-\sqrt{3}+\sqrt{2}$
$=6\sqrt{2}-\sqrt{3}$

20 (1) (삼각형의 넓이)$=\frac{1}{2}\times x\times 4\sqrt{6}=2\sqrt{6}x$ …… ❶
(2) (직사각형의 넓이)$=6\sqrt{3}\times 2\sqrt{10}=12\sqrt{30}$ …… ❷
(3) 삼각형과 직사각형의 넓이가 서로 같으므로
$2\sqrt{6}x=12\sqrt{30}$
따라서 $x=\frac{12\sqrt{30}}{2\sqrt{6}}=\frac{12}{2}\sqrt{\frac{30}{6}}=6\sqrt{5}$ …… ❸

	채점 기준	비율
(1)	❶ 삼각형의 넓이 구하기	30 %
(2)	❷ 직사각형의 넓이 구하기	30 %
(3)	❸ x의 값 구하기	40 %

21 (1) $\overline{BD}=\sqrt{1^2+1^2}=\sqrt{2}$
따라서 $\overline{BP}=\overline{BD}=\sqrt{2}$이므로 점 P에 대응하는 수는
$a=-1-\sqrt{2}$ …… ❶
(2) 정사각형의 대각선의 길이는 서로 같으므로
$\overline{AC}=\overline{BD}=\sqrt{2}$
따라서 $\overline{AQ}=\overline{AC}=\sqrt{2}$이므로 점 Q에 대응하는 수는
$b=-2+\sqrt{2}$ …… ❷
(3) $a+2b=(-1-\sqrt{2})+2(-2+\sqrt{2})$
$=-1-\sqrt{2}-4+2\sqrt{2}=-5+\sqrt{2}$ …… ❸

	채점 기준	비율
(1)	❶ a의 값 구하기	40 %
(2)	❷ b의 값 구하기	40 %
(3)	❸ $a+2b$의 값 구하기	20 %

3. 다항식의 곱셈

01. 곱셈 공식 | 40~42쪽 |

핵심예제 1 (1) $ab-5a+3b-15$ (2) $6a^2-5a-4$
(3) $x^2+4xy-5y^2$ (4) $15x^2+7xy-2y^2$

(2) $(2a+1)(3a-4)=6a^2-8a+3a-4=6a^2-5a-4$
(3) $(x-y)(x+5y)=x^2+5xy-xy-5y^2=x^2+4xy-5y^2$
(4) $(3x+2y)(5x-y)=15x^2-3xy+10xy-2y^2$
$=15x^2+7xy-2y^2$

1-1 (1) $ac-2ad+bc-2bd$ (2) $14a^2-19a-3$
(3) $3x^2-2xy-8y^2$ (4) $8x^2-10xy+3y^2$

(2) $(2a-3)(7a+1)=14a^2+2a-21a-3=14a^2-19a-3$
(3) $(3x+4y)(x-2y)=3x^2-6xy+4xy-8y^2$
$=3x^2-2xy-8y^2$
(4) $(4x-3y)(2x-y)=8x^2-4xy-6xy+3y^2$
$=8x^2-10xy+3y^2$

핵심예제 2 7

xy항이 나오는 부분만 전개하면
$3x\times y+(-2y)\times(-2x)=3xy+4xy=7xy$
따라서 xy의 계수는 7이다.

다른 풀이
$(3x-2y+1)(-2x+y-4)$
$=-6x^2+3xy-12x+4xy-2y^2+8y-2x+y-4$
$=-6x^2+7xy-14x-2y^2+9y-4$
따라서 xy의 계수는 7이다.

2-1 (1) -23 (2) -43 (3) 7

(1) a항이 나오는 부분만 전개하면
$a\times 1+(-6)\times 4a=a-24a=-23a$
따라서 a의 계수는 -23이다.
(2) x항이 나오는 부분만 전개하면
$6x\times(-7)+(-1)\times x=-42x-x=-43x$
따라서 x의 계수는 -43이다.
(3) xy항이 나오는 부분만 전개하면
$2x\times 5y+(-y)\times 3x=10xy-3xy=7xy$
따라서 xy의 계수는 7이다.

다른 풀이
(1) $(a-6)(4a+1)=4a^2+a-24a-6=4a^2-23a-6$
따라서 a의 계수는 -23이다.
(2) $(6x-1)(x-7)=6x^2-42x-x+7=6x^2-43x+7$
따라서 x의 계수는 -43이다.
(3) $(2x-y)(3x+5y-2)=6x^2+10xy-4x-3xy-5y^2+2y$
$=6x^2+7xy-4x-5y^2+2y$

따라서 xy의 계수는 7이다.

핵심예제 3 (1) a^2+4a+4 (2) $9a^2+24a+16$
(3) x^2-6x+9 (4) $4x^2-20xy+25y^2$

(2) $(3a+4)^2=(3a)^2+2\times3a\times4+4^2=9a^2+24a+16$
(3) $(-x+3)^2=\{-(x-3)\}^2=(x-3)^2$
$=x^2-2\times x\times3+3^2=x^2-6x+9$
(4) $(2x-5y)^2=(2x)^2-2\times2x\times5y+(5y)^2$
$=4x^2-20xy+25y^2$

3-1 (1) $a^2+10a+25$ (2) $4a^2+28a+49$
(3) $x^2+12x+36$ (4) $16x^2-24xy+9y^2$

(2) $(2a+7)^2=(2a)^2+2\times2a\times7+7^2=4a^2+28a+49$
(3) $(-x-6)^2=\{-(x+6)\}^2=(x+6)^2$
$=x^2+2\times x\times6+6^2=x^2+12x+36$
(4) $(4x-3y)^2=(4x)^2-2\times4x\times3y+(3y)^2$
$=16x^2-24xy+9y^2$

핵심예제 4 (1) $4a^2-25$ (2) $9a^2-\frac{9}{16}b^2$
(3) x^2-9 (4) $4y^2-25x^2$

(1) $(2a+5)(2a-5)=(2a)^2-5^2=4a^2-25$
(2) $\left(3a+\frac{3}{4}b\right)\left(3a-\frac{3}{4}b\right)=(3a)^2-\left(\frac{3}{4}b\right)^2=9a^2-\frac{9}{16}b^2$
(3) $(-x+3)(-x-3)=(-x)^2-3^2=x^2-9$
(4) $(-5x-2y)(5x-2y)=(-2y-5x)(-2y+5x)$
$=(-2y)^2-(5x)^2=4y^2-25x^2$

4-1 (1) a^2-16 (2) $\frac{1}{4}a^2-\frac{1}{9}b^2$ (3) x^2-4 (4) y^2-x^2

(3) $(-x+2)(-x-2)=(-x)^2-2^2=x^2-4$
(4) $(-x-y)(x-y)=(-y-x)(-y+x)$
$=(-y)^2-x^2=y^2-x^2$

핵심예제 5 $a=2$, $b=5$

$(x-a)(x+7)=x^2+(-a+7)x-7a$이므로
$x^2+(-a+7)x-7a=x^2+bx-14$
따라서 $-a+7=b$, $-7a=-14$이므로
$a=2$, $b=-2+7=5$

5-1 (1) $a^2+3a-10$ (2) $x^2-18x+80$

5-2 ②

$(x+8)(x+a)=x^2+(a+8)x+8a$이므로
$x^2+(a+8)x+8a=x^2+3x+b$
즉, $a+8=3$, $8a=b$이므로
$a=-5$, $b=8a=8\times(-5)=-40$
따라서 $b-a=-40-(-5)=-35$

핵심예제 6 5

$(-2x+y)(3x-8y)$
$=(-2\times3)x^2+\{(-2)\times(-8y)+y\times3\}x+y\times(-8y)$
$=-6x^2+19xy-8y^2$
따라서 $a=-6$, $b=19$, $c=-8$이므로
$a+b+c=-6+19+(-8)=5$

6-1 $6x^2-25xy-9y^2$

$(3x+y)(2x-9y)$
$=(3\times2)x^2+\{3\times(-9y)+y\times2\}x+y\times(-9y)$
$=6x^2-25xy-9y^2$

6-2 ⑤

$(7x-2)(5x+6)=(7\times5)x^2+(7\times6-2\times5)x-2\times6$
$=35x^2+32x-12$
따라서 $a=35$, $b=32$이므로 $a-b=35-32=3$

핵심예제 7 $-5x^2-12xy+5y^2$

$(x+y)(x-2y)-(3x+7y)(2x-y)$
$=(x^2-xy-2y^2)-(6x^2+11xy-7y^2)$
$=x^2-xy-2y^2-6x^2-11xy+7y^2$
$=-5x^2-12xy+5y^2$

7-1 (1) $20x$ (2) $4x^2-12x-64$

(1) $(x+5)^2-(x-5)^2=(x^2+10x+25)-(x^2-10x+25)$
$=x^2+10x+25-x^2+10x-25$
$=20x$
(2) $(x+8)(x-8)+3x(x-4)=(x^2-64)+(3x^2-12x)$
$=4x^2-12x-64$

소단원 핵심문제

| 43쪽 |

1 ② 2 ③ 3 6 4 ②, ⑤
5 $-3x^2+21x$

1 x항이 나오는 부분만 전개하면
$5x\times(-2)+1\times3x=-10x+3x=-7x$
이므로 x의 계수는 -7이다.
y항이 나오는 부분만 전개하면
$(-2y)\times(-2)+1\times y=4y+y=5y$
이므로 y의 계수는 5이다.
따라서 $a=-7$, $b=5$이므로 $a+b=-7+5=-2$

2 $(-x+y)(x-y)=\{-(x-y)\}(x-y)=-(x-y)^2$
$=-(x^2-2xy+y^2)=-x^2+2xy-y^2$
① $-(x+y)(x-y)=-(x^2-y^2)=-x^2+y^2$
② $-(x+y)^2=-(x^2+2xy+y^2)=-x^2-2xy-y^2$

③ $-(x-y)^2=-(x^2-2xy+y^2)=-x^2+2xy-y^2$
④ $(-x-y)^2=\{-(x+y)\}^2=(x+y)^2=x^2+2xy+y^2$
⑤ $(x+y)^2=x^2+2xy+y^2$

3 $(x+5)(x-a)=x^2+(5-a)x-5a$이므로
$x^2+(5-a)x-5a=x^2+4x+b$
즉, $5-a=4$, $-5a=b$이므로
$a=1$, $b=-5a=-5\times1=-5$
따라서 $a-b=1-(-5)=6$

4 ② $(-2x-3)^2=\{-(2x+3)\}^2=(2x+3)^2=4x^2+12x+9$
⑤ $(-x+2y)(3x-5y)=-3x^2+11xy-10y^2$

5 $(x+3)^2-\frac{1}{2}(2x-6)(4x-3)$
$=x^2+6x+9-\frac{1}{2}(8x^2-30x+18)$
$=x^2+6x+9-4x^2+15x-9=-3x^2+21x$

02. 곱셈 공식의 활용 | 44~47쪽 |

핵심예제 8 (1) 39601 (2) 2025

(1) $199^2=(200-1)^2=200^2-2\times200\times1+1^2$
$=40000-400+1=39601$
(2) $45^2=(50-5)^2=50^2-2\times50\times5+5^2$
$=2500-500+25=2025$

다른 풀이
(2) $45^2=(40+5)^2=40^2+2\times40\times5+5^2$
$=1600+400+25=2025$

8-1 ㄱ, ㄹ

ㄱ. $101^2=(100+1)^2$ ➡ $(a+b)^2=a^2+2ab+b^2$
ㄴ. $98^2=(100-2)^2$ ➡ $(a-b)^2=a^2-2ab+b^2$
ㄷ. $393^2=(400-7)^2$ ➡ $(a-b)^2=a^2-2ab+b^2$
ㄹ. $50.2^2=(50+0.2)^2$ ➡ $(a+b)^2=a^2+2ab+b^2$
따라서 곱셈 공식 $(a+b)^2=a^2+2ab+b^2$을 이용하여 계산하면 편리한 것은 ㄱ, ㄹ이다.

8-2 (1) 10816 (2) 2304

(1) $104^2=(100+4)^2=100^2+2\times100\times4+4^2$
$=10000+800+16=10816$
(2) $48^2=(50-2)^2=50^2-2\times50\times2+2^2$
$=2500-200+4=2304$

핵심예제 9 (1) 99.91 (2) 2499

(1) $10.3\times9.7=(10+0.3)(10-0.3)=10^2-0.3^2$
$=100-0.09=99.91$
(2) $51\times49=(50+1)(50-1)=50^2-1^2$
$=2500-1=2499$

9-1 ㄱ, ㄷ

ㄱ. $92\times108=(100-8)(100+8)$
➡ $(a+b)(a-b)=a^2-b^2$
ㄴ. $201\times204=(200+1)(200+4)$
➡ $(x+a)(x+b)=x^2+(a+b)x+ab$
ㄷ. $401\times399=(400+1)(400-1)$
➡ $(a+b)(a-b)=a^2-b^2$
ㄹ. $101\times95=(100+1)(100-5)$
➡ $(x+a)(x+b)=x^2+(a+b)x+ab$
따라서 곱셈 공식 $(a+b)(a-b)=a^2-b^2$을 이용하여 계산하면 편리한 것은 ㄱ, ㄷ이다.

9-2 (1) 2475 (2) 10710

(1) $55\times45=(50+5)(50-5)=50^2-5^2$
$=2500-25=2475$
(2) $105\times102=(100+5)(100+2)$
$=100^2+(5+2)\times100+5\times2$
$=10000+700+10=10710$

핵심예제 10 (1) $9+4\sqrt{5}$ (2) $8-4\sqrt{3}$ (3) 1 (4) $34-13\sqrt{7}$

(1) $(2+\sqrt{5})^2=2^2+2\times2\times\sqrt{5}+(\sqrt{5})^2=4+4\sqrt{5}+5=9+4\sqrt{5}$
(2) $(\sqrt{6}-\sqrt{2})^2=(\sqrt{6})^2-2\times\sqrt{6}\times\sqrt{2}+(\sqrt{2})^2$
$=6-4\sqrt{3}+2=8-4\sqrt{3}$
(3) $(3+2\sqrt{2})(3-2\sqrt{2})=3^2-(2\sqrt{2})^2=9-8=1$
(4) $(2\sqrt{7}-5)(\sqrt{7}-4)$
$=2(\sqrt{7})^2+\{2\times(-4)+(-5)\times1\}\sqrt{7}+(-5)\times(-4)$
$=14-13\sqrt{7}+20=34-13\sqrt{7}$

10-1 (1) $28+10\sqrt{3}$ (2) $5-2\sqrt{6}$ (3) 10 (4) $-44-25\sqrt{2}$

(1) $(5+\sqrt{3})^2=5^2+2\times5\times\sqrt{3}+(\sqrt{3})^2$
$=25+10\sqrt{3}+3=28+10\sqrt{3}$
(2) $(\sqrt{3}-\sqrt{2})^2=(\sqrt{3})^2-2\times\sqrt{3}\times\sqrt{2}+(\sqrt{2})^2$
$=3-2\sqrt{6}+2=5-2\sqrt{6}$
(3) $(4+\sqrt{6})(4-\sqrt{6})=4^2-(\sqrt{6})^2=16-6=10$
(4) $(\sqrt{2}-10)(3\sqrt{2}+5)$
$=3(\sqrt{2})^2+\{1\times5+(-10)\times3\}\sqrt{2}+(-10)\times5$
$=6-25\sqrt{2}-50=-44-25\sqrt{2}$

핵심예제 11 3

$\frac{3\sqrt{2}}{\sqrt{6}+\sqrt{3}}=\frac{3\sqrt{2}(\sqrt{6}-\sqrt{3})}{(\sqrt{6}+\sqrt{3})(\sqrt{6}-\sqrt{3})}=\frac{3\sqrt{12}-3\sqrt{6}}{3}$
$=\sqrt{12}-\sqrt{6}=2\sqrt{3}-\sqrt{6}$
따라서 $a=2$, $b=-1$이므로
$a-b=2-(-1)=3$

11-1 (1) $\frac{3-\sqrt{5}}{4}$ (2) $\frac{\sqrt{21}+\sqrt{15}}{2}$

(1) $\frac{1}{\sqrt{5}+3}=\frac{\sqrt{5}-3}{(\sqrt{5}+3)(\sqrt{5}-3)}=\frac{\sqrt{5}-3}{-4}=\frac{3-\sqrt{5}}{4}$

(2) $\frac{\sqrt{3}}{\sqrt{7}-\sqrt{5}}=\frac{\sqrt{3}\times(\sqrt{7}+\sqrt{5})}{(\sqrt{7}-\sqrt{5})\times(\sqrt{7}+\sqrt{5})}=\frac{\sqrt{21}+\sqrt{15}}{2}$

11-2 -2

$\frac{\sqrt{6}-\sqrt{2}}{\sqrt{6}+\sqrt{2}}=\frac{(\sqrt{6}-\sqrt{2})^2}{(\sqrt{6}+\sqrt{2})(\sqrt{6}-\sqrt{2})}=\frac{6-2\sqrt{12}+2}{4}$

$=\frac{8-4\sqrt{3}}{4}=2-\sqrt{3}$

따라서 $a=2$, $b=-1$이므로

$ab=2\times(-1)=-2$

핵심예제 **12** 0

$x=2+\sqrt{3}$에서 $x-2=\sqrt{3}$

양변을 제곱하면 $x^2-4x+4=3$, $x^2-4x=-1$

따라서 $x^2-4x+1=-1+1=0$

다른 풀이

$x^2-4x+1=(2+\sqrt{3})^2-4(2+\sqrt{3})+1$

$=4+4\sqrt{3}+3-8-4\sqrt{3}+1=0$

12-1 ④

$x=-1+\sqrt{5}$에서 $x+1=\sqrt{5}$

양변을 제곱하면 $x^2+2x+1=5$

따라서 $x^2+2x=5-1=4$

핵심예제 **13** -1

$x=\frac{1}{3+2\sqrt{2}}=\frac{3-2\sqrt{2}}{(3+2\sqrt{2})(3-2\sqrt{2})}=3-2\sqrt{2}$이므로

$x-3=-2\sqrt{2}$

양변을 제곱하면 $x^2-6x+9=8$

따라서 $x^2-6x=8-9=-1$

13-1 (1) $\sqrt{2}+1$ (2) 1

(1) $x=\frac{1}{\sqrt{2}-1}=\frac{\sqrt{2}+1}{(\sqrt{2}-1)(\sqrt{2}+1)}=\sqrt{2}+1$

(2) $x=\sqrt{2}+1$에서 $x-1=\sqrt{2}$

양변을 제곱하면 $x^2-2x+1=2$

따라서 $x^2-2x=2-1=1$

핵심예제 **14** (1) $3\sqrt{2}-4$ (2) 5

(1) $4<\sqrt{18}<5$에서 $\sqrt{18}$의 정수 부분이 4이므로 소수 부분은

$x=\sqrt{18}-4=3\sqrt{2}-4$

(2) $x=3\sqrt{2}-4$에서 $x+4=3\sqrt{2}$

양변을 제곱하면 $x^2+8x+16=18$, $x^2+8x=18-16=2$

따라서 $x^2+8x+3=2+3=5$

핵심예제 **15** 17

$x^2+y^2=(x+y)^2-2xy=(-3)^2-2\times(-4)=9+8=17$

15-1 ③

$x^2+y^2=(x+y)^2-2xy=5^2-2\times(-2)=25+4=29$

핵심예제 **16** 10

$x^2+y^2=(x-y)^2+2xy=2^2+2\times3=4+6=10$

16-1 ④

$x^2+y^2=(x-y)^2+2xy=(-2)^2+2\times6=4+12=16$

핵심예제 **17** 13

$(x+y)^2=(x-y)^2+4xy=(-5)^2+4\times(-3)=25-12=13$

17-1 ⑤

$(x+y)^2=(x-y)^2+4xy=1^2+4\times7=1+28=29$

핵심예제 **18** 20

$(x-y)^2=(x+y)^2-4xy=4^2-4\times(-1)=16+4=20$

18-1 ②

$(x-y)^2=(x+y)^2-4xy=8^2-4\times3=64-12=52$

소단원 핵심문제

| 48쪽 |

1 ② 2 27 3 ③ 4 $4\sqrt{5}$ 5 ④
6 (1) $-\frac{3}{2}$ (2) 15

1 $298^2=(300-2)^2$이므로 가장 편리한 곱셈 공식은 ②이다.

2 $(2\sqrt{3}-1)(\sqrt{27}-2)=(2\sqrt{3}-1)(3\sqrt{3}-2)$

$=6(\sqrt{3})^2+(-4-3)\sqrt{3}+2$

$=18-7\sqrt{3}+2=20-7\sqrt{3}$

따라서 $a=20$, $b=-7$이므로 $a-b=20-(-7)=27$

3 $\frac{\sqrt{6}}{3-\sqrt{6}}=\frac{\sqrt{6}(3+\sqrt{6})}{(3-\sqrt{6})(3+\sqrt{6})}=\frac{3\sqrt{6}+6}{3}=2+\sqrt{6}$

따라서 $a=2$, $b=1$이므로 $ab=2\times1=2$

4 $x=\frac{2}{\sqrt{5}+2}=\frac{2(\sqrt{5}-2)}{(\sqrt{5}+2)(\sqrt{5}-2)}=2\sqrt{5}-4$

$y=\frac{2}{\sqrt{5}-2}=\frac{2(\sqrt{5}+2)}{(\sqrt{5}-2)(\sqrt{5}+2)}=2\sqrt{5}+4$

따라서 $x+y=(2\sqrt{5}-4)+(2\sqrt{5}+4)=4\sqrt{5}$

5 $x=\frac{1}{2-\sqrt{3}}=\frac{2+\sqrt{3}}{(2-\sqrt{3})(2+\sqrt{3})}=2+\sqrt{3}$이므로

$x-2=\sqrt{3}$

양변을 제곱하면 $x^2-4x+4=3$

따라서 $x^2-4x=-1$이므로 $x^2-4x+9=-1+9=8$

6 (1) $(x+y)^2=x^2+y^2+2xy$이므로

$3^2=12+2xy$, $2xy=9-12=-3$

따라서 $xy=-\frac{3}{2}$

(2) $(x-y)^2=(x+y)^2-4xy=3^2-4\times\left(-\frac{3}{2}\right)=9+6=15$

중단원 마무리 테스트

| 49~51쪽 |

1 ③ 2 ③ 3 풀이 참조 4 3 5 $5x^2+15$
6 ⑤ 7 ㄹ 8 (1) $a=4$, $b=1$ (2) 4 (3) 6
9 $6x^2+x-15$ 10 14, 16, 26 11 ⑤
12 (1) 1010025 (2) 9984 13 1015 14 ⑤ 15 $-\frac{4}{9}$
16 ① 17 ② 18 ③ 19 5
20 (1) $a=-1$, $b=-4$ (2) 1 (3) -4 21 (1) $\sqrt{7}-2$ (2) 14

1 $(5a-b)(a+3b)=5a^2+15ab-ab-3b^2=5a^2+14ab-3b^2$

2 $(x-3y)(3x+2)=3x^2+2x-9xy-6y$이므로 x^2의 계수는 3, y의 계수는 -6이다.

따라서 $a=3$, $b=-6$이므로 $a+b=3+(-6)=-3$

3 영진: $(a-3b)^2=a^2-2\times a\times 3b+(3b)^2=a^2-6ab+9b^2$

수아: $(x+7)^2=x^2+2\times x\times 7+7^2=x^2+14x+49$

4 $(ax-6)^2=a^2x^2-12ax+36$이므로

$a^2x^2-12ax+36=bx^2-36x+36$

즉, $a^2=b$, $-12a=-36$이므로 $a=3$, $b=a^2=3^2=9$

따라서 $\frac{b}{a}=\frac{9}{3}=3$

5 $(-3x+1)(-3x-1)+4(x+2)(2-x)$

$=(-3x+1)(-3x-1)+4(2+x)(2-x)$

$=(-3x)^2-1^2+4(2^2-x^2)$

$=9x^2-1+16-4x^2=5x^2+15$

6 $\left(\frac{2}{5}a+\frac{1}{2}b\right)\left(\frac{2}{5}a-\frac{1}{2}b\right)=\left(\frac{2}{5}a\right)^2-\left(\frac{1}{2}b\right)^2=\frac{4}{25}a^2-\frac{1}{4}b^2$

$=\frac{4}{25}\times 50-\frac{1}{4}\times 20=8-5=3$

7 ㄱ. $(x+y)(x-y)=x^2-y^2$

ㄴ. $-(-x+y)(x+y)=-(y-x)(y+x)$

$=-(y^2-x^2)=-y^2+x^2$

ㄷ. $(-x-y)(-x+y)=(-x)^2-y^2=x^2-y^2$

ㄹ. $(-x-y)(x-y)=-(x+y)(x-y)$

$=-(x^2-y^2)=-x^2+y^2$

따라서 전개식이 나머지 셋과 다른 하나는 ㄹ이다.

8 (1) $(x-3)(x+a)=x^2+(a-3)x-3a$이므로

$x^2+(a-3)x-3a=x^2+bx-12$

따라서 $a-3=b$, $-3a=-12$이므로

$a=4$, $b=a-3=4-3=1$

(2) 직각삼각형의 빗변의 길이는 $a+b=4+1=5$, 높이는 $a-b=4-1=3$이므로 밑변의 길이는

$\sqrt{5^2-3^2}=\sqrt{16}=4$

(3) 직각삼각형의 넓이는 $\frac{1}{2}\times 4\times 3=6$

9 색칠한 직사각형의 가로의 길이는 $3x+5$, 세로의 길이는 $2x-3$이므로 넓이는

$(3x+5)(2x-3)=6x^2+(-9+10)x-15=6x^2+x-15$

10 $(-2x+a)(6x+b)=-12x^2+(6a-2b)x+ab$이므로

$-12x^2+(6a-2b)x+ab=-12x^2+Ax-4$

따라서 $A=6a-2b$, $ab=-4$

$ab=-4$이고 $a>b$인 정수 a, b를 순서쌍 (a, b)로 나타내면

$(4, -1)$, $(2, -2)$, $(1, -4)$

$a=4$, $b=-1$일 때,

$A=6a-2b=6\times 4-2\times(-1)=26$

$a=2$, $b=-2$일 때,

$A=6a-2b=6\times 2-2\times(-2)=16$

$a=1$, $b=-4$일 때,

$A=6a-2b=6\times 1-2\times(-4)=14$

따라서 상수 A가 될 수 있는 값은 14, 16, 26이다.

11 ① $(5x+1)^2=25x^2+10x+1$

② $(4x-3)^2=16x^2-24x+9$

③ $(3x+7)(3x-7)=9x^2-49$

④ $(x-2)(x+5)=x^2+3x-10$

12 (1) $1005^2=(1000+5)^2=1000^2+2\times 1000\times 5+5^2$

$=1000000+10000+25=1010025$

(2) $96\times 104=(100-4)(100+4)=100^2-4^2$

$=10000-16=9984$

13 $1015=x$라 하면 $1013=x-2$, $1017=x+2$이므로

$\frac{1013\times 1017+4}{1015}=\frac{(x-2)(x+2)+4}{x}$

$=\frac{x^2-4+4}{x}=x=1015$

14 $(6+\sqrt{7})(6-\sqrt{7})=6^2-(\sqrt{7})^2=36-7=29$

15 $(2+3\sqrt{5})(3a+2\sqrt{5})=6a+(4+9a)\sqrt{5}+30$

$=(6a+30)+(4+9a)\sqrt{5}$

이 수가 유리수가 되려면 $4+9a=0$이어야 하므로

$a=-\frac{4}{9}$

16 $\dfrac{\sqrt{7}-\sqrt{5}}{\sqrt{7}+\sqrt{5}}=\dfrac{(\sqrt{7}-\sqrt{5})^2}{(\sqrt{7}+\sqrt{5})(\sqrt{7}-\sqrt{5})}=\dfrac{7-2\sqrt{35}+5}{2}$

$=\dfrac{12-2\sqrt{35}}{2}=6-\sqrt{35}$

따라서 $a=6$, $b=-1$이므로

$ab=6\times(-1)=-6$

17 $x=\dfrac{\sqrt{2}-1}{\sqrt{2}+1}=\dfrac{(\sqrt{2}-1)^2}{(\sqrt{2}+1)(\sqrt{2}-1)}$

$=2-2\sqrt{2}+1=3-2\sqrt{2}$

따라서 $x+\dfrac{1}{x}=(3-2\sqrt{2})+\dfrac{1}{3-2\sqrt{2}}$

$=3-2\sqrt{2}+\dfrac{3+2\sqrt{2}}{(3-2\sqrt{2})(3+2\sqrt{2})}$

$=3-2\sqrt{2}+(3+2\sqrt{2})=6$

18 $x^2+y^2=(x+y)^2-2xy=7^2-2\times10=49-20=29$

19 $(x+y)^2=(x-y)^2+4xy$이므로

$6^2=4^2+4xy$, $36=16+4xy$, $4xy=20$

따라서 $xy=5$

20 (1) 지수는 -8을 a로 잘못 보았으므로 지수가 전개한 식은

$(x+4)(x+a)=x^2+(a+4)x+4a$

따라서 $x^2+(a+4)x+4a=x^2+3x+b$이므로

$a+4=3$, $4a=b$

즉, $a=-1$, $b=4a=4\times(-1)=-4$ …… ❶

(2) 태준이가 3을 d로 잘못 보았다고 하면 태준이가 전개한 식은

$(dx-2)(x+8)=dx^2+(8d-2)x-16$

따라서 $dx^2+(8d-2)x-16=cx^2+6x-16$이므로

$d=c$, $8d-2=6$

$8d-2=6$에서 $8d=8$, $d=1$

즉, $c=d=1$ …… ❷

(3) $a+b+c=-1+(-4)+1=-4$ …… ❸

	채점 기준	비율
(1)	❶ a, b의 값 구하기	40 %
(2)	❷ c의 값 구하기	40 %
(3)	❸ $a+b+c$의 값 구하기	20 %

21 (1) $2<\sqrt{7}<3$에서 $3<\sqrt{7}+1<4$이므로 $\sqrt{7}+1$의 정수 부분은 3이고 소수 부분은

$x=(\sqrt{7}+1)-3=\sqrt{7}-2$ …… ❶

(2) $x=\sqrt{7}-2$에서 $x+2=\sqrt{7}$

양변을 제곱하면 $x^2+4x+4=7$

양변에 7을 더하면 $x^2+4x+11=14$ …… ❷

	채점 기준	비율
(1)	❶ x의 값 구하기	50 %
(2)	❷ $x^2+4x+11$의 값 구하기	50 %

4. 인수분해

01. 인수분해의 뜻과 공식 (1), (2) | 54~55쪽 |

핵심예제 1 ⑤

⑤ a^2은 다항식 $a(a+1)(a-1)$의 인수가 아니므로 $a^2(a+1)$은 다항식 $a(a+1)(a-1)$의 인수가 아니다.

1-1 ㄱ, ㄹ, ㅁ, ㅂ

ㄴ. $(x-3)^2$은 다항식 $x^2(x-3)$의 인수가 아니다.

ㄷ. $x+3$은 다항식 $x^2(x-3)$의 인수가 아니다.

따라서 $x^2(x-3)$의 인수인 것은 ㄱ, ㄹ, ㅁ, ㅂ이다.

핵심예제 2 (1) $3a(a-3b)$ (2) $xy(x+3y)$

(1) $3a^2-9ab=3a\times a-3a\times3b=3a(a-3b)$

(2) $x^2y+3xy^2=xy\times x+xy\times3y=xy(x+3y)$

2-1

다항식	공통인 인수	인수분해한 식
(1) $2ax+ay-a$	a	$a(2x+y-1)$
(2) $3ax+6ay$	$3a$	$3a(x+2y)$
(3) $2xy-4x^2y+6xy^3$	$2xy$	$2xy(1-2x+3y^2)$

핵심예제 3 (1) $(a-6)^2$ (2) $(2x+3y)^2$

(1) $a^2-12a+36=a^2-2\times a\times6+6^2=(a-6)^2$

(2) $4x^2+12xy+9y^2=(2x)^2+2\times2x\times3y+(3y)^2=(2x+3y)^2$

3-1 (1) $(x+5y)^2$ (2) $(7a-3b)^2$

(1) $x^2+10xy+25y^2=x^2+2\times x\times5y+(5y)^2=(x+5y)^2$

(2) $49a^2-42ab+9b^2=(7a)^2-2\times7a\times3b+(3b)^2$

$=(7a-3b)^2$

3-2 (1) 16 (2) 16 (3) 25 (4) 20

(1) $a^2-8a+\square=a^2-2\times a\times4+\square$이므로

$\square=4^2=16$

(2) $a^2+\square a+64=a^2+\square a+8^2$이므로

$\square=2\times1\times8=16$

(3) $9x^2-30x+\square=(3x)^2-2\times3x\times5+\square$이므로

$\square=5^2=25$

(4) $4x^2+\square xy+25y^2=(2x)^2+\square xy+(5y)^2$이므로

$\square=2\times2\times5=20$

다른 풀이

(1) $\square=\left(\dfrac{-8}{2}\right)^2=16$

(2) $\square=2\sqrt{64}=16$

(3) $9x^2-30x+\square=9\left(x^2-\dfrac{10}{3}x+\dfrac{\square}{9}\right)$이므로

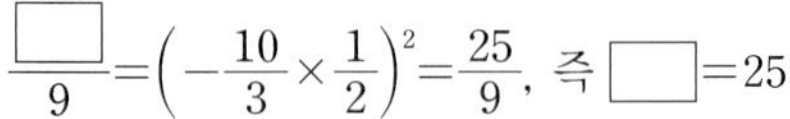

$\frac{\square}{9}=\left(-\frac{10}{3}\times\frac{1}{2}\right)^2=\frac{25}{9}$, 즉 $\square=25$

(4) $4x^2+\square xy+25y^2=4\left(x^2+\frac{\square}{4}xy+\frac{25}{4}y^2\right)$이므로

$\frac{\square}{4}=2\sqrt{\frac{25}{4}}=5$, 즉 $\square=20$

핵심예제 4 (1) $(a+7)(a-7)$ (2) $(4x+3y)(4x-3y)$

(1) $a^2-49=a^2-7^2=(a+7)(a-7)$

(2) $16x^2-9y^2=(4x)^2-(3y)^2=(4x+3y)(4x-3y)$

4-1 (1) $(3+a)(3-a)$ (2) $\left(3x+\frac{1}{2}\right)\left(3x-\frac{1}{2}\right)$
(3) $(2+5a)(2-5a)$ (4) $(5x+y)(5x-y)$

(1) $-a^2+9=9-a^2=3^2-a^2=(3+a)(3-a)$

(4) $25x^2-y^2=(5x)^2-y^2=(5x+y)(5x-y)$

소단원 핵심문제 | 56쪽 |

1 ㄴ, ㄷ **2** $4xy(3x-2y)$ **3** ④ **4** ④
5 ⑤

1 ㄱ, ㄹ. $x+1$, $x-4$는 $(x-1)(x+4)$의 인수가 아니다.
따라서 $(x-1)(x+4)$의 인수인 것은 ㄴ, ㄷ이다.

2 $12x^2y-8xy^2=4xy\times3x-4xy\times2y=4xy(3x-2y)$

3 $25a^2+30a+9=(5a)^2+2\times5a\times3+3^2=(5a+3)^2$
따라서 $25a^2+30a+9$의 인수인 것은 ④이다.

4 $x^2-4x-12+k=x^2-2\times x\times2-12+k$
이 식이 완전제곱식이 되려면 $-12+k=2^2$이 되어야 하므로
$k=12+4=16$

5 $a^3-4a=a(a^2-4)=a(a+2)(a-2)$
따라서 a^3-4a의 인수가 아닌 것은 ⑤이다.

02. 인수분해 공식 (3), (4) | 57~58쪽 |

핵심예제 5 (1) $(a+1)(a+4)$ (2) $(x-2)(x-5)$
(3) $(a+3b)(a-6b)$ (4) $(x+2y)(x-3y)$

(1) 곱이 4인 두 정수 중 합이 5인 두 정수는 1과 4이므로
$a^2+5a+4=(a+1)(a+4)$

(2) 곱이 10인 두 정수 중 합이 -7인 두 정수는 -2와 -5이므로
$x^2-7x+10=(x-2)(x-5)$

(3) 곱이 $-18b^2$인 두 일차식 중 합이 $-3b$인 두 일차식은 $3b$와 $-6b$이므로
$a^2-3ab-18b^2=(a+3b)(a-6b)$

(4) 곱이 $-6y^2$인 두 일차식 중 합이 $-y$인 두 일차식은 $2y$와 $-3y$이므로
$x^2-xy-6y^2=(x+2y)(x-3y)$

5-1 (1) 2, 6 (2) -2, -4 (3) -3, 4 (4) 3, -5

5-2 (1) $(a+1)(a+3)$ (2) $(x+2)(x-4)$
(3) $(a+5)(a-6)$ (4) $(x-4)(x-5)$

(1) 곱이 3인 두 정수 중 합이 4인 두 정수는 1과 3이므로
$a^2+4a+3=(a+1)(a+3)$

(2) 곱이 -8인 두 정수 중 합이 -2인 두 정수는 2와 -4이므로
$x^2-2x-8=(x+2)(x-4)$

(3) 곱이 -30인 두 정수 중 합이 -1인 두 정수는 5와 -6이므로
$a^2-a-30=(a+5)(a-6)$

(4) 곱이 20인 두 정수 중 합이 -9인 두 정수는 -4와 -5이므로
$x^2-9x+20=(x-4)(x-5)$

5-3 (1) $(a+b)(a+2b)$ (2) $(x-3y)(x-4y)$
(3) $(a+2b)(a-7b)$ (4) $(x-2y)(x+11y)$

(1) 곱이 $2b^2$인 두 일차식 중 합이 $3b$인 두 일차식은 b와 $2b$이므로
$a^2+3ab+2b^2=(a+b)(a+2b)$

(2) 곱이 $12y^2$인 두 일차식 중 합이 $-7y$인 두 일차식은 $-3y$와 $-4y$이므로
$x^2-7xy+12y^2=(x-3y)(x-4y)$

(3) 곱이 $-14b^2$인 두 일차식 중 합이 $-5b$인 두 일차식은 $2b$와 $-7b$이므로
$a^2-5ab-14b^2=(a+2b)(a-7b)$

(4) 곱이 $-22y^2$인 두 일차식 중 합이 $9y$인 두 일차식은 $-2y$와 $11y$이므로
$x^2+9xy-22y^2=(x-2y)(x+11y)$

핵심예제 6 (1) $(x+3)(2x-5)$ (2) $(3a-b)(3a+4b)$

(1) 곱이 2인 두 정수 1, 2와 곱이 -15인 두 정수 3, -5를 오른쪽과 같이 나타내면

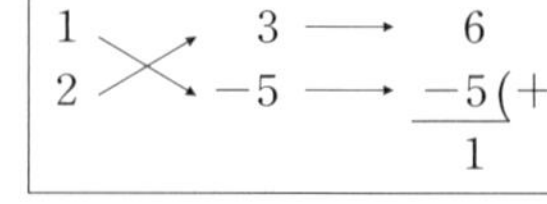

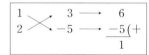

$1\times(-5)+2\times3=1$
➡ $2x^2+x-15=(x+3)(2x-5)$

(2) 곱이 9인 두 정수 3, 3과 곱이 $-4b^2$인 두 일차식 $-b$, $4b$를 오른쪽과 같이 나타내면

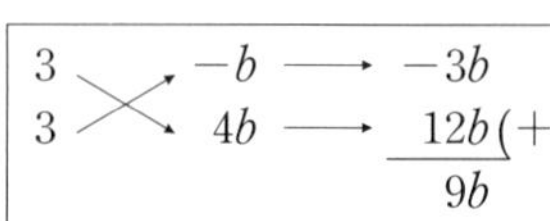

$3\times4b+3\times(-b)=9b$
➡ $9a^2+9ab-4b^2=(3a-b)(3a+4b)$

6-1 (1) $(x-3)(3x+1)$ (✎ -3, -9, 3, 1, -8)
(2) $(2x-y)(5x+y)$ (✎ $-y$, $-5y$, 5, y, $-3y$)

(1) 곱이 3인 두 정수 1, 3과 곱이 -3인 두 정수 -3, 1을 오른쪽과 같이 나타내면

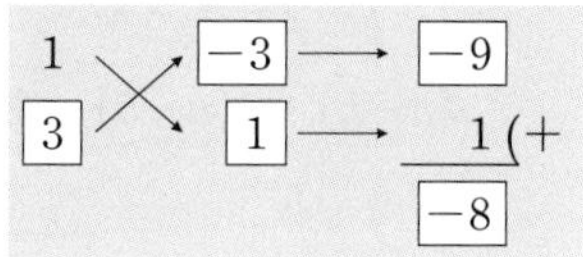

$1\times1+3\times(-3)=-8$

➡ $3x^2-8x-3=(x-3)(3x+1)$

(2) 곱이 10인 두 정수 2, 5와 곱이 $-y^2$인 두 일차식 $-y$, y를 오른쪽과 같이 나타내면

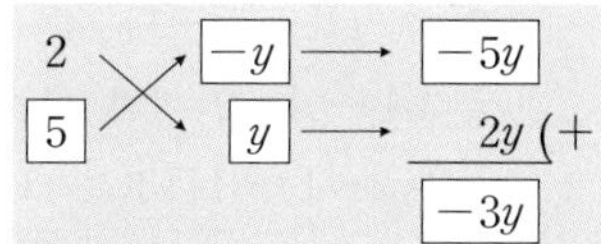

$2\times y+5\times(-y)=-3y$

➡ $10x^2-3xy-y^2=(2x-y)(5x+y)$

6-2 (1) $(x-2)(2x-1)$ (2) $(2a+1)(2a+3)$
(3) $(x-2)(5x+2)$ (4) $(a-2)(3a-1)$

(1) 곱이 2인 두 정수 1, 2와 곱이 2인 두 정수 -2, -1을 오른쪽과 같이 나타내면

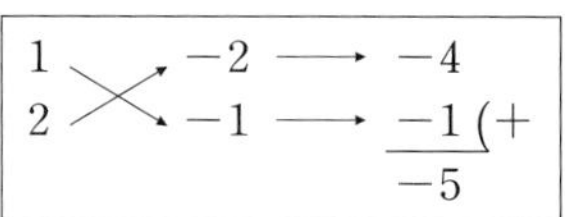

$1\times(-1)+2\times(-2)=-5$

➡ $2x^2-5x+2=(x-2)(2x-1)$

(2) 곱이 4인 두 정수 2, 2와 곱이 3인 두 정수 1, 3을 오른쪽과 같이 나타내면

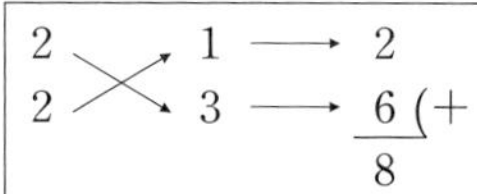

$2\times3+2\times1=8$

➡ $4a^2+8a+3=(2a+1)(2a+3)$

(3) 곱이 5인 두 정수 1, 5와 곱이 -4인 두 정수 -2, 2를 오른쪽과 같이 나타내면

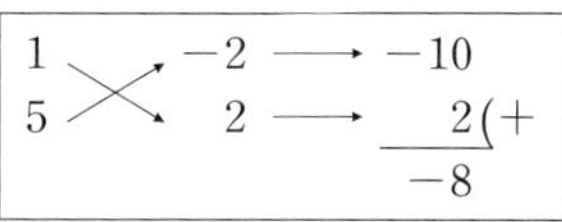

$1\times2+5\times(-2)=-8$

➡ $5x^2-8x-4=(x-2)(5x+2)$

(4) 곱이 3인 두 정수 1, 3과 곱이 2인 두 정수 -2, -1을 오른쪽과 같이 나타내면

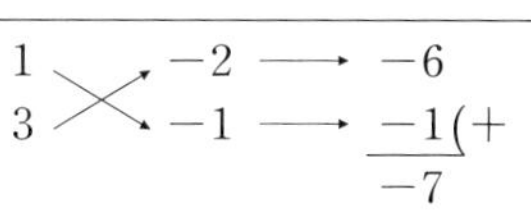

$1\times(-1)+3\times(-2)=-7$

➡ $3a^2-7a+2=(a-2)(3a-1)$

6-3 (1) $(a+2b)(3a-5b)$ (2) $(x+2y)(3x-2y)$
(3) $(2a-b)(7a-2b)$ (4) $(2x-7y)(3x-2y)$

(1) 곱이 3인 두 정수 1, 3과 곱이 $-10b^2$인 두 일차식 $2b$, $-5b$를 오른쪽과 같이 나타내면

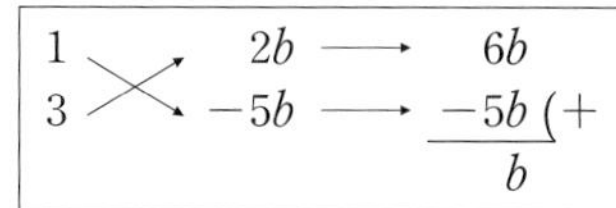

$1\times(-5b)+3\times2b=b$

➡ $3a^2+ab-10b^2=(a+2b)(3a-5b)$

(2) 곱이 3이 되는 두 정수 1, 3과 곱이 $-4y^2$인 두 일차식 $2y$, $-2y$를 오른쪽과 같이 나타내면

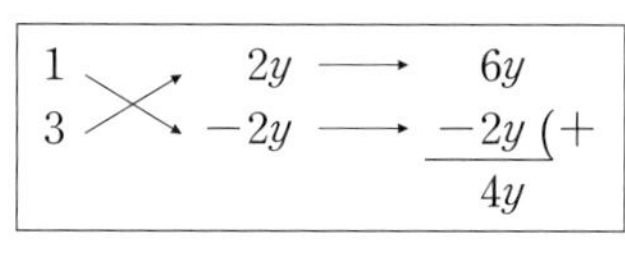

$1\times(-2y)+3\times2y=4y$

➡ $3x^2+4xy-4y^2=(x+2y)(3x-2y)$

(3) 곱이 14인 두 정수 2, 7과 곱이 $2b^2$인 두 일차식 $-b$, $-2b$를 오른쪽과 같이 나타내면

2 → $-b$ → $-7b$
7 → $-2b$ → $-4b$ (+
$-11b$

$2\times(-2b)+7\times(-b)=-11b$

➡ $14a^2-11ab+2b^2=(2a-b)(7a-2b)$

(4) 곱이 6인 두 정수 2, 3과 곱이 $14y^2$인 두 일차식 $-7y$, $-2y$를 오른쪽과 같이 나타내면

2 → $-7y$ → $-21y$
3 → $-2y$ → $-4y$ (+
$-25y$

$2\times(-2y)+3\times(-7y)=-25y$

➡ $6x^2-25xy+14y^2=(2x-7y)(3x-2y)$

소단원 핵심문제

| 59쪽 |

1 표는 풀이 참조
(1) $(x+1)(x+18)$ (2) $(x-2)(x-9)$ (3) $(x-3)(x-6)$
2 ③ **3** ④
4 (1) $(x+8)(3x-2)$ (2) $(2x-7y)(3x+4y)$
5 $3x+2$

1 주어진 표를 완성하면 다음과 같다.

곱이 18인 두 정수	두 정수의 합
-1, -18	-19
1, 18	19
-2, -9	-11
2, 9	11
-3, -6	-9
3, 6	9

(1) 곱이 18인 두 정수 중 합이 19인 두 정수는 1, 18이므로
$x^2+19x+18=(x+1)(x+18)$

(2) 곱이 18인 두 정수 중 합이 -11인 두 정수는 -2, -9이므로
$x^2-11x+18=(x-2)(x-9)$

(3) 곱이 18인 두 정수 중 합이 -9인 두 정수는 -3, -6이므로
$x^2-9x+18=(x-3)(x-6)$

2 $x^2-6x-72=(x+6)(x-12)$
$x^2-x-42=(x+6)(x-7)$
따라서 주어진 두 다항식의 공통인 인수는 $x+6$이다.

3 $x^2+kx+30=(x+a)(x+b)=x^2+(a+b)x+ab$이므로
$k=a+b$, $30=ab$

곱이 30인 두 자연수를 찾아 그 합을 구하면 오른쪽 표와 같다. 따라서 상수 k의 값이 될 수 없는 것은 ④이다.

곱이 30인 두 자연수	두 자연수의 합
1, 30	31
2, 15	17
3, 10	13
5, 6	11

4 (1) 곱이 3인 두 정수 1, 3과 곱이 -16인 두 정수 8, -2를 오른쪽과 같이 나타내면

1 ╲╱ 8 ⟶ 24
3 ╱╲ -2 ⟶ -2 (+
22

$1\times(-2)+3\times8=22$

➡ $3x^2+22x-16=(x+8)(3x-2)$

(2) 곱이 6인 두 정수 2, 3과 곱이 $-28y^2$인 두 일차식 $-7y$, $4y$를 오른쪽과 같이 나타내면

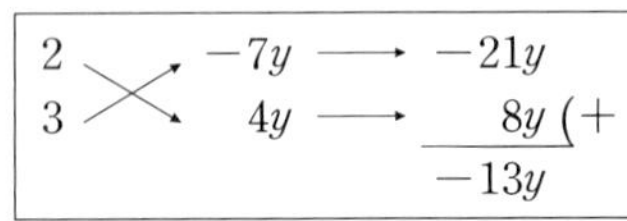

$2\times4y+3\times(-7y)=-13y$

➡ $6x^2-13xy-28y^2=(2x-7y)(3x+4y)$

5 $6x^2+13x+6=(2x+3)(3x+2)$

따라서 주어진 직사각형의 가로의 길이는 $3x+2$이다.

다른 풀이

주어진 직사각형의 가로의 길이를 $ax+b$ (a, b는 상수)라 하면

$6x^2+13x+6=(ax+b)(2x+3)$

$=2ax^2+(3a+2b)x+3b$

즉, $2a=6$, $3a+2b=13$, $3b=6$이므로

$a=3$, $b=2$

따라서 구하는 직사각형의 가로의 길이는 $3x+2$이다.

03. 인수분해의 활용 | 60~61쪽 |

핵심예제 7 (1) $(x-1)(x-6)$ (2) $(a-1)(a-2)$

(1) $x-2=A$로 놓으면

$(x-2)^2-3(x-2)-4=A^2-3A-4$

$=(A+1)(A-4)$

$=\{(x-2)+1\}\{(x-2)-4\}$

$=(x-1)(x-6)$

(2) $a+1=A$로 놓으면

$(a+1)^2-5(a+1)+6=A^2-5A+6$

$=(A-2)(A-3)$

$=\{(a+1)-2\}\{(a+1)-3\}$

$=(a-1)(a-2)$

7-1 (1) $(a-b+4)(a-b-7)$ (2) $(x-2)(3x-1)$ (3) $(2x-y-3)(2x-y+4)$

(1) $a-b=A$로 놓으면

$(a-b)^2-3(a-b)-28=A^2-3A-28$

$=(A+4)(A-7)$

$=(a-b+4)(a-b-7)$

(2) $x-1=A$로 놓으면

$3(x-1)^2-(x-1)-2$

$=3A^2-A-2=(A-1)(3A+2)$

$=\{(x-1)-1\}\{3(x-1)+2\}$

$=(x-2)(3x-1)$

(3) $2x-y=A$로 놓으면

$(2x-y+1)(2x-y)-12=(A+1)A-12$

$=A^2+A-12$

$=(A-3)(A+4)$

$=(2x-y-3)(2x-y+4)$

7-2 (1) $(3+x+2y)(3-x-2y)$ (2) $4ab$

(1) $x+2y=A$로 놓으면

$9-(x+2y)^2=9-A^2$

$=(3+A)(3-A)$

$=\{3+(x+2y)\}\{3-(x+2y)\}$

$=(3+x+2y)(3-x-2y)$

(2) $a+b=A$, $a-b=B$로 놓으면

$(a+b)^2-(a-b)^2$

$=A^2-B^2=(A+B)(A-B)$

$=\{(a+b)+(a-b)\}\{(a+b)-(a-b)\}$

$=2a\times2b=4ab$

핵심예제 8 (1) $(a-2)(a+b)$ (2) $(x-3y+3)(x-3y-3)$

(1) $a^2+ab-2a-2b=a(a+b)-2(a+b)$

$=(a-2)(a+b)$

(2) $x^2-6xy-9+9y^2=(x^2-6xy+9y^2)-9$

$=(x-3y)^2-3^2$

$=(x-3y+3)(x-3y-3)$

8-1 (1) $(a-3)(a-3b)$ (2) $(x+y-5)(x-y-5)$ (3) $(a-1)(2b^2+1)$ (4) $(2x+y-1)(2x-y+1)$

(1) $a^2-3ab-3a+9b=a(a-3b)-3(a-3b)$

$=(a-3)(a-3b)$

(2) $x^2-10x+25-y^2=(x-5)^2-y^2$

$=\{(x-5)+y\}\{(x-5)-y\}$

$=(x+y-5)(x-y-5)$

(3) $2ab^2+a-2b^2-1=a(2b^2+1)-(2b^2+1)$

$=(a-1)(2b^2+1)$

(4) $4x^2-y^2+2y-1=4x^2-(y^2-2y+1)$

$=(2x)^2-(y-1)^2$

$=\{2x+(y-1)\}\{2x-(y-1)\}$

$=(2x+y-1)(2x-y+1)$

핵심예제 9 (1) 1300 (2) 400 (3) 240

(1) $13\times75+13\times25=13(75+25)=13\times100=1300$

(2) $16^2+2\times16\times4+4^2=(16+4)^2=20^2=400$

(3) $32^2-28^2=(32+28)(32-28)=60\times4=240$

9-1 (1) 1500 (2) 4900 (3) 1000 (4) 44

(1) $15\times57+15\times43=15(57+43)=15\times100=1500$

(2) $77^2-2\times77\times7+7^2=(77-7)^2=70^2=4900$

(3) $55^2-45^2=(55+45)(55-45)=100\times10=1000$

(4) $\sqrt{64^2-2\times64\times20+20^2}=\sqrt{(64-20)^2}=\sqrt{44^2}=44$

핵심예제 10 (1) 3 (2) $8\sqrt{3}$

(1) $x^2-4x+4=(x-2)^2=\{(\sqrt{3}+2)-2\}^2=(\sqrt{3})^2=3$

(2) x^2-y^2

$=(x+y)(x-y)$

$=\{(\sqrt{3}+2)+(\sqrt{3}-2)\}\{(\sqrt{3}+2)-(\sqrt{3}-2)\}$

$=2\sqrt{3}\times4=8\sqrt{3}$

10-1 (1) 3600 (2) 3600 (3) 16

(1) $x^2+6x+9=(x+3)^2=(57+3)^2=60^2=3600$

(2) $x^2-y^2=(x+y)(x-y)=(68+32)(68-32)$

$=100\times36=3600$

(3) $a^2-2ab+b^2=(a-b)^2=\{(\sqrt{5}-2)-(\sqrt{5}+2)\}^2$

$=(-4)^2=16$

소단원 핵심문제

| 62쪽 |

1 (1) $(x-7)^2$ (2) $(x-3y+4)(x-3y-4)$ (3) $4(x-2y)^2$
2 ⑤ **3** $x-3y$ **4** ④ **5** 8

1 (1) $x-5=A$로 놓으면

$(x-5)^2-4(x-5)+4=A^2-4A+4=(A-2)^2$

$=\{(x-5)-2\}^2=(x-7)^2$

(2) $x-3y=A$로 놓으면

$(x-3y)^2-16=A^2-16=(A+4)(A-4)$

$=(x-3y+4)(x-3y-4)$

(3) $x+y=A$, $x-y=B$로 놓으면

$(x+y)^2-6(x+y)(x-y)+9(x-y)^2$

$=A^2-6AB+9B^2$

$=(A-3B)^2$

$=\{(x+y)-3(x-y)\}^2$

$=(-2x+4y)^2$

$=\{-2(x-2y)\}^2$

$=4(x-2y)^2$

참고 (3)과 같이 치환하여 인수분해한 후 원래의 식을 대입하여 정리한 식에 공통인 인수가 있으면 그 공통인 인수를 모두 묶어 내어야 한다.

2 $a-2b=X$로 놓으면

$(a-2b)^2-8(a-2b-1)+8=X^2-8(X-1)+8$

$=X^2-8X+16$

$=(X-4)^2$

$=(a-2b-4)^2$

따라서 $p=1$, $q=-4$이므로

$p-q=1-(-4)=5$

3 $x^2+x-3y-9y^2=(x^2-9y^2)+(x-3y)$

$=(x+3y)(x-3y)+(x-3y)$

$=(x+3y+1)(x-3y)$

$x^3-3x^2y-x+3y=x^2(x-3y)-(x-3y)$

$=(x^2-1)(x-3y)$

$=(x+1)(x-1)(x-3y)$

따라서 두 다항식의 일차 이상의 공통인 인수는 $x-3y$이다.

4 $\dfrac{97^2-9}{45\times94+5\times94}=\dfrac{97^2-3^2}{(45+5)\times94}$

$=\dfrac{(97+3)(97-3)}{50\times94}$

$=\dfrac{100\times94}{50\times94}=2$

5 $a^2+b^2+2ab=(a+b)^2$

$=\{(\sqrt{2}+1)+(\sqrt{2}-1)\}^2$

$=(2\sqrt{2})^2=8$

중단원 마무리 테스트

| 63~65쪽 |

1 ㄱ, ㄴ, ㄹ **2** ② **3** ⑤ **4** ③ **5** ②
6 ② **7** ④ **8** $5a+3$ **9** ⑤ **10** ④
11 $3x+2$ **12** ② **13** $(a+b-4)(a-b+4)$
14 ④ **15** ① **16** ⑤ **17** 21 **18** ③
19 $210\pi\text{ m}^2$ **20** (1) $2x^2-5x-12$ (2) $(x-4)(2x+3)$
21 (1) $a=\sqrt{5}+2$, $b=\sqrt{5}-2$ (2) 16

1 $4x^2y-8xy^2=4xy(x-2y)$

따라서 $4x^2y-8xy^2$의 인수인 것은 ㄱ, ㄴ, ㄹ이다.

2 ① $x^2+\square x+9=x^2+\square x+3^2$이므로

$\square=2\times1\times3=6$

② $x^2-\dfrac{1}{2}x+\square=x^2-2\times x\times\dfrac{1}{4}+\square$이므로

$\square=\left(\dfrac{1}{4}\right)^2=\dfrac{1}{16}$

③ $4x^2+8x+\square=(2x)^2+2\times2x\times2+\square$이므로

$\square=2^2=4$

④ $\frac{1}{16}x^2-\square x+4=\left(\frac{1}{4}x\right)^2-\square x+2^2$이므로

$\square=2\times\frac{1}{4}\times2=1$

⑤ $\square x^2+4x+4=\square x^2+2\times x\times2+2^2$이므로

$\square=1^2=1$

따라서 □ 안에 알맞은 양수의 값이 가장 작은 것은 ②이다.

다른 풀이

① $\square=2\sqrt{9}=6$

② $\square=\left(-\frac{1}{2}\times\frac{1}{2}\right)^2=\frac{1}{16}$

③ $4x^2+8x+\square=4\left(x^2+2x+\frac{\square}{4}\right)$이므로

$\frac{\square}{4}=\left(\frac{2}{2}\right)^2=1$, $\square=4$

④ $\frac{1}{16}x^2-\square x+4=\frac{1}{16}(x^2-16\times\square x+64)$이므로

$16\times\square=2\sqrt{64}=16$, $\square=1$

3 $\sqrt{a^2+4a+4}-\sqrt{a^2-4a+4}=\sqrt{(a+2)^2}-\sqrt{(a-2)^2}$

$=|a+2|-|a-2|$

이때 $-2<a<2$이므로 $a+2>0$, $a-2<0$

따라서

$\sqrt{a^2+4a+4}-\sqrt{a^2-4a+4}=|a+2|-|a-2|$

$=a+2-\{-(a-2)\}=2a$

4 $x^2-4=(x+2)(x-2)$

$x^2-5x-14=(x+2)(x-7)$

따라서 주어진 두 다항식의 1이 아닌 공통인 인수는 $x+2$이다.

5 $3x^2+7x-20=(x+4)(3x-5)$이므로

$a=4$, $b=-5$

따라서 $a+b=4+(-5)=-1$

6 ① $x^2+8x+16=(x+4)^2$

③ $49x^2-4=(7x)^2-2^2=(7x+2)(7x-2)$

④ $x^2-6x-27=(x+3)(x-9)$

⑤ $3x^2+8x-3=(3x-1)(x+3)$

7 $x^2+ax+40=(x+p)(x+q)=x^2+(p+q)x+pq$이므로

$a=p+q$, $40=pq$

곱이 40인 두 자연수를 찾아 그 합을 구하면 오른쪽 표와 같다.

따라서 상수 a의 값이 될 수 없는 것은 ④이다.

곱이 40인 두 자연수	두 자연수의 합
1, 40	41
2, 20	22
4, 10	14
5, 8	13

8 $10a^2+11a+3=(2a+1)(5a+3)$이므로 구하는 직사각형의 가로의 길이는 $5a+3$이다.

9 다항식 x^2+4x+a가 $x+5$를 인수로 가지므로

$x^2+4x+a=(x+5)(x+p)$ (p는 상수)로 놓을 수 있다.

$x^2+4x+a=x^2+(p+5)x+5p$이므로

$4=p+5$, $a=5p$

따라서 $p=-1$이므로

$a=5\times(-1)=-5$

10 주어진 세 종류의 직사각형의 넓이는 각각 x^2, x, 1이므로 새로운 직사각형의 넓이는

$2x^2+7x+6$

이때 $2x^2+7x+6=(x+2)(2x+3)$이므로 구하는 직사각형의 가로의 길이는 $2x+3$이다.

11 $6x^2+7x+2=(2x+1)(3x+2)$이므로 현주가 뽑은 카드는

$\boxed{2x+1}$, $\boxed{3x+2}$

$3x^2+11x+6=(x+3)(3x+2)$이므로 승기가 뽑은 카드는

$\boxed{x+3}$, $\boxed{3x+2}$

따라서 두 사람이 공통으로 뽑은 카드에 적힌 다항식은 $3x+2$이다.

12 $x+y=A$로 놓으면

$(x+y)(x+y-5)-24$

$=A(A-5)-24=A^2-5A-24$

$=(A+3)(A-8)=(x+y+3)(x+y-8)$

따라서 구하는 두 일차식의 합은

$(x+y+3)+(x+y-8)=2x+2y-5$

13 a^2+8b-b^2-16

$=a^2-(b^2-8b+16)$

$=a^2-(b-4)^2$

$=\{a+(b-4)\}\{a-(b-4)\}$

$=(a+b-4)(a-b+4)$

14 $x^2+x=A$로 놓으면

$(x^2+x)(x^2+x-2)+k=A(A-2)+k$

$=A^2-2A+k$

$=A^2-2\times A\times1+k$

따라서 주어진 식이 완전제곱식이 되려면

$k=1^2=1$

15 $\sqrt{83^2+2\times83\times17+17^2}=\sqrt{(83+17)^2}$

$=\sqrt{100^2}=100$

따라서 가장 알맞은 인수분해 공식은 ①이다.

16 $\sqrt{9}<\sqrt{10}<\sqrt{16}$, 즉 $3<\sqrt{10}<4$이므로

$a=\sqrt{10}-3$

따라서

$a^2+6a+9=(a+3)^2=\{(\sqrt{10}-3)+3\}^2=(\sqrt{10})^2=10$

17 $6^2-5^2+4^2-3^2+2^2-1^2$
$=(6^2-5^2)+(4^2-3^2)+(2^2-1^2)$
$=(6+5)(6-5)+(4+3)(4-3)+(2+1)(2-1)$
$=11+7+3$
$=21$

18 $100=A$로 놓으면
$(100-5)(100+1)+9=(A-5)(A+1)+9$
$=A^2-4A+4$
$=(A-2)^2$
$=(100-2)^2$
$=98^2$
따라서 $N=98$

19 연못을 제외한 정원의 넓이는
$15.5^2\pi-5.5^2\pi=(15.5^2-5.5^2)\pi$
$=(15.5+5.5)(15.5-5.5)\pi$
$=21\times 10\times \pi$
$=210\pi\ (\text{m}^2)$

20 (1) $(x-1)(2x-3)=2x^2-5x+3$이고 주은이는 x의 계수를 바르게 보았으므로 처음 이차식의 x의 계수는 -5이다. …… ❶
$(x+4)(2x-3)=2x^2+5x-12$이고 은혁이는 상수항을 바르게 보았으므로 처음 이차식의 상수항은 -12이다. …… ❷
따라서 처음 이차식은
$2x^2-5x-12$ …… ❸
(2) 처음 이차식을 바르게 인수분해하면
$2x^2-5x-12=(x-4)(2x+3)$ …… ❹

	채점 기준	비율
(1)	❶ 처음 이차식의 x의 계수 구하기	20 %
	❷ 처음 이차식의 상수항 구하기	20 %
	❸ 처음 이차식 구하기	20 %
(2)	❹ 처음 이차식을 인수분해하기	40 %

21 (1) $a=\dfrac{1}{\sqrt{5}-2}=\dfrac{\sqrt{5}+2}{(\sqrt{5}-2)(\sqrt{5}+2)}=\sqrt{5}+2$ …… ❶
$b=\dfrac{1}{\sqrt{5}+2}=\dfrac{\sqrt{5}-2}{(\sqrt{5}+2)(\sqrt{5}-2)}=\sqrt{5}-2$ …… ❷
(2) $a^2+b^2-2ab=(a-b)^2$ …… ❸
$=\{(\sqrt{5}+2)-(\sqrt{5}-2)\}^2$
$=4^2=16$ …… ❹

	채점 기준	비율
(1)	❶ a의 분모를 유리화하기	20 %
	❷ b의 분모를 유리화하기	20 %
(2)	❸ a^2+b^2-2ab를 인수분해하기	30 %
	❹ a^2+b^2-2ab의 값 구하기	30 %

5. 이차방정식

01. 이차방정식의 뜻과 해 | 68쪽 |

핵심예제 1 ㄱ, ㄹ

ㄱ. $x^2-1=x$에서 $x^2-x-1=0$
즉, x에 대한 이차방정식이다.
ㄴ. $3x^2+2x$는 등식이 아니므로 이차방정식이 아니다.
ㄷ. $x(x-1)=x^2+2$에서 $x^2-x=x^2+2$, 즉 $-x-2=0$
따라서 x에 대한 일차방정식이다.
ㄹ. $(x-3)(x+1)=0$에서 $x^2-2x-3=0$
즉, x에 대한 이차방정식이다.
따라서 x에 대한 이차방정식인 것은 ㄱ, ㄹ이다.

1-1 ②, ④

① $x^2=3(x+2)$에서 $x^2=3x+6$, $x^2-3x-6=0$
즉, x에 대한 이차방정식이다.
② $x^2=x(x+3)$에서 $x^2=x^2+3x$, $-3x=0$
즉, x에 대한 일차방정식이다.
③ $2x^2-3x=x^2+2$에서 $x^2-3x-2=0$
즉, x에 대한 이차방정식이다.
④ $(x+1)(x-2)=x^2$에서 $x^2-x-2=x^2$, $-x-2=0$
즉, x에 대한 일차방정식이다.
⑤ $2x^2=(x+1)(x-2)$에서 $2x^2=x^2-x-2$, $x^2+x+2=0$
즉, x에 대한 이차방정식이다.

핵심예제 2 ㄱ, ㄷ, ㄹ

ㄱ. $(-1)^2-2\times(-1)-3=0$
ㄴ. $4^2-4=12\neq 0$
ㄷ. $2\times(-2)^2+(-2)-6=0$
ㄹ. $\left(2\times\dfrac{1}{2}-1\right)\left(\dfrac{1}{2}+3\right)=0$
따라서 [ ] 안의 수가 주어진 이차방정식의 해인 것은 ㄱ, ㄷ, ㄹ이다.

2-1 (1) $x=0$ 또는 $x=1$ (2) $x=-1$ 또는 $x=1$
(3) $x=-2$ 또는 $x=1$ (4) $x=-1$ 또는 $x=2$

(1) $x^2-x=0$에서

x	좌변의 값	우변의 값	참, 거짓
-2	$(-2)^2-(-2)=6$	0	거짓
-1	$(-1)^2-(-1)=2$	0	거짓
0	$0^2-0=0$	0	참
1	$1^2-1=0$	0	참
2	$2^2-2=2$	0	거짓

따라서 주어진 이차방정식의 해는
$x=0$ 또는 $x=1$

(2) $(x+1)(x-1)=0$에서

x	좌변의 값	우변의 값	참, 거짓
-2	$\{(-2)+1\}\{(-2)-1\}=3$	0	거짓
-1	$\{(-1)+1\}\{(-1)-1\}=0$	0	참
0	$(0+1)(0-1)=-1$	0	거짓
1	$(1+1)(1-1)=0$	0	참
2	$(2+1)(2-1)=3$	0	거짓

따라서 주어진 이차방정식의 해는

$x=-1$ 또는 $x=1$

(3) $x^2=2-x$에서

x	좌변의 값	우변의 값	참, 거짓
-2	$(-2)^2=4$	$2-(-2)=4$	참
-1	$(-1)^2=1$	$2-(-1)=3$	거짓
0	$0^2=0$	$2-0=2$	거짓
1	$1^2=1$	$2-1=1$	참
2	$2^2=4$	$2-2=0$	거짓

따라서 주어진 이차방정식의 해는

$x=-2$ 또는 $x=1$

(4) $x^2-x-2=0$에서

x	좌변의 값	우변의 값	참, 거짓
-2	$(-2)^2-(-2)-2=4$	0	거짓
-1	$(-1)^2-(-1)-2=0$	0	참
0	$0^2-0-2=-2$	0	거짓
1	$1^2-1-2=-2$	0	거짓
2	$2^2-2-2=0$	0	참

따라서 주어진 이차방정식의 해는

$x=-1$ 또는 $x=2$

소단원 핵심문제

| 69쪽 |

1 ㄱ, ㄷ, ㄹ　2 ⑤　3 ③　4 -2　5 ⑤

1 ㄱ. $x^2+3=x-3$에서 $x^2-x+6=0$

즉, x에 대한 이차방정식이다.

ㄴ. $x(3x-2)=3x^2-1$에서

$3x^2-2x=3x^2-1$, $-2x+1=0$

즉, x에 대한 일차방정식이다.

ㄷ. $(x-1)^2=2-x^2$에서

$x^2-2x+1=2-x^2$, $2x^2-2x-1=0$

즉, x에 대한 이차방정식이다.

ㄹ. $(x+1)(x-2)=x+2$에서

$x^2-x-2=x+2$, $x^2-2x-4=0$

즉, x에 대한 이차방정식이다.

따라서 x에 대한 이차방정식인 것은 ㄱ, ㄷ, ㄹ이다.

2 $ax^2+3x+2=(x-1)(2x+1)$에서

$ax^2+3x+2=2x^2-x-1$

$(a-2)x^2+4x+3=0$

좌변이 x에 대한 이차식이 되어야 하므로 $a\neq2$

3 ① $(-1)^2-4\times(-1)-5=0$

② $3\times2^2-5\times2-2=0$

③ $(-2)^2+4\times(-2)-12=-16\neq0$

④ $2\times(-3)^2+3\times(-3)-9=0$

⑤ $3^2+3-12=0$

4 이차방정식 $x^2+ax-3=0$의 한 근이 $x=-1$이므로

$(-1)^2+a\times(-1)-3=0$, $-a-2=0$

따라서 $a=-2$

5 $x=-2$가 이차방정식 $ax^2+x-2=0$의 해이므로

$a\times(-2)^2+(-2)-2=0$, $4a-4=0$, $a=1$

$x=-2$가 이차방정식 $x^2+bx+4=0$의 해이므로

$(-2)^2+b\times(-2)+4=0$, $-2b+8=0$, $b=4$

따라서 $a+b=1+4=5$

02. 인수분해를 이용한 이차방정식의 풀이

| 70~71쪽 |

핵심예제 **3** (1) $x=-4$ 또는 $x=8$ (2) $x=-1$ 또는 $x=6$

(1) $x^2-4x-32=0$에서 $(x+4)(x-8)=0$

$x+4=0$ 또는 $x-8=0$

따라서 $x=-4$ 또는 $x=8$

(2) $x^2-2x+2=3x+8$에서 $x^2-5x-6=0$

$(x+1)(x-6)=0$, $x+1=0$ 또는 $x-6=0$

따라서 $x=-1$ 또는 $x=6$

3-1 (1) $x=-2$ 또는 $x=3$ (2) $x=\frac{1}{2}$ 또는 $x=-4$

(3) $x=-5$ 또는 $x=2$ (4) $x=5$ 또는 $x=-\frac{2}{3}$

(1) $(x+2)(x-3)=0$에서 $x+2=0$ 또는 $x-3=0$

따라서 $x=-2$ 또는 $x=3$

(2) $(2x-1)(x+4)=0$에서 $2x-1=0$ 또는 $x+4=0$

따라서 $x=\frac{1}{2}$ 또는 $x=-4$

(3) $3(x+5)(x-2)=0$에서 $x+5=0$ 또는 $x-2=0$

따라서 $x=-5$ 또는 $x=2$

(4) $4(x-5)(3x+2)=0$에서 $x-5=0$ 또는 $3x+2=0$

따라서 $x=5$ 또는 $x=-\frac{2}{3}$

3-2 (1) $x=-3$ 또는 $x=6$ (2) $x=-\frac{1}{2}$ 또는 $x=\frac{5}{2}$
(3) $x=-\frac{2}{3}$ 또는 $x=\frac{3}{2}$ (4) $x=-\frac{1}{2}$ 또는 $x=\frac{1}{5}$

(1) $x^2-3x-18=0$에서 $(x+3)(x-6)=0$
$x+3=0$ 또는 $x-6=0$
따라서 $x=-3$ 또는 $x=6$
(2) $4x(x-2)=5$에서
$4x^2-8x-5=0$, $(2x+1)(2x-5)=0$
$2x+1=0$ 또는 $2x-5=0$
따라서 $x=-\frac{1}{2}$ 또는 $x=\frac{5}{2}$
(3) $3x^2-5x=6-3x^2$에서
$6x^2-5x-6=0$, $(3x+2)(2x-3)=0$
$3x+2=0$ 또는 $2x-3=0$
따라서 $x=-\frac{2}{3}$ 또는 $x=\frac{3}{2}$
(4) $(2x+1)(5x+2)=6x+3$에서 $10x^2+9x+2=6x+3$
$10x^2+3x-1=0$, $(2x+1)(5x-1)=0$
$2x+1=0$ 또는 $5x-1=0$
따라서 $x=-\frac{1}{2}$ 또는 $x=\frac{1}{5}$

3-3 $x=-2$

$x^2-4=0$에서
$(x+2)(x-2)=0$, $x+2=0$ 또는 $x-2=0$
즉, $x=-2$ 또는 $x=2$
$3(x+1)(x-2)=x(x-4)$에서
$3(x^2-x-2)=x^2-4x$, $3x^2-3x-6=x^2-4x$
$2x^2+x-6=0$, $(x+2)(2x-3)=0$
$x+2=0$ 또는 $2x-3=0$
즉, $x=-2$ 또는 $x=\frac{3}{2}$
따라서 주어진 두 이차방정식의 공통인 근은
$x=-2$

핵심예제 4 (1) $x=-9$ (2) $x=\frac{1}{2}$

(1) $x^2+18x+81=0$에서
$(x+9)^2=0$, $x+9=0$, $x=-9$
(2) $2x^2-4x+3=2-2x^2$에서 $4x^2-4x+1=0$
$(2x-1)^2=0$, $2x-1=0$, $x=\frac{1}{2}$

4-1 (1) $x=-1$ (2) $x=\frac{4}{5}$

(1) $2(x+1)^2=0$에서 $x+1=0$, $x=-1$
(2) $(5x-4)^2=0$에서 $5x-4=0$, $x=\frac{4}{5}$

4-2 (1) $x=5$ (2) $x=-4$ (3) $x=3$ (4) $x=\frac{2}{3}$

(1) $x^2-10x+25=0$에서 $(x-5)^2=0$, $x-5=0$
따라서 $x=5$
(2) $x(x+8)=-16$에서 $x^2+8x+16=0$
$(x+4)^2=0$, $x+4=0$, $x=-4$
(3) $2x^2-10x+9=2x-9$에서
$2x^2-12x+18=0$, $2(x^2-6x+9)=0$
$2(x-3)^2=0$, $x-3=0$, $x=3$
(4) $9x^2-8x+3=4x-1$에서 $9x^2-12x+4=0$
$(3x-2)^2=0$, $3x-2=0$, $x=\frac{2}{3}$

핵심예제 5 (1) 9 (2) 12

(1) 주어진 이차방정식이 중근을 가지려면 좌변이 완전제곱식이 되어야 한다. 즉,
$x^2+6x+\square=x^2+2\times x\times 3+\square=(x+3)^2$이어야 하므로
$\square=3^2=9$
(2) 주어진 이차방정식이 중근을 가지려면 좌변이 완전제곱식이 되어야 한다. 즉,
$3x^2-\square x+12=3\left(x^2-\frac{\square}{3}x+4\right)=3\left(x^2-\frac{\square}{3}x+2^2\right)$
이 완전제곱식이 되어야 하므로
$\frac{\square}{3}=2\times 1\times 2=4$, $\square=12$

다른 풀이

(1) $\square=\left(\frac{6}{2}\right)^2=3^2=9$
(2) 주어진 이차방정식의 양변을 3으로 나누면
$x^2-\frac{\square}{3}x+4=0$
이 식의 좌변이 완전제곱식이 되어야 하므로
$4=\left(-\frac{\square}{3}\times\frac{1}{2}\right)^2$, $\frac{\square^2}{36}=4$, $\square^2=144$
이때 $\square>0$이므로 $\square=\sqrt{144}=12$

5-1 (1) -16 (2) $\pm\frac{8}{3}$

(1) 이차방정식 $x^2+12x+20-k=0$이 중근을 가지려면 좌변이 완전제곱식이 되어야 한다. 즉,
$x^2+12x+20-k=x^2+2\times x\times 6+20-k$가 완전제곱식이 되어야 하므로
$20-k=6^2=36$, $k=-16$
(2) 이차방정식 $2x^2+3kx+8=0$이 중근을 가지려면 좌변이 완전제곱식이 되어야 한다. 즉,
$2x^2+3kx+8=2\left(x^2+\frac{3k}{2}x+4\right)=2\left(x^2+\frac{3k}{2}x+2^2\right)$이 완전제곱식이 되어야 하므로
$\frac{3k}{2}=\pm 2\times 1\times 2=\pm 4$, $k=\pm\frac{8}{3}$

다른 풀이

(1) $20-k=\left(\frac{12}{2}\right)^2=6^2=36$, $k=-16$

(2) 주어진 이차방정식의 양변을 2로 나누면

$x^2+\frac{3k}{2}x+4=0$

좌변이 완전제곱식이어야 하므로

$4=\left(\frac{3k}{2}\times\frac{1}{2}\right)^2$, $\frac{9k^2}{16}=4$, $k^2=4\times\frac{16}{9}=\frac{64}{9}$

따라서 $k=\pm\sqrt{\frac{64}{9}}=\pm\frac{8}{3}$

소단원 핵심문제 | 72쪽 |

1 ④　2 ③　3 (1) -5 (2) $-\frac{4}{3}$　4 ㄱ, ㄹ
5 ④

1 각 이차방정식의 해를 구하면 다음과 같다.

① $x=-\frac{1}{3}$ 또는 $x=-2$　② $x=\frac{1}{3}$ 또는 $x=-2$

③ $x=-1$ 또는 $x=-2$　④ $x=-\frac{1}{3}$ 또는 $x=2$

⑤ $x=\frac{1}{3}$ 또는 $x=2$

2 $6x^2+7x-5=0$에서 $(3x+5)(2x-1)=0$

$3x+5=0$ 또는 $2x-1=0$, 즉 $x=-\frac{5}{3}$ 또는 $x=\frac{1}{2}$

$2x^2+7x-4=0$에서 $(x+4)(2x-1)=0$

$x+4=0$ 또는 $2x-1=0$, 즉 $x=-4$ 또는 $x=\frac{1}{2}$

따라서 두 이차방정식의 공통인 근은 $x=\frac{1}{2}$

3 (1) 이차방정식 $3x^2+ax-12=0$의 한 근이 $x=3$이므로

$3\times3^2+a\times3-12=0$, $3a=-15$, $a=-5$

(2) 주어진 이차방정식은 $3x^2-5x-12=0$이므로

$(3x+4)(x-3)=0$, $3x+4=0$ 또는 $x-3=0$

즉, $x=-\frac{4}{3}$ 또는 $x=3$이므로 다른 한 근은 $-\frac{4}{3}$이다.

4 ㄱ. $x^2+6x+4=2x$에서

$x^2+4x+4=0$, $(x+2)^2=0$, $x=-2$ (중근)

ㄴ. $2x^2-7x+3=0$에서 $(2x-1)(x-3)=0$

$2x-1=0$ 또는 $x-3=0$, 즉 $x=\frac{1}{2}$ 또는 $x=3$

ㄷ. $3x^2+6x-9=0$에서

$3(x^2+2x-3)=0$, $3(x+3)(x-1)=0$

$x+3=0$ 또는 $x-1=0$, 즉 $x=-3$ 또는 $x=1$

ㄹ. $16x^2+1=8x$에서 $16x^2-8x+1=0$

$(4x-1)^2=0$, $4x-1=0$, $x=\frac{1}{4}$ (중근)

따라서 중근을 갖는 이차방정식은 ㄱ, ㄹ이다.

5 $5x-4=x^2+ax+5$에서

$x^2+(a-5)x+9=0$, $x^2+(a-5)x+3^2=0$

이 이차방정식이 중근을 가지므로 좌변이 완전제곱식이어야 한다. 즉,

$a-5=\pm2\times1\times3=\pm6$이어야 하므로

$a-5=-6$ 또는 $a-5=6$, 즉 $a=-1$ 또는 $a=11$

이때 a는 양수이므로 $a=11$

따라서 주어진 이차방정식은 $x^2+6x+9=0$이므로

$(x+3)^2=0$, $x=-3$에서 $b=-3$

따라서 $a+b=11+(-3)=8$

03. 완전제곱식을 이용한 이차방정식의 풀이 | 73~74쪽 |

핵심예제 **6** (1) $x=\pm3$ (2) $x=\frac{-1\pm2\sqrt{2}}{3}$

(1) $x^2-9=0$에서 $x^2=9$

따라서 $x=\pm\sqrt{9}=\pm3$

(2) $(3x+1)^2=8$에서 $3x+1=\pm\sqrt{8}$, $3x=-1\pm2\sqrt{2}$

따라서 $x=\frac{-1\pm2\sqrt{2}}{3}$

6-1 (1) $x=\pm\sqrt{5}$ (2) $x=\pm\sqrt{7}$ (3) $x=\pm2$ (4) $x=\pm\frac{\sqrt{2}}{3}$

(1) $x^2=5$에서 $x=\pm\sqrt{5}$

(2) $x^2-7=0$에서 $x^2=7$, $x=\pm\sqrt{7}$

(3) $2x^2-8=0$에서 $2x^2=8$, $x^2=4$, $x=\pm\sqrt{4}=\pm2$

(4) $9x^2=2$에서 $x^2=\frac{2}{9}$, $x=\pm\sqrt{\frac{2}{9}}=\pm\frac{\sqrt{2}}{3}$

6-2 (1) $x=-5$ 또는 $x=3$ (2) $x=0$ 또는 $x=4$

(3) $x=-3\pm\sqrt{3}$　(4) $x=-\frac{1}{2}$ 또는 $x=\frac{5}{2}$

(1) $(x+1)^2=16$에서 $x+1=\pm\sqrt{16}=\pm4$

즉, $x+1=-4$ 또는 $x+1=4$이므로

$x=-5$ 또는 $x=3$

(2) $3(x-2)^2=12$에서 $(x-2)^2=4$

$x-2=\pm\sqrt{4}=\pm2$

즉, $x-2=-2$ 또는 $x-2=2$이므로

$x=0$ 또는 $x=4$

(3) $2(x+3)^2-6=0$에서 $2(x+3)^2=6$

$(x+3)^2=3$, $x+3=\pm\sqrt{3}$, $x=-3\pm\sqrt{3}$

(4) $-4(x-1)^2+9=0$에서 $4(x-1)^2=9$

$(x-1)^2=\frac{9}{4}$, $x-1=\pm\sqrt{\frac{9}{4}}=\pm\frac{3}{2}$

즉, $x-1=-\frac{3}{2}$ 또는 $x-1=\frac{3}{2}$이므로

$x=-\frac{1}{2}$ 또는 $x=\frac{5}{2}$

6-3 (1) $a\geq0$ (2) $a\geq1$ (3) $a\leq\frac{1}{2}$ (4) $a<0$

(1) 이차방정식 $x^2=a$가 해를 가지려면 $a\geq0$

(2) 이차방정식 $(x-3)^2=a-1$이 해를 가지려면
$a-1\geq0$, 즉 $a\geq1$

(3) $2(x+1)^2=1-2a$에서 $(x+1)^2=\frac{1-2a}{2}$
따라서 이차방정식 $2(x+1)^2=1-2a$가 해를 가지려면
$\frac{1-2a}{2}\geq0$, $\frac{1}{2}-a\geq0$, 즉 $a\leq\frac{1}{2}$

(4) $ax^2=-5$가 이차방정식이므로 $a\neq0$
$ax^2=-5$의 양변을 a로 나누면 $x^2=-\frac{5}{a}$
따라서 이차방정식 $ax^2=-5$가 해를 가지려면
$-\frac{5}{a}>0$, 즉 $a<0$

핵심예제 7 (1) $x=-4\pm2\sqrt{3}$ (2) $x=\frac{1\pm\sqrt{33}}{8}$

(1) $x^2+8x+4=0$에서 $x^2+8x=-4$
$x^2+8x+\left(\frac{8}{2}\right)^2=-4+\left(\frac{8}{2}\right)^2$
$(x+4)^2=12$, $x+4=\pm\sqrt{12}=\pm2\sqrt{3}$
따라서 $x=-4\pm2\sqrt{3}$

(2) $2x^2-\frac{1}{2}x-1=0$에서
$x^2-\frac{1}{4}x-\frac{1}{2}=0$, $x^2-\frac{1}{4}x=\frac{1}{2}$
$x^2-\frac{1}{4}x+\left(-\frac{1}{4}\times\frac{1}{2}\right)^2=\frac{1}{2}+\left(-\frac{1}{4}\times\frac{1}{2}\right)^2$
$\left(x-\frac{1}{8}\right)^2=\frac{33}{64}$, $x-\frac{1}{8}=\pm\sqrt{\frac{33}{64}}=\pm\frac{\sqrt{33}}{8}$
따라서 $x=\frac{1\pm\sqrt{33}}{8}$

7-1 (1) $\left(x+\frac{3}{2}\right)^2=\frac{5}{4}$ (2) $(x-1)^2=6$
(3) $\left(x-\frac{3}{2}\right)^2=\frac{15}{4}$ (4) $\left(x+\frac{1}{2}\right)^2=\frac{7}{12}$

(1) $x^2+3x+1=0$에서 $x^2+3x=-1$
$x^2+3x+\left(\frac{3}{2}\right)^2=-1+\left(\frac{3}{2}\right)^2$, $\left(x+\frac{3}{2}\right)^2=\frac{5}{4}$

(2) $x^2-2x-5=0$에서 $x^2-2x=5$
$x^2-2x+\left(\frac{-2}{2}\right)^2=5+\left(\frac{-2}{2}\right)^2$, $(x-1)^2=6$

(3) $2x^2-6x-3=0$에서
$x^2-3x-\frac{3}{2}=0$, $x^2-3x=\frac{3}{2}$
$x^2-3x+\left(\frac{-3}{2}\right)^2=\frac{3}{2}+\left(\frac{-3}{2}\right)^2$, $\left(x-\frac{3}{2}\right)^2=\frac{15}{4}$

(4) $3x^2+3x-1=0$에서
$x^2+x-\frac{1}{3}=0$, $x^2+x=\frac{1}{3}$
$x^2+x+\left(\frac{1}{2}\right)^2=\frac{1}{3}+\left(\frac{1}{2}\right)^2$, $\left(x+\frac{1}{2}\right)^2=\frac{7}{12}$

7-2 (1) $x=1\pm\sqrt{2}$ (2) $x=-2\pm\sqrt{3}$
(3) $x=\frac{-5\pm\sqrt{33}}{2}$ (4) $x=3\pm2\sqrt{3}$

(1) $x^2-2x-1=0$에서 $x^2-2x=1$
$x^2-2x+\left(\frac{-2}{2}\right)^2=1+\left(\frac{-2}{2}\right)^2$
$(x-1)^2=2$, $x-1=\pm\sqrt{2}$, $x=1\pm\sqrt{2}$

(2) $x^2+4x+1=0$에서 $x^2+4x=-1$
$x^2+4x+\left(\frac{4}{2}\right)^2=-1+\left(\frac{4}{2}\right)^2$
$(x+2)^2=3$, $x+2=\pm\sqrt{3}$, $x=-2\pm\sqrt{3}$

(3) $x^2+5x-2=0$에서 $x^2+5x=2$
$x^2+5x+\left(\frac{5}{2}\right)^2=2+\left(\frac{5}{2}\right)^2$
$\left(x+\frac{5}{2}\right)^2=\frac{33}{4}$, $x+\frac{5}{2}=\pm\sqrt{\frac{33}{4}}=\pm\frac{\sqrt{33}}{2}$
따라서 $x=\frac{-5\pm\sqrt{33}}{2}$

(4) $x^2-6x-3=0$에서 $x^2-6x=3$
$x^2-6x+\left(\frac{-6}{2}\right)^2=3+\left(\frac{-6}{2}\right)^2$
$(x-3)^2=12$, $x-3=\pm\sqrt{12}=\pm2\sqrt{3}$
따라서 $x=3\pm2\sqrt{3}$

7-3 (1) $x=\frac{-2\pm\sqrt{14}}{2}$ (2) $x=\frac{2\pm\sqrt{14}}{5}$
(3) $x=\frac{3\pm\sqrt{3}}{3}$ (4) $x=\frac{3\pm\sqrt{57}}{12}$

(1) $2x^2+4x-5=0$에서
$x^2+2x-\frac{5}{2}=0$, $x^2+2x=\frac{5}{2}$
$x^2+2x+\left(\frac{2}{2}\right)^2=\frac{5}{2}+\left(\frac{2}{2}\right)^2$
$(x+1)^2=\frac{7}{2}$, $x+1=\pm\sqrt{\frac{7}{2}}=\pm\frac{\sqrt{14}}{2}$
따라서 $x=-1\pm\frac{\sqrt{14}}{2}=\frac{-2\pm\sqrt{14}}{2}$

(2) $5x^2-4x-2=0$에서
$x^2-\frac{4}{5}x-\frac{2}{5}=0$, $x^2-\frac{4}{5}x=\frac{2}{5}$
$x^2-\frac{4}{5}x+\left(-\frac{4}{5}\times\frac{1}{2}\right)^2=\frac{2}{5}+\left(-\frac{4}{5}\times\frac{1}{2}\right)^2$
$\left(x-\frac{2}{5}\right)^2=\frac{14}{25}$, $x-\frac{2}{5}=\pm\sqrt{\frac{14}{25}}=\pm\frac{\sqrt{14}}{5}$
따라서 $x=\frac{2\pm\sqrt{14}}{5}$

(3) $-3x^2+6x-2=0$에서
$x^2-2x+\frac{2}{3}=0$, $x^2-2x=-\frac{2}{3}$
$x^2-2x+\left(\frac{-2}{2}\right)^2=-\frac{2}{3}+\left(\frac{-2}{2}\right)^2$
$(x-1)^2=\frac{1}{3}$, $x-1=\pm\sqrt{\frac{1}{3}}=\pm\frac{\sqrt{3}}{3}$

즉, $x=1\pm\frac{\sqrt{3}}{3}=\frac{3\pm\sqrt{3}}{3}$

(4) $6x^2-3x-2=0$에서

$x^2-\frac{1}{2}x-\frac{1}{3}=0$, $x^2-\frac{1}{2}x=\frac{1}{3}$

$x^2-\frac{1}{2}x+\left(-\frac{1}{2}\times\frac{1}{2}\right)^2=\frac{1}{3}+\left(-\frac{1}{2}\times\frac{1}{2}\right)^2$

$\left(x-\frac{1}{4}\right)^2=\frac{19}{48}$, $x-\frac{1}{4}=\pm\sqrt{\frac{19}{48}}=\pm\frac{\sqrt{57}}{12}$

따라서 $x=\frac{1}{4}\pm\frac{\sqrt{57}}{12}=\frac{3\pm\sqrt{57}}{12}$

소단원 핵심문제 | 75쪽 |

1 (1) $x=\pm\frac{5}{4}$ (2) $x=\pm\frac{\sqrt{30}}{3}$ (3) $x=2$ 또는 $x=3$

(4) $x=\frac{6\pm\sqrt{5}}{2}$ **2** ④ **3** ⑤ **4** 0

5 (1) $x=5\pm\sqrt{7}$ (2) $x=4\pm\sqrt{19}$ (3) $x=\frac{-3\pm\sqrt{19}}{2}$

(4) $x=\frac{3\pm2\sqrt{2}}{2}$

1 (1) $16x^2=25$에서 $x^2=\frac{25}{16}$, $x=\pm\sqrt{\frac{25}{16}}=\pm\frac{5}{4}$

(2) $3x^2-10=0$에서 $3x^2=10$, $x^2=\frac{10}{3}$

따라서 $x=\pm\sqrt{\frac{10}{3}}=\pm\frac{\sqrt{30}}{3}$

(3) $(5-2x)^2=1$, 즉 $(2x-5)^2=1$에서

$2x-5=\pm\sqrt{1}=\pm1$

즉, $2x-5=-1$ 또는 $2x-5=1$이므로

$x=2$ 또는 $x=3$

(4) $4(x-3)^2-5=0$에서 $4(x-3)^2=5$

$(x-3)^2=\frac{5}{4}$, $x-3=\pm\sqrt{\frac{5}{4}}=\pm\frac{\sqrt{5}}{2}$

따라서 $x=3\pm\frac{\sqrt{5}}{2}=\frac{6\pm\sqrt{5}}{2}$

2 ① $(x+3)^2=10$에서 $x+3=\pm\sqrt{10}$, $x=-3\pm\sqrt{10}$

② $(x-3)^2=10$에서 $x-3=\pm\sqrt{10}$, $x=3\pm\sqrt{10}$

③ $(x+3)^2=15$에서 $x+3=\pm\sqrt{15}$, $x=-3\pm\sqrt{15}$

④ $(x+3)^2=20$에서 $x+3=\pm\sqrt{20}=\pm2\sqrt{5}$, $x=-3\pm2\sqrt{5}$

⑤ $(x-3)^2=20$에서 $x-3=\pm\sqrt{20}=\pm2\sqrt{5}$, $x=3\pm2\sqrt{5}$

다른 풀이

$x=-3\pm2\sqrt{5}$에서 $x+3=\pm2\sqrt{5}$

양변을 제곱하면 $(x+3)^2=(\pm2\sqrt{5})^2$

따라서 $(x+3)^2=20$

3 이차방정식 $(x+4)^2=5-a$가 근을 가지려면

$5-a\geq0$이어야 하므로 $a\leq5$

따라서 상수 a의 값으로 옳지 않은 것은 ⑤이다.

4 $3x^2+6x+2=0$에서

$x^2+2x+\frac{2}{3}=0$, $x^2+2x=-\frac{2}{3}$

$x^2+2x+\left(\frac{-2}{2}\right)^2=-\frac{2}{3}+\left(\frac{-2}{2}\right)^2$

$x^2+2x+1=\frac{1}{3}$, $(x+1)^2=\frac{1}{3}$

$x+1=\pm\sqrt{\frac{1}{3}}=\pm\frac{\sqrt{3}}{3}$, 즉 $x=-1\pm\frac{\sqrt{3}}{3}=\frac{-3\pm\sqrt{3}}{3}$

따라서 $a=1$, $b=1$, $c=\frac{1}{3}$이므로

$ab-3c=1\times1-3\times\frac{1}{3}=0$

5 (1) $x^2-10x+18=0$에서 $x^2-10x=-18$

$x^2-10x+\left(\frac{-10}{2}\right)^2=-18+\left(\frac{-10}{2}\right)^2$

$(x-5)^2=7$, $x-5=\pm\sqrt{7}$, $x=5\pm\sqrt{7}$

(2) $x^2-8x-3=0$에서 $x^2-8x=3$

$x^2-8x+\left(\frac{-8}{2}\right)^2=3+\left(\frac{-8}{2}\right)^2$

$(x-4)^2=19$, $x-4=\pm\sqrt{19}$, $x=4\pm\sqrt{19}$

(3) $2x^2+6x-5=0$에서 $x^2+3x-\frac{5}{2}=0$

$x^2+3x=\frac{5}{2}$, $x^2+3x+\left(\frac{3}{2}\right)^2=\frac{5}{2}+\left(\frac{3}{2}\right)^2$

$\left(x+\frac{3}{2}\right)^2=\frac{19}{4}$, $x+\frac{3}{2}=\pm\sqrt{\frac{19}{4}}=\pm\frac{\sqrt{19}}{2}$

따라서 $x=\frac{-3\pm\sqrt{19}}{2}$

(4) $4x^2-12x+1=0$에서 $x^2-3x+\frac{1}{4}=0$

$x^2-3x=-\frac{1}{4}$, $x^2-3x+\left(\frac{-3}{2}\right)^2=-\frac{1}{4}+\left(\frac{-3}{2}\right)^2$

$\left(x-\frac{3}{2}\right)^2=2$, $x-\frac{3}{2}=\pm\sqrt{2}$

따라서 $x=\frac{3}{2}\pm\sqrt{2}=\frac{3\pm2\sqrt{2}}{2}$

04. 이차방정식의 근의 공식 | 76~77쪽 |

핵심예제 **8** (1) $x=-2\pm\sqrt{7}$ (2) $x=\frac{1}{2}$ 또는 $x=2$

(1) $x=\frac{-4\pm\sqrt{4^2-4\times1\times(-3)}}{2\times1}=\frac{-4\pm2\sqrt{7}}{2}=-2\pm\sqrt{7}$

(2) $x=\frac{-(-5)\pm\sqrt{(-5)^2-4\times2\times2}}{2\times2}=\frac{5\pm3}{4}$

따라서 $x=\frac{5-3}{4}$ 또는 $x=\frac{5+3}{4}$이므로

$x=\frac{1}{2}$ 또는 $x=2$

다른 풀이

(1) $x^2+4x-3=0$에서 $x^2+2\times2x-3=0$이므로

$x=\frac{-2\pm\sqrt{2^2-1\times(-3)}}{1}=-2\pm\sqrt{7}$

(2) $2x^2-5x+2=0$에서 $(2x-1)(x-2)=0$

따라서 $x=\frac{1}{2}$ 또는 $x=2$

8-1 (1) $x=\frac{-5\pm\sqrt{37}}{2}$ (2) $x=\frac{3\pm\sqrt{5}}{2}$

(3) $x=\frac{5\pm\sqrt{37}}{6}$ (4) $x=\frac{-7\pm\sqrt{89}}{10}$

(1) $x=\frac{-5\pm\sqrt{5^2-4\times1\times(-3)}}{2\times1}=\frac{-5\pm\sqrt{37}}{2}$

(2) $x^2+1=3x$에서 $x^2-3x+1=0$이므로

$x=\frac{-(-3)\pm\sqrt{(-3)^2-4\times1\times1}}{2\times1}=\frac{3\pm\sqrt{5}}{2}$

(3) $3x^2-5x=1$에서 $3x^2-5x-1=0$이므로

$x=\frac{-(-5)\pm\sqrt{(-5)^2-4\times3\times(-1)}}{2\times3}=\frac{5\pm\sqrt{37}}{6}$

(4) $x=\frac{-7\pm\sqrt{7^2-4\times5\times(-2)}}{2\times5}=\frac{-7\pm\sqrt{89}}{10}$

8-2 (1) $x=-1\pm2\sqrt{2}$ (2) $x=2\pm\sqrt{2}$

(3) $x=\frac{3\pm\sqrt{3}}{2}$ (4) $x=\frac{-1\pm\sqrt{31}}{3}$

(1) $x^2+2x=7$에서 $x^2+2x-7=0$이므로

$x=\frac{-1\pm\sqrt{1^2-1\times(-7)}}{1}=-1\pm2\sqrt{2}$

(2) $x=\frac{-(-2)\pm\sqrt{(-2)^2-1\times2}}{1}=2\pm\sqrt{2}$

(3) $x=\frac{-(-3)\pm\sqrt{(-3)^2-2\times3}}{2}=\frac{3\pm\sqrt{3}}{2}$

(4) $3x^2=10-2x$에서 $3x^2+2x-10=0$이므로

$x=\frac{-1\pm\sqrt{1^2-3\times(-10)}}{3}=\frac{-1\pm\sqrt{31}}{3}$

8-3 5

$3x^2+4x-1=0$에서

$x=\frac{-2\pm\sqrt{2^2-3\times(-1)}}{3}=\frac{-2\pm\sqrt{7}}{3}$

따라서 $A=-2$, $B=7$이므로

$A+B=-2+7=5$

핵심예제 9 (1) $x=1\pm\sqrt{6}$ (2) $x=1$ 또는 $x=\frac{7}{3}$ (3) $x=\frac{3\pm\sqrt{3}}{3}$

(1) $(x+1)(x-2)=x+3$에서

$x^2-x-2=x+3$, $x^2-2x-5=0$

따라서 $x=\frac{-(-1)\pm\sqrt{(-1)^2-1\times(-5)}}{1}=1\pm\sqrt{6}$

(2) $0.3x^2=x-0.7$의 양변에 10을 곱하면

$3x^2=10x-7$, $3x^2-10x+7=0$, $(x-1)(3x-7)=0$

따라서 $x=1$ 또는 $x=\frac{7}{3}$

(3) $\frac{1}{2}x^2-x+\frac{1}{3}=0$의 양변에 6을 곱하면

$3x^2-6x+2=0$

따라서 $x=\frac{-(-3)\pm\sqrt{(-3)^2-3\times2}}{3}=\frac{3\pm\sqrt{3}}{3}$

9-1 (1) $x=3$ (2) $x=\frac{3\pm\sqrt{21}}{6}$ (3) $x=\frac{1}{4}$ 또는 $x=1$

(4) $x=\frac{5\pm\sqrt{11}}{2}$ (5) $x=\frac{-1\pm\sqrt{33}}{4}$ (6) $x=\frac{1}{2}$ 또는 $x=\frac{5}{2}$

(1) $x^2=3(2x-3)$에서 $x^2=6x-9$

$x^2-6x+9=0$, $(x-3)^2=0$, $x=3$

(2) $(2x+1)(3x-2)=5x$에서 $6x^2-x-2=5x$

$6x^2-6x-2=0$, $3x^2-3x-1=0$

따라서

$x=\frac{-(-3)\pm\sqrt{(-3)^2-4\times3\times(-1)}}{2\times3}=\frac{3\pm\sqrt{21}}{6}$

(3) $0.4x^2+0.1=0.5x$의 양변에 10을 곱하면

$4x^2+1=5x$, $4x^2-5x+1=0$, $(4x-1)(x-1)=0$

따라서 $x=\frac{1}{4}$ 또는 $x=1$

(4) $0.2x^2-x+0.7=0$의 양변에 10을 곱하면

$2x^2-10x+7=0$

따라서 $x=\frac{-(-5)\pm\sqrt{(-5)^2-2\times7}}{2}=\frac{5\pm\sqrt{11}}{2}$

(5) $\frac{1}{2}x^2=1-\frac{1}{4}x$의 양변에 4를 곱하면

$2x^2=4-x$, $2x^2+x-4=0$

따라서 $x=\frac{-1\pm\sqrt{1^2-4\times2\times(-4)}}{2\times2}=\frac{-1\pm\sqrt{33}}{4}$

(6) $\frac{4x^2+5}{12}=x$의 양변에 12를 곱하면

$4x^2+5=12x$, $4x^2-12x+5=0$, $(2x-1)(2x-5)=0$

따라서 $x=\frac{1}{2}$ 또는 $x=\frac{5}{2}$

핵심예제 10 (1) $x=1$ 또는 $x=8$ (2) $x=-8$ 또는 $x=-\frac{3}{2}$

(1) $x-3=A$로 놓으면

$A^2-3A-10=0$, $(A+2)(A-5)=0$

즉, $A=-2$ 또는 $A=5$이므로

$x-3=-2$ 또는 $x-3=5$

따라서 $x=1$ 또는 $x=8$

(2) $x+2=A$로 놓으면

$2A^2+11A-6=0$, $(A+6)(2A-1)=0$

즉, $A=-6$ 또는 $A=\frac{1}{2}$이므로

$x+2=-6$ 또는 $x+2=\frac{1}{2}$

따라서 $x=-8$ 또는 $x=-\frac{3}{2}$

10-1 (1) $x=-5$ 또는 $x=-2$ (2) $x=-4$ 또는 $x=2$

(3) $x=0$ 또는 $x=\frac{5}{3}$ (4) $x=-5$ 또는 $x=1$

(1) $x+5=A$로 놓으면

$A^2=3A$, $A^2-3A=0$, $A(A-3)=0$

즉, $A=0$ 또는 $A=3$이므로

$x+5=0$ 또는 $x+5=3$

따라서 $x=-5$ 또는 $x=-2$

(2) $2x+1=A$로 놓으면

$A^2+2A-35=0$, $(A+7)(A-5)=0$

즉, $A=-7$ 또는 $A=5$이므로

$2x+1=-7$ 또는 $2x+1=5$

따라서 $x=-4$ 또는 $x=2$

(3) $3x-2=A$로 놓으면

$A^2-A-6=0$, $(A+2)(A-3)=0$

즉, $A=-2$ 또는 $A=3$이므로

$3x-2=-2$ 또는 $3x-2=3$

따라서 $x=0$ 또는 $x=\frac{5}{3}$

(4) $x+3=A$로 놓으면

$\frac{1}{2}A^2=A+4$

양변에 2를 곱하여 정리하면

$A^2-2A-8=0$, $(A+2)(A-4)=0$

즉, $A=-2$ 또는 $A=4$이므로

$x+3=-2$ 또는 $x+3=4$

따라서 $x=-5$ 또는 $x=1$

소단원 핵심문제 | 78쪽 |

1 (1) $x=-1\pm\sqrt{5}$ (2) $x=\frac{-3\pm\sqrt{29}}{2}$ (3) $x=\frac{3\pm\sqrt{33}}{4}$

(4) $x=\frac{-2\pm\sqrt{7}}{3}$ (5) $x=\frac{7\pm\sqrt{69}}{10}$ (6) $x=\frac{5\pm\sqrt{89}}{4}$

2 ② **3** ②

4 (1) $x=\frac{1}{3}$ (2) $x=-\frac{7}{5}$ 또는 $x=-1$ **5** ④

1 (1) $x^2+3x=x+4$에서 $x^2+2x-4=0$

따라서 $x=\frac{-1\pm\sqrt{1^2-1\times(-4)}}{1}=-1\pm\sqrt{5}$

(2) $x^2+3x=5$에서 $x^2+3x-5=0$

따라서 $x=\frac{-3\pm\sqrt{3^2-4\times1\times(-5)}}{2\times1}=\frac{-3\pm\sqrt{29}}{2}$

(3) $2x^2=3x+3$에서 $2x^2-3x-3=0$

따라서 $x=\frac{-(-3)\pm\sqrt{(-3)^2-4\times2\times(-3)}}{2\times2}=\frac{3\pm\sqrt{33}}{4}$

(4) $3x^2+4x=1$에서 $3x^2+4x-1=0$

따라서 $x=\frac{-2\pm\sqrt{2^2-3\times(-1)}}{3}=\frac{-2\pm\sqrt{7}}{3}$

(5) $x=\frac{-(-7)\pm\sqrt{(-7)^2-4\times5\times(-1)}}{2\times5}=\frac{7\pm\sqrt{69}}{10}$

(6) $x=\frac{-(-5)\pm\sqrt{(-5)^2-4\times2\times(-8)}}{2\times2}=\frac{5\pm\sqrt{89}}{4}$

2 $x^2-6x+a-5=0$에서

$x=\frac{-(-3)\pm\sqrt{(-3)^2-1\times(a-5)}}{1}=3\pm\sqrt{14-a}$

따라서 $14-a=3$이므로 $a=11$

3 $0.6x^2+x-0.4=0$의 양변에 10을 곱하면

$6x^2+10x-4=0$, $3x^2+5x-2=0$, $(x+2)(3x-1)=0$

따라서 $x=-2$ 또는 $x=\frac{1}{3}$

4 (1) $\frac{3}{2}x^2-\frac{1}{6}=x-\frac{1}{3}$의 양변에 6을 곱하면

$9x^2-1=6x-2$, $9x^2-6x+1=0$, $(3x-1)^2=0$

따라서 $x=\frac{1}{3}$

(2) $\left(x-\frac{2}{5}\right)(x+3)=\frac{x-13}{5}$의 양변에 5를 곱하면

$(5x-2)(x+3)=x-13$, $5x^2+13x-6=x-13$

$5x^2+12x+7=0$, $(5x+7)(x+1)=0$

따라서 $x=-\frac{7}{5}$ 또는 $x=-1$

5 $x+1=A$로 놓으면

$3A^2-5A-2=0$, $(3A+1)(A-2)=0$

즉, $A=-\frac{1}{3}$ 또는 $A=2$이므로 $x+1=-\frac{1}{3}$ 또는 $x+1=2$

따라서 $x=-\frac{4}{3}$ 또는 $x=1$이므로 정수인 근은 1이다.

05. 이차방정식의 성질 | 79~80쪽 |

핵심예제 **11** ㄴ, ㄹ

ㄱ. $(-5)^2-4\times1\times7=-3<0$

이므로 주어진 이차방정식은 근이 없다.

ㄴ. $(-6)^2-4\times9\times(-4)=180>0$

이므로 주어진 이차방정식은 서로 다른 두 근을 갖는다.

ㄷ. $1^2-4\times1\times\frac{1}{4}=0$

이므로 주어진 이차방정식은 중근을 갖는다.

ㄹ. $12^2-4\times4\times5=64>0$

이므로 주어진 이차방정식은 서로 다른 두 근을 갖는다.

따라서 서로 다른 두 근을 갖는 것은 ㄴ, ㄹ이다.

11-1 (1) $k<9$ (2) $k=9$ (3) $k>9$

(1) $(-6)^2-4\times1\times k>0$이어야 하므로

$36-4k>0$, $4k<36$, $k<9$

(2) $(-6)^2-4\times1\times k=0$이어야 하므로

$36-4k=0$, $4k=36$, $k=9$

(3) $(-6)^2-4\times1\times k<0$이어야 하므로

$36-4k<0$, $4k>36$, $k>9$

11-2 $k=2$, 중근: $x=2$

$(-4)^2-4\times1\times(6-k)=0$이어야 하므로
$-8+4k=0$, $4k=8$, 즉 $k=2$
따라서 주어진 이차방정식은 $x^2-4x+4=0$이므로
$(x-2)^2=0$, 즉 $x=2$

11-3 ④

이차방정식 $2x^2-3x+1-k=0$이 해를 가지려면
$(-3)^2-4\times2\times(1-k)\geq0$, $1+8k\geq0$
따라서 $k\geq-\frac{1}{8}$

핵심예제 **12** (1) $2x^2-4x-30=0$ (2) $-3x^2+24x-48=0$

(1) $2(x+3)(x-5)=0$, 즉 $2x^2-4x-30=0$
(2) $-3(x-4)^2=0$, 즉 $-3x^2+24x-48=0$

12-1 (1) $x^2+2x=0$ (2) $8x^2+2x-1=0$
(3) $x^2+4x+4=0$ (4) $-2x^2+12x-18=0$

(1) $x(x+2)=0$, 즉 $x^2+2x=0$
(2) $8\left(x+\frac{1}{2}\right)\left(x-\frac{1}{4}\right)=0$, 즉 $8x^2+2x-1=0$
(3) $(x+2)^2=0$, 즉 $x^2+4x+4=0$
(4) $-2(x-3)^2=0$, 즉 $-2x^2+12x-18=0$

12-2 (1) $a=-16$, $b=24$ (2) $a=1$, $b=-1$
(3) $a=4$, $b=2$ (4) $a=-20$, $b=50$

(1) 두 근이 2, 6이고 x^2의 계수가 2인 이차방정식은
$2(x-2)(x-6)=0$, $2x^2-16x+24=0$
따라서 $a=-16$, $b=24$
(2) 두 근이 -1, $\frac{1}{2}$이고 x^2의 계수가 2인 이차방정식은
$2(x+1)\left(x-\frac{1}{2}\right)=0$, $2x^2+x-1=0$
따라서 $a=1$, $b=-1$
(3) 중근 -1을 갖고 x^2의 계수가 2인 이차방정식은
$2(x+1)^2=0$, $2x^2+4x+2=0$
따라서 $a=4$, $b=2$
(4) 중근 5를 갖고 x^2의 계수가 2인 이차방정식은
$2(x-5)^2=0$, $2x^2-20x+50=0$
따라서 $a=-20$, $b=50$

12-3 ③

두 근이 $-\frac{2}{3}$, b이고 x^2의 계수가 3인 이차방정식은
$3\left(x+\frac{2}{3}\right)(x-b)=0$, 즉 $3x^2+(2-3b)x-2b=0$
이것이 $3x^2+ax+4=0$과 같아야 하므로
$2-3b=a$, $-2b=4$
위의 두 식을 연립하여 풀면 $a=8$, $b=-2$
따라서 $a+b=8+(-2)=6$

다른 풀이

이차방정식 $3x^2+ax+4=0$의 한 근이 $-\frac{2}{3}$이므로
$3\times\left(-\frac{2}{3}\right)^2+a\times\left(-\frac{2}{3}\right)+4=0$, $\frac{2}{3}a=\frac{16}{3}$, 즉 $a=8$
따라서 주어진 방정식은 $3x^2+8x+4=0$이므로
$(x+2)(3x+2)=0$
즉, $x=-2$ 또는 $x=-\frac{2}{3}$이므로 $b=-2$
따라서 $a+b=8+(-2)=6$

소단원 핵심문제

| 81쪽 |

1 ㄴ, ㄷ 2 (1) 2 (2) 0 (3) 2 (4) 1 3 ③
4 (1) $5x^2-9x-2=0$ (2) $-x^2+8x-16=0$ 5 ⑤

1 ㄱ. $3^2-4\times1\times(-3)=21>0$
이므로 주어진 이차방정식은 서로 다른 두 근을 갖는다.
ㄴ. $(-4)^2-4\times3\times4=-32<0$
이므로 주어진 이차방정식은 근이 없다.
ㄷ. $3^2-4\times4\times1=-7<0$
이므로 주어진 이차방정식은 근이 없다.
ㄹ. $\frac{1}{2}x^2+\frac{5}{2}x+1=0$의 양변에 2를 곱하면 $x^2+5x+2=0$
$5^2-4\times1\times2=17>0$이므로 주어진 이차방정식은 서로 다른 두 근을 갖는다.
따라서 근이 없는 것은 ㄴ, ㄷ이다.

2 (1) $(-7)^2-4\times1\times(-2)=57>0$
이므로 주어진 이차방정식의 근의 개수는 2이다.
(2) $(-2)^2-4\times3\times5=-56<0$
이므로 주어진 이차방정식의 근의 개수는 0이다.
(3) $\frac{1}{6}x^2-x+\frac{1}{3}=0$의 양변에 6을 곱하면 $x^2-6x+2=0$
$(-6)^2-4\times1\times2=28>0$이므로 주어진 이차방정식의 근의 개수는 2이다.
(4) $4x^2=4x-1$에서 $4x^2-4x+1=0$
$(-4)^2-4\times4\times1=0$이므로 주어진 이차방정식의 근의 개수는 1이다.

3 $(-4)^2-4\times3\times(k-2)\geq0$이어야 하므로
$-12k+40\geq0$, $12k\leq40$
따라서 $k\leq\frac{10}{3}$

4 (1) $5\left(x+\frac{1}{5}\right)(x-2)=0$, 즉 $5x^2-9x-2=0$
(2) $-(x-4)^2=0$, 즉 $-x^2+8x-16=0$

5 두 근이 $-\frac{3}{2}$, $\frac{1}{2}$이고 x^2의 계수가 4인 이차방정식은

$4\left(x+\frac{3}{2}\right)\left(x-\frac{1}{2}\right)=0$, 즉 $4x^2+4x-3=0$

따라서 $a=4$, $b=-3$이므로

$a+b=4+(-3)=1$

다른 풀이

$-\frac{3}{2}$이 이차방정식 $4x^2+ax+b=0$의 근이므로

$4\times\left(-\frac{3}{2}\right)^2+a\times\left(-\frac{3}{2}\right)+b=0$, $9-\frac{3}{2}a+b=0$

양변에 2를 곱하여 정리하면

$3a-2b=18$ ……㉠

$\frac{1}{2}$이 이차방정식 $4x^2+ax+b=0$의 근이므로

$4\times\left(\frac{1}{2}\right)^2+a\times\frac{1}{2}+b=0$, $1+\frac{1}{2}a+b=0$

양변에 2를 곱하여 정리하면

$a+2b=-2$ ……㉡

㉠, ㉡을 연립하여 풀면 $a=4$, $b=-3$

따라서 $a+b=4+(-3)=1$

06. 이차방정식의 활용

| 82~83쪽 |

핵심예제 13 (1) $(x+6)(x+1)=4x^2$ (2) 3 cm

(1) 직사각형의 가로, 세로의 길이는 각각 $(x+6)$ cm, $(x+1)$ cm이고, 이 직사각형의 넓이가 처음 정사각형의 넓이의 4배이므로

$(x+6)(x+1)=4x^2$

(2) $(x+6)(x+1)=4x^2$에서 $x^2+7x+6=4x^2$

$3x^2-7x-6=0$, $(3x+2)(x-3)=0$

즉, $x=-\frac{2}{3}$ 또는 $x=3$

이때 $x>0$이므로 $x=3$

따라서 구하는 정사각형의 한 변의 길이는 3 cm이다.

13-1 (1) $(x-3)$ cm (2) $\frac{1}{2}x(x-3)=20$ (3) 8 cm

(2) 삼각형의 넓이가 20 cm^2이므로

$\frac{1}{2}\times x\times(x-3)=20$, 즉 $\frac{1}{2}x(x-3)=20$

(3) $\frac{1}{2}x(x-3)=20$에서 $x(x-3)=40$

$x^2-3x=40$, $x^2-3x-40=0$

$(x+5)(x-8)=0$, 즉 $x=-5$ 또는 $x=8$

이때 $x>0$, $x-3>0$에서 $x>3$이므로 $x=8$

따라서 구하는 밑변의 길이는 8 cm이다.

13-2 16 cm

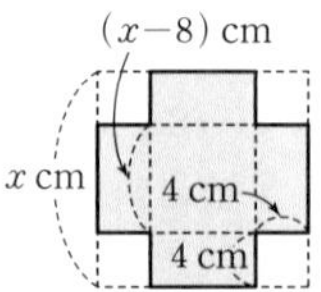

오른쪽 그림과 같이 처음 정사각형 모양의 종이의 한 변의 길이를 x cm라 하면 상자의 밑면은 한 변의 길이가 $(x-8)$ cm인 정사각형이고 높이는 4 cm이므로 상자의 부피는

$(x-8)^2\times4=256$, $(x-8)^2=64$, $x^2-16x+64=64$

$x^2-16x=0$, $x(x-16)=0$, 즉 $x=0$ 또는 $x=16$

이때 $x>0$, $x-8>0$에서 $x>8$이므로 $x=16$

따라서 처음 정사각형 모양의 종이의 한 변의 길이는 16 cm이다.

핵심예제 14 (1) $(x-4)$살 (2) $(x-4)^2=5x+4$ (3) 12살

(2) 동생의 나이의 제곱이 영주의 나이의 5배보다 4살 많으므로

$(x-4)^2=5x+4$

(3) $(x-4)^2=5x+4$에서 $x^2-8x+16=5x+4$

$x^2-13x+12=0$, $(x-1)(x-12)=0$

즉, $x=1$ 또는 $x=12$

이때 x는 자연수이고 $x>0$, $x-4>0$에서 $x>4$이므로 $x=12$

따라서 영주의 나이는 12살이다.

14-1 (1) $x+7$ (2) $x^2+(x+7)^2=289$ (3) 8, 15

(2) 위, 아래로 이웃한 두 수를 각각 제곱하여 더하면 289이므로

$x^2+(x+7)^2=289$

(3) $x^2+(x+7)^2=289$에서 $2x^2+14x+49=289$

$2x^2+14x-240=0$, $x^2+7x-120=0$

$(x+15)(x-8)=0$, 즉 $x=-15$ 또는 $x=8$

이때 x는 자연수이므로 $x=8$

따라서 위, 아래로 이웃한 두 수는 8, 15이다.

14-2 학생 수: 20, 사탕의 개수: 12

학생 수를 x라 하면 한 학생이 받는 사탕의 개수는 $x-8$이므로

$x(x-8)=240$, $x^2-8x-240=0$, $(x+12)(x-20)=0$

즉, $x=-12$ 또는 $x=20$

이때 x는 자연수이고 $x>0$, $x-8>0$에서 $x>8$이므로

$x=20$

따라서 학생 수는 20, 한 학생이 받는 사탕의 개수는 12이다.

핵심예제 15 ⑤

지면에 떨어졌을 때의 높이는 0 m이므로

$30t-5t^2=0$, $5t(6-t)=0$, 즉 $t=0$ 또는 $t=6$

이때 $t>0$이므로 $t=6$

따라서 공은 6초 후에 지면에 떨어진다.

15-1 (1) 1초 후 (2) 5초 후

(1) $50+15t-5t^2=60$에서 $5t^2-15t+10=0$

$t^2-3t+2=0$, $(t-1)(t-2)=0$, 즉 $t=1$ 또는 $t=2$

따라서 지면으로부터 물체의 높이가 처음으로 60 m가 되는 것은 1초 후이다.

(2) 지면에 떨어졌을 때의 높이는 0 m이므로

$50+15t-5t^2=0$, $t^2-3t-10=0$

$(t+2)(t-5)=0$, 즉 $t=-2$ 또는 $t=5$

이때 $t>0$이므로 $t=5$

따라서 물체는 5초 후에 지면에 떨어진다.

소단원 핵심문제

| 84쪽 |

1 ④ 2 ④ 3 10살
4 미수: 8월 7일, 현주: 8월 28일 5 2초 후

1 연속하는 두 홀수를 x, $x+2$라 하면

$x^2+(x+2)^2=290$, $2x^2+4x+4=290$

$2x^2+4x-286=0$, $x^2+2x-143=0$

$(x-11)(x+13)=0$, 즉 $x=11$ 또는 $x=-13$

이때 x는 자연수이므로 $x=11$

따라서 연속하는 두 홀수는 11, 13이고, 이 중 작은 홀수는 11이다.

2 처음 정사각형의 한 변의 길이를 x cm라 하면 직사각형의 가로, 세로의 길이는 각각 $(x+2)$ cm, $(x-2)$ cm이므로 넓이는

$(x+2)(x-2)=60$, $x^2-4=60$, $x^2=64$

즉, $x=\pm\sqrt{64}=\pm8$

이때 $x>0$, $x+2>0$, $x-2>0$에서 $x>2$이므로

$x=8$

따라서 처음 정사각형의 한 변의 길이는 8 cm이다.

3 준우의 나이를 x살이라 하면 형의 나이는 $(x+5)$살이다.

형의 나이의 제곱은 준우의 나이의 제곱을 2배 한 것보다 25살이 많으므로

$(x+5)^2=2x^2+25$, $x^2+10x+25=2x^2+25$

$x^2-10x=0$, $x(x-10)=0$

즉, $x=0$ 또는 $x=10$

이때 x는 자연수이므로 $x=10$

따라서 준우의 나이는 10살이다.

4 미수의 생일을 8월 x일이라 하면 현주의 생일은 8월 $(x+21)$일이다. 두 사람의 생일의 날짜를 곱하면 196이므로

$x(x+21)=196$, $x^2+21x-196=0$, $(x+28)(x-7)=0$

즉, $x=-28$ 또는 $x=7$

이때 x는 자연수이므로 $x=7$

따라서 미수의 생일은 8월 7일이고, 현주의 생일은 8월 28일이다.

5 $50t-5t^2=80$에서 $5t^2-50t+80=0$

$t^2-10t+16=0$, $(t-2)(t-8)=0$

즉, $t=2$ 또는 $t=8$

따라서 높이가 처음으로 80 m가 되는 것은 2초 후이다.

중단원 마무리 테스트

| 85~87쪽 |

1 ④ 2 ③ 3 ④ 4 $x=-2$ 5 ①, ⑤
6 8 7 ② 8 ④ 9 ⑤ 10 ②
11 10 12 $x=-\frac{5}{2}$ 또는 $x=1$ 13 ⑤
14 (1) -15 (2) -2 (3) $x=-3$ 또는 $x=5$ 15 ④
16 ④ 17 8 cm 18 ② 19 (1) 6 (2) -2 (3) -8
20 (1) $(16-2x)x=32$ (2) 48 m^2

1 ㄱ. $x^2=4$에서 $x^2-4=0$이므로 x에 대한 이차방정식이다.

ㄴ. x^2-3x-4는 등식이 아니므로 x에 대한 이차방정식이 아니다.

ㄷ. $3x(x-1)=x^2$에서 $2x^2-3x=0$이므로 x에 대한 이차방정식이다.

ㄹ. $(x-2)(x+1)=4x-5$에서 $x^2-5x+3=0$이므로 x에 대한 이차방정식이다.

ㅁ. $2x^2=(x-3)(2x+1)$에서 $5x+3=0$이므로 x에 대한 일차방정식이다.

따라서 x에 대한 이차방정식이 아닌 것은 ㄴ, ㅁ이다.

2 ① $(-3)^2-3\times(-3)=18\neq0$

② $(-5)^2-4\times(-5)-5=40\neq0$

③ $2\times\left(-\frac{1}{2}\right)^2-5\times\left(-\frac{1}{2}\right)-3=0$

④ $2^2-3\times2-10=-12\neq0$

⑤ $5\times(5-5)=0\neq-6$

따라서 [ ] 안의 수가 주어진 이차방정식의 해인 것은 ③이다.

3 $x=-2$가 $x^2+ax-18=0$의 근이므로

$(-2)^2+a\times(-2)-18=0$, $-2a-14=0$, 즉 $a=-7$

주어진 이차방정식은 $x^2-7x-18=0$이므로

$(x+2)(x-9)=0$, 즉 $x=-2$ 또는 $x=9$

따라서 다른 한 근은 9이다.

4 $2x^2+x-6=0$에서

$(x+2)(2x-3)=0$, 즉 $x=-2$ 또는 $x=\frac{3}{2}$

$x(x+3)=3x+4$에서

$x^2+3x=3x+4$, $x^2=4$, 즉 $x=\pm\sqrt{4}=\pm2$

따라서 공통인 해는 $x=-2$

5 ① $x(8-x)=16$에서 $8x-x^2=16$, $x^2-8x+16=0$

$(x-4)^2=0$, 즉 $x=4$ (중근)

② $x(x+2)=0$에서 $x=0$ 또는 $x=-2$

③ $x^2=25$에서 $x=\pm\sqrt{25}=\pm5$

④ $x^2+2x-24=0$에서 $(x+6)(x-4)=0$

$x=-6$ 또는 $x=4$

⑤ $x^2+36=12x$에서 $x^2-12x+36=0$

$(x-6)^2=0$, 즉 $x=6$ (중근)

6 이차방정식 $x^2-8x+20-p=0$이 중근을 가지려면 좌변이 완전제곱식이 되어야 하므로

$20-p=\left(\frac{-8}{2}\right)^2=16$, 즉 $p=4$

주어진 이차방정식은 $x^2-8x+16=0$이므로

$(x-4)^2=0$, $x=4$, 즉 $q=4$

따라서 $p+q=4+4=8$

7 $5(x+2)^2=10$에서 $(x+2)^2=2$, $x+2=\pm\sqrt{2}$

따라서 $x=-2\pm\sqrt{2}$

8 $x^2-4x-2=0$에서

$x^2-4x=2$, $x^2-4x+\left(\frac{-4}{2}\right)^2=2+\left(\frac{-4}{2}\right)^2$

$(x-2)^2=6$, $x-2=\pm\sqrt{6}$

따라서 $x=2\pm\sqrt{6}$

즉, ① 4 ② 2 ③ 6 ④ $\pm\sqrt{6}$ ⑤ $2\pm\sqrt{6}$

9 $4x(x-1)=x^2+3$에서

$4x^2-4x=x^2+3$, $3x^2-4x-3=0$

$x=\frac{-(-2)\pm\sqrt{(-2)^2-3\times(-3)}}{3}=\frac{2\pm\sqrt{13}}{3}$

따라서 $a=\frac{2+\sqrt{13}}{3}$이므로

$3a-2=3\times\frac{2+\sqrt{13}}{3}-2=\sqrt{13}$

10 ㄱ. $x^2-x-2=0$에서 $(x+1)(x-2)=0$

$x=-1$ 또는 $x=2$

ㄴ. $x^2-x-4=0$에서

$x=\frac{-(-1)\pm\sqrt{(-1)^2-4\times1\times(-4)}}{2\times1}=\frac{1\pm\sqrt{17}}{2}$

ㄷ. $x^2-x-6=0$에서 $(x+2)(x-3)=0$

$x=-2$ 또는 $x=3$

ㄹ. $x^2-x-8=0$에서

$x=\frac{-(-1)\pm\sqrt{(-1)^2-4\times1\times(-8)}}{2\times1}=\frac{1\pm\sqrt{33}}{2}$

ㅁ. $x^2-x-10=0$에서

$x=\frac{-(-1)\pm\sqrt{(-1)^2-4\times1\times(-10)}}{2\times1}=\frac{1\pm\sqrt{41}}{2}$

따라서 자연수인 해를 갖는 것은 ㄱ, ㄷ이다.

11 $2x^2-7x+4=0$에서

$x=\frac{-(-7)\pm\sqrt{(-7)^2-4\times2\times4}}{2\times2}=\frac{7\pm\sqrt{17}}{4}$

따라서 $A=7$, $B=17$이므로

$B-A=17-7=10$

12 $\frac{1}{5}x^2+0.3x-\frac{1}{2}=0$의 양변에 10을 곱하면

$2x^2+3x-5=0$, $(2x+5)(x-1)=0$

따라서 $x=-\frac{5}{2}$ 또는 $x=1$

13 ① $x^2=5x+2$에서 $x^2-5x-2=0$

$(-5)^2-4\times1\times(-2)=33>0$

이므로 주어진 이차방정식은 서로 다른 두 근을 갖는다.

② $(-3)^2-4\times2\times1=1>0$

이므로 주어진 이차방정식은 서로 다른 두 근을 갖는다.

③ $\frac{3}{2}x\left(x-\frac{4}{3}\right)=1$의 양변에 2를 곱하면

$3x\left(x-\frac{4}{3}\right)=2$, $3x^2-4x=2$, $3x^2-4x-2=0$

$(-4)^2-4\times3\times(-2)=40>0$

이므로 주어진 이차방정식은 서로 다른 두 근을 갖는다.

④ $4x=1-2x^2$에서 $2x^2+4x-1=0$

$4^2-4\times2\times(-1)=24>0$

이므로 주어진 이차방정식은 서로 다른 두 근을 갖는다.

⑤ $9x^2+4=12x$에서 $9x^2-12x+4=0$

$(-12)^2-4\times9\times4=0$

이므로 주어진 이차방정식은 중근을 갖는다.

14 (1) 두 근이 -5, 3이고 x^2의 계수가 1인 이차방정식은

$(x+5)(x-3)=0$, 즉 $x^2+2x-15=0$

현지는 상수항 b는 바르게 보았으므로

$b=-15$

(2) 두 근이 -2, 4이고 x^2의 계수가 1인 이차방정식은

$(x+2)(x-4)=0$, 즉 $x^2-2x-8=0$

현우는 x의 계수 a는 바르게 보았으므로

$a=-2$

(3) 이차방정식 $x^2+ax+b=0$은 $x^2-2x-15=0$이므로

$(x+3)(x-5)=0$, 즉 $x=-3$ 또는 $x=5$

15 구하는 다각형을 n각형이라 하면

$\frac{n(n-3)}{2}=54$, $n(n-3)=108$

$n^2-3n-108=0$, $(n+9)(n-12)=0$

즉, $n=-9$ 또는 $n=12$

이때 n은 자연수이므로 $n=12$

따라서 구하는 다각형은 십이각형이다.

16 어떤 자연수를 x라 하면 어떤 자연수와 그 수의 제곱의 합이 90이므로

$x+x^2=90$, $x^2+x-90=0$

$(x+10)(x-9)=0$, 즉 $x=-10$ 또는 $x=9$

이때 x는 자연수이므로 $x=9$

17 $\overline{BC}=x$ cm라 하면 $\overline{CF}=(12-x)$ cm

두 정사각형의 넓이의 합이 80 cm^2이므로

$x^2+(12-x)^2=80$, $2x^2-24x+144=80$

$2x^2-24x+64=0$, $x^2-12x+32=0$

$(x-4)(x-8)=0$, 즉 $x=4$ 또는 $x=8$

이때 $\overline{BC}>\overline{CF}$, 즉 $x>12-x$에서 $x>6$이므로 $x=8$

따라서 $\overline{BC}$의 길이는 8 cm이다.

18 $15+20t-5t^2=30$에서
$5t^2-20t+15=0$, $t^2-4t+3=0$
$(t-1)(t-3)=0$
즉, $t=1$ 또는 $t=3$
따라서 물로켓이 처음으로 지면으로부터 30 m의 높이에 도달하는 것은 물로켓을 쏘아 올린 지 1초 후이다.

19 (1) $x=-3$이 이차방정식 $x^2+5x+a=0$의 근이므로
$(-3)^2+5\times(-3)+a=0$, $-6+a=0$
따라서 $a=6$ ······ ❶
(2) 이차방정식 $x^2+5x+a=0$은 $x^2+5x+6=0$이므로
$(x+3)(x+2)=0$
즉, $x=-3$ 또는 $x=-2$
따라서 다른 한 근은 -2이다. ······ ❷
(3) $x=-2$가 이차방정식 $3x^2+2x+b=0$의 근이므로
$3\times(-2)^2+2\times(-2)+b=0$, $8+b=0$
따라서 $b=-8$ ······ ❸

	채점 기준	비율
(1)	❶ a의 값 구하기	30 %
(2)	❷ $x^2+5x+a=0$의 다른 한 근 구하기	40 %
(3)	❸ b의 값 구하기	30 %

20 (1)

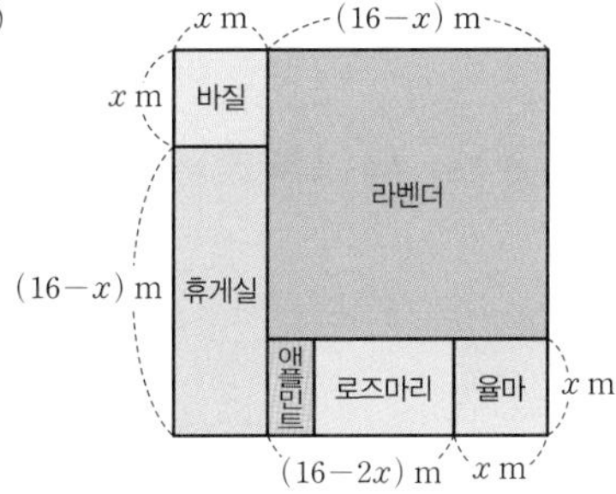

바질을 심는 땅의 한 변의 길이를 x m라 하면 라벤더와 율마를 심는 땅의 한 변의 길이는 각각 $(16-x)$ m, x m이고, 애플민트와 로즈마리를 심는 땅은 가로, 세로의 길이가 각각 $(16-2x)$ m, x m인 직사각형 모양이다.
이 땅의 넓이가 32 m^2이므로 $(16-2x)x=32$ ······ ❶
(2) $(16-2x)x=32$에서
$16x-2x^2=32$, $2x^2-16x+32=0$
$x^2-8x+16=0$, $(x-4)^2=0$, $x=4$
즉, 바질을 심는 땅의 한 변의 길이는 4 m이다. ······ ❷
따라서 휴게실은 가로의 길이가 4 m, 세로의 길이가 $16-4=12$ (m)인 직사각형 모양이므로 휴게실의 넓이는
$4\times12=48$ (m^2) ······ ❸

	채점 기준	비율
(1)	❶ 이차방정식 세우기	40 %
(2)	❷ 바질을 심는 땅의 한 변의 길이 구하기	40 %
	❸ 휴게실의 넓이 구하기	20 %

6. 이차함수와 그 그래프

01. 이차함수 $y=ax^2$의 그래프 | 90~92쪽 |

핵심예제 **1** (1) $y=\pi x^2$ (2) $y=10x$ (3) $y=\frac{1}{2}x^2-\frac{3}{2}x$
이차함수: (1), (3)

(1) (원의 넓이)$=\pi\times$(반지름의 길이$)^2$이므로
$y=\pi x^2$ ➡ 이차함수이다.
(2) (거리)$=$(속력)$\times$(시간)이므로 $y=10x$
➡ 이차함수가 아니다.
(3) (n각형의 대각선의 총개수)$=\frac{n(n-3)}{2}$이므로 x각형에서
$y=\frac{x(x-3)}{2}=\frac{1}{2}x^2-\frac{3}{2}x$ ➡ 이차함수이다.

1-1 ㄱ, ㄷ

ㄱ. $y=(x+2)(x-2)=x^2-4$
➡ y가 x에 대한 이차함수이다.
ㄴ. $y=\frac{1}{x}+x+1$은 분모에 문자가 있으므로 이차함수가 아니다.
ㄷ. $y=-\frac{x^2}{2}+5$ ➡ y가 x에 대한 이차함수이다.
ㄹ. $y=x^2-(3x+x^2)=-3x$ ➡ y가 x에 대한 일차함수이다.
따라서 y가 x에 대한 이차함수인 것은 ㄱ, ㄷ이다.

핵심예제 **2** 14

$f(3)=3^2+3=12$
$f(-2)=(-2)^2+(-2)=2$
따라서 $f(3)+f(-2)=12+2=14$

2-1 (1) 2 (2) $\frac{10}{3}$ (3) $\frac{4}{3}$ (4) 8

(1) $f(0)=\frac{1}{3}\times0^2-0+2=2$
(2) $f(-1)=\frac{1}{3}\times(-1)^2-(-1)+2=\frac{10}{3}$
(3) $f(1)=\frac{1}{3}\times1^2-1+2=\frac{4}{3}$
(4) $f(-3)=\frac{1}{3}\times(-3)^2-(-3)+2=8$

핵심예제 **3** (1) 9, 4, 1, 0, 1, 4, 9 (2) 풀이 참조

(2) (1)의 표에서 구한 순서쌍 (x, y)를 좌표로 하는 점을 나타낸 후, x의 값 사이의 간격을 점점 작게 하여 x의 값의 범위를 실수 전체로 하면 매끄러운 곡선이 된다.

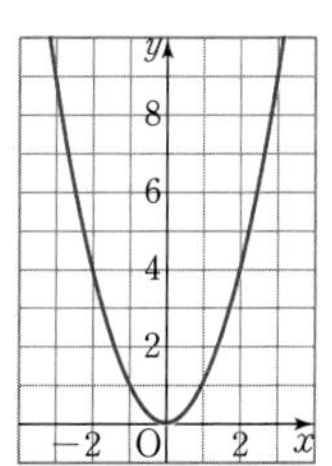

참고

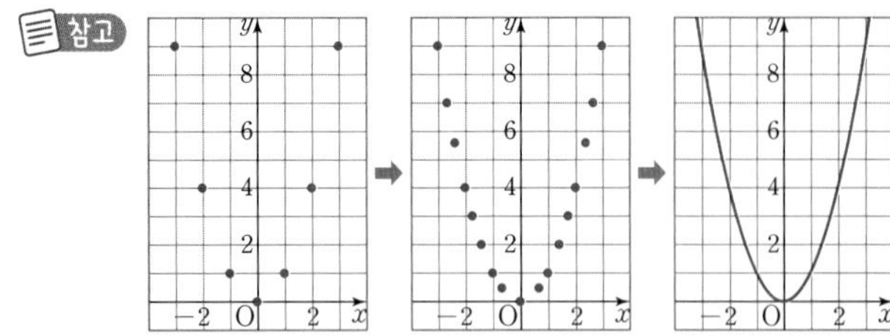

핵심예제 **4** ㄴ, ㄷ

ㄱ. $y=x^2$에 $x=0$, $y=1$을 대입하면 $1\neq0$
따라서 점 $(0,\ 1)$을 지나지 않는다.

ㄹ. $x=-5$일 때, $y=(-5)^2=25$
$x=5$일 때, $y=5^2=25$

따라서 옳은 것은 ㄴ, ㄷ이다.

4-1 (1) y (2) 볼록 (3) 증가

(1) y축을 접는 선으로 하여 접었을 때, 그래프가 완전히 포개어지므로 y축에 대칭이다.

핵심예제 **5** (1) $\frac{1}{2}$ (2) 풀이 참조

(1), (2) 이차함수 $y=\frac{1}{2}x^2$의 그래프는 이차함수 $y=x^2$의 그래프 위의 각 점에 대하여 y좌표를 $\frac{1}{2}$배로 하는 점을 연결하여 그리면 다음 그림과 같다.

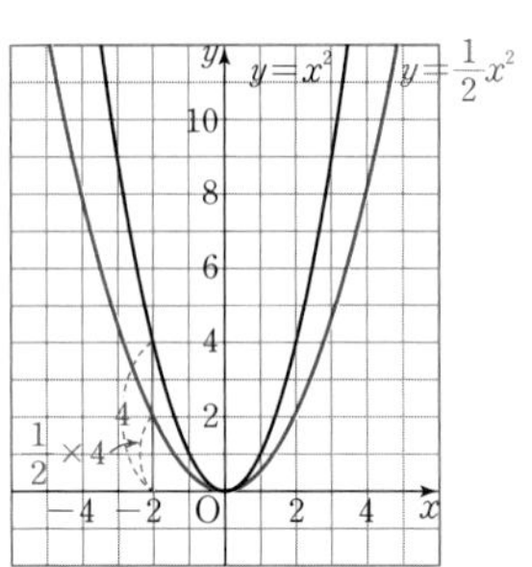

핵심예제 **6** ㄱ과 ㄹ

이차함수 $y=ax^2$의 그래프는 이차함수 $y=-ax^2$의 그래프와 x축에 서로 대칭이다.
따라서 x축에 서로 대칭인 것은 ㄱ과 ㄹ이다.

6-1 (1) ○ (2) ○ (3) × (4) ×

이차함수 $y=ax^2$의 그래프와 x축에 서로 대칭인 그래프
$\Longleftrightarrow$ 이차함수 $y=-ax^2$의 그래프

소단원 핵심문제 | 93쪽 |

1 ④	2 (1) $y=2x^2+6x$, 이차함수이다. (2) 20 cm^2, 36 cm^2	
3 ㄴ, ㄷ	4 -1	5 (1) ㉠ (2) ㉢ (3) ㉡

1 ① y가 x에 대한 일차함수이다.
② $y=x^2-x(x+1)=-x$ ➡ y가 x에 대한 일차함수이다.
③ $(2x+1)(x-2)+3=0$에서 $2x^2-3x+1=0$
➡ x에 대한 이차방정식이다.
⑤ 분모에 x가 있으므로 이차함수가 아니다.

2 (1) (삼각형의 넓이)$=\frac{1}{2}\times$(밑변의 길이)$\times$(높이)이므로
$y=\frac{1}{2}\times4x\times(x+3)=2x^2+6x$
➡ y가 x에 대한 이차함수이다.

(2) $y=2x^2+6x$에서
$x=2$일 때, $y=2\times2^2+6\times2=20$,
$x=3$일 때, $y=2\times3^2+6\times3=36$
이므로 삼각형의 넓이를 차례로 구하면 20 cm^2, 36 cm^2이다.

3 ㄱ. 위로 볼록한 포물선이다.
ㄹ. 이차함수 $y=x^2$의 그래프와 x축에 서로 대칭이다.
따라서 옳은 것은 ㄴ, ㄷ이다.

4 이차함수 $y=\frac{1}{4}x^2$의 그래프와 x축에 서로 대칭인 그래프를 나타내는 이차함수의 식은 $y=-\frac{1}{4}x^2$
이 그래프가 점 $(2,\ a)$를 지나므로
$a=-\frac{1}{4}\times2^2=-1$

5 (1), (3) 이차함수 $y=4x^2$과 $y=x^2$의 그래프는 x^2의 계수가 $4>0$, $1>0$이므로 각각 아래로 볼록한 곡선이고, $|4|>|1|$이므로 이차함수 $y=4x^2$의 그래프의 폭이 이차함수 $y=x^2$의 그래프의 폭보다 좁다.
따라서 이차함수 $y=4x^2$의 그래프는 ㉠이고 $y=x^2$의 그래프는 ㉡이다.

(2) 이차함수 $y=-\frac{1}{9}x^2$의 그래프는 x^2의 계수가 $-\frac{1}{9}<0$이므로 위로 볼록한 곡선이다.
따라서 이차함수 $y=-\frac{1}{9}x^2$의 그래프는 ㉢이다.

02. 이차함수 $y=a(x-p)^2+q$의 그래프 | 94~96쪽 |

핵심예제 **7** (1) $y=7x^2-3$ (2) $y=-\frac{1}{2}x^2+5$

(1) 이차함수 $y=7x^2$의 그래프를 y축의 방향으로 -3만큼 평행이동한 그래프를 나타내는 이차함수의 식은 $y=7x^2-3$

(2) 이차함수 $y=-\frac{1}{2}x^2$의 그래프를 y축의 방향으로 5만큼 평행이동한 그래프를 나타내는 이차함수의 식은 $y=-\frac{1}{2}x^2+5$

7-1 (1) 9 (2) -1

(1) 이차함수 $y=-8x^2+9$의 그래프는 이차함수 $y=-8x^2$의 그래프를 y축의 방향으로 9만큼 평행이동한 것이다.
(2) 이차함수 $y=-8x^2-1$의 그래프는 이차함수 $y=-8x^2$의 그래프를 y축의 방향으로 -1만큼 평행이동한 것이다.

핵심예제 8 (1) 그래프는 풀이 참조 /
축의 방정식: $x=0$, 꼭짓점의 좌표: $(0, -2)$
(2) 그래프는 풀이 참조 /
축의 방정식: $x=0$, 꼭짓점의 좌표: $(0, 3)$

(1) 이차함수 $y=4x^2-2$의 그래프는 이차함수 $y=4x^2$의 그래프를 y축의 방향으로 -2만큼 평행이동하여 그리면 오른쪽 그림과 같다.
따라서 축의 방정식은 $x=0$이고 꼭짓점의 좌표는 $(0, -2)$이다.

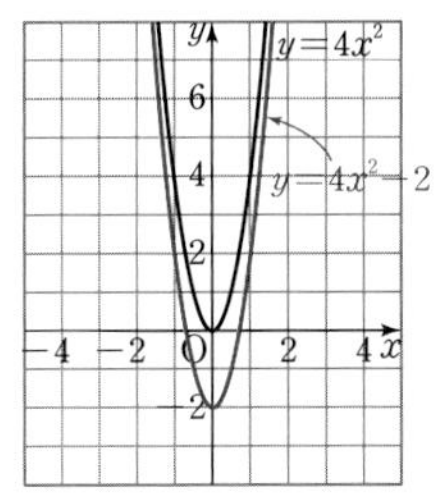

(2) 이차함수 $y=-2x^2+3$의 그래프는 이차함수 $y=-2x^2$의 그래프를 y축의 방향으로 3만큼 평행이동하여 그리면 오른쪽 그림과 같다.
따라서 축의 방정식은 $x=0$이고 꼭짓점의 좌표는 $(0, 3)$이다.

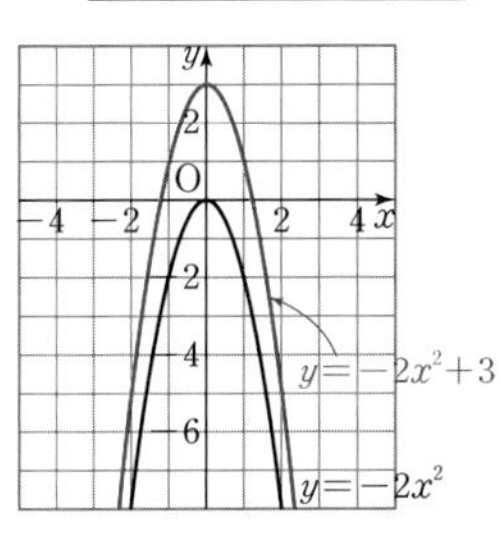

핵심예제 9 (1) $y=-(x-6)^2$ (2) $y=\frac{1}{6}(x+3)^2$

(1) 이차함수 $y=-x^2$의 그래프를 x축의 방향으로 6만큼 평행이동한 그래프를 나타내는 이차함수의 식은
$y=-(x-6)^2$
(2) 이차함수 $y=\frac{1}{6}x^2$의 그래프를 x축의 방향으로 -3만큼 평행이동한 그래프를 나타내는 이차함수의 식은
$y=\frac{1}{6}(x+3)^2$

9-1 (1) -4 (2) 7

(1) 이차함수 $y=9(x+4)^2$의 그래프는 이차함수 $y=9x^2$의 그래프를 x축의 방향으로 -4만큼 평행이동한 것이다.
(2) 이차함수 $y=9(x-7)^2$의 그래프는 이차함수 $y=9x^2$의 그래프를 x축의 방향으로 7만큼 평행이동한 것이다.

핵심예제 10

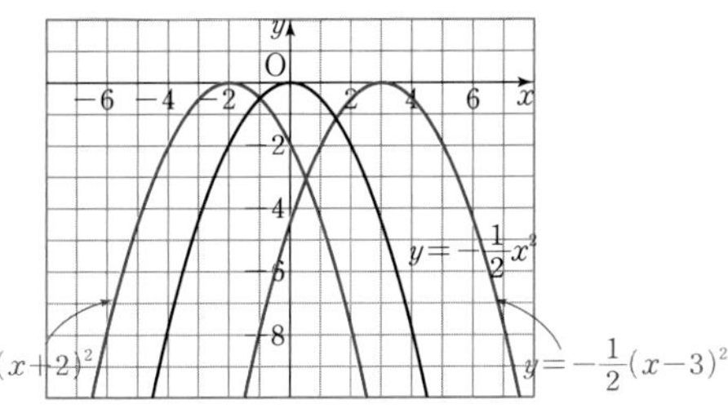

(1) 축의 방정식: $x=-2$, 꼭짓점의 좌표: $(-2, 0)$
(2) 축의 방정식: $x=3$, 꼭짓점의 좌표: $(3, 0)$

(1) 이차함수 $y=-\frac{1}{2}(x+2)^2$의 그래프는 이차함수 $y=-\frac{1}{2}x^2$의 그래프를 x축의 방향으로 -2만큼 평행이동하여 그린다.
따라서 축의 방정식은 $x=-2$, 꼭짓점의 좌표는 $(-2, 0)$이다.
(2) 이차함수 $y=-\frac{1}{2}(x-3)^2$의 그래프는 이차함수 $y=-\frac{1}{2}x^2$의 그래프를 x축의 방향으로 3만큼 평행이동하여 그린다.
따라서 축의 방정식은 $x=3$, 꼭짓점의 좌표는 $(3, 0)$이다.

10-1 (1) $x=-3$, $(-3, 0)$ (2) $x=1$, $(1, 0)$

(1) 이차함수 $y=\frac{4}{3}(x+3)^2$의 그래프는 이차함수 $y=\frac{4}{3}x^2$의 그래프를 x축의 방향으로 -3만큼 평행이동한 것이다.
따라서 축의 방정식은 $x=-3$, 꼭짓점의 좌표는 $(-3, 0)$이다.
(2) 이차함수 $y=-5(x-1)^2$의 그래프는 이차함수 $y=-5x^2$의 그래프를 x축의 방향으로 1만큼 평행이동한 것이다.
따라서 축의 방정식은 $x=1$, 꼭짓점의 좌표는 $(1, 0)$이다.

핵심예제 11 (1) x축의 방향으로 2만큼, y축의 방향으로 1만큼 평행이동
(2) x축의 방향으로 -5만큼, y축의 방향으로 -2만큼 평행이동

(1) 이차함수 $y=-\frac{3}{4}(x-2)^2+1$의 그래프는 이차함수 $y=-\frac{3}{4}x^2$의 그래프를 x축의 방향으로 2만큼, y축의 방향으로 1만큼 평행이동한 것이다.
(2) 이차함수 $y=-\frac{3}{4}(x+5)^2-2$의 그래프는 이차함수 $y=-\frac{3}{4}x^2$의 그래프를 x축의 방향으로 -5만큼, y축의 방향으로 -2만큼 평행이동한 것이다.

핵심예제 12 그래프는 풀이 참조 / (1) $x=-4$ (2) $(-4, -3)$

이차함수 $y=3(x+4)^2-3$의 그래프는 이차함수 $y=3x^2$의 그래프를 x축의 방향으로 -4만큼, y축의 방향으로 -3만큼 평행이동하여 그리면 다음 그림과 같다.

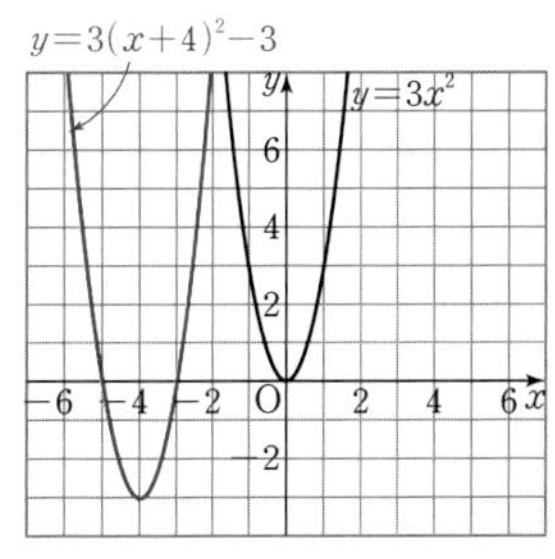

(1), (2) 위의 평행이동한 그래프에서 축의 방정식은 $x=-4$, 꼭짓점의 좌표는 $(-4, -3)$이다.

12-1 (1) $\frac{1}{5}(x+1)^2-5$ (2) $x=-1$ (3) -1, -5

(1) 이차함수 $y=\frac{1}{5}x^2$의 그래프를 x축의 방향으로 -1만큼, y축의

방향으로 -5만큼 평행이동한 그래프를 나타내는 이차함수의 식은

$y=\frac{1}{5}(x+1)^2-5$

(2), (3) 이차함수 $y=\frac{1}{5}(x+1)^2-5$의 그래프의 축의 방정식은 $x=-1$, 꼭짓점의 좌표는 $(-1, -5)$이다.

소단원 핵심문제 | 97쪽 |

1 y, -4, y, 0, -4 2 $\frac{3}{2}$ 3 $y=\frac{1}{2}(x+2)^2$
4 ② 5 ③

2 이차함수 $y=\frac{1}{2}x^2+q$의 그래프가 점 $(1, 2)$를 지나므로

$2=\frac{1}{2}\times 1^2+q$

따라서 $q=\frac{3}{2}$

3 주어진 그래프는 이차함수 $y=\frac{1}{2}x^2$의 그래프를 x축의 방향으로 -2만큼 평행이동한 것이므로 그래프를 나타내는 이차함수의 식은

$y=\frac{1}{2}(x+2)^2$

4 이차함수 $y=-\frac{2}{3}x^2$의 그래프를 x축의 방향으로 3만큼 평행이동한 그래프를 나타내는 이차함수의 식은

$y=-\frac{2}{3}(x-3)^2$

이 그래프가 점 $(3, k)$를 지나므로

$k=-\frac{2}{3}\times(3-3)^2=0$

5 이차함수 $y=5(x-1)^2+2$의 그래프는 이차함수 $y=5x^2$의 그래프를 x축의 방향으로 1만큼, y축의 방향으로 2만큼 평행이동한 것이다.

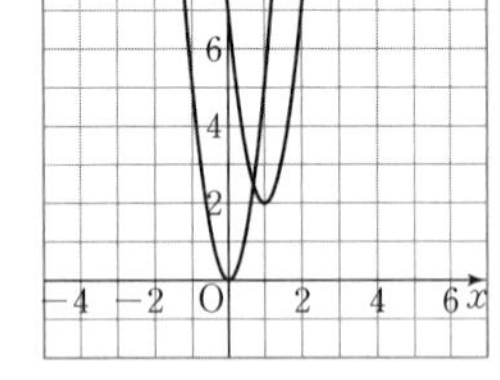

③ x축과는 만나지 않고 y축과 한 점에서 만난다.

03. 이차함수 $y=a(x-p)^2+q$의 그래프의 성질 | 98~100쪽 |

핵심예제 13 (1) $a<0$ (2) $p<0$ (3) $q>0$

(1) 그래프의 모양이 위로 볼록하므로 $a<0$

(2), (3) 꼭짓점 (p, q)가 제2사분면 위에 있으므로 $p<0$, $q>0$

13-1 ㄱ, ㄷ, ㅁ

ㄱ. 그래프의 모양이 아래로 볼록하므로 $a>0$

ㄴ, ㄷ. 꼭짓점 (p, q)가 제1사분면 위에 있으므로 $p>0$, $q>0$

ㄹ, ㅁ. $a>0$, $p>0$, $q>0$이므로 $a+p>0$, $a+p+q>0$

따라서 옳은 것은 ㄱ, ㄷ, ㅁ이다.

13-2 $a<0$, $p>0$, $q>0$

그래프의 모양이 위로 볼록하므로 $a<0$

꼭짓점 (p, q)가 제1사분면 위에 있으므로 $p>0$, $q>0$

핵심예제 14 (1) $a>0$, $p<0$, $q<0$ (2) $<$, 위, a, q, 4 (3) ㄷ

(1) 그래프의 모양이 아래로 볼록하므로 $a>0$

꼭짓점 (p, q)가 제3사분면 위에 있으므로 $p<0$, $q<0$

(2) $p<0$이므로 그래프의 모양은 위로 볼록하다.

꼭짓점의 좌표가 (a, q)이고 $a>0$, $q<0$이므로 꼭짓점은 제4사분면 위에 있다.

(3) 그래프의 모양이 위로 볼록하고 꼭짓점이 제4사분면 위에 있는 그래프를 찾으면 ㄷ이다.

14-1 (1) ○ (2) × (3) ○

(1) 그래프의 모양이 위로 볼록하므로 $a<0$

꼭짓점 (p, q)가 제2사분면 위에 있으므로 $p<0$, $q>0$

(2) $q>0$이므로 그래프의 모양은 아래로 볼록하다.

(3) 꼭짓점의 좌표가 (a, p)이고 $a<0$, $p<0$이므로 꼭짓점은 제3사분면 위에 있다.

핵심예제 15 $a=3$, $p=1$, $q=-3$

꼭짓점의 좌표가 $(1, -3)$이므로 $p=1$, $q=-3$

이차함수 $y=a(x-1)^2-3$의 그래프가 원점을 지나므로

$0=a\times(0-1)^2-3$, $a=3$

15-1 $a=-1$, $p=-2$, $q=4$

꼭짓점의 좌표가 $(-2, 4)$이므로

$p=-2$, $q=4$

이차함수 $y=a(x+2)^2+4$의 그래프가 원점을 지나므로

$0=a\times(0+2)^2+4$, $a=-1$

핵심예제 16 (1) $y=2(x-4)^2+5$ (2) $y=2(x-1)^2+1$ (3) $y=2(x-4)^2+1$

(1) 구하는 이차함수의 식은

$y=2(x-3-1)^2+5$, 즉 $y=2(x-4)^2+5$

(2) 구하는 이차함수의 식은

$y=2(x-1)^2+5-4$, 즉 $y=2(x-1)^2+1$

(3) 구하는 이차함수의 식은

$y=2(x-3-1)^2+5-4$, 즉 $y=2(x-4)^2+1$

다른 풀이

이차함수의 그래프는 평행이동하면 그래프의 모양과 폭은 변하지 않고 꼭짓점의 위치만 바뀌므로 평행이동한 그래프의 꼭짓점의 좌표를 구하여 평행이동한 그래프를 나타내는 이차함수의 식을 구할 수 있다.

이차함수 $y=2(x-1)^2+5$의 그래프의 꼭짓점의 좌표는 $(1, 5)$이다.

(1) x축의 방향으로 3만큼 평행이동한 그래프의 꼭짓점의 좌표는 $(1+3, 5)$, 즉 $(4, 5)$이므로 구하는 이차함수의 식은 $y=2(x-4)^2+5$

(2) y축의 방향으로 -4만큼 평행이동한 그래프의 꼭짓점의 좌표는 $(1, 5-4)$, 즉 $(1, 1)$이므로 구하는 이차함수의 식은 $y=2(x-1)^2+1$

(3) x축의 방향으로 3만큼, y축의 방향으로 -4만큼 평행이동한 그래프의 꼭짓점의 좌표는 $(1+3, 5-4)$, 즉 $(4, 1)$이므로 구하는 이차함수의 식은 $y=2(x-4)^2+1$

16-1 (1) $(-6, -4)$ (2) $y=-(x+6)^2-4$

(1) 이차함수 $y=-(x+4)^2-7$의 그래프의 꼭짓점의 좌표는 $(-4, -7)$이므로 x축의 방향으로 -2만큼, y축의 방향으로 3만큼 평행이동한 그래프의 꼭짓점의 좌표는 $(-4-2, -7+3)$, 즉 $(-6, -4)$

(2) 평행이동한 그래프의 꼭짓점의 좌표가 $(-6, -4)$이므로 구하는 이차함수의 식은 $y=-(x+6)^2-4$

다른 풀이

(2) 구하는 이차함수의 식은
$y=-(x+2+4)^2-7+3$, 즉 $y=-(x+6)^2-4$

핵심예제 **17** (1) $y=3(x-2)^2+6$ (2) $y=-3(x+2)^2-6$

이차함수의 그래프는 x축에 대칭이동하면 그래프의 모양과 꼭짓점의 y좌표의 부호가 바뀌고, y축에 대칭이동하면 꼭짓점의 x좌표의 부호만 바뀐다.

이차함수 $y=-3(x-2)^2-6$의 그래프의 꼭짓점의 좌표는 $(2, -6)$이다.

(1) x축에 대칭이동한 그래프의 꼭짓점의 좌표가 $(2, 6)$이므로 구하는 이차함수의 식은 $y=3(x-2)^2+6$

(2) y축에 대칭이동한 그래프의 꼭짓점의 좌표가 $(-2, -6)$이므로 구하는 이차함수의 식은 $y=-3(x+2)^2-6$

17-1 (1) $(-2, -0.5)$, $(2, 0.5)$
(2) $y=-5(x+2)^2-0.5$, $y=5(x-2)^2+0.5$

이차함수 $y=5(x+2)^2+0.5$의 그래프의 꼭짓점의 좌표는 $(-2, 0.5)$이다.

(1) x축에 대칭이동한 그래프의 꼭짓점의 좌표는 y좌표의 부호만 바뀌므로 $(-2, -0.5)$
y축에 대칭이동한 그래프의 꼭짓점의 좌표는 x좌표의 부호만 바뀌므로 $(2, 0.5)$

(2) x축에 대칭이동한 그래프를 나타내는 이차함수의 식은 $y=-5(x+2)^2-0.5$
y축에 대칭이동한 그래프를 나타내는 이차함수의 식은 $y=5(x-2)^2+0.5$

소단원 핵심문제

| 101쪽 |

1 ⑤	2 ④	3 $a=1$, $p=-1$, $q=-1$
4 5	5 5	

1 그래프의 모양이 아래로 볼록하므로 $a>0$
꼭짓점 (p, q)가 제2사분면 위에 있으므로 $p<0$, $q>0$

2 $a<0$이므로 그래프의 모양은 위로 볼록하다.
$p>0$, $q<0$이므로 꼭짓점 (p, q)는 제4사분면 위에 있다.
따라서 이차함수 $y=a(x-p)^2+q$의 그래프로 알맞은 것은 ④이다.

3 꼭짓점의 좌표가 $(-1, -1)$이므로 $p=-1$, $q=-1$
이차함수 $y=a(x+1)^2-1$의 그래프가 원점을 지나므로
$0=a\times(0+1)^2-1$, $a=1$

4 이차함수 $y=-6(x-2)^2+1$의 그래프의 꼭짓점의 좌표는 $(2, 1)$이므로 x축의 방향으로 5만큼, y축의 방향으로 -3만큼 평행이동한 그래프의 꼭짓점의 좌표는 $(2+5, 1-3)$, 즉 $(7, -2)$
따라서 $p=7$, $q=-2$이므로
$p+q=7+(-2)=5$

5 이차함수 $y=\frac{1}{2}(x+5)^2-3$의 그래프의 축의 방정식은 $x=-5$이므로 이 그래프를 y축에 대칭이동한 그래프의 축의 방정식은 $x=5$이다.
따라서 $k=5$

04. 이차함수 $y=ax^2+bx+c$의 그래프

| 102~105쪽 |

핵심예제 **18** 1, 3 (1) -1, 3 (2) 0, 2 / 그래프는 풀이 참조

$y=-x^2-2x+2=-(x+1)^2+3$
따라서 이차함수 $y=-x^2-2x+2$의 그래프는 꼭짓점의 좌표가 $(-1, 3)$이고, y축과의 교점의 좌표가 $(0, 2)$이며, 위로 볼록한 포물선이므로 그래프를 그리면 오른쪽 그림과 같다.

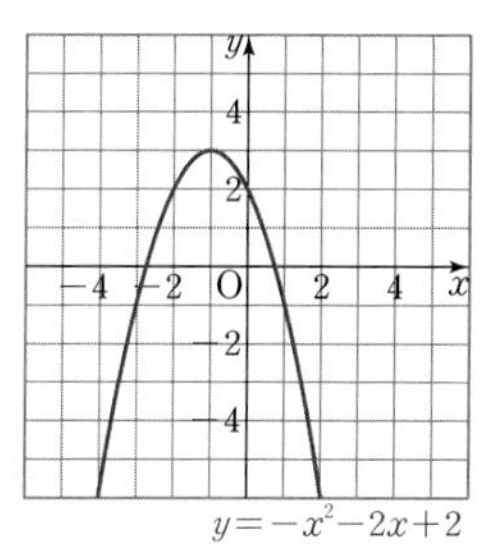

핵심예제 19 2, 3 (1) $x=2$ (2) $(2, -3)$

$y=2x^2-8x+5=2(x^2-4x)+5$
$=2(x^2-4x+4-4)+5=2(x^2-4x+4)-8+5$
$=2(x-2)^2-3$

19-1 (1) 1, 4 (2) 0, 1 (3) 위

$y=-3x^2+6x+1=-3(x^2-2x)+1$
$=-3(x^2-2x+1-1)+1=-3(x^2-2x+1)+3+1$
$=-3(x-1)^2+4$

핵심예제 20 (1) 아래, $>$ (2) 오른, $<$, $<$ (3) 아래, $<$

(2) 축이 y축의 오른쪽에 있으므로 $-\frac{b}{2a}>0$에서 $ab<0$
이때 $a>0$이므로 $b<0$

20-1 (1) × (2) ○ (3) ○

(1) 그래프가 아래로 볼록하므로 $a>0$
(2) 축이 y축의 왼쪽에 있으므로 $-\frac{b}{2a}<0$에서 $ab>0$
이때 $a>0$이므로 $b>0$

20-2 (1) $<$, $>$, $>$ (2) $>$, $>$, $<$

(1) 그래프가 위로 볼록하므로 $a<0$
축이 y축의 오른쪽에 있으므로 $ab<0$에서 $b>0$
y축과의 교점이 x축보다 위쪽에 있으므로 $c>0$
(2) 그래프가 아래로 볼록하므로 $a>0$
축이 y축의 왼쪽에 있으므로 $ab>0$에서 $b>0$
y축과의 교점이 x축보다 아래쪽에 있으므로 $c<0$

핵심예제 21 $y=-(x-3)^2+2$

꼭짓점의 좌표가 (3, 2)이므로 구하는 이차함수의 식을
$y=a(x-3)^2+2$로 놓을 수 있다.
이 그래프가 점 (1, −2)를 지나므로
$-2=4a+2$에서 $a=-1$
따라서 구하는 이차함수의 식은 $y=-(x-3)^2+2$

21-1 (1) $y=\frac{1}{2}(x+2)^2-1$ (2) $y=-2(x-1)^2+4$

(1) 꼭짓점의 좌표가 (−2, −1)이므로 구하는 이차함수의 식을
$y=a(x+2)^2-1$로 놓을 수 있다.
이 그래프가 점 (0, 1)을 지나므로
$1=4a-1$에서 $a=\frac{1}{2}$
따라서 구하는 이차함수의 식은 $y=\frac{1}{2}(x+2)^2-1$
(2) 꼭짓점의 좌표가 (1, 4)이므로 구하는 이차함수의 식을
$y=a(x-1)^2+4$로 놓을 수 있다.
이 그래프가 점 (−1, −4)를 지나므로
$-4=4a+4$에서 $a=-2$
따라서 구하는 이차함수의 식은 $y=-2(x-1)^2+4$

핵심예제 22 $y=-3(x-1)^2+5$

축의 방정식이 $x=1$이므로 구하는 이차함수의 식을
$y=a(x-1)^2+q$로 놓을 수 있다.
이 그래프가 두 점 (0, 2), (3, −7)을 지나므로
$2=a+q$, $-7=4a+q$에서 $a=-3$, $q=5$
따라서 구하는 이차함수의 식은 $y=-3(x-1)^2+5$

22-1 (1) $y=2(x+4)^2-3$ (2) $y=(x-3)^2+2$

(1) 축의 방정식이 $x=-4$이므로 구하는 이차함수의 식을
$y=a(x+4)^2+q$로 놓을 수 있다.
이 그래프가 두 점 (−3, −1), (−2, 5)를 지나므로
$-1=a+q$, $5=4a+q$에서 $a=2$, $q=-3$
따라서 구하는 이차함수의 식은 $y=2(x+4)^2-3$
(2) 축의 방정식이 $x=3$이므로 구하는 이차함수의 식을
$y=a(x-3)^2+q$로 놓을 수 있다.
이 그래프가 두 점 (0, 11), (2, 3)을 지나므로
$11=9a+q$, $3=a+q$에서 $a=1$, $q=2$
따라서 구하는 이차함수의 식은 $y=(x-3)^2+2$

핵심예제 23 $y=x^2+x-3$

구하는 이차함수의 식을 $y=ax^2+bx+c$로 놓으면 이 그래프가 점 (0, −3)을 지나므로 $c=-3$
$y=ax^2+bx-3$의 그래프가 두 점 (−2, −1), (1, −1)을 지나므로
$-1=4a-2b-3$, $-1=a+b-3$에서 $a=1$, $b=1$
따라서 구하는 이차함수의 식은 $y=x^2+x-3$

23-1 (1) $y=-x^2+2x+7$ (2) $y=2x^2-8x+6$

(1) 구하는 이차함수의 식을 $y=ax^2+bx+c$로 놓으면 이 그래프가 점 (0, 7)을 지나므로 $c=7$
$y=ax^2+bx+7$의 그래프가 두 점 (−1, 4), (1, 8)을 지나므로
$4=a-b+7$, $8=a+b+7$에서 $a=-1$, $b=2$
따라서 구하는 이차함수의 식은 $y=-x^2+2x+7$
(2) 구하는 이차함수의 식을 $y=ax^2+bx+c$로 놓으면 이 그래프가 점 (0, 6)을 지나므로 $c=6$
$y=ax^2+bx+6$의 그래프가 두 점 (−1, 16), (2, −2)를 지나므로
$16=a-b+6$, $-2=4a+2b+6$에서 $a=2$, $b=-8$
따라서 구하는 이차함수의 식은 $y=2x^2-8x+6$

핵심예제 24 $y=-2x^2+2x+4$

구하는 이차함수의 식을 $y=a(x+1)(x-2)$로 놓으면 이 그래프가 점 (1, 4)를 지나므로 $4=-2a$에서 $a=-2$

따라서 구하는 이차함수의 식은

$y=-2(x+1)(x-2)=-2x^2+2x+4$

24-1 (1) $y=\frac{1}{2}x^2-\frac{9}{2}x+9$ (2) $y=-x^2-7x-10$

(1) 구하는 이차함수의 식을 $y=a(x-3)(x-6)$으로 놓으면
이 그래프가 점 $(2, 2)$를 지나므로
$2=4a$에서 $a=\frac{1}{2}$
따라서 구하는 이차함수의 식은
$y=\frac{1}{2}(x-3)(x-6)=\frac{1}{2}x^2-\frac{9}{2}x+9$

(2) 구하는 이차함수의 식을 $y=a(x+5)(x+2)$로 놓으면
이 그래프가 점 $(-3, 2)$를 지나므로
$2=-2a$에서 $a=-1$
따라서 구하는 이차함수의 식은
$y=-(x+5)(x+2)=-x^2-7x-10$

소단원 핵심문제

| 106쪽 |

1 ㈎, $y=-4\left(x-\frac{3}{2}\right)^2+6$ **2** ㄴ, ㄷ **3** ③
4 $y=-2x^2-4x+5$ **5** $a=\frac{1}{2}$, $b=-\frac{1}{2}$

1 $y=-4x^2+12x-3$
$=-4(x^2-3x)-3$ ……… ㈎
$=-4\left(x^2-3x+\frac{9}{4}-\frac{9}{4}\right)-3$ ……… ㈏
$=-4\left(x^2-3x+\frac{9}{4}\right)+9-3$
$=-4\left(x-\frac{3}{2}\right)^2+6$ ……… ㈐
따라서 처음으로 잘못된 부분은 ㈎이고, 바르게 고치면
$y=-4\left(x-\frac{3}{2}\right)^2+6$

2 $y=3x^2-6x+4=3(x-1)^2+1$
ㄱ. 꼭짓점의 좌표는 $(1, 1)$이다.
ㄹ. 그래프를 그리면 오른쪽 그림과 같으므로 제3, 4사분면을 지나지 않는다.
따라서 옳은 것은 ㄴ, ㄷ이다.

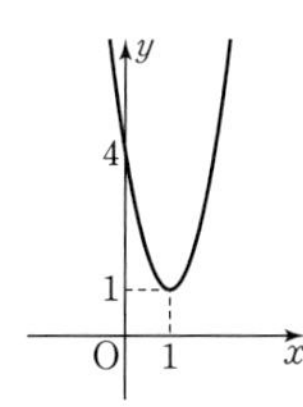

3 그래프가 위로 볼록하므로 $a<0$
축이 y축의 왼쪽에 있으므로 a와 $-b$의 부호가 서로 같다.
이때 $a<0$이므로 $-b<0$에서 $b>0$
y축과의 교점이 x축보다 아래쪽에 있으므로 $c<0$

4 구하는 이차함수의 식을 $y=a(x+1)^2+7$로 놓으면
이 그래프가 점 $(2, -11)$을 지나므로
$-11=9a+7$에서 $a=-2$
따라서 구하는 이차함수의 식은
$y=-2(x+1)^2+7=-2x^2-4x+5$

5 구하는 이차함수의 식을 $y=a(x+2)(x-3)$으로 놓으면
이 그래프가 점 $(0, -3)$을 지나므로
$-3=-6a$에서 $a=\frac{1}{2}$
따라서 구하는 이차함수의 식은
$y=\frac{1}{2}(x+2)(x-3)=\frac{1}{2}x^2-\frac{1}{2}x-3$
이므로 $a=\frac{1}{2}$, $b=-\frac{1}{2}$

중단원 마무리 테스트

| 107~109쪽 |

1 ①, ③ **2** $a\neq1$ **3** ② **4** 준서, 나영
5 ㄹ, ㄴ, ㄱ, ㄷ **6** ② **7** $(0, 4)$ **8** ⑤
9 ㄱ과 ㅁ **10** ③ **11** 현성 **12** 16 **13** ④
14 ③ **15** $a<0$, $b<0$, $c>0$ **16** ⑤
17 ㄴ, ㄷ, ㄹ **18** ① **19** 3
20 (1) $\mathrm{A}(0, 3)$ (2) $\mathrm{B}(-3, 0)$, $\mathrm{C}(3, 0)$ **21** (1) $(-k, 3)$ (2) 1

1 ① $y=x^2-2$ ➡ 이차함수 ② $y=1500x$ ➡ 일차함수
③ $y=\frac{1}{2}x^2$ ➡ 이차함수 ④ $y=\frac{x}{15}$ ➡ 일차함수
⑤ $y=2\pi x$ ➡ 일차함수

2 $y=x^2-x(ax+3)-5=x^2-ax^2-3x-5$
$=(1-a)x^2-3x-5$
이것이 x에 대한 이차함수가 되려면 x^2의 계수가 0이 아니어야 하므로 $1-a\neq0$, 즉 $a\neq1$

3 $f(-2)=\frac{1}{2}\times(-2)^2-5\times(-2)-11=1$

4 소리: y축을 축으로 한다.
민혁: 위로 볼록한 포물선이다.
따라서 옳게 설명한 학생은 준서와 나영이다.

5 이차함수 $y=ax^2$의 그래프에서 a의 절댓값이 클수록 그래프의 폭이 좁아진다.
따라서 $|6|>|-2|>\left|\frac{2}{3}\right|>\left|-\frac{1}{2}\right|$이므로 그래프의 폭이 좁은 것부터 차례로 기호를 쓰면 ㄹ, ㄴ, ㄱ, ㄷ이다.

6 평행이동한 그래프를 나타내는 이차함수의 식은 $y=ax^2-2$
이 그래프가 점 $(1, -4)$를 지나므로 $-4=a-2$, 즉 $a=-2$

7 이차함수 $y=x^2$의 그래프를 x축의 방향으로 -2만큼 평행이동한 그래프를 나타내는 이차함수의 식은 $y=(x+2)^2$

이 식에 $x=0$을 대입하면 $y=4$
따라서 점 A의 좌표는 $(0,\ 4)$

9 이차함수 $y=a(x-p)^2+q$의 그래프에서 x^2의 계수 a의 값이 같으면 그래프를 평행이동하여 겹칠 수 있다.
따라서 평행이동하여 겹치게 할 수 있는 것은 ㄱ과 ㅁ이다.

10 꼭짓점의 좌표가 $(1,\ 2)$이므로 $p=1,\ q=2$
$y=a(x-1)^2+2$의 그래프가 점 $(0,\ 4)$를 지나므로
$4=a+2,\ a=2$

11 일차함수의 그래프에서 (기울기)>0, (y절편)>0이므로
$a>0,\ b>0$
따라서 이차함수 $y=a(x-b)^2$의 그래프는 아래로 볼록하고 꼭짓점의 좌표 $(b,\ 0)$이 y축의 오른쪽에 있으므로 바르게 그린 사람은 현성이다.

12 평행이동한 그래프를 나타내는 이차함수의 식은
$y=5(x-p)^2-3+q$
이 식이 $y=5(x-4)^2+1$과 같아야 하므로 $p=4,\ q=4$
따라서 $pq=4\times4=16$

13 두 이차함수의 x^2의 계수가 1로 같으므로 두 이차함수의 그래프는 평행이동하면 완전히 겹쳐진다.
오른쪽 그림과 같이 빗금 친 부분의 넓이가 서로 같으므로 색칠한 부분의 넓이는 가로의 길이가 2, 세로의 길이가 6인 직사각형의 넓이와 같다.
따라서 색칠한 부분의 넓이는
$2\times6=12$

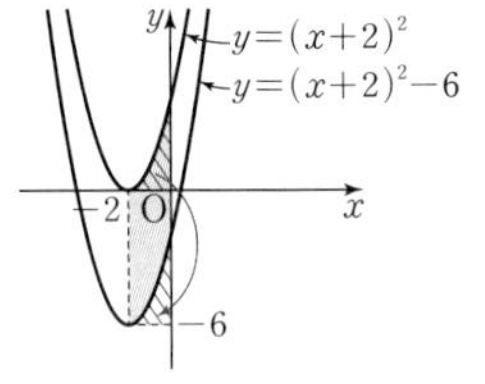

14 $y=-2x^2+4x+3=-2(x-1)^2+5$
③ 꼭짓점의 좌표는 $(1,\ 5)$이다.

15 그래프가 위로 볼록하므로 $a<0$
축이 y축의 오른쪽에 있으므로 x^2의 계수 a와 x의 계수 $-b$의 부호가 서로 다르다. 이때 $a<0$이므로 $-b>0$에서 $b<0$
y축과의 교점이 x축보다 위쪽에 있으므로 $c>0$

16 $y=\frac{1}{4}x^2-2x+5=\frac{1}{4}(x-4)^2+1$
이므로 그래프의 꼭짓점 A의 좌표는 $(4,\ 1)$,
y축과의 교점 B의 좌표는 $(0,\ 5)$이다.
오른쪽 그림에서 피타고라스 정리에 의하여
$\overline{AB}=\sqrt{4^2+4^2}=\sqrt{32}=4\sqrt{2}$

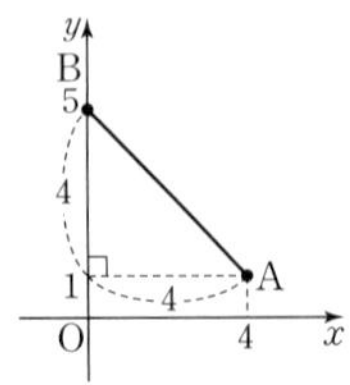

17 $y=-x^2-4x-3=-(x+2)^2+1$
따라서 이 그래프는 오른쪽 그림과 같으므로 그래프가 지나는 사분면을 모두 고르면 ㄴ, ㄷ, ㄹ이다.

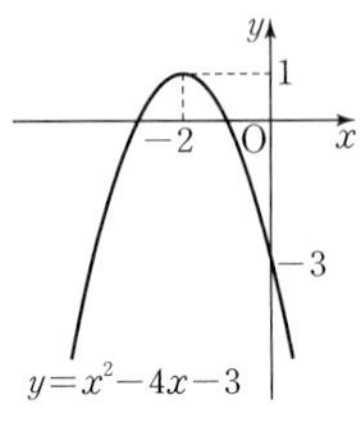

18 이차함수 $y=ax^2-bx+c$의 그래프에서
위로 볼록하므로 $a<0$
축이 y축의 왼쪽에 있으므로 a와 $-b$의 부호는 서로 같다.
즉, $a\times(-b)>0$이고 $a<0$이므로 $b>0$
y축과의 교점이 x축보다 아래쪽에 있으므로 $c<0$
따라서 이차함수 $y=cx^2+ax+b$의 그래프는
$c<0$이므로 위로 볼록하고,
$ac>0$이므로 축이 y축의 왼쪽에 있으며,
$b>0$이므로 y축과의 교점이 x축보다 위쪽에 있는 ①의 그래프가 알맞다.

19 꼭짓점의 좌표가 $(-1,\ 3)$이므로 구하는 이차함수의 식을
$y=a(x+1)^2+3$으로 놓을 수 있다.
이 그래프가 점 $(1,\ 15)$를 지나므로
$15=4a+3$에서 $a=3$
따라서 이차함수의 식은
$y=3(x+1)^2+3=3x^2+6x+6$
이므로 $a=3,\ b=6,\ c=6$
따라서 $a-b+c=3-6+6=3$

20 (1) 평행이동한 그래프를 나타내는 이차함수의 식은
$y=-\frac{1}{3}x^2+3$ …… ❶
이므로 이 그래프의 꼭짓점 A의 좌표는 $(0,\ 3)$이다. …… ❷
(2) 이차함수 $y=-\frac{1}{3}x^2+3$의 그래프는 y축에 대칭이고, 삼각형 ABC의 넓이가 9이므로
$\triangle ABC=2\triangle AOC$
$=2\times\left(\frac{1}{2}\times\overline{OC}\times3\right)=9$
에서 $\overline{OC}=3$
따라서 두 점 B, C의 좌표는 각각 $B(-3,\ 0)$, $C(3,\ 0)$이다. …… ❸

	채점 기준	비율
(1)	❶ 평행이동한 그래프를 나타내는 이차함수의 식 구하기	30 %
	❷ 꼭짓점 A의 좌표 구하기	20 %
(2)	❸ 두 점 B, C의 좌표 구하기	50 %

21 (1) $y=x^2+2kx+k^2+3=(x+k)^2+3$ …… ❶
이므로 이차함수의 그래프의 꼭짓점의 좌표는 $(-k,\ 3)$이다. …… ❷
(2) 이차함수의 그래프의 꼭짓점이 직선 $y=-x+2$ 위에 있으므로
$3=k+2$
따라서 $k=1$ …… ❸

	채점 기준	비율
(1)	❶ 이차함수의 식을 $y=a(x-p)^2+q$ 꼴로 고치기	40 %
	❷ 이차함수의 그래프의 꼭짓점의 좌표 구하기	20 %
(2)	❸ k의 값 구하기	40 %

정답과 풀이

1. 제곱근과 실수

01. 제곱근의 뜻

| 2~3쪽 |

제곱근

❶ 제곱근 ❷ 2 ❸ 0

1 5, -5 2 13, -13 3 8, -8 4 1.2, -1.2 5 0.6, -0.6

6 $\frac{1}{2}$, $-\frac{1}{2}$ 7 $\frac{2}{5}$, $-\frac{2}{5}$ 8 $\frac{7}{11}$, $-\frac{7}{11}$ 9 2

10 2 11 1 12 0 13 2 14 0

15 2 16 2 17 2 18 2

3 $(-8)^2=64$이고 64의 제곱근은 8, -8이다.

8 $\left(-\frac{7}{11}\right)^2=\frac{49}{121}$이고 $\frac{49}{121}$의 제곱근은 $\frac{7}{11}$, $-\frac{7}{11}$이다.

11 0의 제곱근은 0의 1개이다.

12 -0.04는 음수이므로 제곱근은 없다.

13 $\left(-\frac{1}{7}\right)^2=\frac{1}{49}$은 양수이므로 제곱근의 개수는 2이다.

제곱근의 표현

❹ 제곱근

19 $\pm\sqrt{7}$ 20 $\pm\sqrt{19}$ 21 $\pm\sqrt{0.53}$ 22 $\pm\sqrt{\frac{8}{13}}$ 23 $\sqrt{35}$

24 $-\sqrt{29}$ 25 $-\sqrt{0.17}$ 26 $\sqrt{\frac{3}{4}}$ 27 3 28 ±1.5

29 -16 30 $\frac{5}{12}$ 31 $\pm\sqrt{17}$ 32 $\pm\sqrt{\frac{10}{23}}$

33 $\pm\sqrt{\frac{16}{49}}$ 34 $\sqrt{9.6}$ 35 $\sqrt{\frac{1}{4}}$ 36 $\sqrt{11}$

27 $\sqrt{9}$는 9의 양의 제곱근이므로 3이다.

28 $\pm\sqrt{2.25}$는 2.25의 제곱근이므로 ±1.5이다.

29 $-\sqrt{256}$은 256의 음의 제곱근이므로 -16이다.

30 $\sqrt{\frac{25}{144}}$는 $\frac{25}{144}$의 양의 제곱근이므로 $\frac{5}{12}$이다.

33 $\left(-\frac{4}{7}\right)^2=\frac{16}{49}$이므로 $\left(-\frac{4}{7}\right)^2$의 제곱근은 $\pm\sqrt{\frac{16}{49}}$이다.

34 제곱근 9.6은 9.6의 양의 제곱근이므로 $\sqrt{9.6}$이다.

35 $\left(-\frac{1}{2}\right)^2=\frac{1}{4}$이고 제곱근 $\left(-\frac{1}{2}\right)^2$은 $\frac{1}{4}$의 양의 제곱근이므로 $\sqrt{\frac{1}{4}}$이다.

36 $\sqrt{121}=11$이고 제곱근 $\sqrt{121}$은 11의 양의 제곱근이므로 $\sqrt{11}$이다.

소단원 핵심문제

| 4~5쪽 |

1 ② 2 ㄱ 3 ⑤ 4 $\sqrt{51}$ 5 ⑤

6 (1) ±10 (2) $\pm\frac{1}{12}$ (3) $\pm\frac{2}{7}$ (4) ±1.3 7 2개

8 ②, ④ 9 ③, ⑤ 10 $-\sqrt{15}$

1 $4^2=16$, $(-4)^2=16$이므로 제곱하여 16이 되는 수는 ±4이다.

2 ㄱ. $\sqrt{49}=7$ ㄴ, ㄷ, ㄹ. ±7
따라서 그 값이 나머지 셋과 다른 하나는 ㄱ이다.

3 ① 수연: 0의 제곱근은 0이다.
② 영준: 양수의 제곱근은 양수, 음수의 2개이다.
③ 지수: -20은 음수이므로 -20의 제곱근은 없다.
④ 효영: 양수 a의 제곱근은 $\pm\sqrt{a}$이고, 제곱근 a는 $\sqrt{a}$이므로 서로 다르다.
⑤ 민호: 양수 a의 제곱근은 양수와 음수의 2개이고, 그 절댓값이 같으므로 그 합은 0이다.

4 피타고라스 정리에 의하여
$x^2+7^2=10^2$, 즉 $x^2=51$
이때 x는 51의 제곱근이고, $x>0$이므로 $x=\sqrt{51}$

5 $\sqrt{16}=4$이고 4의 음의 제곱근은 -2이므로
$a=-2$
$(-6)^2=36$이고 36의 양의 제곱근은 6이므로
$b=6$
따라서 $ab=(-2)\times6=-12$

7 $\left(-\frac{1}{2}\right)^2=\frac{1}{4}$, $(-1)^3=-1$
음수의 제곱근은 없으므로 제곱근을 구할 수 없는 수는 -10, $(-1)^3$의 2개이다.

8 근호 안의 수가 어떤 유리수의 제곱이면 근호를 사용하지 않고 나타낼 수 있다.
② $0.9^2=0.81$이므로 $\sqrt{0.81}=0.9$
④ $17^2=289$이므로 $\sqrt{289}=17$

9 ① 25의 양의 제곱근은 $\sqrt{25}=5$
② 17의 음의 제곱근은 $-\sqrt{17}$
③ $\sqrt{0.64}=0.8$의 음의 제곱근은 $-\sqrt{0.8}$
④ $(-2)^2=4$이므로 제곱근 4는 $\sqrt{4}=2$
⑤ 제곱근 $\frac{5}{11}$는 $\frac{5}{11}$의 양의 제곱근이므로 $\sqrt{\frac{5}{11}}$

10 제곱근 225는 225의 양의 제곱근이므로
$\sqrt{225}=15$
따라서 제곱근 225의 음의 제곱근은 $-\sqrt{15}$이다.

02. 제곱근의 성질 | 6~7쪽 |

제곱근의 성질

1 17　2 2.3　3 14　4 $\frac{7}{12}$　5 9
6 3　7 −0.4　8 −4

5 $(\sqrt{5})^2+\sqrt{(-4)^2}=5+4=9$

6 $\sqrt{11^2}-(-\sqrt{8})^2=11-8=3$

7 $-\sqrt{(-0.6)^2}\times\sqrt{\left(-\frac{2}{3}\right)^2}=-0.6\times\frac{2}{3}=-0.4$

8 $\sqrt{144}\div\sqrt{\left(\frac{6}{7}\right)^2}-(-\sqrt{18})^2=12\div\frac{6}{7}-18$
$=12\times\frac{7}{6}-18=-4$

$\sqrt{A^2}$의 성질

❶ A　❷ $-A$
9 $2x$　10 $-7x$　11 $-3x$　12 $2-x$　13 $-x-5$
14 $-2x+5y$　15 $2x-1$　16 $-2x-3$

9 $2x>0$이므로 $\sqrt{(2x)^2}=2x$

10 $-7x>0$이므로 $\sqrt{(-7x)^2}=-7x$

11 $9x^2=(3x)^2$이고 $3x>0$이므로 $-\sqrt{9x^2}=-\sqrt{(3x)^2}=-3x$

12 $x<2$일 때, $2-x>0$이므로 $\sqrt{(2-x)^2}=2-x$

13 $x<-5$일 때, $x+5<0$이므로
$\sqrt{(x+5)^2}=-(x+5)=-x-5$

14 $4x^2=(2x)^2$, $25y^2=(5y)^2$이고, $2x<0$, $5y>0$이므로
$\sqrt{4x^2}+\sqrt{25y^2}=\sqrt{(2x)^2}+\sqrt{(5y)^2}=-2x+5y$

15 $0<x<1$일 때, $x-1<0$이므로
$\sqrt{x^2}-\sqrt{(x-1)^2}=x+(x-1)=2x-1$

16 $-6<x<3$일 때, $3-x>0$, $x+6>0$이므로
$\sqrt{(3-x)^2}-\sqrt{(x+6)^2}=(3-x)-(x+6)$
$=3-x-x-6=-2x-3$

제곱근과 제곱수

❸ 제곱수
17 10　18 30　19 3　20 6　21 2
22 4　23 6　24 4

17 x는 $2\times5\times$(자연수)^2 꼴이어야 하므로 가장 작은 자연수 x는 $2\times5=10$이다.

18 $\sqrt{30x}=\sqrt{2\times3\times5\times x}$이므로 x는 $2\times3\times5\times$(자연수)^2 꼴이어야 한다.
따라서 가장 작은 자연수 x는 $2\times3\times5=30$이다.

19 $\sqrt{108x}=\sqrt{2^2\times3^3\times x}$이므로 x는 $3\times$(자연수)^2 꼴이어야 한다.
따라서 가장 작은 자연수 x는 3이다.

20 x는 $2\times3\times$(자연수)^2 꼴이고 $2\times3\times7^2$의 약수이어야 한다.
따라서 가장 작은 자연수 x는 $2\times3=6$이다.

21 $\sqrt{\frac{32}{x}}=\sqrt{\frac{2^5}{x}}$이므로 x는 $2\times$(자연수)^2 꼴이고 2^5의 약수이어야 한다.
따라서 가장 작은 자연수 x는 2이다.
참고 x는 $2\times$(자연수)^2 꼴이면서 2^5의 약수이므로 x의 값이 될 수 있는 수는 2×1^2, 2×2^2, 2×4^2의 3개이다.

22 $\sqrt{5+x}$가 자연수가 되려면 $5+x$는 5보다 큰 (자연수)^2 꼴이어야 하므로
$5+x=9, 16, 25, \cdots$
따라서 $x=4, 11, 20, \cdots$이므로 가장 작은 자연수 x의 값은 4이다.

23 $\sqrt{22-x}$가 자연수가 되려면 $22-x$는 22보다 작은 (자연수)^2 꼴이어야 하므로
$22-x=16, 9, 4, 1$
따라서 $x=6, 13, 18, 21$이므로 가장 작은 자연수 x의 값은 6이다.

24 $\sqrt{40-x}$가 자연수가 되려면 $40-x$는 40보다 작은 (자연수)^2 꼴이어야 하므로
$40-x=36, 25, 16, 9, 4, 1$
따라서 $x=4, 15, 24, 31, 36, 39$이므로 가장 작은 자연수 x의 값은 4이다.

제곱근의 대소 관계

❹ $<$　❺ $<$　❻ $>$
25 $<$　26 $>$　27 $>$　28 $>$　29 $<$
30 1, 2, 3, 4, 5, 6, 7, 8
31 1, 2, 3, 4, 5, 6, 7, 8, 9, 10, 11, 12, 13, 14, 15
32 2, 3

27 $3=\sqrt{3^2}=\sqrt{9}$이고 $9<18$이므로 $\sqrt{9}<\sqrt{18}$
즉, $3<\sqrt{18}$이므로 $-3>-\sqrt{18}$

28 $\frac{6}{7}=\frac{54}{63}$, $\frac{5}{9}=\frac{35}{63}$에서 $\frac{6}{7}>\frac{5}{9}$이므로 $\sqrt{\frac{6}{7}}>\sqrt{\frac{5}{9}}$

29 $\frac{2}{5}=\sqrt{\left(\frac{2}{5}\right)^2}=\sqrt{\frac{4}{25}}$이고 $\frac{4}{25}<\frac{3}{5}$이므로 $\frac{2}{5}<\sqrt{\frac{3}{5}}$

30 $\sqrt{x}<3$의 양변을 제곱하면 $x<9$
따라서 부등식을 만족시키는 자연수 x의 값은 1, 2, 3, 4, 5, 6, 7, 8이다.

다른 풀이
$\sqrt{x}<3$에서 $\sqrt{x}<\sqrt{3^2}$, 즉 $\sqrt{x}<\sqrt{9}$이므로 $x<9$

31 $\sqrt{x}<4$의 양변을 제곱하면 $x<16$
따라서 부등식을 만족시키는 자연수 x의 값은 1, 2, 3, ⋯, 15이다.

32 $1<\sqrt{x}<2$의 각 변을 제곱하면 $1<x<4$
따라서 부등식을 만족시키는 자연수 x의 값은 2, 3이다.

소단원 핵심문제 | 8~9쪽 |

1 ㄹ　2 ②　3 2　4 28
5 (1) $\sqrt{5}<\sqrt{9}$ (2) $-\sqrt{5.9}<-\sqrt{3.7}$ (3) $\sqrt{\frac{7}{12}}>\sqrt{\frac{3}{8}}$
6 ②　7 -20　8 ④　9 $\frac{x}{3}$　10 ③
11 ④

1 ㄱ, ㄴ, ㄷ. 7　ㄹ. -7
따라서 그 값이 나머지 셋과 다른 하나는 ㄹ이다.

2 $\sqrt{(-8)^2}\times\left(-\sqrt{\frac{1}{2}}\right)^2-\sqrt{100}\div\sqrt{\left(-\frac{5}{4}\right)^2}$
$=\sqrt{(-8)^2}\times\left(-\sqrt{\frac{1}{2}}\right)^2-\sqrt{10^2}\div\sqrt{\left(-\frac{5}{4}\right)^2}$
$=8\times\frac{1}{2}-10\div\frac{5}{4}=8\times\frac{1}{2}-10\times\frac{4}{5}$
$=4-8=-4$

3 $5<x<7$일 때, $x-5>0$, $x-7<0$이므로
$\sqrt{(x-5)^2}+\sqrt{(x-7)^2}=(x-5)-(x-7)$
$=x-5-x+7=2$

4 $\sqrt{14-x}$가 자연수가 되려면 $14-x$는 14보다 작은 (자연수)^2 꼴이어야 하므로
$14-x=9, 4, 1$
따라서 $x=5, 10, 13$이므로 구하는 합은
$5+10+13=28$

5 (2) $5.9>3.7$에서 $\sqrt{5.9}>\sqrt{3.7}$이므로
$-\sqrt{5.9}<-\sqrt{3.7}$
(3) $\frac{7}{12}=\frac{14}{24}$, $\frac{3}{8}=\frac{9}{24}$에서 $\frac{7}{12}>\frac{3}{8}$이므로
$\sqrt{\frac{7}{12}}>\sqrt{\frac{3}{8}}$

6 $3<\sqrt{n-10}<6$의 각 변을 제곱하면 $9<n-10<36$
즉, $19<n<46$
따라서 주어진 부등식을 만족시키는 자연수 n의 값은 20, 21, 22, ⋯, 45의 26개이다.

7 $(\sqrt{81})^2=81$의 양의 제곱근은 9이므로
$a=9$
$\sqrt{(-121)^2}=121$의 음의 제곱근은 -11이므로
$b=-11$
따라서 $b-a=-11-9=-20$

8 ④ $-\sqrt{\frac{4}{49}}\div(-\sqrt{2})^2=-\frac{2}{7}\div2=-\frac{2}{7}\times\frac{1}{2}=-\frac{1}{7}$
⑤ $\sqrt{25}\times\sqrt{8^2}\div\sqrt{16}=5\times8\div4=40\div4=10$

9 $\frac{x^2}{9}=\left(\frac{x}{3}\right)^2$이고 $\frac{x}{3}>0$이므로 $\sqrt{\frac{x^2}{9}}=\sqrt{\left(\frac{x}{3}\right)^2}=\frac{x}{3}$

10 $\sqrt{112x}=\sqrt{2^4\times7\times x}$이므로 x는 $7\times$(자연수)^2 꼴이어야 한다.
따라서 가장 작은 자연수 x의 값은 7이다.

11 $2=\sqrt{2^2}=\sqrt{4}$, $\frac{3}{2}=\sqrt{\left(\frac{3}{2}\right)^2}=\sqrt{\frac{9}{4}}$
$6>4>2.5>\frac{9}{4}>\frac{2}{5}$이므로
$\sqrt{6}>\sqrt{4}>\sqrt{2.5}>\sqrt{\frac{9}{4}}>\sqrt{\frac{2}{5}}$
즉, $\sqrt{6}>2>\sqrt{2.5}>\frac{3}{2}>\sqrt{\frac{2}{5}}$
따라서 두 번째로 작은 수는 ④이다.

03. 무리수와 실수 | 10~11쪽 |

무리수

❶ 유리수　❷ 무리수　❸ 순환소수
1 유리수　2 무리수　3 무리수　4 유리수　5 유리수
6 유리수　7 유리수　8 ×　9 ×　10 ○
11 ○　12 ○　13 ○　14 ○　15 ×
16 ○

4 $\sqrt{\frac{1}{16}}=\sqrt{\left(\frac{1}{4}\right)^2}=\frac{1}{4}$이므로 유리수이다.

7 $\sqrt{2.89}=\sqrt{(1.7)^2}=1.7$이므로 유리수이다.

8 유한소수가 아닌 소수는 무한소수이다. 무한소수 중 순환소수는 유리수이고, 순환소수가 아닌 무한소수는 무리수이다.

9 0은 유리수이다.

13 $\sqrt{0.09}=\sqrt{0.3^2}=0.3$은 유리수이다.

14 $\sqrt{9}=\sqrt{3^2}=3$의 양의 제곱근은 $\sqrt{3}$이므로 무리수이다.

15 유리수는 유한소수와 순환소수로 나타낼 수 있다.

16 $\frac{a}{b}$ (a, b는 정수, $b\neq0$) 꼴로 나타낼 수 있는 수는 유리수이다.

실수

❹ 실수 ❺ 자연수 ❻ 무리수

17 $\sqrt{81}$ 18 $\sqrt{81}$, $4.0\dot{5}$ 19 $-\pi$, $-\sqrt{11}$, $\sqrt{\frac{1}{8}}$

20 $\sqrt{81}$, $-\pi$, $4.0\dot{5}$, $-\sqrt{11}$, $\sqrt{\frac{1}{8}}$ 21 2.27, $\sqrt{\frac{1}{16}}$

22 $-\sqrt{10}$, $1+\sqrt{3}$, $-\sqrt{\frac{7}{2}}$

23 $-\sqrt{10}$, $1+\sqrt{3}$, 2.27, $-\sqrt{\frac{7}{2}}$, $\sqrt{\frac{1}{16}}$

24 × 25 ○ 26 × 27 × 28 ○
29 × 30 × 31 × 32 ×

17~20 $\sqrt{81}=\sqrt{9^2}=9$

21~23 $\sqrt{\frac{1}{16}}=\sqrt{\left(\frac{1}{4}\right)^2}=\frac{1}{4}$

24 $1.0\dot{2}$는 순환소수이므로 유리수이다.

26 유리수가 아닌 실수는 무리수이다.

27 실수를 소수로 나타내면 유한소수와 무한소수이다. 또, 무한소수는 순환소수와 순환소수가 아닌 무한소수로 나누어진다.

29 $1-\sqrt{0.25}=1-\sqrt{0.5^2}=1-0.5=0.5$
따라서 $1-\sqrt{0.25}$는 유리수이다.

30 근호를 사용하여 나타낸 수 중 근호 안의 수가 어떤 유리수의 제곱이면 그 수는 유리수이다.

31 무한소수 중 순환소수는 유리수이다.

32 실수는 유리수와 무리수로 되어 있다.

소단원 핵심문제

| 12~13쪽 |

1 ④ 2 ④, ⑤ 3 ⑤ 4 (1) 2 (2) 4 (3) 2 (4) 6
5 ④ 6 ①, ⑤ 7 ②, ③ 8 ③

1 ㄷ. $\sqrt{36}=\sqrt{6^2}=6$의 음의 제곱근은 $-\sqrt{6}$
ㅁ. $-\sqrt{\frac{49}{144}}=-\sqrt{\left(\frac{7}{12}\right)^2}=-\frac{7}{12}$
ㅂ. 제곱근 0.09는 $\sqrt{0.09}=\sqrt{0.3^2}=0.3$
따라서 무리수가 아닌 것은 ㄴ, ㅁ, ㅂ이다.

2 ② $\sqrt{0.25}=\sqrt{0.5^2}=0.5$
③ $\sqrt{\frac{16}{169}}=\sqrt{\left(\frac{4}{13}\right)^2}=\frac{4}{13}$
순환소수가 아닌 무한소수는 무리수이므로 주어진 수 중에서 무리수는 ④, ⑤이다.

3 ㄱ. $\sqrt{2.25}=\sqrt{1.5^2}=1.5$는 유리수이다.
ㄴ. 제곱근 15는 $\sqrt{15}$이므로 무리수이다.
ㄷ. 순환소수는 모두 유리수이다.
ㄹ. 유리수이면서 동시에 무리수인 수는 없다.
따라서 옳지 않은 것은 ㄷ, ㄹ이다.

4 $\sqrt{0.0\dot{6}}=\sqrt{\frac{6}{90}}=\sqrt{\frac{1}{15}}$
$-\sqrt{625}=-\sqrt{25^2}=-25$
(1) 정수가 아닌 유리수는 $-0.7\dot{8}$, $\frac{9}{13}$의 2개이다.
(2) 유리수는 $-0.7\dot{8}$, $-\sqrt{625}$, $\frac{9}{13}$, -8의 4개이다.
(3) 무리수는 $\sqrt{\frac{1}{2}}$, $\sqrt{0.0\dot{6}}$의 2개이다.
(4) 실수는 $-0.7\dot{8}$, $\sqrt{\frac{1}{2}}$, $\sqrt{0.0\dot{6}}$, $-\sqrt{625}$, $\frac{9}{13}$, -8의 6개이다.

5 $-\sqrt{0.\dot{1}}=-\sqrt{\frac{1}{9}}=-\sqrt{\left(\frac{1}{3}\right)^2}=-\frac{1}{3}$
$\sqrt{1.44}=\sqrt{1.2^2}=1.2$
따라서 무리수는 $\sqrt{0.5}$, $\sqrt{\frac{2}{7}}$, $-\sqrt{19}$, $5-\pi$의 4개이다.

6 ①, ⑤ $\sqrt{33}$은 무리수이므로 소수로 나타내면 순환하지 않는 무한소수이다.

7 ① $\sqrt{0.0\dot{4}}=\sqrt{\frac{4}{90}}=\sqrt{\frac{2}{45}}$
② $-\sqrt{1.96}=-\sqrt{1.4^2}=-1.4$
③ $\sqrt{\frac{81}{49}}=\sqrt{\left(\frac{9}{7}\right)^2}=\frac{9}{7}$
□ 안의 수는 정수가 아닌 유리수이므로 □ 안의 수에 해당하는 것은 ②, ③이다.

8 ② $\sqrt{\frac{1}{9}}=\sqrt{\left(\frac{1}{3}\right)^2}=\frac{1}{3}$은 정수가 아닌 유리수이다.

③ 유리수를 소수로 나타내면 유한소수 또는 순환소수이다.

④ 유리수가 아닌 실수는 무리수이므로 소수로 나타내면 순환하지 않는 무한소수이다.

⑤ 실수 중에서 무리수가 아닌 수는 유리수이고, 유리수는 $\frac{(\text{정수})}{(0\text{이 아닌 정수})}$ 꼴로 나타낼 수 있다.

04. 실수의 대소 관계 | 14~15쪽 |

무리수를 수직선 위에 나타내기

1 $2+\sqrt{5}$, $2-\sqrt{5}$ **2** $1+\sqrt{8}$, $1-\sqrt{13}$
3 $-1+\sqrt{13}$, $-1-\sqrt{17}$

1 직각삼각형에서 피타고라스 정리에 의하여
$\overline{AB}=\overline{AC}=\sqrt{2^2+1^2}=\sqrt{5}$
이때 $\overline{AP}=\overline{AB}=\sqrt{5}$, $\overline{AQ}=\overline{AC}=\sqrt{5}$이므로 점 P에 대응하는 수는 $2+\sqrt{5}$, 점 Q에 대응하는 수는 $2-\sqrt{5}$이다.

2 직각삼각형에서 피타고라스 정리에 의하여
$\overline{AB}=\sqrt{2^2+2^2}=\sqrt{8}$
$\overline{AC}=\sqrt{3^2+2^2}=\sqrt{13}$
이때 $\overline{AP}=\overline{AB}=\sqrt{8}$, $\overline{AQ}=\overline{AC}=\sqrt{13}$이므로 점 P에 대응하는 수는 $1+\sqrt{8}$, 점 Q에 대응하는 수는 $1-\sqrt{13}$이다.

3 직각삼각형에서 피타고라스 정리에 의하여
$\overline{AB}=\sqrt{2^2+3^2}=\sqrt{13}$
$\overline{AC}=\sqrt{4^2+1^2}=\sqrt{17}$
이때 $\overline{AP}=\overline{AB}=\sqrt{13}$, $\overline{AQ}=\overline{AC}=\sqrt{17}$이므로 점 P에 대응하는 수는 $-1+\sqrt{13}$, 점 Q에 대응하는 수는 $-1-\sqrt{17}$이다.

실수와 수직선

❶ 실수 ❷ 양수 ❸ 음수
4 × **5** ○ **6** ○ **7** × **8** ○
9 ○

4 수직선은 유리수와 무리수, 즉 실수에 대응하는 점들로 완전히 메울 수 있다.

6 $-\sqrt{6}$은 음수이므로 수직선 위에서 원점의 왼쪽에 있는 한 점에 대응한다.

7 $\sqrt{2}$와 $\sqrt{3}$ 사이에는 무수히 많은 유리수가 있다.

실수의 대소 관계

❹ > ❺ = ❻ <
10 < **11** > **12** < **13** < **14** <
15 > **16** > **17** >

10 $2-(4-\sqrt{3})=2-4+\sqrt{3}=\sqrt{3}-2<0$이므로
$2<4-\sqrt{3}$

다른 풀이
$1<\sqrt{3}<2$에서 $\sqrt{3}=1.\cdots$ 이므로 $4-\sqrt{3}=2.\cdots$
따라서 $2<4-\sqrt{3}$

11 $1-(\sqrt{8}-2)=1-\sqrt{8}+2=3-\sqrt{8}>0$이므로
$1>\sqrt{8}-2$

12 $(5-\sqrt{7})-3=2-\sqrt{7}<0$이므로
$5-\sqrt{7}<3$

다른 풀이
$2<\sqrt{7}<3$에서 $\sqrt{7}=2.\cdots$이므로 $5-\sqrt{7}=2.\cdots$
따라서 $5-\sqrt{7}<3$

13 $(\sqrt{20}-3)-5=\sqrt{20}-8<0$이므로
$\sqrt{20}-3<5$

14 $2<\sqrt{8}$이므로 양변에 $\sqrt{7}$을 더하면
$2+\sqrt{7}<\sqrt{7}+\sqrt{8}$

15 $5>\sqrt{22}$이므로 양변에서 $\sqrt{2}$를 빼면
$5-\sqrt{2}>\sqrt{22}-\sqrt{2}$

16 $\sqrt{15}>3$이므로 양변에서 $\sqrt{8}$을 빼면
$\sqrt{15}-\sqrt{8}>3-\sqrt{8}$

17 $10>\sqrt{80}$이므로 양변에 $\sqrt{6}$을 더하면
$10+\sqrt{6}>\sqrt{80}+\sqrt{6}$

무리수의 정수 부분과 소수 부분

❼ n ❽ $\sqrt{a}-n$
18 정수 부분: 2, 소수 부분: $\sqrt{6}-2$
19 정수 부분: 3, 소수 부분: $\sqrt{11}-3$
20 정수 부분: 5, 소수 부분: $\sqrt{29}-5$
21 정수 부분: 7, 소수 부분: $\sqrt{55}-7$
22 정수 부분: 8, 소수 부분: $\sqrt{74}-8$
23 정수 부분: 4, 소수 부분: $\sqrt{3}-1$
24 정수 부분: 6, 소수 부분: $\sqrt{7}-2$
25 정수 부분: 4, 소수 부분: $2-\sqrt{2}$
26 정수 부분: 1, 소수 부분: $4-\sqrt{12}$

18 $2<\sqrt{6}<3$이므로 $\sqrt{6}$의 정수 부분은 2, 소수 부분은 $\sqrt{6}-2$이다.

19 $3<\sqrt{11}<4$이므로 $\sqrt{11}$의 정수 부분은 3, 소수 부분은 $\sqrt{11}-3$이다.

20 $5<\sqrt{29}<6$이므로 $\sqrt{29}$의 정수 부분은 5, 소수 부분은 $\sqrt{29}-5$이다.

21 $7<\sqrt{55}<8$이므로 $\sqrt{55}$의 정수 부분은 7, 소수 부분은 $\sqrt{55}-7$이다.

22 $8<\sqrt{74}<9$이므로 $\sqrt{74}$의 정수 부분은 8, 소수 부분은 $\sqrt{74}-8$이다.

23 $1<\sqrt{3}<2$이므로 $4<3+\sqrt{3}<5$
따라서 $3+\sqrt{3}$의 정수 부분은 4, 소수 부분은
$(3+\sqrt{3})-4=\sqrt{3}-1$이다.

24 $2<\sqrt{7}<3$이므로 $6<4+\sqrt{7}<7$
따라서 $4+\sqrt{7}$의 정수 부분은 6, 소수 부분은
$(4+\sqrt{7})-6=\sqrt{7}-2$이다.

25 $1<\sqrt{2}<2$에서 $-2<-\sqrt{2}<-1$이므로
$4<6-\sqrt{2}<5$
따라서 $6-\sqrt{2}$의 정수 부분은 4, 소수 부분은
$(6-\sqrt{2})-4=2-\sqrt{2}$ 이다.

26 $3<\sqrt{12}<4$에서 $-4<-\sqrt{12}<-3$이므로
$1<5-\sqrt{12}<2$
따라서 $5-\sqrt{12}$의 정수 부분은 1, 소수 부분은
$(5-\sqrt{12})-1=4-\sqrt{12}$이다.

소단원 핵심문제

| 16~17쪽 |

1 P: $-4-\sqrt{20}$, Q: $-4+\sqrt{20}$			2 ㄱ, ㄹ	3 ㄴ, ㄹ
4 ④	5 $\sqrt{39}$	6 ③	7 ⑤	8 ②
9 ⑤	10 ③			

1 직각삼각형 ABC에서 피타고라스 정리에 의하여
$\overline{AC}=\sqrt{2^2+4^2}=\sqrt{20}$
이때 $\overline{AP}=\overline{AQ}=\overline{AC}=\sqrt{20}$이므로 점 P에 대응하는 수는 $-4-\sqrt{20}$, 점 Q에 대응하는 수는 $-4+\sqrt{20}$이다.

2 ㄴ. 수직선은 유리수와 무리수, 즉 실수에 대응하는 점들로 완전히 메울 수 있다.
ㄷ. $1-\sqrt{3}$은 수직선 위의 한 점에 대응한다.
따라서 옳은 것은 ㄱ, ㄹ이다.

3 ㄱ. $2<\sqrt{5}<3$에서 $\sqrt{5}=2.\cdots$ 이므로 $\sqrt{5}+1=3.\cdots$
따라서 $\sqrt{5}+1<4$
ㄴ. $(\sqrt{22}-5)-(-1)=\sqrt{22}-5+1=\sqrt{22}-4>0$이므로
$\sqrt{22}-5>-1$
ㄷ. $(5-\sqrt{3})-2=3-\sqrt{3}>0$이므로
$5-\sqrt{3}>2$
ㄹ. $\sqrt{13}<\sqrt{15}$이므로 양변에 $\sqrt{6}$을 더하면
$\sqrt{6}+\sqrt{13}<\sqrt{6}+\sqrt{15}$
따라서 옳지 않은 것은 ㄴ, ㄹ이다.

4 $a-b=3-(-2+\sqrt{20})=3+2-\sqrt{20}=5-\sqrt{20}>0$
즉, $a>b$ ······㉠
$2<\sqrt{13}$에서 $-2>-\sqrt{13}$이므로 양변에 $\sqrt{20}$을 더하면
$-2+\sqrt{20}>\sqrt{20}-\sqrt{13}$
즉, $b>c$ ······㉡
㉠, ㉡에 의하여 $c<b<a$

5 $6<\sqrt{39}<7$에서 $\sqrt{39}$의 정수 부분이 6이므로 소수 부분은
$a=\sqrt{39}-6$
$5<\sqrt{26}<6$에서 $6<1+\sqrt{26}<7$이므로 $1+\sqrt{26}$의 정수 부분은
$b=6$
따라서 $a+b=\sqrt{39}-6+6=\sqrt{39}$

6 직각삼각형에서 피타고라스 정리에 의하여
$\overline{AB}=\sqrt{2^2+2^2}=\sqrt{8}$
이때 $\overline{AP}=\overline{AQ}=\overline{AB}=\sqrt{8}$이므로 점 P에 대응하는 수는
$-2-\sqrt{8}$, 점 Q에 대응하는 수는 $-2+\sqrt{8}$이다.

7 $3<\sqrt{11}<4$이므로 $2<\sqrt{11}-1<3$
따라서 $\sqrt{11}-1$에 대응하는 점은 점 E이다.

8 $3=\sqrt{9}$, $4=\sqrt{16}$이므로 3과 4 사이에 있는 수는 $\sqrt{11}$, $\sqrt{14}$의 2개이다.

9 ① $1<\sqrt{3}<2$에서 $\sqrt{3}=1.\cdots$이므로 $\sqrt{3}+4=5.\cdots$
따라서 $\sqrt{3}+4<6$
② $3<\sqrt{13}<4$에서 $\sqrt{13}=3.\cdots$이므로 $\sqrt{13}-2=1.\cdots$
따라서 $\sqrt{13}-2<2$
③ $\sqrt{5}<\sqrt{7}$이므로 양변에 4를 더하면 $4+\sqrt{5}<4+\sqrt{7}$
④ $-3-(3-\sqrt{30})=-3-3+\sqrt{30}=-6+\sqrt{30}<0$이므로
$-3<3-\sqrt{30}$
⑤ $\sqrt{21}>\sqrt{17}$이므로 양변에서 $\sqrt{10}$을 빼면
$\sqrt{21}-\sqrt{10}>\sqrt{17}-\sqrt{10}$

10 $5<\sqrt{33}<6$에서 $-6<-\sqrt{33}<-5$이므로
$-1<5-\sqrt{33}<0$
따라서 $5-\sqrt{33}$의 정수 부분은
$a=-1$
$2<\sqrt{7}<3$에서 $4<2+\sqrt{7}<5$
즉, $2+\sqrt{7}$의 정수 부분이 4이므로 소수 부분은
$b=2+\sqrt{7}-4=-2+\sqrt{7}$

2. 근호를 포함한 식의 계산

01. 근호를 포함한 식의 계산 (1) | 18~19쪽 |

제곱근의 곱셈과 나눗셈

❶ $\sqrt{ab}$ ❷ $mn\sqrt{ab}$ ❸ $\sqrt{\frac{a}{b}}$ ❹ $\frac{m}{n}\sqrt{\frac{a}{b}}$

1 $\sqrt{6}$ 2 $-\sqrt{5}$ 3 4 4 $6\sqrt{12}$ 5 $-18\sqrt{12}$
6 $\sqrt{8}$ 7 $\sqrt{2}$ 8 -2 9 $2\sqrt{3}$ 10 1

3 $\sqrt{2}\times\sqrt{8}=\sqrt{2\times8}=\sqrt{16}=4$

4 $2\sqrt{6}\times3\sqrt{2}=(2\times3)\sqrt{6\times2}=6\sqrt{12}$

5 $-3\sqrt{\frac{4}{5}}\times6\sqrt{15}=(-3\times6)\sqrt{\frac{4}{5}\times15}=-18\sqrt{12}$

8 $\sqrt{60}\div(-\sqrt{15})=-\sqrt{\frac{60}{15}}=-\sqrt{4}=-2$

9 $6\sqrt{24}\div3\sqrt{8}=\frac{6}{3}\sqrt{\frac{24}{8}}=2\sqrt{3}$

10 $2\sqrt{28}\div4\sqrt{7}=\frac{2}{4}\sqrt{\frac{28}{7}}=\frac{\sqrt{4}}{2}=\frac{2}{2}=1$

근호가 있는 식의 변형

❺ $a\sqrt{b}$ ❻ $\frac{\sqrt{b}}{a}$ ❼ $\sqrt{a^2b}$ ❽ $\sqrt{\frac{b}{a^2}}$

11 $2\sqrt{5}$ 12 $-3\sqrt{6}$ 13 $\frac{\sqrt{6}}{5}$ 14 $\frac{\sqrt{3}}{5}$ (✎ 3, 3)
15 $\sqrt{45}$ 16 $-\sqrt{50}$ 17 $\sqrt{\frac{5}{36}}$ 18 $-\sqrt{\frac{28}{9}}$ $\left(✎\ 2,\ \frac{28}{9}\right)$

11 $\sqrt{20}=\sqrt{2^2\times5}=2\sqrt{5}$

12 $-\sqrt{54}=-\sqrt{3^2\times6}=-3\sqrt{6}$

13 $\sqrt{\frac{6}{25}}=\sqrt{\frac{6}{5^2}}=\frac{\sqrt{6}}{5}$

14 $\sqrt{0.12}=\sqrt{\frac{12}{100}}=\sqrt{\frac{\boxed{3}}{25}}=\sqrt{\frac{3}{5^2}}=\frac{\sqrt{\boxed{3}}}{5}$

15 $3\sqrt{5}=\sqrt{3^2\times5}=\sqrt{45}$

16 $-5\sqrt{2}=-\sqrt{5^2\times2}=-\sqrt{50}$

17 $\frac{\sqrt{5}}{6}=\frac{\sqrt{5}}{\sqrt{6^2}}=\sqrt{\frac{5}{6^2}}=\sqrt{\frac{5}{36}}$

분모의 유리화

❾ 분모의 유리화 ❿ $\sqrt{b}$ ⓫ $\sqrt{b}$ ⓬ $a\sqrt{b}$

19 $\frac{2\sqrt{3}}{3}$ 20 $-\frac{4\sqrt{7}}{7}$ 21 $-\frac{\sqrt{30}}{10}$ 22 $\frac{5\sqrt{3}}{6}$ 23 $\frac{\sqrt{3}}{6}$
24 $\frac{\sqrt{15}}{12}$ 25 $-\frac{3\sqrt{2}}{8}$ 26 $-\frac{2\sqrt{21}}{15}$

23 $\frac{1}{\sqrt{12}}=\frac{1}{2\sqrt{3}}=\frac{1\times\sqrt{3}}{2\sqrt{3}\times\sqrt{3}}=\frac{\sqrt{3}}{6}$

24 $\frac{\sqrt{5}}{\sqrt{48}}=\frac{\sqrt{5}}{4\sqrt{3}}=\frac{\sqrt{5}\times\sqrt{3}}{4\sqrt{3}\times\sqrt{3}}=\frac{\sqrt{15}}{12}$

25 $-\frac{3}{\sqrt{32}}=-\frac{3}{4\sqrt{2}}=-\frac{3\times\sqrt{2}}{4\sqrt{2}\times\sqrt{2}}=-\frac{3\sqrt{2}}{8}$

26 $-\frac{2\sqrt{7}}{\sqrt{75}}=-\frac{2\sqrt{7}}{5\sqrt{3}}=-\frac{2\sqrt{7}\times\sqrt{3}}{5\sqrt{3}\times\sqrt{3}}=-\frac{2\sqrt{21}}{15}$

제곱근표

⓭ 제곱근표

27 1.803 28 1.836 29 24.49 30 77.46 31 0.7746
32 0.02449

29 $\sqrt{600}=\sqrt{100\times6}=10\sqrt{6}=10\times2.449=24.49$

30 $\sqrt{6000}=\sqrt{100\times60}=10\sqrt{60}=10\times7.746=77.46$

31 $\sqrt{0.6}=\sqrt{\frac{60}{100}}=\frac{\sqrt{60}}{10}=\frac{7.746}{10}=0.7746$

32 $\sqrt{0.0006}=\sqrt{\frac{6}{10000}}=\frac{\sqrt{6}}{100}=\frac{2.449}{100}=0.02449$

소단원 핵심문제 | 20~21쪽 |

1 ㄷ, ㄹ 2 ② 3 ④ 4 3 5 $4\sqrt{10}$
6 ⑤ 7 $6\sqrt{21}$ 8 ② 9 5 10 ④
11 ⑤ 12 73.96

1 ㄷ. $\sqrt{11}\times4\sqrt{5}=4\sqrt{55}$
ㄹ. $-2\sqrt{0.8}\times5\sqrt{20}=(-2\times5)\sqrt{0.8\times20}=-10\sqrt{16}=-40$
따라서 옳지 않은 것은 ㄷ, ㄹ이다.

2 $9\sqrt{60}\div3\sqrt{10}\div\sqrt{3}=9\sqrt{60}\times\frac{1}{3\sqrt{10}}\times\frac{1}{\sqrt{3}}$
$=\frac{9\sqrt{60}}{3\sqrt{30}}=3\sqrt{2}$

3 $\sqrt{72}=\sqrt{6^2\times2}=6\sqrt{2}$이므로 $x=6$
$3\sqrt{6}=\sqrt{3^2\times6}=\sqrt{54}$이므로 $y=54$
따라서 $\frac{y}{x}=\frac{54}{6}=9$

4 $\frac{a}{\sqrt{60}}=\frac{a}{2\sqrt{15}}=\frac{a\times\sqrt{15}}{2\sqrt{15}\times\sqrt{15}}=\frac{a\sqrt{15}}{30}$
따라서 $\frac{a\sqrt{15}}{30}=\frac{\sqrt{15}}{10}$이므로 $\frac{a}{30}=\frac{1}{10}$에서 $a=3$

5 $2\sqrt{12}\div\sqrt{6}\times\sqrt{20}=4\sqrt{3}\div\sqrt{6}\times2\sqrt{5}=\frac{4\sqrt{3}}{\sqrt{6}}\times2\sqrt{5}$
$=\frac{4}{\sqrt{2}}\times2\sqrt{5}=\frac{8\sqrt{5}}{\sqrt{2}}=\frac{8\sqrt{10}}{2}=4\sqrt{10}$

6 $\sqrt{0.008}=\sqrt{\frac{80}{10000}}=\frac{\sqrt{80}}{100}=\frac{8.944}{100}=0.08944$

7 (직사각형의 넓이)$=3\sqrt{7}\times2\sqrt{3}=6\sqrt{21}$

8 $\sqrt{\frac{15}{11}}\div\sqrt{\frac{5}{7}}\div\sqrt{\frac{3}{2}}=\frac{\sqrt{15}}{\sqrt{11}}\div\frac{\sqrt{5}}{\sqrt{7}}\div\frac{\sqrt{3}}{\sqrt{2}}$
$=\frac{\sqrt{15}}{\sqrt{11}}\times\frac{\sqrt{7}}{\sqrt{5}}\times\frac{\sqrt{2}}{\sqrt{3}}=\sqrt{\frac{14}{11}}$
따라서 $a=\frac{14}{11}$

9 $\sqrt{\frac{36}{150}}=\sqrt{\frac{6}{25}}=\sqrt{\frac{6}{5^2}}=\frac{\sqrt{6}}{5}$이므로 $k=5$

10 $\sqrt{147}=\sqrt{7^2\times3}=7\sqrt{3}=7x$

11 $\frac{5}{\sqrt{112}}=\frac{5}{\sqrt{4^2\times7}}=\frac{5}{4\sqrt{7}}$
이므로 분모를 유리화할 때 분모와 분자에 곱해야 할 가장 작은 수는 $\sqrt{7}$이다.

12 $\sqrt{5470}=\sqrt{100\times54.7}=10\sqrt{54.7}=10\times7.396=73.96$

02. 근호를 포함한 식의 계산 (2) | 22~23쪽 |

제곱근의 덧셈과 뺄셈

❶ $m+n$ ❷ $m-n$ ❸ $m+n-l$

1 $6\sqrt{3}$ 2 $12\sqrt{6}$ 3 $3\sqrt{2}$ 4 $4\sqrt{11}$ 5 $\frac{7\sqrt{5}}{12}$
6 $-2\sqrt{7}$ 7 $6\sqrt{5}$ 8 $\sqrt{6}$ 9 $-4\sqrt{3}-\sqrt{7}$
10 $7\sqrt{13}-4\sqrt{10}$ 11 $10\sqrt{5}$ (✐ 3, 10) 12 $7\sqrt{3}$
13 $3\sqrt{3}$ 14 $-2\sqrt{2}$ 15 $6\sqrt{2}$ 16 $5\sqrt{3}-3\sqrt{6}$
17 $\frac{7\sqrt{6}}{2}$ (✐ 3, 2, 7, 2) 18 $\frac{4\sqrt{7}}{7}$ 19 $-\frac{5\sqrt{6}}{24}$ 20 $-\frac{12\sqrt{5}}{5}$
21 $-\frac{\sqrt{2}}{4}$ 22 $-\frac{\sqrt{3}}{6}-2\sqrt{2}$

5 $\frac{3\sqrt{5}}{4}-\frac{\sqrt{5}}{6}=\left(\frac{3}{4}-\frac{1}{6}\right)\sqrt{5}=\left(\frac{9}{12}-\frac{2}{12}\right)\sqrt{5}=\frac{7\sqrt{5}}{12}$

8 $\frac{\sqrt{6}}{2}-\frac{\sqrt{6}}{6}+\frac{2\sqrt{6}}{3}=\left(\frac{1}{2}-\frac{1}{6}+\frac{2}{3}\right)\sqrt{6}$
$=\left(\frac{3}{6}-\frac{1}{6}+\frac{4}{6}\right)\sqrt{6}=\sqrt{6}$

12 $\sqrt{27}+\sqrt{48}=3\sqrt{3}+4\sqrt{3}=7\sqrt{3}$

13 $\sqrt{75}-2\sqrt{3}=5\sqrt{3}-2\sqrt{3}=3\sqrt{3}$

14 $\sqrt{50}-\sqrt{98}=5\sqrt{2}-7\sqrt{2}=-2\sqrt{2}$

15 $\sqrt{8}-\sqrt{32}+\sqrt{128}=2\sqrt{2}-4\sqrt{2}+8\sqrt{2}=6\sqrt{2}$

16 $7\sqrt{3}-5\sqrt{6}+\sqrt{24}-\sqrt{12}=7\sqrt{3}-5\sqrt{6}+2\sqrt{6}-2\sqrt{3}$
$=5\sqrt{3}-3\sqrt{6}$

18 $2\sqrt{7}-\frac{10}{\sqrt{7}}=2\sqrt{7}-\frac{10\sqrt{7}}{7}=\frac{4\sqrt{7}}{7}$

19 $\frac{\sqrt{6}}{8}-\frac{\sqrt{2}}{\sqrt{3}}=\frac{\sqrt{6}}{8}-\frac{\sqrt{6}}{3}=-\frac{5\sqrt{6}}{24}$

20 $\sqrt{20}+\frac{8}{\sqrt{5}}-\sqrt{180}=2\sqrt{5}+\frac{8\sqrt{5}}{5}-6\sqrt{5}=-\frac{12\sqrt{5}}{5}$

21 $\frac{1}{\sqrt{8}}-\frac{5\sqrt{2}}{6}+\frac{4}{\sqrt{72}}=\frac{1}{2\sqrt{2}}-\frac{5\sqrt{2}}{6}+\frac{4}{6\sqrt{2}}$
$=\frac{\sqrt{2}}{4}-\frac{5\sqrt{2}}{6}+\frac{\sqrt{2}}{3}=-\frac{\sqrt{2}}{4}$

22 $\frac{\sqrt{3}}{3}-\frac{7\sqrt{2}}{2}+\frac{3}{\sqrt{2}}-\frac{\sqrt{12}}{4}=\frac{\sqrt{3}}{3}-\frac{7\sqrt{2}}{2}+\frac{3\sqrt{2}}{2}-\frac{\sqrt{3}}{2}$
$=-\frac{\sqrt{3}}{6}-2\sqrt{2}$

근호를 포함한 식의 분배법칙

❹ $\sqrt{ab}$ ❺ $\sqrt{ab}$ ❻ $\sqrt{bc}$ ❼ $\sqrt{bc}$ ❽ $\sqrt{bc}$

23 $\sqrt{21}+\sqrt{6}$ 24 $3\sqrt{10}-\sqrt{22}$ 25 $2\sqrt{15}+3\sqrt{2}$
26 $3\sqrt{14}-14\sqrt{2}$ 27 $\frac{\sqrt{3}+\sqrt{6}}{3}$ 28 $\frac{\sqrt{35}-\sqrt{30}}{5}$
29 $\frac{2\sqrt{5}+3\sqrt{6}}{2}$ 30 $\frac{\sqrt{30}-3\sqrt{3}}{6}$

25 $(\sqrt{10}+\sqrt{3})\sqrt{6}=\sqrt{60}+\sqrt{18}=2\sqrt{15}+3\sqrt{2}$

26 $(\sqrt{18}-2\sqrt{14})\sqrt{7}=(3\sqrt{2}-2\sqrt{14})\sqrt{7}$
$=3\sqrt{14}-2\sqrt{98}$
$=3\sqrt{14}-14\sqrt{2}$

29 $\frac{\sqrt{10}+3\sqrt{3}}{\sqrt{2}}=\frac{(\sqrt{10}+3\sqrt{3})\times\sqrt{2}}{\sqrt{2}\times\sqrt{2}}=\frac{\sqrt{20}+3\sqrt{6}}{2}=\frac{2\sqrt{5}+3\sqrt{6}}{2}$

30 $\frac{\sqrt{20}-\sqrt{18}}{2\sqrt{6}}=\frac{2\sqrt{5}-3\sqrt{2}}{2\sqrt{6}}=\frac{(2\sqrt{5}-3\sqrt{2})\times\sqrt{6}}{2\sqrt{6}\times\sqrt{6}}$
$=\frac{2\sqrt{30}-3\sqrt{12}}{12}=\frac{2\sqrt{30}-6\sqrt{3}}{12}$
$=\frac{\sqrt{30}-3\sqrt{3}}{6}$

근호를 포함한 식의 혼합 계산

❾ 분배법칙 ❿ 유리화 ⓫ 나눗셈 ⓬ 뺄셈
31 $8\sqrt{14}$ 32 $\sqrt{3}$ 33 $2\sqrt{5}$ 34 $-3\sqrt{3}$
35 $-6+3\sqrt{6}$ 36 $6\sqrt{2}+4\sqrt{3}$ 37 $6\sqrt{2}-4$
38 $\frac{11\sqrt{3}}{3}$ 39 $5\sqrt{10}+\frac{7\sqrt{2}}{2}$ 40 $\frac{11\sqrt{3}}{3}+3$

31 $5\sqrt{14}+3\sqrt{7}\times\sqrt{2}=5\sqrt{14}+3\sqrt{14}=8\sqrt{14}$

32 $3\sqrt{21}\div\sqrt{7}-2\sqrt{3}=\frac{3\sqrt{21}}{\sqrt{7}}-2\sqrt{3}=3\sqrt{3}-2\sqrt{3}=\sqrt{3}$

33 $\sqrt{10}\times\sqrt{8}-2\sqrt{30}\div\sqrt{6}=\sqrt{80}-\frac{2\sqrt{30}}{\sqrt{6}}=4\sqrt{5}-2\sqrt{5}=2\sqrt{5}$

34 $9\sqrt{6}\div\sqrt{18}-\sqrt{54}\times\sqrt{2}=9\sqrt{6}\div3\sqrt{2}-3\sqrt{6}\times\sqrt{2}$
$=\frac{9\sqrt{6}}{3\sqrt{2}}-3\sqrt{12}$
$=3\sqrt{3}-6\sqrt{3}=-3\sqrt{3}$

35 $\sqrt{2}(\sqrt{3}-3\sqrt{2})+2\sqrt{6}=\sqrt{6}-6+2\sqrt{6}$
$=-6+3\sqrt{6}$

36 $\sqrt{6}(2\sqrt{3}+\sqrt{32})-4\sqrt{3}=\sqrt{6}(2\sqrt{3}+4\sqrt{2})-4\sqrt{3}$
$=2\sqrt{18}+4\sqrt{12}-4\sqrt{3}$
$=6\sqrt{2}+8\sqrt{3}-4\sqrt{3}$
$=6\sqrt{2}+4\sqrt{3}$

37 $(\sqrt{24}-2\sqrt{12})\div\sqrt{3}+4\sqrt{2}=(2\sqrt{6}-4\sqrt{3})\div\sqrt{3}+4\sqrt{2}$
$=(2\sqrt{6}-4\sqrt{3})\times\frac{1}{\sqrt{3}}+4\sqrt{2}$
$=2\sqrt{2}-4+4\sqrt{2}$
$=6\sqrt{2}-4$

38 $\sqrt{18}\times\frac{3}{\sqrt{6}}+2\div\sqrt{3}=3\sqrt{2}\times\frac{\sqrt{6}}{2}+\frac{2}{\sqrt{3}}$
$=\frac{3\sqrt{12}}{2}+\frac{2\sqrt{3}}{3}$
$=3\sqrt{3}+\frac{2\sqrt{3}}{3}=\frac{11\sqrt{3}}{3}$

39 $\sqrt{10}(5+2\sqrt{2})+\frac{7-4\sqrt{10}}{\sqrt{2}}=5\sqrt{10}+2\sqrt{20}+\frac{(7-4\sqrt{10})\times\sqrt{2}}{\sqrt{2}\times\sqrt{2}}$
$=5\sqrt{10}+4\sqrt{5}+\frac{7\sqrt{2}-4\sqrt{20}}{2}$
$=5\sqrt{10}+4\sqrt{5}+\frac{7\sqrt{2}}{2}-4\sqrt{5}$
$=5\sqrt{10}+\frac{7\sqrt{2}}{2}$

40 $\frac{2-\sqrt{3}}{\sqrt{3}}+(3\sqrt{6}+\sqrt{32})\div\sqrt{2}=\frac{(2-\sqrt{3})\times\sqrt{3}}{\sqrt{3}\times\sqrt{3}}+\frac{3\sqrt{6}+4\sqrt{2}}{\sqrt{2}}$
$=\frac{2\sqrt{3}-3}{3}+3\sqrt{3}+4$
$=\frac{11\sqrt{3}}{3}+3$

소단원 핵심문제

| 24~25쪽 |

1 ㄴ, ㄹ 2 ② 3 16 4 $3-3\sqrt{6}$
5 ③ 6 ④ 7 ⑤ 8 $1-\sqrt{2}$
9 $10\sqrt{2}+5$ 10 (1) $a=-1-3\sqrt{2}$, $b=-1+3\sqrt{2}$ (2) $5+4\sqrt{2}$

1 ㄱ. $\sqrt{6}+2\sqrt{6}=(1+2)\sqrt{6}=3\sqrt{6}$
ㄷ. $\frac{5\sqrt{5}}{6}-\frac{4\sqrt{5}}{9}=\left(\frac{5}{6}-\frac{4}{9}\right)\sqrt{5}=\left(\frac{15}{18}-\frac{8}{18}\right)\sqrt{5}=\frac{7\sqrt{5}}{18}$
따라서 옳은 것은 ㄴ, ㄹ이다.

2 $\sqrt{12}+2\sqrt{54}-\sqrt{108}-\sqrt{24}=2\sqrt{3}+6\sqrt{6}-6\sqrt{3}-2\sqrt{6}$
$=-4\sqrt{3}+4\sqrt{6}$

3 $(\sqrt{72}+\sqrt{40})\sqrt{5}=(6\sqrt{2}+2\sqrt{10})\sqrt{5}$
$=6\sqrt{10}+2\sqrt{50}$
$=6\sqrt{10}+10\sqrt{2}$
따라서 $a=6$, $b=10$이므로
$a+b=6+10=16$

4 $\frac{\sqrt{54}+6}{\sqrt{6}}-\sqrt{96}=\frac{3\sqrt{6}+6}{\sqrt{6}}-4\sqrt{6}$
$=\frac{(3\sqrt{6}+6)\times\sqrt{6}}{\sqrt{6}\times\sqrt{6}}-4\sqrt{6}$
$=\frac{18+6\sqrt{6}}{6}-4\sqrt{6}$
$=3+\sqrt{6}-4\sqrt{6}$
$=3-3\sqrt{6}$

다른 풀이
$\frac{\sqrt{54}+6}{\sqrt{6}}-\sqrt{96}=\frac{\sqrt{54}}{\sqrt{6}}+\frac{6}{\sqrt{6}}-\sqrt{96}$
$=\sqrt{9}+\sqrt{6}-4\sqrt{6}$
$=3-3\sqrt{6}$

5 $\sqrt{10}(4-3\sqrt{15})-\dfrac{\sqrt{30}-3\sqrt{2}}{\sqrt{3}}$

$=4\sqrt{10}-3\sqrt{150}-\dfrac{(\sqrt{30}-3\sqrt{2})\times\sqrt{3}}{\sqrt{3}\times\sqrt{3}}$

$=4\sqrt{10}-15\sqrt{6}-\dfrac{\sqrt{90}-3\sqrt{6}}{3}$

$=4\sqrt{10}-15\sqrt{6}-\dfrac{3\sqrt{10}-3\sqrt{6}}{3}$

$=4\sqrt{10}-15\sqrt{6}-\sqrt{10}+\sqrt{6}$

$=3\sqrt{10}-14\sqrt{6}$

6 $\sqrt{28}+2a-4-3a\sqrt{7}=2\sqrt{7}+2a-4-3a\sqrt{7}$

$=(2a-4)+(2-3a)\sqrt{7}$

이 수가 유리수가 되려면 $2-3a=0$이어야 하므로

$a=\dfrac{2}{3}$

7 ① $(2+3\sqrt{2})-4\sqrt{2}=2-\sqrt{2}=\sqrt{4}-\sqrt{2}>0$

따라서 $2+3\sqrt{2}>4\sqrt{2}$

② $(5-2\sqrt{5})-(2+\sqrt{5})=5-2\sqrt{5}-2-\sqrt{5}$

$=3-3\sqrt{5}=\sqrt{9}-\sqrt{45}<0$

따라서 $5-2\sqrt{5}<2+\sqrt{5}$

③ $(4\sqrt{3}-1)-(2+\sqrt{3})=4\sqrt{3}-1-2-\sqrt{3}$

$=3\sqrt{3}-3=\sqrt{27}-\sqrt{9}>0$

따라서 $4\sqrt{3}-1>2+\sqrt{3}$

④ $(\sqrt{11}+5\sqrt{7})-(2\sqrt{11}+3\sqrt{7})=\sqrt{11}+5\sqrt{7}-2\sqrt{11}-3\sqrt{7}$

$=-\sqrt{11}+2\sqrt{7}$

$=-\sqrt{11}+\sqrt{28}>0$

따라서 $\sqrt{11}+5\sqrt{7}>2\sqrt{11}+3\sqrt{7}$

⑤ $(10-\sqrt{20})-(6+\sqrt{45})=10-2\sqrt{5}-6-3\sqrt{5}$

$=4-5\sqrt{5}=\sqrt{16}-\sqrt{125}<0$

따라서 $10-\sqrt{20}<6+\sqrt{45}$

8 $2<\sqrt{8}<3$에서 $\sqrt{8}$의 정수 부분이 2이므로 소수 부분은

$a=\sqrt{8}-2$

$1<\sqrt{2}<2$에서 $2<1+\sqrt{2}<3$이므로 $1+\sqrt{2}$의 정수 부분은 2이고, 소수 부분은

$b=(1+\sqrt{2})-2=\sqrt{2}-1$

따라서 $b-a=(\sqrt{2}-1)-(\sqrt{8}-2)=\sqrt{2}-1-(2\sqrt{2}-2)$

$=\sqrt{2}-1-2\sqrt{2}+2=1-\sqrt{2}$

9 (삼각형의 넓이)$=\dfrac{1}{2}\times(2\sqrt{10}+\sqrt{5})\times2\sqrt{5}$

$=2\sqrt{50}+5=10\sqrt{2}+5$

10 (1) $\overline{AB}=\overline{BC}=\sqrt{18}=3\sqrt{2}$이므로

$\overline{PB}=\overline{AB}=3\sqrt{2}$, $\overline{BQ}=\overline{BC}=3\sqrt{2}$

따라서 $a=-1-3\sqrt{2}$, $b=-1+3\sqrt{2}$

(2) $b-\sqrt{2}a=(-1+3\sqrt{2})-\sqrt{2}(-1-3\sqrt{2})$

$=-1+3\sqrt{2}+\sqrt{2}+6=5+4\sqrt{2}$

3. 다항식의 곱셈

01. 곱셈 공식

| 26~27쪽 |

다항식의 곱셈

❶ 분배

1 $xy-2x+y-2$ 2 $ab+3a-4b-12$ 3 $-6xy+3x+4y-2$
4 $x^2-2x-35$ (✎ 5, 35, 2, 35) 5 $6a^2-20a+16$
6 $-15a^2+16a-4$ 7 $-12x^2+44x-7$ 8 $2a^2-ab+a-3b^2+b$
9 $16x^2-54xy-8x-7y^2+28y$
10 $-3x^2+23xy-15x-30y^2+25y$

5 $(2a-4)(3a-4)=6a^2-8a-12a+16=6a^2-20a+16$

6 $(5a-2)(-3a+2)=-15a^2+10a+6a-4$

$=-15a^2+16a-4$

7 $(-6x+1)(2x-7)=-12x^2+42x+2x-7$

$=-12x^2+44x-7$

8 $(a+b)(2a-3b+1)=2a^2-3ab+a+2ab-3b^2+b$

$=2a^2-ab+a-3b^2+b$

9 $(2x-7y)(8x+y-4)=16x^2+2xy-8x-56xy-7y^2+28y$

$=16x^2-54xy-8x-7y^2+28y$

10 $(-3x+5y)(x-6y+5)$

$=-3x^2+18xy-15x+5xy-30y^2+25y$

$=-3x^2+23xy-15x-30y^2+25y$

곱셈 공식

❷ $a+b$ ❸ $a-b$ ❹ a^2-b^2 ❺ $a+b$ ❻ $ad+bc$

11 x^2+2x+1 12 a^2+4a+4 13 $4x^2+4x+1$
14 $16a^2+24ab+9b^2$ 15 x^2-6x+9 16 $a^2-12a+36$
17 $9a^2-30a+25$ 18 $25x^2-40xy+16y^2$
19 $x^2+16x+64$ 20 $4a^2-12a+9$ 21 x^2-1
22 a^2-9 23 $x^2-\dfrac{1}{4}$ 24 $4a^2-25$
25 $16x^2-9$ (✎ 3, $16x^2-9$) 26 $49b^2-36a^2$
27 $a^2+7a+10$ (✎ 5, 5, 7, 10) 28 $x^2-3x-28$
29 $a^2+\dfrac{1}{3}a-\dfrac{2}{3}$ 30 $x^2+8xy+15y^2$ 31 $a^2-4ab-12b^2$
32 $x^2-12xy+32y^2$ 33 $6x^2+7x+2$ (✎ 3, 2, 3, 2, $6x^2+7x+2$)
34 $12a^2+7a-12$ 35 $12x^2-7xy-10y^2$
36 $-12a^2+64ab-45b^2$ 37 $10a+5$ (✎ 6, 4, 4, 10, 5)
38 $3x^2+8x+7$ 39 $3a^2-15a-20$ 40 $7x^2-9x+23$
41 $2x^2+xy-3y^2$ 42 $11a^2-18ab-3b^2$

14 $(4a+3b)^2=(4a)^2+2\times 4a\times 3b+(3b)^2=16a^2+24ab+9b^2$

17 $(3a-5)^2=(3a)^2-2\times 3a\times 5+5^2=9a^2-30a+25$

18 $(5x-4y)^2=(5x)^2-2\times 5x\times 4y+(4y)^2$
$=25x^2-40xy+16y^2$

19 $(-x-8)^2=\{-(x+8)\}^2=(x+8)^2=x^2+16x+64$

20 $(-2a+3)^2=\{-(2a-3)\}^2=(2a-3)^2$
$=(2a)^2-2\times 2a\times 3+3^2=4a^2-12a+9$

26 $(-6a+7b)(6a+7b)=(7b-6a)(7b+6a)$
$=(7b)^2-(6a)^2=49b^2-36a^2$

28 $(x+4)(x-7)=x^2+\{4+(-7)\}x+4\times(-7)$
$=x^2-3x-28$

29 $(a+1)\left(a-\frac{2}{3}\right)=a^2+\left\{1+\left(-\frac{2}{3}\right)\right\}a+1\times\left(-\frac{2}{3}\right)$
$=a^2+\frac{1}{3}a-\frac{2}{3}$

30 $(x+3y)(x+5y)=x^2+(3y+5y)x+3y\times 5y$
$=x^2+8xy+15y^2$

31 $(a-6b)(a+2b)=a^2+\{(-6b)+2b\}a+(-6b)\times 2b$
$=a^2-4ab-12b^2$

32 $(x-8y)(x-4y)$
$=x^2+\{(-8y)+(-4y)\}x+(-8y)\times(-4y)$
$=x^2-12xy+32y^2$

34 $(3a+4)(4a-3)$
$=(3\times 4)a^2+\{3\times(-3)+4\times 4\}a+4\times(-3)$
$=12a^2+7a-12$

35 $(3x+2y)(4x-5y)$
$=(3\times 4)x^2+\{3\times(-5y)+2y\times 4\}x+2y\times(-5y)$
$=12x^2-7xy-10y^2$

36 $(-6a+5b)(2a-9b)$
$=\{(-6)\times 2\}a^2+\{(-6)\times(-9b)+5b\times 2\}a+5b\times(-9b)$
$=-12a^2+64ab-45b^2$

38 $(x+1)(x-1)+2(x+2)^2=x^2-1+2(x^2+4x+4)$
$=x^2-1+2x^2+8x+8$
$=3x^2+8x+7$

39 $(a+4)(a-5)+2a(a-7)=a^2-a-20+2a^2-14a$
$=3a^2-15a-20$

40 $(x-5)^2+(2x-1)(3x+2)=x^2-10x+25+6x^2+x-2$
$=7x^2-9x+23$

41 $(x-y)(x+4y)-(x-y)(-x+y)$
$=(x-y)(x+4y)+(x-y)^2$
$=x^2+3xy-4y^2+x^2-2xy+y^2$
$=2x^2+xy-3y^2$

42 $(3a-5b)(2a+b)-(-5a+b)(a-2b)$
$=6a^2-7ab-5b^2-(-5a^2+11ab-2b^2)$
$=6a^2-7ab-5b^2+5a^2-11ab+2b^2$
$=11a^2-18ab-3b^2$

소단원 핵심문제

| 28~29쪽 |

1 -33	**2** ㄱ과 ㄷ, ㄴ과 ㄹ	**3** ⑤	**4** ③, ⑤
5 ①	**6** ③	**7** (1) $a=4$, $b=8$ (2) $a=\frac{1}{5}$, $b=-\frac{2}{5}$	
8 $a=3$, $b=-33$	**9** -4	**10** ⑤	

1 xy항이 나오는 부분만 전개하면
$2x\times(-4y)+y\times 6x=-8xy+6xy=-2xy$
이므로 xy의 계수는 -2이다.
상수항은 $(-7)\times 5=-35$
따라서 $a=-2$, $b=-35$이므로
$b-a=-35-(-2)=-33$

다른 풀이
$(2x+y-7)(6x-4y+5)$
$=12x^2-8xy+10x+6xy-4y^2+5y-42x+28y-35$
$=12x^2-2xy-32x-4y^2+33y-35$
즉, xy의 계수는 -2, 상수항은 -35이므로
$a=-2$, $b=-35$
따라서 $b-a=-35-(-2)=-33$

2 ㄱ. $(-a+b)^2=\{-(a-b)\}^2=(a-b)^2$ ➡ ㄷ
ㄴ. $(-a-b)^2=\{-(a+b)\}^2=(a+b)^2$ ➡ ㄹ
따라서 전개식이 같은 것은 ㄱ과 ㄷ, ㄴ과 ㄹ이다.

3 $(x-a)(x-6)=x^2-(a+6)x+6a$이므로
$x^2-(a+6)x+6a=x^2-bx+18$
즉, $-(a+6)=-b$, $6a=18$이므로
$a=3$, $b=a+6=3+6=9$
따라서 $\frac{b}{a}=\frac{9}{3}=3$

4 ① $(x+2)^2=x^2+4x+4$
② $(-3x+1)^2=\{-(3x-1)\}^2$
$=(3x-1)^2$
$=9x^2-6x+1$

워크북

④ $(x+8)(x-5)=x^2+3x-40$

5 $(3x+4)(3x-4)-(5x-1)(2x+8)$
$=9x^2-16-(10x^2+38x-8)$
$=9x^2-16-10x^2-38x+8$
$=-x^2-38x-8$

6 (직사각형의 넓이)$=(8a+b)(6a-5)$
$=48a^2-40a+6ab-5b$

7 (1) $(x+a)^2=x^2+2ax+a^2$이므로
$x^2+2ax+a^2=x^2+bx+16$
즉, $2a=b$, $a^2=16$
$a^2=16$에서 $a=-4$ 또는 $a=4$
이때 $a>0$이므로 $a=4$
따라서 $b=2a=2\times4=8$
(2) $(x-a)^2=x^2-2ax+a^2$이므로
$x^2-2ax+a^2=x^2+bx+\frac{1}{25}$
즉, $-2a=b$, $a^2=\frac{1}{25}$
$a^2=\frac{1}{25}$에서 $a=-\frac{1}{5}$ 또는 $a=\frac{1}{5}$
이때 $a>0$이므로 $a=\frac{1}{5}$
따라서 $b=-2a=-2\times\frac{1}{5}=-\frac{2}{5}$

8 2를 a로 잘못 보고 전개하였으므로
$(x-a)(x+11)=x^2+8x+b$
즉, $x^2+(-a+11)x-11a=x^2+8x+b$이므로
$-a+11=8$, $-11a=b$
따라서 $a=3$, $b=-11a=-11\times3=-33$

9 $(5x-4)(2x+a)=10x^2+(5a-8)x-4a$이므로
$10x^2+(5a-8)x-4a=10x^2+7x+b$
즉, $5a-8=7$, $-4a=b$이므로
$5a-8=7$에서 $5a=15$, $a=3$
$b=-4a=-4\times3=-12$
따라서 $\frac{b}{a}=\frac{-12}{3}=-4$

10 ① $(-x+2y)^2=x^2-4xy+4y^2$ ➡ xy의 계수: -4
② $(4x+6y)(4x-6y)=16x^2-36y^2$ ➡ xy의 계수: 0
③ $(x+3y)(x-10y)=x^2-7xy-30y^2$ ➡ xy의 계수: -7
④ $(3x+y)(-2x-5y)=-6x^2-17xy-5y^2$
➡ xy의 계수: -17
⑤ $(-7x+4y)(-2x+3y)=14x^2-29xy+12y^2$
➡ xy의 계수: -29
따라서 전개했을 때, xy의 계수가 가장 작은 것은 ⑤이다.

02. 곱셈 공식의 활용

| 30~31쪽 |

곱셈 공식을 이용한 수의 계산

❶ $a^2+2ab+b^2$ ❷ $a^2-2ab+b^2$ ❸ a^2-b^2
1 10404 (✎ 2, 2, 2, 400, 4, 10404) 2 2209 3 9604
4 159201 5 1006009 6 9964 (✎ 6, 6, 6, 36, 9964)
7 2496 8 10914 9 37440 10 99.99

2 $47^2=(50-3)^2=50^2-2\times50\times3+3^2$
$=2500-300+9=2209$

3 $98^2=(100-2)^2=100^2-2\times100\times2+2^2$
$=10000-400+4=9604$

4 $399^2=(400-1)^2=400^2-2\times400\times1+1^2$
$=160000-800+1=159201$

5 $1003^2=(1000+3)^2=1000^2+2\times1000\times3+3^2$
$=1000000+6000+9=1006009$

7 $52\times48=(50+2)(50-2)=50^2-2^2$
$=2500-4=2496$

8 $102\times107=(100+2)(100+7)$
$=100^2+(2+7)\times100+2\times7$
$=10000+900+14$
$=10914$

9 $195\times192=(200-5)(200-8)=200^2-(5+8)\times200+5\times8$
$=40000-2600+40=37440$

10 $10.1\times9.9=(10+0.1)(10-0.1)=10^2-0.1^2$
$=100-0.01=99.99$

곱셈 공식을 이용한 근호를 포함한 식의 계산

❹ 곱셈 공식
11 $7+2\sqrt{10}$ 12 $11+6\sqrt{2}$ 13 $25+4\sqrt{6}$ 14 $9-6\sqrt{2}$
15 $32-10\sqrt{7}$ 16 $29-12\sqrt{5}$ 17 1 18 6
19 $-22-5\sqrt{2}$ 20 $9+29\sqrt{3}$

11 $(\sqrt{2}+\sqrt{5})^2=(\sqrt{2})^2+2\times\sqrt{2}\times\sqrt{5}+(\sqrt{5})^2$
$=2+2\sqrt{10}+5=7+2\sqrt{10}$

12 $(3+\sqrt{2})^2=3^2+2\times3\times\sqrt{2}+(\sqrt{2})^2$
$=9+6\sqrt{2}+2=11+6\sqrt{2}$

13 $(2\sqrt{6}+1)^2=(2\sqrt{6})^2+2\times2\sqrt{6}\times1+1^2$
$=24+4\sqrt{6}+1=25+4\sqrt{6}$

14 $(\sqrt{6}-\sqrt{3})^2=(\sqrt{6})^2-2\times\sqrt{6}\times\sqrt{3}+(\sqrt{3})^2$
$=6-6\sqrt{2}+3=9-6\sqrt{2}$

15 $(5-\sqrt{7})^2=5^2-2\times5\times\sqrt{7}+(\sqrt{7})^2$
$=25-10\sqrt{7}+7=32-10\sqrt{7}$

16 $(2\sqrt{5}-3)^2=(2\sqrt{5})^2-2\times2\sqrt{5}\times3+3^2$
$=20-12\sqrt{5}+9=29-12\sqrt{5}$

17 $(\sqrt{7}+\sqrt{6})(\sqrt{7}-\sqrt{6})=(\sqrt{7})^2-(\sqrt{6})^2=7-6=1$

18 $(4+\sqrt{10})(4-\sqrt{10})=4^2-(\sqrt{10})^2=16-10=6$

19 $(\sqrt{2}+3)(\sqrt{2}-8)=(\sqrt{2})^2+(3-8)\sqrt{2}+3\times(-8)$
$=2-5\sqrt{2}-24=-22-5\sqrt{2}$

20 $(5\sqrt{3}-3)(2\sqrt{3}+7)$
$=(5\times2)(\sqrt{3})^2+(5\times7-3\times2)\sqrt{3}-3\times7$
$=30+29\sqrt{3}-21=9+29\sqrt{3}$

곱셈 공식을 이용한 분모의 유리화

❺ $\sqrt{a}-\sqrt{b}$ ❻ $\sqrt{a}-\sqrt{b}$ ❼ $\dfrac{c(\sqrt{a}-\sqrt{b})}{a-b}$
21 $\dfrac{3-\sqrt{5}}{2}$ 22 $-2\sqrt{5}-\sqrt{15}$ 23 $4\sqrt{6}-4\sqrt{5}$
24 $\dfrac{9-2\sqrt{14}}{5}$

21 $\dfrac{2}{3+\sqrt{5}}=\dfrac{2(3-\sqrt{5})}{(3+\sqrt{5})(3-\sqrt{5})}=\dfrac{2(3-\sqrt{5})}{4}=\dfrac{3-\sqrt{5}}{2}$

22 $\dfrac{\sqrt{5}}{-2+\sqrt{3}}=\dfrac{\sqrt{5}(-2-\sqrt{3})}{(-2+\sqrt{3})(-2-\sqrt{3})}=-2\sqrt{5}-\sqrt{15}$

23 $\dfrac{4}{\sqrt{6}+\sqrt{5}}=\dfrac{4(\sqrt{6}-\sqrt{5})}{(\sqrt{6}+\sqrt{5})(\sqrt{6}-\sqrt{5})}=4\sqrt{6}-4\sqrt{5}$

24 $\dfrac{\sqrt{7}-\sqrt{2}}{\sqrt{7}+\sqrt{2}}=\dfrac{(\sqrt{7}-\sqrt{2})^2}{(\sqrt{7}+\sqrt{2})(\sqrt{7}-\sqrt{2})}=\dfrac{7-2\sqrt{14}+2}{5}=\dfrac{9-2\sqrt{14}}{5}$

$x=a\pm\sqrt{b}$ 꼴이 주어진 경우 식의 값 구하기

❽ b
25 1 (✎ $-\sqrt{2}$, 2, 1) 26 3 27 -4 28 -22

26 $x=-2+\sqrt{7}$에서 $x+2=\sqrt{7}$
양변을 제곱하면 $x^2+4x+4=7$
따라서 $x^2+4x=7-4=3$

다른 풀이
$x^2+4x=(-2+\sqrt{7})^2+4(-2+\sqrt{7})$
$=4-4\sqrt{7}+7-8+4\sqrt{7}=3$

27 $x=3+\sqrt{5}$에서 $x-3=\sqrt{5}$
양변을 제곱하면 $x^2-6x+9=5$
따라서 $x^2-6x=5-9=-4$

다른 풀이
$x^2-6x=(3+\sqrt{5})^2-6(3+\sqrt{5})$
$=9+6\sqrt{5}+5-18-6\sqrt{5}=-4$

28 $x=5-\sqrt{2}$에서 $x-5=-\sqrt{2}$
양변을 제곱하면 $x^2-10x+25=2$
따라서 $x^2-10x=2-25=-23$이므로
$x^2-10x+1=-23+1=-22$

곱셈 공식의 변형

❾ $a+b$ ❿ $a-b$ ⓫ $4ab$ ⓬ $4ab$
29 12 30 11 31 61 32 16 33 30
34 24 35 71 36 61

29 $x^2+y^2=(x+y)^2-2xy=2^2-2\times(-4)=12$

30 $x^2+y^2=(x-y)^2+2xy=(-3)^2+2\times1=11$

31 $(x+y)^2=(x-y)^2+4xy=(-7)^2+4\times3=61$

32 $(x-y)^2=(x+y)^2-4xy=6^2-4\times5=16$

33 $x^2+y^2=(x+y)^2-2xy=(-6)^2-2\times3=30$

34 $(x-y)^2=(x+y)^2-4xy=(-6)^2-4\times3=24$

35 $x^2+y^2=(x-y)^2+2xy=9^2+2\times(-5)=71$

36 $(x+y)^2=(x-y)^2+4xy=9^2+4\times(-5)=61$

소단원 핵심문제

| 32~33쪽 |

1 ③ 2 ④ 3 3 4 ② 5 -7
6 $\dfrac{1}{2}$ 7 (1) 40401 (2) 2499.36 8 ⑤ 9 ③
10 ④ 11 (1) $2\sqrt{3}$ (2) 1 (3) 10

1 $107\times93=(100+7)(100-7)$이므로 가장 편리한 곱셈 공식은 ③이다.

2 $(\sqrt{18}+4)^2=(3\sqrt{2}+4)^2=(3\sqrt{2})^2+2\times3\sqrt{2}\times4+4^2$
$=18+24\sqrt{2}+16=34+24\sqrt{2}$
따라서 $a=34$, $b=24$이므로 $a-b=34-24=10$

3 $\frac{\sqrt{5}+\sqrt{2}}{\sqrt{5}-\sqrt{2}}=\frac{(\sqrt{5}+\sqrt{2})^2}{(\sqrt{5}-\sqrt{2})(\sqrt{5}+\sqrt{2})}=\frac{5+2\sqrt{10}+2}{3}$
$=\frac{7}{3}+\frac{2\sqrt{10}}{3}$
따라서 $a=\frac{7}{3}$, $b=\frac{2}{3}$이므로 $a+b=\frac{7}{3}+\frac{2}{3}=3$

4 $x=\frac{3}{3+\sqrt{6}}=\frac{3(3-\sqrt{6})}{(3+\sqrt{6})(3-\sqrt{6})}=3-\sqrt{6}$
$y=\frac{3}{3-\sqrt{6}}=\frac{3(3+\sqrt{6})}{(3-\sqrt{6})(3+\sqrt{6})}=3+\sqrt{6}$
따라서 $x-y=(3-\sqrt{6})-(3+\sqrt{6})=-2\sqrt{6}$

5 $x=\frac{2}{3-2\sqrt{2}}=\frac{2(3+2\sqrt{2})}{(3-2\sqrt{2})(3+2\sqrt{2})}=6+4\sqrt{2}$이므로
$x-6=4\sqrt{2}$
양변을 제곱하면 $x^2-12x+36=32$
따라서 $x^2-12x=32-36=-4$이므로
$x^2-12x-3=-4-3=-7$

6 $(x-y)^2=x^2+y^2-2xy$이므로
$(-3)^2=10-2xy$, $2xy=10-9=1$
따라서 $xy=\frac{1}{2}$

7 (1) $201^2=(200+1)^2=200^2+2\times200\times1+1^2$
$=40000+400+1=40401$
(2) $50.8\times49.2=(50+0.8)(50-0.8)=50^2-0.8^2$
$=2500-0.64=2499.36$

8 $(2\sqrt{3}-3A)(\sqrt{3}+4)=6+(8-3A)\sqrt{3}-12A$
$=(6-12A)+(8-3A)\sqrt{3}$
이 수가 유리수가 되려면 $8-3A=0$이어야 하므로 $A=\frac{8}{3}$

9 $\frac{6}{2\sqrt{2}+\sqrt{5}}=\frac{6(2\sqrt{2}-\sqrt{5})}{(2\sqrt{2}+\sqrt{5})(2\sqrt{2}-\sqrt{5})}$
$=2(2\sqrt{2}-\sqrt{5})=4\sqrt{2}-2\sqrt{5}$

10 $3<\sqrt{10}<4$에서 $\sqrt{10}$의 정수 부분이 3이므로 소수 부분은
$x=\sqrt{10}-3$
$x=\sqrt{10}-3$에서 $x+3=\sqrt{10}$
양변을 제곱하면 $x^2+6x+9=10$
따라서 $x^2+6x=10-9=1$

11 (1) $x+y=(\sqrt{3}+\sqrt{2})+(\sqrt{3}-\sqrt{2})=2\sqrt{3}$
(2) $xy=(\sqrt{3}+\sqrt{2})(\sqrt{3}-\sqrt{2})=(\sqrt{3})^2-(\sqrt{2})^2=3-2=1$
(3) $x^2+y^2=(x+y)^2-2xy=(2\sqrt{3})^2-2\times1=12-2=10$

4. 인수분해

01. 인수분해의 뜻과 공식 (1), (2) | 34~35쪽 |

인수분해

❶ 인수분해 ❷ 전개
1 x^2+2x 2 a^2-4a+4 3 x^2-1 4 a^2+a-6
5 $3x^2+2x-1$ 6 ㄱ, ㄴ, ㄹ 7 ㄴ, ㄷ, ㄹ

6 ㄷ. a^2-2는 $a^2(a-2)$의 인수가 아니다.
따라서 $a^2(a-2)$의 인수인 것은 ㄱ, ㄴ, ㄹ이다.

7 ㄱ. $2x$는 $(x-3)(2x+1)$의 인수가 아니다.
따라서 $(x-3)(2x+1)$의 인수인 것은 ㄴ, ㄷ, ㄹ이다.

공통인 인수를 이용한 인수분해

❸ m
8 $a(2b-3)$ 9 $xy(1+2x)$ 10 $5x^2(2x-3)$
11 $6ab(2a-b)$ 12 $2x(4x+y-2)$ 13 $ab(a+b-2)$
14 $xy(x+y-1)$ (✎ xy) 15 $(2a+1)(a+b)$
16 $(x-2)(x-3)$

16 $x(x-3)+2(3-x)=x(x-3)-2(x-3)$
$=(x-2)(x-3)$

인수분해 공식 (1) – 완전제곱식

❹ $a-b$ ❺ $\frac{a}{2}$
17 $(a+9)^2$ (✎ 9, 9) 18 $(3x+4)^2$ 19 $(6y+1)^2$
20 $(a+5b)^2$ 21 $(9x+2y)^2$
22 $x(a-2)^2$ (✎ x, 4, x, 2) 23 $2a(x-5)^2$
24 $3(a-2b)^2$ 25 1 26 $\frac{2}{3}$
27 25

23 $2ax^2-20ax+50a=2a(x^2-10x+25)=2a(x-5)^2$

24 $3a^2-12ab+12b^2=3(a^2-4ab+4b^2)=3(a-2b)^2$

25 $x^2-2x+\square=x^2-2\times x\times1+\square$이므로 $\square=1^2=1$

26 $a^2+\square a+\frac{1}{9}=a^2+\square a+\left(\frac{1}{3}\right)^2$이므로
$\square=2\times1\times\frac{1}{3}=\frac{2}{3}$

27 $36x^2+60xy+\square y^2=(6x)^2+2\times6x\times5y+\square y^2$이므로
$\square=5^2=25$

인수분해 공식 (2) – 제곱의 차

28 $(x+4)(x-4)$
29 $\left(\frac{1}{2}a+5\right)\left(\frac{1}{2}a-5\right)$
30 $(2y+x)(2y-x)$
31 $3(2+a)(2-a)$ (✎ 3, 3, a)
32 $4(x+3y)(x-3y)$
33 $(a^2+1)(a+1)(a-1)$ (✎ a^2+1, a^2+1)
34 $(x^2+4y^2)(x+2y)(x-2y)$
35 $3\left(a^2+\frac{1}{9}b^2\right)\left(a+\frac{1}{3}b\right)\left(a-\frac{1}{3}b\right)$

30 $-x^2+4y^2=4y^2-x^2=(2y)^2-x^2=(2y+x)(2y-x)$

32 $4x^2-36y^2=4(x^2-9y^2)=4\{x^2-(3y)^2\}$
$=4(x+3y)(x-3y)$

33 $a^4-1=(a^2)^2-1^2=(\boxed{a^2+1})(a^2-1)$
$=(a^2+1)(a^2-1^2)=(\boxed{a^2+1})(a+1)(a-1)$

참고 특별한 조건이 없으면 다항식의 인수분해는 유리수의 범위에서 더 이상 인수분해할 수 없을 때까지 계속한다.

34 $x^4-16y^4=(x^2)^2-(4y^2)^2=(x^2+4y^2)(x^2-4y^2)$
$=(x^2+4y^2)\{x^2-(2y)^2\}$
$=(x^2+4y^2)(x+2y)(x-2y)$

35 $3a^4-\frac{1}{27}b^4=3\left(a^4-\frac{1}{81}b^4\right)=3\left\{(a^2)^2-\left(\frac{1}{9}b^2\right)^2\right\}$
$=3\left(a^2+\frac{1}{9}b^2\right)\left(a^2-\frac{1}{9}b^2\right)$
$=3\left(a^2+\frac{1}{9}b^2\right)\left\{a^2-\left(\frac{1}{3}b\right)^2\right\}$
$=3\left(a^2+\frac{1}{9}b^2\right)\left(a+\frac{1}{3}b\right)\left(a-\frac{1}{3}b\right)$

소단원 핵심문제

| 36~37쪽 |

1 ③ 2 ③ 3 $(4x+5)^2$ 4 68 5 ④
6 ②, ③ 7 ⑤ 8 $a+b$ 9 (1) $a+1$ (2) $-a+2$
10 ③

1 ③ a^2은 $a(a-2b)^2$의 인수가 아니다.

2 $12x^2-3xy=3x\times4x-3x\times y=3x(4x-y)$

3 $16x^2+40x+25=(4x)^2+2\times4x\times5+5^2=(4x+5)^2$

4 $a>0$이므로 $x^2+ax+4=x^2+ax+2^2$이 완전제곱식이 되려면
$a=2\times1\times2=4$
$9x^2-48x+b=(3x)^2-2\times3x\times8+b$가 완전제곱식이 되려면
$b=8^2=64$
따라서 $a+b=4+64=68$

다른 풀이
$a>0$이고 x^2+ax+4가 완전제곱식이 되려면
$a=2\sqrt{4}=4$
$9x^2-48x+b=9\left(x^2-\frac{16}{3}x+\frac{b}{9}\right)$가 완전제곱식이 되려면
$\frac{b}{9}=\left(-\frac{16}{3}\times\frac{1}{2}\right)^2=\frac{64}{9}$, 즉 $b=64$
따라서 $a+b=4+64=68$

5 $2x^2-18=2(x^2-9)=2(x^2-3^2)=2(x+3)(x-3)$
④ $2x-6=2(x-3)$은 $2x^2-18$의 인수이다.

6 $2x^2-4xy-6x=2x(x-2y-3)$
이므로 $2x^2-4xy-6x$의 인수가 아닌 것은 ②, ③이다.

7 ③ $a(2x-y)-ay=2ax-ay-ay=2ax-2ay=2a(x-y)$
⑤ $a(a+2b)-b(a+2b)=(a-b)(a+2b)$

8 주어진 4개의 대수 막대를 이용하여 만든 정사각형의 넓이는
$a^2+2ab+b^2=(a+b)^2$
따라서 구하는 정사각형의 한 변의 길이는 $a+b$이다.

9 (1) $-1<a<2$에서 $a+1>0$이므로
$\sqrt{a^2+2a+1}=\sqrt{(a+1)^2}=|a+1|=a+1$
(2) $-1<a<2$에서 $a-2<0$이므로
$\sqrt{a^2-4a+4}=\sqrt{(a-2)^2}=|a-2|=-(a-2)=-a+2$

10 $18x^2-32=\boxed{2}(9x^2-\boxed{16})=2\{(3x)^2-4^2\}$
$=\boxed{2}(3x+4)(3x-\boxed{4})$
따라서 □ 안에 알맞은 모든 양수의 합은
$2+16+2+4=24$

02. 인수분해 공식 (3), (4)

| 38~39쪽 |

인수분해 공식 (3) – x^2의 계수가 1인 이차식

❶ $a+b$ ❷ ab
1 -7, 8
2 5, 8
3 -6, -4
4 -10, 3
5 $(x-4)(x+6)$ (✎ 2, 6, 6)
6 $(x+4)(x-9)$
7 $(a+1)(a-12)$
8 $(x+9)(x-8)$
9 $(y+5)(y+3)$
10 $(x+4)(x-7)$

11 $(x-5y)(x-10y)$ (✎ -15, -10, 10)
12 $(a-3b)(a-7b)$ 13 $(x+2y)(x-10y)$
14 $(a+2b)(a+12b)$ 15 $(x+21y)(x-2y)$
16 $3(a+1)(a+7)$ (✎ 3, 7, 3, 7)
17 $2(x+6)(x-2)$ 18 $4x(a+3)(a-5)$
19 $2(a+2b)(a-3b)$ 20 $5(x-3y)(x-4y)$

17 $2x^2+8x-24=2(x^2+4x-12)=2(x+6)(x-2)$

18 $4a^2x-8ax-60x=4x(a^2-2a-15)=4x(a+3)(a-5)$

19 $2a^2-2ab-12b^2=2(a^2-ab-6b^2)=2(a+2b)(a-3b)$

20 $5x^2-35xy+60y^2=5(x^2-7xy+12y^2)=5(x-3y)(x-4y)$

인수분해 공식 (4) – x^2의 계수가 1이 아닌 이차식

21 $(2x+1)(x-4)$ (✎ 2, 1, -4, -8) 22 $(a+1)(2a+5)$
23 $(2x+1)(2x-3)$ 24 $(2a-1)(3a-2)$
25 $(2x+3)(7x-2)$ 26 $(a+4)(5a-2)$
27 $(2x-3y)(3x-5y)$ (✎ -3, -9, 3, -5, -10)
28 $(a+4b)(5a+b)$ 29 $(x+2y)(6x-5y)$
30 $(a-3b)(3a-2b)$ 31 $(x+2y)(2x-5y)$
32 $3(2a+3)(a-2)$ (✎ 3, 6, 3, 2) 33 $2(2x-1)(2x-3)$
34 $2x(a+3)(2a+1)$ 35 $5(a+b)(3a+2b)$
36 $4(x-y)(5x-4y)$

21 곱이 2인 두 정수 2, 1과 곱이 -4인 두 정수 1, -4를 오른쪽과 같이 나타내면

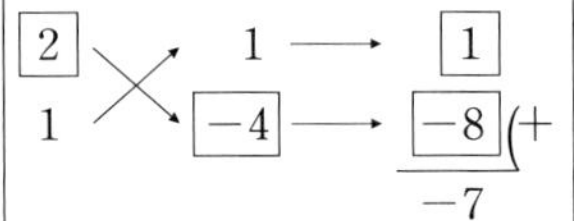

$2\times(-4)+1\times1=-7$

➡ $2x^2-7x-4=(2x+1)(x-4)$

27 곱이 6인 두 정수 2, 3과 곱이 $15y^2$인 두 일차식 $-3y$, $-5y$를 오른쪽과 같이 나타내면

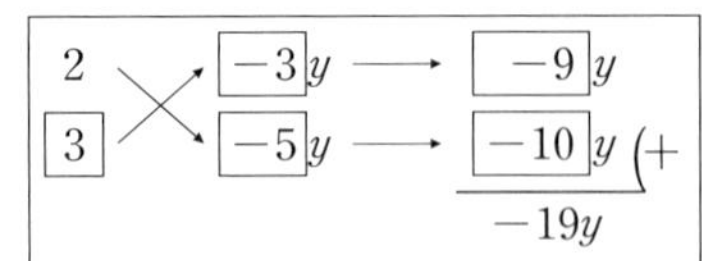

$2\times(-5y)+3\times(-3y)=-19y$

➡ $6x^2-19xy+15y^2=(2x-3y)(3x-5y)$

33 $8x^2-16x+6=2(4x^2-8x+3)=2(2x-1)(2x-3)$

34 $4a^2x+14ax+6x=2x(2a^2+7a+3)=2x(a+3)(2a+1)$

35 $15a^2+25ab+10b^2=5(3a^2+5ab+2b^2)=5(a+b)(3a+2b)$

36 $20x^2-36xy+16y^2=4(5x^2-9xy+4y^2)$
$=4(x-y)(5x-4y)$

소단원 핵심문제

| 40~41쪽 |

1 표는 풀이 참조 (1) $(x-1)(x+32)$ (2) $(x-2)(x+16)$
(3) $(x+4)(x-8)$ 2 ㄱ, ㄹ 3 ②, ④ 4 ㄴ, ㄹ
5 ④ 6 $2x-3$ 7 $a=-2$, $b=10$ 또는 $a=10$, $b=-2$
8 ㄱ, ㄷ 9 ② 10 -21

1 주어진 표를 완성하면 다음과 같다.

곱이 -32인 두 정수	두 정수의 합
-1, [32]	[31]
1, -32	-31
-2, [16]	[14]
2, -16	-14
-4, 8	4
[4], -8	[-4]

2 ㄱ. $x^2-3x-18=(x+3)(x-6)$
ㄹ. $x^2+9xy-36y^2=(x-3y)(x+12y)$
따라서 옳지 않은 것은 ㄱ, ㄹ이다.

3 $x^2+ax+10=(x+p)(x+q)=x^2+(p+q)x+pq$이므로
$a=p+q$, $10=pq$
곱이 10인 두 자연수는 1과 10, 2와 5이므로 그 합, 즉 a의 값이 될 수 있는 것은 11과 7이다.

4 $8x^2-14x-15=(2x-5)(4x+3)$
따라서 다항식 $8x^2-14x-15$의 인수는 ㄴ, ㄹ이다.

5 $9a^2+18a+5=(3a+1)(3a+5)$
따라서 주어진 직사각형의 가로의 길이는 $3a+5$이다.

6 $x^2-3x-4=(x+1)(x-4)$이므로 구하는 두 일차식의 합은
$(x+1)+(x-4)=2x-3$

7 $(x-4)(x+5)+7x=x^2+x-20+7x$
$=x^2+8x-20=(x-2)(x+10)$
따라서 $a=-2$, $b=10$ 또는 $a=10$, $b=-2$

8 ㄱ. $x^2-2x-15=(x+3)(x-5)$
ㄴ. $x^2+x-20=(x+5)(x-4)$
ㄷ. $x^2+2x-35=(x+7)(x-5)$
ㄹ. $x^2-3x-40=(x+5)(x-8)$
따라서 $x-5$를 인수로 갖는 다항식은 ㄱ, ㄷ이다.

9 $6x^2+13x-5=(2x+5)(3x-1)$
$9x^2-1=(3x+1)(3x-1)$
따라서 주어진 두 다항식의 공통인 인수는 $3x-1$이다.

10 다항식 $2x^2-11x+a$가 $x-7$을 인수로 가지므로

$2x^2-11x+a=(x-7)(2x+b)$ (b는 상수)로 인수분해된다.
이때 $2x^2-11x+a=2x^2+(b-14)x-7b$이므로
$b-14=-11$에서 $b=3$
따라서 $a=-7b=-7\times3=-21$

03. 인수분해의 활용 | 42~43쪽 |

복잡한 식의 인수분해

❶ 공통부분 ❷ A^2-B^2
1 $(3x-1)(6x+5)$ (✎ $2A+1$, $6x+5$)
2 $(a+b+4)(a+b-4)$ 3 $(x+2)(x-9)$
4 $(2a+6b+1)(3a+9b+2)$
5 $(3x-2)(x+8)$ (✎ $A-B$, $x+8$)
6 $(x-5)^2$ 7 $3x(x+2y)$
8 $(x-1)(y+1)$ (✎ x, $x-1$) 9 $(a^2-2)(b-3)$
10 $(x-2)(3xy-1)$ 11 $(2a+b)(2a-b-1)$
12 $(x+y-2)(x-y-2)$ (✎ $x-2$, $x-y-2$)
13 $(a+b+3)(a-b-3)$ 14 $(5x+y+5)(5x-y-5)$
15 $(2a+3b-1)(2a-3b-1)$ 16 $(3a+b+1)(3a-b+1)$

2 $a+b=A$로 놓으면
$(a+b)^2-16=A^2-16=A^2-4^2=(A+4)(A-4)$
$=(a+b+4)(a+b-4)$

3 $x-3=A$로 놓으면
$(x-3)^2-(x-3)-30=A^2-A-30=(A+5)(A-6)$
$=\{(x-3)+5\}\{(x-3)-6\}$
$=(x+2)(x-9)$

4 $a+3b=A$로 놓으면
$6(a+3b)^2+7(a+3b)+2$
$=6A^2+7A+2=(2A+1)(3A+2)$
$=\{2(a+3b)+1\}\{3(a+3b)+2\}$
$=(2a+6b+1)(3a+9b+2)$

6 $x-1=A$, $3x+1=B$로 놓으면
$16(x-1)^2-8(x-1)(3x+1)+(3x+1)^2$
$=16A^2-8AB+B^2=(4A-B)^2$
$=\{4(x-1)-(3x+1)\}^2=(x-5)^2$

7 $2x+y=A$, $x-y=B$로 놓으면
$(2x+y)^2-(x-y)^2$
$=A^2-B^2=(A+B)(A-B)$
$=\{(2x+y)+(x-y)\}\{(2x+y)-(x-y)\}$
$=3x(x+2y)$

9 $a^2b-3a^2-2b+6=a^2(b-3)-2(b-3)=(a^2-2)(b-3)$

10 $3x^2y-6xy-x+2=3xy(x-2)-(x-2)$
$=(x-2)(3xy-1)$

11 $4a^2-2a-b^2-b=(4a^2-b^2)-(2a+b)$
$=(2a+b)(2a-b)-(2a+b)$
$=(2a+b)(2a-b-1)$

12 $x^2-y^2-4x+4=(x^2-4x+4)-y^2=(\boxed{x-2})^2-y^2$
$=\{(x-2)+y\}\{(x-2)-y\}$
$=(x+y-2)(\boxed{x-y-2})$

13 $a^2-b^2-6b-9=a^2-(b^2+6b+9)=a^2-(b+3)^2$
$=\{a+(b+3)\}\{a-(b+3)\}$
$=(a+b+3)(a-b-3)$

14 $25x^2-y^2-10y-25=25x^2-(y^2+10y+25)$
$=(5x)^2-(y+5)^2$
$=\{5x+(y+5)\}\{5x-(y+5)\}$
$=(5x+y+5)(5x-y-5)$

15 $4a^2-9b^2-4a+1=(4a^2-4a+1)-9b^2$
$=(2a-1)^2-(3b)^2$
$=\{(2a-1)+3b\}\{(2a-1)-3b\}$
$=(2a+3b-1)(2a-3b-1)$

16 $9a^2+6a-b^2+1=(9a^2+6a+1)-b^2=(3a+1)^2-b^2$
$=\{(3a+1)+b\}\{(3a+1)-b\}$
$=(3a+b+1)(3a-b+1)$

인수분해 공식의 활용

❸ $m(a+b)$ ❹ $a-b$
17 360 (✎ 19, 30, 360) 18 34.5 19 42
20 1600 (✎ 13, 1600) 21 25 22 100
23 998000 (✎ 999, 999, 1000, 998000) 24 800
25 1 26 6 27 7 (✎ 3, $\sqrt{7}$, 7) 28 5600
29 8 30 $-4\sqrt{6}$ (✎ $a-b$, $2\sqrt{3}$, $-4\sqrt{6}$) 31 10000
32 $4+4\sqrt{3}$

19 $\sqrt{49^2-49\times13}=\sqrt{49(49-13)}=\sqrt{49\times36}$
$=\sqrt{7^2\times6^2}=7\times6=42$

21 $7.5^2-2\times7.5\times2.5+2.5^2=(7.5-2.5)^2=5^2=25$

22 $\sqrt{83^2+2\times83\times17+17^2}=\sqrt{(83+17)^2}=\sqrt{100^2}=100$

24 $45^2-35^2=(45+35)(45-35)=80\times10=800$

25 $\dfrac{79^2-21^2}{58\times5+58\times95}=\dfrac{(79+21)(79-21)}{58(5+95)}=\dfrac{100\times58}{58\times100}=1$

26 $5\times2.15^2-5\times1.85^2=5(2.15^2-1.85^2)$
$=5(2.15+1.85)(2.15-1.85)$
$=5\times4\times0.3=6$

28 $x^2-25=(x+5)(x-5)=(75+5)(75-5)=80\times70=5600$

29 $x^2-10x+25=(x-5)^2=(2\sqrt{2})^2=8$

31 $a^2-2ab+b^2=(a-b)^2=(121-21)^2=100^2=10000$

32 $x^2+xy-x-y=x(x+y)-(x+y)=(x-1)(x+y)$
$=(1+\sqrt{3})\times4=4+4\sqrt{3}$

소단원 핵심문제

| 44~45쪽 |

1 (1) $(4x-1)(6x-5)$ (2) $3(x-3)(x-7)$
(3) $-(x-4)(13x-1)$
2 ④　3 $2x+2$　4 60　5 ④　6 ⑤
7 ④　8 $x-2y$　9 ⑤　10 ③

1 (1) $2x-1=A$로 놓으면
$6(2x-1)^2-(2x-1)-2$
$=6A^2-A-2=(2A+1)(3A-2)$
$=\{2(2x-1)+1\}\{3(2x-1)-2\}=(4x-1)(6x-5)$
(2) $x-5=A$로 놓으면
$3(x-5)^2-12=3A^2-12=3(A^2-4)$
$=3(A+2)(A-2)$
$=3\{(x-5)+2\}\{(x-5)-2\}$
$=3(x-3)(x-7)$
(3) $2x+1=A$, $x-1=B$로 놓으면
$4(2x+1)^2-7(2x+1)(x-1)-15(x-1)^2$
$=4A^2-7AB-15B^2=(A-3B)(4A+5B)$
$=\{(2x+1)-3(x-1)\}\{4(2x+1)+5(x-1)\}$
$=(-x+4)(13x-1)=-(x-4)(13x-1)$

2 $5x+4=A$, $3x-1=B$로 놓으면
$(5x+4)^2-(3x-1)^2$
$=A^2-B^2=(A+B)(A-B)$
$=\{(5x+4)+(3x-1)\}\{(5x+4)-(3x-1)\}$
$=(8x+3)(2x+5)$
따라서 $a=3$, $b=5$이므로
$a+b=3+5=8$

3 $x^3-2x^2-x+2=x^2(x-2)-(x-2)=(x^2-1)(x-2)$
$=(x+1)(x-1)(x-2)$
$x^3+4x^2-x-4=x^2(x+4)-(x+4)=(x^2-1)(x+4)$
$=(x+1)(x-1)(x+4)$
따라서 주어진 두 다항식의 이차 이상의 공통인 인수는 $(x+1)(x-1)$이므로 공통인 인수가 아닌 두 일차식의 합은
$(x-2)+(x+4)=2x+2$

4 $\sqrt{3\times56^2-3\times44^2}=\sqrt{3(56^2-44^2)}$
$=\sqrt{3(56+44)(56-44)}$
$=\sqrt{3\times100\times12}$
$=\sqrt{100\times36}$
$=\sqrt{10^2\times6^2}=10\times6=60$

5 $x^2-2xy+y^2=(x-y)^2$
$=\{(\sqrt{5}+2)-(\sqrt{5}-2)\}^2$
$=4^2=16$

6 $x-y=A$로 놓으면
$6(x-y)^2-23(x-y)+15$
$=6A^2-23A+15=(A-3)(6A-5)$
$=\{(x-y)-3\}\{6(x-y)-5\}$
$=(x-y-3)(6x-6y-5)$
따라서 구하는 두 일차식의 합은
$(x-y-3)+(6x-6y-5)=7x-7y-8$

7 전체 공원은 한 변의 길이가 a m인 정사각형이고, 길의 폭이 $2b$ m로 일정하므로 길을 제외한 공원은 한 변의 길이가 $(a-4b)$ m인 정사각형이다.

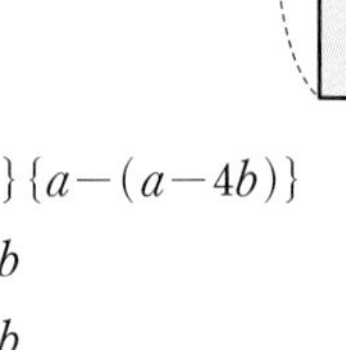

따라서 구하는 길의 넓이는
$a^2-(a-4b)^2=\{a+(a-4b)\}\{a-(a-4b)\}$
$=(2a-4b)\times4b$
$=2(a-2b)\times4b$
$=8b(a-2b)\ (\mathrm{m}^2)$

8 $xy^2-4x-2y^3+8y=x(y^2-4)-2y(y^2-4)$
$=(x-2y)(y^2-4)$
$=(x-2y)(y+2)(y-2)$
이므로 $A=x-2y$

9 $\sqrt{4\times50^2-4\times30^2}=\sqrt{4(50^2-30^2)}$
$=\sqrt{4(50+30)(50-30)}$
$=\sqrt{4\times80\times20}$
$=\sqrt{80^2}=80$

10 $x^2-y^2+2x+2y=(x^2-y^2)+2(x+y)$
$=(x+y)(x-y)+2(x+y)$
$=(x+y)(x-y+2)$
$x=\sqrt{2}-1$, $y=\sqrt{2}+1$에서
$x+y=2\sqrt{2}$, $x-y=-2$
따라서 구하는 식의 값은
$x^2-y^2+2x+2y=(x+y)(x-y+2)$
$=2\sqrt{2}\times(-2+2)=0$

5. 이차방정식

01. 이차방정식의 뜻과 해 | 46~47쪽 |

이차방정식

❶ x에 대한 이차식 ❷ 0
1 ○ 2 ○ 3 × 4 ○ 5 × 6 ○
7 ○ 8 ○ 9 ○ 10 × 11 0 12 1
13 -1 14 3 15 -2 16 2 17 -1
18 -1 19 $\frac{1}{2}$ 20 $\frac{1}{2}$

10 $(x-1)(3x+2)=3x^2+5$에서
$3x^2-x-2=3x^2+5$
즉, $-x-7=0$이므로 x에 대한 이차방정식이 아니다.

12 $a-1\neq0$, 즉 $a\neq1$

13 $x^2-5x+6=4-ax^2$에서 $(a+1)x^2-5x+2=0$
이므로 $a+1\neq0$, 즉 $a\neq-1$

14 $3x^2+x=ax^2-1$에서 $(3-a)x^2+x+1=0$
이므로 $3-a\neq0$, 즉 $a\neq3$

15 $ax^2+5x-1=3x-2x^2$에서
$(a+2)x^2+2x-1=0$
이므로 $a+2\neq0$, 즉 $a\neq-2$

16 $\frac{1}{2}ax^2-x=x^2+1$에서 $\left(\frac{1}{2}a-1\right)x^2-x-1=0$
이므로 $\frac{1}{2}a-1\neq0$, $\frac{1}{2}a\neq1$, 즉 $a\neq2$

17 $(1-ax)(x+2)=x^2$에서
$2-(2a-1)x-ax^2=x^2$
$(a+1)x^2+(2a-1)x-2=0$
이므로 $a+1\neq0$, 즉 $a\neq-1$

18 $ax(x-4)=1-x^2$에서 $ax^2-4ax=1-x^2$
$(a+1)x^2-4ax-1=0$
이므로 $a+1\neq0$, 즉 $a\neq-1$

19 $2x^2+3x=4x(ax-1)$에서 $2x^2+3x=4ax^2-4x$
$2(1-2a)x^2+7x=0$
이므로 $1-2a\neq0$, $2a\neq1$, 즉 $a\neq\frac{1}{2}$

20 $(ax-1)(2x+3)=x^2+2x-3$에서
$2ax^2+(3a-2)x-3=x^2+2x-3$
$(2a-1)x^2+(3a-4)x=0$
이므로 $2a-1\neq0$, $2a\neq1$, 즉 $a\neq\frac{1}{2}$

이차방정식의 해(근)

❸ 참 ❹ 해
21 × 22 ○ 23 × 24 ○ 25 ×
26 $x=1$ 또는 $x=4$(표는 풀이 참조) 27 $x=1$ 28 $x=5$
29 $x=2$ 또는 $x=3$ 30 $x=4$ 31 4 32 -4
33 8 34 -11 35 -4 36 $\frac{17}{3}$

26

x의 값	좌변의 값	우변의 값	참, 거짓
1	$1^2-5\times1+4=0$	0	참
2	$2^2-5\times2+4=-2$	0	거짓
3	$3^2-5\times3+4=-2$	0	거짓
4	$4^2-5\times4+4=0$	0	참
5	$5^2-5\times5+4=4$	0	거짓

따라서 구하는 해는 $x=1$ 또는 $x=4$

27

x의 값	좌변의 값	우변의 값	참, 거짓
1	$1^2+2\times1-3=0$	0	참
2	$2^2+2\times2-3=5$	0	거짓
3	$3^2+2\times3-3=12$	0	거짓
4	$4^2+2\times4-3=21$	0	거짓
5	$5^2+2\times5-3=32$	0	거짓

따라서 구하는 해는 $x=1$

28

x의 값	좌변의 값	우변의 값	참, 거짓
1	$1^2-3\times1-10=-12$	0	거짓
2	$2^2-3\times2-10=-12$	0	거짓
3	$3^2-3\times3-10=-10$	0	거짓
4	$4^2-3\times4-10=-6$	0	거짓
5	$5^2-3\times5-10=0$	0	참

따라서 구하는 해는 $x=5$

29

x의 값	좌변의 값	우변의 값	참, 거짓
1	$1^2-5\times1+6=2$	0	거짓
2	$2^2-5\times2+6=0$	0	참
3	$3^2-5\times3+6=0$	0	참
4	$4^2-5\times4+6=2$	0	거짓
5	$5^2-5\times5+6=6$	0	거짓

따라서 구하는 해는 $x=2$ 또는 $x=3$

30

x의 값	좌변의 값	우변의 값	참, 거짓
1	$1^2-1-12=-12$	0	거짓
2	$2^2-2-12=-10$	0	거짓
3	$3^2-3-12=-6$	0	거짓
4	$4^2-4-12=0$	0	참
5	$5^2-5-12=8$	0	거짓

따라서 구하는 해는 $x=4$

31 $x=-2$가 이차방정식 $x^2-a=0$의 해이므로
$(-2)^2-a=0$, 즉 $a=4$

32 $x=4$가 이차방정식 $x^2-3x+a=0$의 해이므로
$4^2-3\times4+a=0$, $4+a=0$, 즉 $a=-4$

33 $x=-1$이 이차방정식 $ax^2+6x-2=0$의 해이므로
$a\times(-1)^2+6\times(-1)-2=0$, $a-8=0$, 즉 $a=8$

34 $x=\frac{1}{3}$이 이차방정식 $3x^2-ax-4=0$의 해이므로
$3\times\left(\frac{1}{3}\right)^2-a\times\left(\frac{1}{3}\right)-4=0$, $-\frac{1}{3}a=\frac{11}{3}$, 즉 $a=-11$

35 $x=1$이 이차방정식 $2x^2+(a-2)x+4=0$의 해이므로
$2\times1^2+(a-2)\times1+4=0$, $a+4=0$, 즉 $a=-4$

36 $x=-3$이 이차방정식 $(a-1)x^2+2ax-8=0$의 해이므로
$(a-1)\times(-3)^2+2a\times(-3)-8=0$
$9a-9-6a-8=0$, $3a=17$, 즉 $a=\frac{17}{3}$

소단원 핵심문제

| 48~49쪽 |

1 ③	2 $a\neq3$	3 ②, ⑤	4 ①	5 12
6 ㄴ, ㄹ	7 ②	8 ①, ④	9 1	10 ④

1 ① $x^2-3x=x(x+4)$에서 $-7x=0$
즉, x에 대한 일차방정식이다.
② $(x+1)(x-4)=x^2-5$에서 $-3x+1=0$
즉, x에 대한 일차방정식이다.
③ $x(2x-1)=x^2-3$에서 $x^2-x+3=0$
즉, x에 대한 이차방정식이다.
④ $x^2+4x-3=(x+3)(x-1)$에서 $2x=0$
즉, x에 대한 일차방정식이다.
⑤ $(2x+1)^2=4x^2+2$에서 $4x-1=0$
즉, x에 대한 일차방정식이다.

2 $3x^2-2=a(x+2)(x-1)$에서
$3x^2-2=a(x^2+x-2)$, $3x^2-2=ax^2+ax-2a$
$(3-a)x^2-ax+2a-2=0$
이 식이 x에 대한 이차방정식이 되려면 $3-a\neq0$이어야 하므로
$a\neq3$

3 ① $3\times(-1)^2-(-1)-2=2\neq0$
② $4\times\left(\frac{1}{2}\right)^2-1=0$
③ $1^2-5\times1-6=-10\neq0$
④ $(-3+3)(-3-3)=0\neq4$
⑤ $(-5)^2+7\times(-5)+10=0$

4 $x=2$가 이차방정식 $x^2+(a-2)x-2=0$의 근이므로
$2^2+(a-2)\times2-2=0$, $2a=2$
따라서 $a=1$

5 $x=-3$이 이차방정식 $x^2+ax-3=0$의 근이므로
$(-3)^2+a\times(-3)-3=0$, $3a=6$, 즉 $a=2$
$x=-3$이 이차방정식 $bx^2-6x+12=0$의 근이므로
$b\times(-3)^2-6\times(-3)+12=0$, $9b=-30$
즉, $b=-\frac{10}{3}$
따라서 $a-3b=2-3\times\left(-\frac{10}{3}\right)=12$

6 ㄱ. $3x=-x^2$에서 $x^2+3x=0$
즉, x에 대한 이차방정식이다.
ㄴ. $(x-2)^2=4+x^2$에서
$x^2-4x+4=4+x^2$, $-4x=0$
즉, x에 대한 일차방정식이다.
ㄷ. $(2x+1)(x-1)=x^2+3$에서
$2x^2-x-1=x^2+3$, $x^2-x-4=0$
즉, x에 대한 이차방정식이다.
ㄹ. $3x^2-7=(x-1)(3x+2)$에서
$3x^2-7=3x^2-x-2$, $x-5=0$
즉, x에 대한 일차방정식이다.
따라서 이차방정식이 아닌 것은 ㄴ, ㄹ이다.

7 $-2x(ax+1)=2x^2-3$에서
$-2ax^2-2x=2x^2-3$, $2(a+1)x^2+2x-3=0$
이 식이 x에 대한 이차방정식이 되려면 $a+1\neq0$이어야 하므로
$a\neq-1$

8 ① $(-1)^2+2\times(-1)+1=0$
② $3^2+2\times3-3=12\neq0$
③ $2^2-6\times2-16=-24\neq0$
④ $6\times\left(\frac{3}{2}\right)^2-5\times\frac{3}{2}-6=0$
⑤ $10\times(-2)^2+3\times(-2)-1=33\neq0$

9 $x=2$가 이차방정식 $ax^2-3x+2=0$의 근이므로
$a\times2^2-3\times2+2=0$, $4a=4$
따라서 $a=1$

10 $x=1$이 이차방정식 $3x^2-4x+a=0$의 근이므로
$3\times1^2-4\times1+a=0$, 즉 $a=1$
$x=1$이 이차방정식 $x^2-bx-6=0$의 근이므로
$1^2-b\times1-6=0$, 즉 $b=-5$
따라서 $a-b=1-(-5)=6$

02. 인수분해를 이용한 이차방정식의 풀이 | 50~51쪽 |

$AB=0$의 성질

❶ $A=0$

1 $x=-6$ 또는 $x=1$　2 $x=0$ 또는 $x=3$

3 $x=-2$ 또는 $x=2$　4 $x=-\frac{1}{2}$ 또는 $x=5$

5 $x=-1$ 또는 $x=5$　6 $x=-\frac{2}{5}$ 또는 $x=\frac{1}{3}$

7 $x=-\frac{5}{2}$ 또는 $x=4$　8 $x=\frac{3}{4}$ 또는 $x=6$

9 $x=-\frac{2}{5}$ 또는 $x=\frac{1}{3}$　10 $x=-7$ 또는 $x=\frac{1}{3}$

11 $x=2$ 또는 $x=-\frac{2}{3}$

11 $(-x+2)(3x+2)=0$에서 $(x-2)(3x+2)=0$
$x-2=0$ 또는 $3x+2=0$
따라서 $x=2$ 또는 $x=-\frac{2}{3}$

인수분해를 이용한 이차방정식의 풀이

❷ $AB=0$

12 $x=0$ 또는 $x=-5$　13 $x=-1$ 또는 $x=2$

14 $x=-4$ 또는 $x=4$　15 $x=-3$ 또는 $x=1$

16 $x=-7$ 또는 $x=-5$　17 $x=-\frac{3}{2}$ 또는 $x=4$

18 $x=-1$ 또는 $x=\frac{4}{3}$　19 $x=-\frac{2}{3}$ 또는 $x=\frac{3}{5}$

20 $x=0$ 또는 $x=6$　21 $x=-2$ 또는 $x=4$

22 $x=-5$ 또는 $x=3$　23 $x=-3$ 또는 $x=4$

24 $x=\frac{1}{4}$ 또는 $x=3$　25 $x=-2$ 또는 $x=-\frac{3}{5}$

21 $x(x-2)=8$에서
$x^2-2x-8=0$, $(x+2)(x-4)=0$
$x+2=0$ 또는 $x-4=0$
따라서 $x=-2$ 또는 $x=4$

22 $(x+4)(x-2)=7$에서 $x^2+2x-8=7$
$x^2+2x-15=0$, $(x+5)(x-3)=0$
$x+5=0$ 또는 $x-3=0$
따라서 $x=-5$ 또는 $x=3$

23 $(x+1)^2=3x+13$에서 $x^2+2x+1=3x+13$
$x^2-x-12=0$, $(x+3)(x-4)=0$
$x+3=0$ 또는 $x-4=0$
따라서 $x=-3$ 또는 $x=4$

24 $2x(5-x)=2x^2-3x+3$에서
$10x-2x^2=2x^2-3x+3$
$4x^2-13x+3=0$, $(4x-1)(x-3)=0$
$4x-1=0$ 또는 $x-3=0$
따라서 $x=\frac{1}{4}$ 또는 $x=3$

25 $(x+3)(5x-2)=-12$에서 $5x^2+13x-6=-12$
$5x^2+13x+6=0$, $(x+2)(5x+3)=0$
$x+2=0$ 또는 $5x+3=0$
따라서 $x=-2$ 또는 $x=-\frac{3}{5}$

이차방정식의 중근

❸ 완전제곱식　❹ $\frac{a}{2}$

26 $x=-1$　27 $x=\frac{2}{3}$　28 $x=-3$　29 $x=2$　30 $x=8$

31 $x=\frac{3}{2}$　32 $x=3$　33 $x=\frac{1}{2}$　34 $x=-4$　35 16

36 49　37 $\frac{25}{4}$　38 8　39 10

29 $x^2-4x+4=0$에서 $(x-2)^2=0$, 즉 $x=2$

30 $x^2-16x+64=0$에서 $(x-8)^2=0$, 즉 $x=8$

31 $4x^2-12x+9=0$에서 $(2x-3)^2=0$, 즉 $x=\frac{3}{2}$

32 $2x^2-12x+18=0$에서 $2(x^2-6x+9)=0$
$2(x-3)^2=0$, 즉 $x=3$

33 $12x^2=12x-3$에서 $12x^2-12x+3=0$
$3(4x^2-4x+1)=0$, $3(2x-1)^2=0$, 즉 $x=\frac{1}{2}$

34 $4x(x+8)=-64$에서 $4x^2+32x+64=0$
$4(x^2+8x+16)=0$, $4(x+4)^2=0$, 즉 $x=-4$

35 $\square=\left(\frac{-8}{2}\right)^2=16$

36 $\square=\left(\frac{14}{2}\right)^2=49$

37 $\square=\left(\frac{-5}{2}\right)^2=\frac{25}{4}$

38 $x^2+\square x+16=0$에서 $x^2+\square x+4^2=0$
따라서 $\square=2\times1\times4=8$

39 $x^2-\square x+25=0$에서 $x^2-\square x+5^2=0$
따라서 $\square=2\times1\times5=10$

워크북

소단원 핵심문제 | 52~53쪽 |

1 ②	2 ④	3 (1) 5 (2) $\frac{1}{2}$		4 ②
5 ②	6 ②	7 -3	8 ②	9 ㄴ, ㄹ
10 10				

2 $x^2-49=0$에서 $(x+7)(x-7)=0$
즉, $x=-7$ 또는 $x=7$
$2x^2-11x-21=0$에서 $(2x+3)(x-7)=0$
즉, $x=-\frac{3}{2}$ 또는 $x=7$
따라서 공통인 근은 $x=7$

3 (1) $x=-3$이 $2x^2+ax-3=0$의 한 근이므로
$2\times(-3)^2+a\times(-3)-3=0$, $-3a+15=0$, 즉 $a=5$
(2) 주어진 이차방정식은 $2x^2+5x-3=0$이므로
$(x+3)(2x-1)=0$, 즉 $x=-3$ 또는 $x=\frac{1}{2}$
따라서 다른 한 근은 $x=\frac{1}{2}$

4 ② $x^2+100=20x$에서 $x^2-20x+100=0$
$(x-10)^2=0$, 즉 $x=10$ (중근)

5 $x^2-16x=3a-10$에서 $x^2-16x-3a+10=0$
이 이차방정식이 중근을 가지므로
$-3a+10=\left(\frac{-16}{2}\right)^2=64$, $3a=-54$, $a=-18$
즉, 주어진 이차방정식은 $x^2-16x+64=0$이므로
$(x-8)^2=0$, $x=8$, 즉 $b=8$
따라서 $a+b=-18+8=-10$

6 $(4x+1)(x-3)=0$에서 $4x+1=0$ 또는 $x-3=0$
따라서 $x=-\frac{1}{4}$ 또는 $x=3$

7 $2x^2+5x-3=0$에서 $(x+3)(2x-1)=0$
즉, $x=-3$ 또는 $x=\frac{1}{2}$
$2x^2+3x-9=0$에서 $(x+3)(2x-3)=0$
즉, $x=-3$ 또는 $x=\frac{3}{2}$
따라서 주어진 두 이차방정식을 동시에 만족시키는 x의 값은 -3이다.

8 $x^2-4=0$에서 $(x+2)(x-2)=0$, 즉 $x=-2$ 또는 $x=2$
따라서 $x=-2$가 이차방정식 $2x^2-ax+a-2=0$의 한 근이므로
$2\times(-2)^2-a\times(-2)+a-2=0$
$3a+6=0$, 즉 $a=-2$

9 ㄱ. $(2x-1)^2=0$에서 $x=\frac{1}{2}$ (중근)
ㄷ. $x^2-x+\frac{1}{4}=0$에서 $\left(x-\frac{1}{2}\right)^2=0$, 즉 $x=\frac{1}{2}$ (중근)
따라서 중근을 갖지 않는 것은 ㄴ, ㄹ이다.

10 $10x-x^2=4a+5$에서 $x^2-10x+4a+5=0$
이 이차방정식이 중근을 가지므로
$4a+5=\left(\frac{-10}{2}\right)^2=25$, $4a=20$, 즉 $a=5$
주어진 이차방정식은 $x^2-10x+25=0$이므로
$(x-5)^2=0$, $x=5$, 즉 $b=5$
따라서 $a+b=5+5=10$

03. 완전제곱식을 이용한 이차방정식의 풀이 | 54~55쪽 |

제곱근을 이용한 이차방정식의 풀이

❶ $\geq$ ❷ q ❸ $p\pm\sqrt{q}$

1 $x=\pm\sqrt{3}$	2 $x=\pm\sqrt{11}$	3 $x=\pm\sqrt{10}$
4 $x=\pm2\sqrt{5}$	5 $x=\pm4$	6 $x=\pm\sqrt{7}$
7 $x=1\pm\sqrt{3}$	8 $x=3\pm2\sqrt{2}$	9 $x=-2\pm3\sqrt{2}$
10 $x=5\pm2\sqrt{7}$	11 $x=-3\pm3\sqrt{2}$	12 $x=1\pm\sqrt{11}$
13 $x=-8$ 또는 $x=0$		14 $x=2\pm\sqrt{3}$
15 $x=\frac{1\pm\sqrt{5}}{2}$	16 $x=\frac{-2\pm\sqrt{6}}{3}$	17 $a\geq2$
18 $a\geq-\frac{1}{2}$	19 $a\leq1$	20 $a<0$

11 $2(x+3)^2=36$에서 $(x+3)^2=18$
$x+3=\pm\sqrt{18}=\pm3\sqrt{2}$, 즉 $x=-3\pm3\sqrt{2}$

12 $5(x-1)^2=55$에서 $(x-1)^2=11$
$x-1=\pm\sqrt{11}$, 즉 $x=1\pm\sqrt{11}$

13 $-3(x+4)^2+48=0$에서 $(x+4)^2=16$
$x+4=\pm\sqrt{16}=\pm4$
즉, $x+4=-4$ 또는 $x+4=4$이므로
$x=-8$ 또는 $x=0$

14 $6(x-2)^2-18=0$에서 $(x-2)^2=3$
$x-2=\pm\sqrt{3}$, 즉 $x=2\pm\sqrt{3}$

15 $(2x-1)^2=5$에서 $2x-1=\pm\sqrt{5}$
$2x=1\pm\sqrt{5}$, 즉 $x=\frac{1\pm\sqrt{5}}{2}$

16 $(3x+2)^2-6=0$에서 $(3x+2)^2=6$
$3x+2=\pm\sqrt{6}$, $3x=-2\pm\sqrt{6}$, 즉 $x=\frac{-2\pm\sqrt{6}}{3}$

17 이차방정식 $x^2=a-2$가 해를 가지려면
$a-2\geq0$, 즉 $a\geq2$

18 이차방정식 $(x-1)^2=2a+1$이 해를 가지려면

$2a+1\geq 0$, 즉 $a\geq -\frac{1}{2}$

19 $2(x-3)^2=1-a$에서 $(x-3)^2=\frac{1-a}{2}$

이 이차방정식이 해를 가지려면

$\frac{1-a}{2}\geq 0$, $1-a\geq 0$

따라서 $a\leq 1$

20 $ax^2=-4$가 이차방정식이므로

$a\neq 0$

$ax^2=-4$에서 $x^2=-\frac{4}{a}$

이 이차방정식이 해를 가지려면

$-\frac{4}{a}>0$, 즉 $a<0$

완전제곱식을 이용한 이차방정식의 풀이

❹ 완전제곱식

21 $(x-2)^2=9$ (✎ 4, 4, 2, 9) 22 $(x+6)^2=31$

23 $\left(x-\frac{5}{2}\right)^2=\frac{37}{4}$ 24 $\left(x+\frac{3}{2}\right)^2=\frac{11}{4}$ 25 $(x-3)^2=\frac{23}{3}$

26 $(x+2)^2=\frac{13}{2}$ 27 $\left(x-\frac{1}{3}\right)^2=\frac{5}{18}$ 28 $\left(x-\frac{2}{3}\right)^2=\frac{10}{9}$

29 $x=4\pm 2\sqrt{3}$ 30 $x=\frac{-5\pm\sqrt{26}}{2}$ 31 $x=8\pm\sqrt{69}$

32 $x=\frac{-3\pm\sqrt{29}}{2}$ 33 $x=\frac{-3\pm 3\sqrt{3}}{2}$ 34 $x=\frac{1}{2}$ 또는 $x=\frac{5}{2}$

35 $x=\frac{5\pm\sqrt{31}}{2}$ 36 $x=\frac{2\pm\sqrt{7}}{2}$ 37 $x=\frac{-1\pm\sqrt{7}}{2}$

38 $x=\frac{1\pm\sqrt{145}}{8}$ 39 $x=\frac{5\pm\sqrt{35}}{5}$ 40 $x=\frac{1\pm\sqrt{37}}{6}$

24 $2x^2+6x-1=0$에서 $x^2+3x-\frac{1}{2}=0$

$x^2+3x=\frac{1}{2}$, $x^2+3x+\left(\frac{3}{2}\right)^2=\frac{1}{2}+\left(\frac{3}{2}\right)^2$

따라서 $\left(x+\frac{3}{2}\right)^2=\frac{11}{4}$

25 $3x^2-18x+4=0$에서 $x^2-6x+\frac{4}{3}=0$

$x^2-6x=-\frac{4}{3}$, $x^2-6x+\left(\frac{-6}{2}\right)^2=-\frac{4}{3}+\left(\frac{-6}{2}\right)^2$

따라서 $(x-3)^2=\frac{23}{3}$

26 $-2x^2-8x+5=0$에서 $x^2+4x-\frac{5}{2}=0$

$x^2+4x=\frac{5}{2}$, $x^2+4x+\left(\frac{4}{2}\right)^2=\frac{5}{2}+\left(\frac{4}{2}\right)^2$

따라서 $(x+2)^2=\frac{13}{2}$

27 $6x^2-4x-1=0$에서

$x^2-\frac{2}{3}x-\frac{1}{6}=0$, $x^2-\frac{2}{3}x=\frac{1}{6}$

$x^2-\frac{2}{3}x+\left(-\frac{2}{3}\times\frac{1}{2}\right)^2=\frac{1}{6}+\left(-\frac{2}{3}\times\frac{1}{2}\right)^2$

따라서 $\left(x-\frac{1}{3}\right)^2=\frac{5}{18}$

28 $-3x^2+4x+2=0$에서

$x^2-\frac{4}{3}x-\frac{2}{3}=0$, $x^2-\frac{4}{3}x=\frac{2}{3}$

$x^2-\frac{4}{3}x+\left(-\frac{4}{3}\times\frac{1}{2}\right)^2=\frac{2}{3}+\left(-\frac{4}{3}\times\frac{1}{2}\right)^2$

따라서 $\left(x-\frac{2}{3}\right)^2=\frac{10}{9}$

29 $x^2-8x+4=0$에서 $x^2-8x=-4$

$x^2-8x+\left(-\frac{8}{2}\right)^2=-4+\left(-\frac{8}{2}\right)^2$

$(x-4)^2=12$, $x-4=\pm\sqrt{12}=\pm 2\sqrt{3}$

따라서 $x=4\pm 2\sqrt{3}$

30 $x^2+5x-\frac{1}{4}=0$에서 $x^2+5x=\frac{1}{4}$

$x^2+5x+\left(\frac{5}{2}\right)^2=\frac{1}{4}+\left(\frac{5}{2}\right)^2$

$\left(x+\frac{5}{2}\right)^2=\frac{13}{2}$, $x+\frac{5}{2}=\pm\sqrt{\frac{13}{2}}=\pm\frac{\sqrt{26}}{2}$

따라서 $x=\frac{-5\pm\sqrt{26}}{2}$

31 $x^2-16x-5=0$에서 $x^2-16x=5$

$x^2-16x+\left(\frac{-16}{2}\right)^2=5+\left(\frac{-16}{2}\right)^2$

$(x-8)^2=69$, $x-8=\pm\sqrt{69}$

따라서 $x=8\pm\sqrt{69}$

32 $x^2+3x-5=0$에서 $x^2+3x=5$

$x^2+3x+\left(\frac{3}{2}\right)^2=5+\left(\frac{3}{2}\right)^2$

$\left(x+\frac{3}{2}\right)^2=\frac{29}{4}$, $x+\frac{3}{2}=\pm\sqrt{\frac{29}{4}}=\pm\frac{\sqrt{29}}{2}$

따라서 $x=\frac{-3\pm\sqrt{29}}{2}$

33 $2x^2+6x-9=0$에서 $x^2+3x-\frac{9}{2}=0$

$x^2+3x=\frac{9}{2}$, $x^2+3x+\left(\frac{3}{2}\right)^2=\frac{9}{2}+\left(\frac{3}{2}\right)^2$

$\left(x+\frac{3}{2}\right)^2=\frac{27}{4}$, $x+\frac{3}{2}=\pm\sqrt{\frac{27}{4}}=\pm\frac{3\sqrt{3}}{2}$

따라서 $x=\frac{-3\pm 3\sqrt{3}}{2}$

34 $4x^2-12x+5=0$에서 $x^2-3x+\frac{5}{4}=0$

$x^2-3x=-\frac{5}{4}$, $x^2-3x+\left(\frac{-3}{2}\right)^2=-\frac{5}{4}+\left(\frac{-3}{2}\right)^2$

$\left(x-\frac{3}{2}\right)^2=1$, $x-\frac{3}{2}=\pm\sqrt{1}=\pm1$

즉, $x-\frac{3}{2}=-1$ 또는 $x-\frac{3}{2}=1$

따라서 $x=\frac{1}{2}$ 또는 $x=\frac{5}{2}$

35 $-2x^2+10x+3=0$에서 $x^2-5x-\frac{3}{2}=0$

$x^2-5x=\frac{3}{2}$, $x^2-5x+\left(\frac{-5}{2}\right)^2=\frac{3}{2}+\left(\frac{-5}{2}\right)^2$

$\left(x-\frac{5}{2}\right)^2=\frac{31}{4}$, $x-\frac{5}{2}=\pm\sqrt{\frac{31}{4}}=\pm\frac{\sqrt{31}}{2}$

따라서 $x=\frac{5\pm\sqrt{31}}{2}$

36 $4x^2-8x-3=0$에서 $x^2-2x-\frac{3}{4}=0$

$x^2-2x=\frac{3}{4}$, $x^2-2x+\left(\frac{-2}{2}\right)^2=\frac{3}{4}+\left(\frac{-2}{2}\right)^2$

$(x-1)^2=\frac{7}{4}$, $x-1=\pm\sqrt{\frac{7}{4}}=\pm\frac{\sqrt{7}}{2}$

따라서 $x=1\pm\frac{\sqrt{7}}{2}=\frac{2\pm\sqrt{7}}{2}$

37 $2x^2=3-2x$에서 $2x^2+2x=3$

$x^2+x=\frac{3}{2}$, $x^2+x+\left(\frac{1}{2}\right)^2=\frac{3}{2}+\left(\frac{1}{2}\right)^2$

$\left(x+\frac{1}{2}\right)^2=\frac{7}{4}$, $x+\frac{1}{2}=\pm\sqrt{\frac{7}{4}}=\pm\frac{\sqrt{7}}{2}$

따라서 $x=\frac{-1\pm\sqrt{7}}{2}$

38 $4x^2-x=9$에서 $x^2-\frac{1}{4}x=\frac{9}{4}$

$x^2-\frac{1}{4}x+\left(-\frac{1}{4}\times\frac{1}{2}\right)^2=\frac{9}{4}+\left(-\frac{1}{4}\times\frac{1}{2}\right)^2$

$\left(x-\frac{1}{8}\right)^2=\frac{145}{64}$, $x-\frac{1}{8}=\pm\sqrt{\frac{145}{64}}=\pm\frac{\sqrt{145}}{8}$

따라서 $x=\frac{1\pm\sqrt{145}}{8}$

39 $5x^2=10x+2$에서 $5x^2-10x=2$

$x^2-2x=\frac{2}{5}$, $x^2-2x+\left(\frac{-2}{2}\right)^2=\frac{2}{5}+\left(\frac{-2}{2}\right)^2$

$(x-1)^2=\frac{7}{5}$, $x-1=\pm\sqrt{\frac{7}{5}}=\pm\frac{\sqrt{35}}{5}$

따라서 $x=1\pm\frac{\sqrt{35}}{5}=\frac{5\pm\sqrt{35}}{5}$

40 $3x^2-3=x$에서 $3x^2-x=3$

$x^2-\frac{1}{3}x=1$, $x^2-\frac{1}{3}x+\left(-\frac{1}{3}\times\frac{1}{2}\right)^2=1+\left(-\frac{1}{3}\times\frac{1}{2}\right)^2$

$\left(x-\frac{1}{6}\right)^2=\frac{37}{36}$, $x-\frac{1}{6}=\pm\sqrt{\frac{37}{36}}=\pm\frac{\sqrt{37}}{6}$

따라서 $x=\frac{1\pm\sqrt{37}}{6}$

소단원 핵심문제

| 56~57쪽 |

1 (1) $x=\pm\frac{7}{2}$ (2) $x=\pm\sqrt{6}$ (3) $x=\frac{2}{3}$ 또는 $x=2$
(4) $x=-2\pm\sqrt{5}$
2 ④ 3 ⑤ 4 ③
5 (1) $x=\frac{5\pm\sqrt{17}}{2}$ (2) $x=\frac{4\pm3\sqrt{2}}{2}$ (3) $x=\frac{5\pm\sqrt{34}}{3}$
(4) $x=\frac{-4\pm\sqrt{19}}{2}$
6 ③ 7 -1 8 ① 9 18
10 $a=3$, $b=2$

1 (1) $4x^2=49$에서 $x^2=\frac{49}{4}$, $x=\pm\sqrt{\frac{49}{4}}=\pm\frac{7}{2}$

(2) $5x^2-30=0$에서 $5x^2=30$, $x^2=6$, $x=\pm\sqrt{6}$

(3) $(4-3x)^2=4$, 즉 $(3x-4)^2=4$에서
$3x-4=\pm\sqrt{4}=\pm2$
즉, $3x-4=-2$ 또는 $3x-4=2$이므로
$x=\frac{2}{3}$ 또는 $x=2$

(4) $2(x+2)^2-10=0$에서 $(x+2)^2=5$
$x+2=\pm\sqrt{5}$, $x=-2\pm\sqrt{5}$

2 ① $(x-2)^2=12$에서 $x-2=\pm\sqrt{12}=\pm2\sqrt{3}$
따라서 $x=2\pm2\sqrt{3}$
② $(x+2)^2=12$에서 $x+2=\pm\sqrt{12}=\pm2\sqrt{3}$
따라서 $x=-2\pm2\sqrt{3}$
③ $(x-2)^2=15$에서 $x-2=\pm\sqrt{15}$
따라서 $x=2\pm\sqrt{15}$
④ $(x-2)^2=18$에서 $x-2=\pm\sqrt{18}=\pm3\sqrt{2}$
따라서 $x=2\pm3\sqrt{2}$
⑤ $(x+2)^2=18$에서 $x+2=\pm\sqrt{18}=\pm3\sqrt{2}$
따라서 $x=-2\pm3\sqrt{2}$

다른 풀이
$x=2\pm3\sqrt{2}$에서 $x-2=\pm3\sqrt{2}$
양변을 제곱하면
$(x-2)^2=(\pm3\sqrt{2})^2$, $(x-2)^2=18$

3 이차방정식 $(2x-1)^2=4-2a$가 근을 가지려면
$4-2a\geq0$, $2a\leq4$, 즉 $a\leq2$
따라서 상수 a의 값으로 옳지 않은 것은 ⑤이다.

4 $2x^2-6x-5=0$에서 $x^2-3x-\frac{5}{2}=0$, $x^2-3x=\frac{5}{2}$

$x^2-3x+\left(\frac{-3}{2}\right)^2=\frac{5}{2}+\left(\frac{-3}{2}\right)^2$

$\left(x-\frac{3}{2}\right)^2=\frac{19}{4}$, $x-\frac{3}{2}=\pm\sqrt{\frac{19}{4}}=\pm\frac{\sqrt{19}}{2}$

즉, $x=\frac{3\pm\sqrt{19}}{2}$

따라서 $a=\frac{5}{2}$, $b=\frac{9}{4}$, $c=-\frac{3}{2}$, $d=\frac{19}{4}$, $e=\frac{3\pm\sqrt{19}}{2}$

5 (1) $x^2-5x+2=0$에서 $x^2-5x=-2$

$x^2-5x+\left(\frac{-5}{2}\right)^2=-2+\left(\frac{-5}{2}\right)^2$

$\left(x-\frac{5}{2}\right)^2=\frac{17}{4}$, $x-\frac{5}{2}=\pm\sqrt{\frac{17}{4}}=\pm\frac{\sqrt{17}}{2}$

따라서 $x=\frac{5\pm\sqrt{17}}{2}$

(2) $x^2-4x-\frac{1}{2}=0$에서 $x^2-4x=\frac{1}{2}$

$x^2-4x+\left(\frac{-4}{2}\right)^2=\frac{1}{2}+\left(\frac{-4}{2}\right)^2$

$(x-2)^2=\frac{9}{2}$, $x-2=\pm\sqrt{\frac{9}{2}}=\pm\frac{3\sqrt{2}}{2}$

따라서 $x=2\pm\frac{3\sqrt{2}}{2}=\frac{4\pm3\sqrt{2}}{2}$

(3) $3x^2-10x-3=0$에서 $x^2-\frac{10}{3}x-1=0$

$x^2-\frac{10}{3}x=1$

$x^2-\frac{10}{3}x+\left(-\frac{10}{3}\times\frac{1}{2}\right)^2=1+\left(-\frac{10}{3}\times\frac{1}{2}\right)^2$

$\left(x-\frac{5}{3}\right)^2=\frac{34}{9}$, $x-\frac{5}{3}=\pm\sqrt{\frac{34}{9}}=\pm\frac{\sqrt{34}}{3}$

따라서 $x=\frac{5\pm\sqrt{34}}{3}$

(4) $4x^2+16x-3=0$에서 $x^2+4x-\frac{3}{4}=0$

$x^2+4x=\frac{3}{4}$, $x^2+4x+\left(\frac{4}{2}\right)^2=\frac{3}{4}+\left(\frac{4}{2}\right)^2$

$(x+2)^2=\frac{19}{4}$, $x+2=\pm\sqrt{\frac{19}{4}}=\pm\frac{\sqrt{19}}{2}$

따라서 $x=-2\pm\frac{\sqrt{19}}{2}=\frac{-4\pm\sqrt{19}}{2}$

6 $(x-5)^2=7$에서 $x-5=\pm\sqrt{7}$

즉, $x=5\pm\sqrt{7}$이므로 $a=5$, $b=7$

따라서 $a+b=5+7=12$

7 $(x+3)^2=12$에서 $x+3=\pm\sqrt{12}=\pm2\sqrt{3}$

즉, $x=-3\pm2\sqrt{3}$이므로 $\alpha=-3-2\sqrt{3}$

$3(x-2)^2-36=0$에서 $(x-2)^2=12$

$x-2=\pm\sqrt{12}=\pm2\sqrt{3}$

즉, $x=2\pm2\sqrt{3}$이므로 $\beta=2+2\sqrt{3}$

따라서 $\alpha+\beta=(-3-2\sqrt{3})+(2+2\sqrt{3})=-1$

8 이차방정식 $(x+5)^2=a-5$가 근을 갖지 않으려면

$a-5<0$, 즉 $a<5$

따라서 상수 a의 값으로 알맞은 것은 ①이다.

9 $3x^2-12x-4=0$에서

$x^2-4x-\boxed{\frac{4}{3}}=0$, $x^2-4x=\boxed{\frac{4}{3}}$

$x^2-4x+\left(\frac{-4}{2}\right)^2=\frac{4}{3}+\left(\frac{-4}{2}\right)^2$

$x^2-4x+\boxed{4}=\frac{4}{3}+\boxed{4}$

$(x-\boxed{2})^2=\boxed{\frac{16}{3}}$

따라서 $\square$ 안에 알맞은 모든 수의 합은

$\frac{4}{3}+\frac{4}{3}+4+4+2+\frac{16}{3}=18$

10 $\frac{1}{3}x^2-2x-3=0$에서 $x^2-6x-9=0$

$x^2-6x=9$, $x^2-6x+\left(\frac{-6}{2}\right)^2=9+\left(\frac{-6}{2}\right)^2$

$(x-3)^2=18$, $x-3=\pm\sqrt{18}=\pm3\sqrt{2}$

즉, $x=3\pm3\sqrt{2}$이므로 $a=3$, $b=2$

04. 이차방정식의 근의 공식 | 58~59쪽 |

이차방정식의 근의 공식

❶ b^2-4ac ❷ b'^2-ac

1 $x=\frac{5\pm\sqrt{21}}{2}$ (✎ -5, -5, 1, 5) 2 $x=\frac{3\pm\sqrt{13}}{2}$

3 $x=\frac{-5\pm\sqrt{41}}{4}$ 4 $x=\frac{-7\pm\sqrt{13}}{6}$ 5 $x=\frac{11\pm\sqrt{97}}{6}$

6 $x=\frac{1\pm\sqrt{17}}{8}$ 7 $x=\frac{3\pm\sqrt{33}}{4}$ 8 $x=\frac{9\pm3\sqrt{13}}{2}$

9 $x=\frac{-3\pm\sqrt{41}}{4}$ 10 $x=\frac{7\pm\sqrt{17}}{8}$ 11 $x=-\frac{1}{5}$ 또는 $x=\frac{1}{2}$

12 $x=2\pm\sqrt{7}$ (✎ -2, -2, -3, 2) 13 $x=3\pm\sqrt{6}$

14 $x=\frac{2\pm\sqrt{10}}{2}$ 15 $x=\frac{-2\pm\sqrt{10}}{3}$ 16 $x=\frac{1\pm\sqrt{2}}{2}$

17 $x=\frac{-4\pm3\sqrt{2}}{2}$ 18 $x=\frac{-3\pm\sqrt{14}}{5}$ 19 $x=\frac{-3\pm2\sqrt{3}}{3}$

2 $x=\frac{-(-3)\pm\sqrt{(-3)^2-4\times1\times(-1)}}{2\times1}=\frac{3\pm\sqrt{13}}{2}$

3 $x=\frac{-5\pm\sqrt{5^2-4\times2\times(-2)}}{2\times2}=\frac{-5\pm\sqrt{41}}{4}$

4 $x=\frac{-7\pm\sqrt{7^2-4\times3\times3}}{2\times3}=\frac{-7\pm\sqrt{13}}{6}$

5 $x=\frac{-(-11)\pm\sqrt{(-11)^2-4\times3\times2}}{2\times3}=\frac{11\pm\sqrt{97}}{6}$

6 $x=\frac{-(-1)\pm\sqrt{(-1)^2-4\times4\times(-1)}}{2\times4}=\frac{1\pm\sqrt{17}}{8}$

7 $2x^2=3x+3$에서 $2x^2-3x-3=0$이므로

$x=\frac{-(-3)\pm\sqrt{(-3)^2-4\times2\times(-3)}}{2\times2}=\frac{3\pm\sqrt{33}}{4}$

8 $x^2-9x=9$에서 $x^2-9x-9=0$이므로

$$x=\frac{-(-9)\pm\sqrt{(-9)^2-4\times1\times(-9)}}{2\times1}$$
$$=\frac{9\pm\sqrt{117}}{2}=\frac{9\pm3\sqrt{13}}{2}$$

9 $2x^2=4-3x$에서 $2x^2+3x-4=0$이므로

$$x=\frac{-3\pm\sqrt{3^2-4\times2\times(-4)}}{2\times2}=\frac{-3\pm\sqrt{41}}{4}$$

10 $7x-2=4x^2$에서 $4x^2-7x+2=0$이므로

$$x=\frac{-(-7)\pm\sqrt{(-7)^2-4\times4\times2}}{2\times4}=\frac{7\pm\sqrt{17}}{8}$$

11 $10x^2-3x=1$에서 $10x^2-3x-1=0$이므로

$$x=\frac{-(-3)\pm\sqrt{(-3)^2-4\times10\times(-1)}}{2\times10}$$
$$=\frac{3\pm\sqrt{49}}{20}=\frac{3\pm7}{20}$$

즉, $x=\frac{3-7}{20}$ 또는 $x=\frac{3+7}{20}$이므로

$x=-\frac{1}{5}$ 또는 $x=\frac{1}{2}$

다른 풀이

인수분해를 이용하여 다음과 같이 구할 수도 있다.

$10x^2-3x-1=0$에서 $(5x+1)(2x-1)=0$

따라서 $x=-\frac{1}{5}$ 또는 $x=\frac{1}{2}$

13 $x=\frac{-(-3)\pm\sqrt{(-3)^2-1\times3}}{1}=3\pm\sqrt{6}$

14 $2x^2-4x=3$에서 $2x^2-4x-3=0$

$$x=\frac{-(-2)\pm\sqrt{(-2)^2-2\times(-3)}}{2}=\frac{2\pm\sqrt{10}}{2}$$

15 $3x^2+4x=2$에서 $3x^2+4x-2=0$

$$x=\frac{-2\pm\sqrt{2^2-3\times(-2)}}{3}=\frac{-2\pm\sqrt{10}}{3}$$

16 $x=\frac{-(-2)\pm\sqrt{(-2)^2-4\times(-1)}}{4}=\frac{2\pm\sqrt{8}}{4}$

$$=\frac{2\pm2\sqrt{2}}{4}=\frac{1\pm\sqrt{2}}{2}$$

17 $x=\frac{-4\pm\sqrt{4^2-2\times(-1)}}{2}=\frac{-4\pm\sqrt{18}}{2}=\frac{-4\pm3\sqrt{2}}{2}$

18 $x=\frac{-3\pm\sqrt{3^2-5\times(-1)}}{5}=\frac{-3\pm\sqrt{14}}{5}$

19 $3x^2=1-6x$에서 $3x^2+6x-1=0$

$$x=\frac{-3\pm\sqrt{3^2-3\times(-1)}}{3}=\frac{-3\pm\sqrt{12}}{3}=\frac{-3\pm2\sqrt{3}}{3}$$

여러 가지 이차방정식의 풀이

❸ 분배법칙 ❹ 10 ❺ 최소공배수

20 $x=-3$ 또는 $x=1$ (x^2-4x-5, x^2+2x-3, 3, 1, -3, 1)

21 $x=-1$ 또는 $x=4$ 22 $x=5\pm\sqrt{21}$ 23 $x=\frac{1\pm\sqrt{17}}{2}$

24 $x=\frac{-5\pm\sqrt{33}}{4}$ $\left(10,\ 2x^2+5x-1,\ \frac{-5\pm\sqrt{33}}{4}\right)$

25 $x=\frac{6\pm2\sqrt{34}}{5}$ 26 $x=\frac{3\pm\sqrt{17}}{4}$ 27 $x=\frac{5\pm\sqrt{46}}{3}$

28 $x=\frac{1}{3}$ 또는 $x=1$ $\left(6,\ 3x^2-4x+1,\ 3,\ 1,\ \frac{1}{3},\ 1\right)$

29 $x=\frac{-3\pm\sqrt{21}}{2}$ 30 $x=-\frac{1}{3}$ 또는 $x=2$ 31 $x=\frac{-3\pm\sqrt{201}}{8}$

32 $x=-6$ 또는 $x=2$ ($x+3$, $A^2-2A-15$, 3, 5, -3, 5, -3, 5, -6, 2)

33 $x=\frac{3}{2}$ 또는 $x=\frac{9}{2}$ 34 $x=\frac{3}{4}$ 또는 $x=2$

21 $(x-2)^2=8-x$에서 $x^2-4x+4=8-x$

$x^2-3x-4=0$, $(x+1)(x-4)=0$

따라서 $x=-1$ 또는 $x=4$

22 $(3x-1)(x-3)=2x^2-1$에서

$3x^2-10x+3=2x^2-1$, $x^2-10x+4=0$

따라서 $x=\frac{-(-5)\pm\sqrt{(-5)^2-1\times4}}{1}=5\pm\sqrt{21}$

23 $(x+3)(x-4)=-8$에서

$x^2-x-12=-8$, $x^2-x-4=0$

따라서

$$x=\frac{-(-1)\pm\sqrt{(-1)^2-4\times1\times(-4)}}{2\times1}=\frac{1\pm\sqrt{17}}{2}$$

25 $0.5x^2=1.2x+2$의 양변에 10을 곱하면

$5x^2=12x+20$, $5x^2-12x-20=0$

따라서

$$x=\frac{-(-6)\pm\sqrt{(-6)^2-5\times(-20)}}{5}$$
$$=\frac{6\pm\sqrt{136}}{5}=\frac{6\pm2\sqrt{34}}{5}$$

26 $0.2x(x+1)=0.5x+0.1$의 양변에 10을 곱하면

$2x(x+1)=5x+1$, $2x^2+2x=5x+1$, $2x^2-3x-1=0$

따라서

$$x=\frac{-(-3)\pm\sqrt{(-3)^2-4\times2\times(-1)}}{2\times2}=\frac{3\pm\sqrt{17}}{4}$$

27 $0.3x^2=x+0.7$의 양변에 10을 곱하면

$3x^2=10x+7$, $3x^2-10x-7=0$

따라서 $x=\frac{-(-5)\pm\sqrt{(-5)^2-3\times(-7)}}{3}=\frac{5\pm\sqrt{46}}{3}$

29 $\frac{1}{3}x^2+x-1=0$의 양변에 3을 곱하면

$x^2+3x-3=0$

따라서 $x=\frac{-3\pm\sqrt{3^2-4\times1\times(-3)}}{2\times1}=\frac{-3\pm\sqrt{21}}{2}$

30 $\frac{1}{4}x^2-\frac{5}{12}x=\frac{1}{6}$의 양변에 12를 곱하면

$3x^2-5x=2$, $3x^2-5x-2=0$, $(3x+1)(x-2)=0$

따라서 $x=-\frac{1}{3}$ 또는 $x=2$

31 $\frac{1}{3}x^2=1-\frac{x}{4}$의 양변에 12를 곱하면

$4x^2=12-3x$, $4x^2+3x-12=0$

따라서 $x=\frac{-3\pm\sqrt{3^2-4\times4\times(-12)}}{2\times4}=\frac{-3\pm\sqrt{201}}{8}$

33 $x-2=A$로 놓으면

$4A^2-8A-5=0$, $(2A+1)(2A-5)=0$

즉, $A=-\frac{1}{2}$ 또는 $A=\frac{5}{2}$이므로

$x-2=-\frac{1}{2}$ 또는 $x-2=\frac{5}{2}$

따라서 $x=\frac{3}{2}$ 또는 $x=\frac{9}{2}$

34 $2x-1=A$로 놓으면

$2A^2-7A+3=0$, $(2A-1)(A-3)=0$

즉, $A=\frac{1}{2}$ 또는 $A=3$이므로

$2x-1=\frac{1}{2}$ 또는 $2x-1=3$

따라서 $x=\frac{3}{4}$ 또는 $x=2$

소단원 핵심문제

| 60~61쪽 |

1 (1) $x=\frac{-7\pm\sqrt{41}}{2}$ (2) $x=\frac{3\pm2\sqrt{6}}{3}$ (3) $x=\frac{5\pm\sqrt{35}}{2}$

(4) $x=-4$ 또는 $x=\frac{1}{3}$ (5) $x=\frac{1\pm\sqrt{2}}{2}$ (6) $x=\frac{3\pm\sqrt{21}}{4}$

2 ③ **3** ②

4 (1) $x=\frac{-9\pm\sqrt{241}}{10}$ (2) $x=-\frac{7}{12}$ 또는 $x=1$

5 (1) $x=\frac{2}{3}$ 또는 $x=2$ (2) $x=-\frac{5}{3}$ 또는 $x=1$

6 14 **7** ②

8 (1) $x=\frac{1}{2}$ 또는 $x=2$ (2) $x=\frac{1\pm\sqrt{17}}{2}$

9 ③ **10** ④

1 (1) $x=\frac{-7\pm\sqrt{7^2-4\times1\times2}}{2\times1}=\frac{-7\pm\sqrt{41}}{2}$

(2) $3x^2-6x=5$에서 $3x^2-6x-5=0$

따라서

$x=\frac{-(-3)\pm\sqrt{(-3)^2-3\times(-5)}}{3}$

$=\frac{3\pm\sqrt{24}}{3}=\frac{3\pm2\sqrt{6}}{3}$

(3) $2x(x-5)=5$에서 $2x^2-10x=5$, $2x^2-10x-5=0$

따라서

$x=\frac{-(-5)\pm\sqrt{(-5)^2-2\times(-5)}}{2}=\frac{5\pm\sqrt{35}}{2}$

(4) $4-3x^2=11x$에서 $3x^2+11x-4=0$

따라서

$x=\frac{-11\pm\sqrt{11^2-4\times3\times(-4)}}{2\times3}$

$=\frac{-11\pm\sqrt{169}}{6}=\frac{-11\pm13}{6}$

즉, $x=\frac{-11-13}{6}$ 또는 $x=\frac{-11+13}{6}$이므로

$x=-4$ 또는 $x=\frac{1}{3}$

(5) $4x^2-4x=1$에서 $4x^2-4x-1=0$

따라서

$x=\frac{-(-2)\pm\sqrt{(-2)^2-4\times(-1)}}{4}=\frac{2\pm\sqrt{8}}{4}$

$=\frac{2\pm2\sqrt{2}}{4}=\frac{1\pm\sqrt{2}}{2}$

(6) $x=\frac{-(-3)\pm\sqrt{(-3)^2-4\times(-3)}}{4}=\frac{3\pm\sqrt{21}}{4}$

다른 풀이

(4) $3x^2+11x-4=0$에서 $(x+4)(3x-1)=0$

따라서 $x=-4$ 또는 $x=\frac{1}{3}$

2 이차방정식 $2x^2-x-a+3=0$의 해는

$x=\frac{-(-1)\pm\sqrt{(-1)^2-4\times2\times(-a+3)}}{2\times2}=\frac{1\pm\sqrt{8a-23}}{4}$

이것이 $x=\frac{1\pm\sqrt{17}}{4}$과 같아야 하므로

$8a-23=17$, $8a=40$, 즉 $a=5$

3 $0.2x^2=0.3-0.5x$의 양변에 10을 곱하면

$2x^2=3-5x$, $2x^2+5x-3=0$, $(x+3)(2x-1)=0$

따라서 $x=-3$ 또는 $x=\frac{1}{2}$

4 (1) $\frac{5}{6}x^2=\frac{4}{3}-\frac{3}{2}x$의 양변에 6을 곱하면

$5x^2=8-9x$, $5x^2+9x-8=0$

따라서

$x=\frac{-9\pm\sqrt{9^2-4\times5\times(-8)}}{2\times5}=\frac{-9\pm\sqrt{241}}{10}$

(2) $\left(x+\frac{1}{4}\right)(x-1)=\frac{1-x}{3}$의 양변에 12를 곱하면
$(4x+1)(3x-3)=4(1-x)$, $12x^2-9x-3=4-4x$
$12x^2-5x-7=0$, $(12x+7)(x-1)=0$
따라서 $x=-\frac{7}{12}$ 또는 $x=1$

5 (1) $3x-1=A$로 놓으면
$A^2-6A+5=0$, $(A-1)(A-5)=0$
즉, $A=1$ 또는 $A=5$이므로
$3x-1=1$ 또는 $3x-1=5$
따라서 $x=\frac{2}{3}$ 또는 $x=2$

(2) $x+1=A$로 놓으면
$3A^2-4A-4=0$, $(3A+2)(A-2)=0$
즉, $A=-\frac{2}{3}$ 또는 $A=2$이므로
$x+1=-\frac{2}{3}$ 또는 $x+1=2$
따라서 $x=-\frac{5}{3}$ 또는 $x=1$

6 $x^2+3x-2=0$의 근은
$x=\frac{-3\pm\sqrt{3^2-4\times1\times(-2)}}{2\times1}=\frac{-3\pm\sqrt{17}}{2}$
따라서 $A=-3$, $B=17$이므로 $A+B=-3+17=14$

7 $3x^2+2x+a=0$의 근은
$x=\frac{-1\pm\sqrt{1^2-3\times a}}{3}=\frac{-1\pm\sqrt{1-3a}}{3}$
이것이 $x=\frac{b\pm\sqrt{37}}{3}$과 같으므로 $b=-1$, $1-3a=37$
따라서 $a=-12$, $b=-1$이므로
$ab=-12\times(-1)=12$

8 (1) $0.2x^2=0.5x-0.2$의 양변에 10을 곱하면
$2x^2=5x-2$, $2x^2-5x+2=0$, $(2x-1)(x-2)=0$
따라서 $x=\frac{1}{2}$ 또는 $x=2$

(2) $0.1x^2-0.1x=0.4$의 양변에 10을 곱하면
$x^2-x=4$, $x^2-x-4=0$
따라서
$x=\frac{-(-1)\pm\sqrt{(-1)^2-4\times1\times(-4)}}{2\times1}=\frac{1\pm\sqrt{17}}{2}$

9 $\frac{x(2x+3)}{5}=1$의 양변에 5를 곱하면
$2x^2+3x=5$, $2x^2+3x-5=0$, $(2x+5)(x-1)=0$
따라서 $x=-\frac{5}{2}$ 또는 $x=1$

10 $x-\frac{1}{2}=A$로 놓으면 $2A^2-9A-5=0$
$(2A+1)(A-5)=0$, $A=-\frac{1}{2}$ 또는 $A=5$
즉, $x-\frac{1}{2}=-\frac{1}{2}$ 또는 $x-\frac{1}{2}=5$이므로 $x=0$ 또는 $x=\frac{11}{2}$
따라서 $\alpha=0$, $\beta=\frac{11}{2}$ 또는 $\alpha=\frac{11}{2}$, $\beta=0$이므로
$2(\alpha+\beta)=2\left(0+\frac{11}{2}\right)=2\times\frac{11}{2}=11$

05. 이차방정식의 성질 | 62~63쪽 |

이차방정식의 근의 개수

❶ > ❷ = ❸ <

1 2 (✎ −1, 13, 2) 2 2 3 1 4 2 5 0
6 1 7 2 8 0 9 $k>-\frac{25}{4}$
10 $-\frac{9}{8}$ 11 $k<\frac{5}{4}$ 12 -10 13 $k<5$ 14 $k\geq-\frac{9}{4}$
15 $k\geq\frac{15}{8}$ 16 $k\leq\frac{3}{5}$ 17 $k\leq\frac{9}{16}$ 18 $k\leq\frac{2}{3}$

2 $(-3)^2-4\times1\times1=5>0$이므로 근의 개수는 2이다.

3 $(-4)^2-4\times4\times1=0$이므로 근의 개수는 1이다.

4 $(-5)^2-4\times2\times3=1>0$이므로 근의 개수는 2이다.

5 $(-3)^2-4\times2\times4=-23<0$이므로 근의 개수는 0이다.

6 $12^2-4\times4\times9=0$이므로 근의 개수는 1이다.

7 $(-5)^2-4\times1\times5=5>0$이므로 근의 개수는 2이다.

8 $(-4)^2-4\times3\times7=-68<0$이므로 근의 개수는 0이다.

9 $5^2-4\times1\times(-k)>0$이어야 하므로
$25+4k>0$, $4k>-25$, 즉 $k>-\frac{25}{4}$

10 $(-3)^2-4\times1\times(-2k)=0$이어야 하므로
$9+8k=0$, $8k=-9$, 즉 $k=-\frac{9}{8}$

11 $(-3)^2-4\times3\times(2-k)<0$이어야 하므로
$-15+12k<0$, $12k<15$, 즉 $k<\frac{5}{4}$

12 $(-6)^2-4\times1\times(-k-1)=0$이어야 하므로
$40+4k=0$, $4k=-40$, 즉 $k=-10$

13 $4^2-4\times2\times(k-3)>0$이어야 하므로
$40-8k>0$, $8k<40$, 즉 $k<5$

14 $(-3)^2-4\times1\times(-k)\geq0$이어야 하므로
$9+4k\geq0$, $4k\geq-9$, 즉 $k\geq-\frac{9}{4}$

15 $(-1)^2-4\times2\times(2-k)\geq0$이어야 하므로

$-15+8k\geq0$, $8k\geq15$, 즉 $k\geq\frac{15}{8}$

16 $(-2)^2-4\times5\times(2k-1)\geq0$이어야 하므로

$24-40k\geq0$, $40k\leq24$, 즉 $k\leq\frac{3}{5}$

17 $(-3)^2-4\times4\times k\geq0$이어야 하므로

$9-16k\geq0$, $16k\leq9$, 즉 $k\leq\frac{9}{16}$

18 $(-2)^2-4\times3\times(2k-1)\geq0$이어야 하므로

$16-24k\geq0$, $24k\leq16$, 즉 $k\leq\frac{2}{3}$

이차방정식 구하기

❹ a ❺ a

19 $x^2-3x-10=0$ (✎ 2, 5, 3, 10) 20 $2x^2+10x+8=0$
21 $-x^2+6x-8=0$ 22 $3x^2-3x-18=0$
23 $6x^2+x-1=0$ 24 $x^2+2x+1=0$ (✎ 1, 2, 1)
25 $-2x^2+2x-\frac{1}{2}=0$ 26 $3x^2-24x+48=0$
27 $a=6$, $b=-12$ 28 $a=5$, $b=1$
29 $a=-7$, $b=1$ 30 $a=36$, $b=54$
31 $a=-2$, $b=\frac{1}{6}$ 32 $a=16$, $b=12$
33 $a=-3$, $b=-1$ 34 $a=-10$, $b=4$
35 $a=4$, $b=1$ 36 $a=-8$, $b=4$

20 $2(x+4)(x+1)=0$이므로 $2(x^2+5x+4)=0$
따라서 $2x^2+10x+8=0$

21 $-(x-2)(x-4)=0$이므로 $-(x^2-6x+8)=0$
따라서 $-x^2+6x-8=0$

22 $3(x+2)(x-3)=0$이므로 $3(x^2-x-6)=0$
따라서 $3x^2-3x-18=0$

23 $6\left(x-\frac{1}{3}\right)\left(x+\frac{1}{2}\right)=0$이므로 $(3x-1)(2x+1)=0$
따라서 $6x^2+x-1=0$

25 $-2\left(x-\frac{1}{2}\right)^2=0$이므로 $-2\left(x^2-x+\frac{1}{4}\right)=0$

따라서 $-2x^2+2x-\frac{1}{2}=0$

26 $3(x-4)^2=0$이므로 $3(x^2-8x+16)=0$
따라서 $3x^2-24x+48=0$

27 두 근이 -2, 1이고 x^2의 계수가 6인 이차방정식은
$6(x+2)(x-1)=0$, $6(x^2+x-2)=0$
즉, $6x^2+6x-12=0$이므로 $a=6$, $b=-12$

28 두 근이 $-\frac{1}{2}$, $-\frac{1}{3}$이고 x^2의 계수가 6인 이차방정식은

$6\left(x+\frac{1}{2}\right)\left(x+\frac{1}{3}\right)=0$, $(2x+1)(3x+1)=0$
즉, $6x^2+5x+1=0$이므로 $a=5$, $b=1$

29 두 근이 1, $\frac{1}{6}$이고 x^2의 계수가 6인 이차방정식은

$6(x-1)\left(x-\frac{1}{6}\right)=0$, $(x-1)(6x-1)=0$
즉, $6x^2-7x+1=0$이므로 $a=-7$, $b=1$

30 중근 -3을 갖고 x^2의 계수가 6인 이차방정식은
$6(x+3)^2=0$, $6(x^2+6x+9)=0$
즉, $6x^2+36x+54=0$이므로 $a=36$, $b=54$

31 중근 $\frac{1}{6}$을 갖고 x^2의 계수가 6인 이차방정식은

$6\left(x-\frac{1}{6}\right)^2=0$, $6\left(x^2-\frac{1}{3}x+\frac{1}{36}\right)=0$

즉, $6x^2-2x+\frac{1}{6}=0$이므로 $a=-2$, $b=\frac{1}{6}$

32 두 근이 -3, -1이고 x^2의 계수가 4인 이차방정식은
$4(x+3)(x+1)=0$, $4(x^2+4x+3)=0$
즉, $4x^2+16x+12=0$이므로 $a=16$, $b=12$

33 두 근이 $-\frac{1}{4}$, 1이고 x^2의 계수가 4인 이차방정식은

$4\left(x+\frac{1}{4}\right)(x-1)=0$, $(4x+1)(x-1)=0$
즉, $4x^2-3x-1=0$이므로 $a=-3$, $b=-1$

34 두 근이 2, $\frac{1}{2}$이고 x^2의 계수가 4인 이차방정식은

$4(x-2)\left(x-\frac{1}{2}\right)=0$, $(x-2)(4x-2)=0$
즉, $4x^2-10x+4=0$이므로 $a=-10$, $b=4$

35 중근 $-\frac{1}{2}$을 갖고 x^2의 계수가 4인 이차방정식은

$4\left(x+\frac{1}{2}\right)^2=0$, $4\left(x^2+x+\frac{1}{4}\right)=0$
즉, $4x^2+4x+1=0$이므로 $a=4$, $b=1$

36 중근 1을 갖고 x^2의 계수가 4인 이차방정식은
$4(x-1)^2=0$, $4(x^2-2x+1)=0$
즉, $4x^2-8x+4=0$이므로 $a=-8$, $b=4$

소단원 핵심문제

| 64~65쪽 |

1 ③, ⑤ 2 (1) 2 (2) 0 (3) 1 (4) 2 3 ④
4 (1) $8x^2-2x-1=0$ (2) $-2x^2-4x-2=0$
5 ⑤ 6 -1, 7 7 ④ 8 ①
9 (1) $3x^2+10x+3=0$ (2) $4x^2-12x+9=0$ 10 ④

1 ① $(-2)^2-4\times1\times(-2)=12>0$이므로 주어진 이차방정식은 서로 다른 두 근을 갖는다.

② $(-5)^2-4\times2\times3=1>0$이므로 주어진 이차방정식은 서로 다른 두 근을 갖는다.

③ $(-2)^2-4\times3\times2=-20<0$이므로 주어진 이차방정식은 근이 없다.

④ $6^2-4\times9\times1=0$이므로 주어진 이차방정식은 중근을 갖는다.

⑤ $(-4)^2-4\times4\times3=-32<0$이므로 주어진 이차방정식은 근이 없다.

2 (1) $(-5)^2-4\times1\times(-3)=37>0$이므로 근의 개수는 2이다.

(2) $(-7)^2-4\times2\times7=-7<0$이므로 근의 개수는 0이다.

(3) $\frac{1}{9}x^2-\frac{2}{3}x+1=0$의 양변에 9를 곱하면 $x^2-6x+9=0$
$(-6)^2-4\times1\times9=0$이므로 근의 개수는 1이다.

(4) $3x^2=4x+3$에서 $3x^2-4x-3=0$
$(-4)^2-4\times3\times(-3)=52>0$이므로 근의 개수는 2이다.

3 $(-6)^2-4\times4\times(3k-1)\geq0$이어야 하므로
$52-48k\geq0$, $48k\leq52$, 즉 $k\leq\frac{13}{12}$

4 (1) $8\left(x+\frac{1}{4}\right)\left(x-\frac{1}{2}\right)=0$이므로 $(4x+1)(2x-1)=0$
따라서 $8x^2-2x-1=0$

(2) $-2(x+1)^2=0$이므로 $-2(x^2+2x+1)=0$
따라서 $-2x^2-4x-2=0$

5 두 근이 $-\frac{2}{3}$, 1이고 x^2의 계수가 6인 이차방정식은
$6\left(x+\frac{2}{3}\right)(x-1)=0$, $(6x+4)(x-1)=0$
즉, $6x^2-2x-4=0$이므로 $a=-2$, $b=-4$
따라서 $a-b=-2-(-4)=2$

6 $(a-3)^2-4\times1\times4=0$이어야 하므로
$a^2-6a-7=0$, $(a+1)(a-7)=0$
따라서 $a=-1$ 또는 $a=7$

7 $(-1)^2-4\times2\times(-k+4)>0$이어야 하므로
$8k-31>0$, $8k>31$
따라서 $k>\frac{31}{8}$이므로 가장 작은 정수 k의 값은 4이다.

8 $(-4)^2-4\times1\times(-2k+3)<0$이어야 하므로
$8k+4<0$, $8k<-4$, 즉 $k<-\frac{1}{2}$

9 (1) $3(x+3)\left(x+\frac{1}{3}\right)=0$이므로 $(x+3)(3x+1)=0$
따라서 $3x^2+10x+3=0$

(2) $4\left(x-\frac{3}{2}\right)^2=0$이므로 $4\left(x^2-3x+\frac{9}{4}\right)=0$
따라서 $4x^2-12x+9=0$

10 두 근이 $-\frac{3}{4}$, $\frac{1}{2}$이고 x^2의 계수가 4인 이차방정식은
$4\left(x+\frac{3}{4}\right)\left(x-\frac{1}{2}\right)=0$, $(4x+3)\left(x-\frac{1}{2}\right)=0$
즉, $4x^2+x-\frac{3}{2}=0$이므로 $a=1$, $b=-\frac{3}{2}$
따라서 $a-2b=1-2\times\left(-\frac{3}{2}\right)=4$

06. 이차방정식의 활용 | 66~67쪽 |

이차방정식을 활용한 문제 해결 과정

1 (1) $x+1$ (2) $x^2+(x+1)^2=265$
(3) $x=-12$ 또는 $x=11$ (4) 11, 12

2 (1) $x+x^2=72$ (2) $x=-9$ 또는 $x=8$ (3) 8

3 (1) 가로: $(15-x)$ m, 세로: $(10-x)$ m
(2) $(15-x)(10-x)=104$ (3) $x=2$ 또는 $x=23$ (4) 2 m

4 (1) $(x+3)$ cm (2) $\pi(x+3)^2=36\pi$ (3) $x=-9$ 또는 $x=3$
(4) 3 cm

5 (1) $(x+10)$살 (2) $(x+10)^2=3x^2+52$ (3) $x=-2$ 또는 $x=12$
(4) 12살

6 (1) $x-6$ (2) $x(x-6)=160$ (3) $x=-10$ 또는 $x=16$ (4) 16

7 (1) $x+7$ (2) $x(x+7)=260$ (3) $x=-20$ 또는 $x=13$ (4) 13, 20

8 (1) $60x-5x^2=100$ (2) $x=2$ 또는 $x=10$ (3) 2초 후

1 (3) $x^2+(x+1)^2=265$에서
$2x^2+2x+1=265$, $2x^2+2x-264=0$
$x^2+x-132=0$, $(x+12)(x-11)=0$
따라서 $x=-12$ 또는 $x=11$

(4) x는 자연수이므로 $x=11$
따라서 구하는 두 자연수는 11, 12이다.

2 (2) $x+x^2=72$에서 $x^2+x-72=0$
$(x+9)(x-8)=0$, 즉 $x=-9$ 또는 $x=8$

(3) x는 자연수이므로 $x=8$
따라서 어떤 자연수는 8이다.

3 (3) $(15-x)(10-x)=104$에서
$x^2-25x+150=104$, $x^2-25x+46=0$
$(x-2)(x-23)=0$, 즉 $x=2$ 또는 $x=23$

(4) $15-x>0$, $10-x>0$, $x>0$이므로 $0<x<10$
따라서 $x=2$이므로 도로의 폭은 2 m이다.

4 (3) $\pi(x+3)^2=36\pi$에서 $(x+3)^2=36$
$x^2+6x+9=36$, $x^2+6x-27=0$
$(x+9)(x-3)=0$, 즉 $x=-9$ 또는 $x=3$

(4) $x>0$이므로 $x=3$
따라서 처음 원의 반지름의 길이는 3 cm이다.

5 (3) $(x+10)^2=3x^2+52$에서
$x^2+20x+100=3x^2+52$, $2x^2-20x-48=0$
$x^2-10x-24=0$, $(x+2)(x-12)=0$
따라서 $x=-2$ 또는 $x=12$
(4) x는 자연수이므로 $x=12$
따라서 영미의 나이는 12살이다.

6 (3) $x(x-6)=160$에서 $x^2-6x=160$
$x^2-6x-160=0$, $(x+10)(x-16)=0$
따라서 $x=-10$ 또는 $x=16$
(4) x는 자연수이고 $x-6>0$에서 $x>6$이므로 $x=16$
따라서 학생 수는 16이다.

7 (3) $x(x+7)=260$에서 $x^2+7x=260$
$x^2+7x-260=0$, $(x+20)(x-13)=0$
따라서 $x=-20$ 또는 $x=13$
(4) x는 자연수이므로 $x=13$
따라서 위, 아래로 이웃한 두 수는 13, 20이다.

8 (2) $60x-5x^2=100$에서 $5x^2-60x+100=0$
$x^2-12x+20=0$, $(x-2)(x-10)=0$
따라서 $x=2$ 또는 $x=10$
(3) 공의 높이가 처음으로 100 m가 되는 것은 공을 쏘아 올린 지 2초 후이다.

소단원 핵심문제

| 68~69쪽 |

1 ③ 2 ③ 3 15살 4 ② 5 2초 후
6 ④ 7 ③ 8 ③
9 영수의 생일: 7월 11일, 엄마의 생일: 7월 18일
10 14초 후

1 연속하는 두 짝수를 $x-2$, x라 하면
$(x-2)^2+x^2=340$, $2x^2-4x+4=340$
$2x^2-4x-336=0$, $x^2-2x-168=0$
$(x+12)(x-14)=0$, 즉 $x=-12$ 또는 $x=14$
이때 x는 짝수이므로 $x=14$
따라서 연속하는 두 짝수는 12, 14이고 이 중 큰 수는 14이다.

2 처음 정사각형의 한 변의 길이를 x cm라 하면 직사각형의 가로의 길이는 $(x+3)$ cm, 세로의 길이는 $(x-1)$ cm이므로
$(x+3)(x-1)=21$, $x^2+2x-3=21$
$x^2+2x-24=0$, $(x+6)(x-4)=0$
즉, $x=-6$ 또는 $x=4$
이때 $x>0$, $x+3>0$, $x-1>0$에서 $x>1$이므로 $x=4$
따라서 정사각형의 한 변의 길이는 4 cm이다.

3 현주의 나이를 x살이라 하면 동생의 나이는 $(x-3)$살이므로
$x(x-3)=180$, $x^2-3x-180=0$
$(x+12)(x-15)=0$, 즉 $x=-12$ 또는 $x=15$
이때 x는 자연수이고 $x-3>0$에서 $x>3$이므로
$x=15$
따라서 현주의 나이는 15살이다.

4 가로줄에 배치하는 의자의 개수를 x라 하면 세로줄의 개수는 $x+3$이므로
$x(x+3)=340$, $x^2+3x-340=0$
$(x+20)(x-17)=0$, 즉 $x=-20$ 또는 $x=17$
이때 x는 자연수이므로 $x=17$
따라서 가로줄에 배치하는 의자의 개수는 17이다.

5 $30t-5t^2=40$에서 $5t^2-30t+40=0$
$t^2-6t+8=0$, $(t-2)(t-4)=0$, 즉 $t=2$ 또는 $t=4$
따라서 물체의 높이가 처음으로 40 m가 되는 것은 물체를 쏘아 올린 지 2초 후이다.

6 연속하는 두 자연수를 x, $x+1$이라 하면
$x^2+(x+1)^2=421$, $2x^2+2x+1=421$
$2x^2+2x-420=0$, $x^2+x-210=0$
$(x+15)(x-14)=0$, 즉 $x=-15$ 또는 $x=14$
이때 x는 자연수이므로 $x=14$
따라서 연속하는 두 자연수는 14, 15이고 이 중 작은 수는 14이다.

7 삼각형의 높이를 x cm라 하면 밑변의 길이는 $(x+4)$ cm이므로
$\frac{1}{2}\times(x+4)\times x=30$, $x^2+4x=60$, $x^2+4x-60=0$
$(x+10)(x-6)=0$, 즉 $x=-10$ 또는 $x=6$
이때 $x>0$이므로 $x=6$
따라서 삼각형의 높이는 6 cm이다.

8 학생 수를 x라 하면 한 학생이 받는 볼펜의 수는 $x+2$이므로
$x(x+2)=80$, $x^2+2x-80=0$
$(x+10)(x-8)=0$, 즉 $x=-10$ 또는 $x=8$
이때 x는 자연수이므로 $x=8$
따라서 구하는 학생 수는 8이다.

9 영수의 생일을 7월 x일이라 하면 엄마의 생일은 7월 $(x+7)$일이므로
$x(x+7)=198$, $x^2+7x-198=0$
$(x+18)(x-11)=0$, 즉 $x=-18$ 또는 $x=11$
이때 x는 자연수이므로 $x=11$
따라서 영수의 생일은 7월 11일, 엄마의 생일은 7월 18일이다.

10 $70t-5t^2=0$에서 $t^2-14t=0$
$t(t-14)=0$, 즉 $t=0$ 또는 $t=14$
이때 $t>0$이므로 $t=14$
따라서 물로켓이 다시 지면에 떨어지는 것은 14초 후이다.

6. 이차함수와 그 그래프

01. 이차함수 $y=ax^2$의 그래프 | 70~71쪽 |

이차함수

❶ 이차식 ❷ 0
1 × 2 ○ 3 × 4 × 5 × 6 ○
7 6 8 -94 9 $\frac{13}{2}$

5 $y=4x$ ➡ y가 x에 대한 일차함수이다.

6 $y=\frac{1}{2}\times(x+3)\times(x-1)=\frac{1}{2}x^2+x-\frac{3}{2}$
➡ y가 x에 대한 이차함수이다.

8 $f(4)=-3\times4^2+\frac{4}{4}=-47$이므로 $2f(4)=2\times(-47)=-94$

9 $f(1)=7\times1^2-\frac{1}{2}\times1+\frac{1}{2}=7$
$f(0)=7\times0^2-\frac{1}{2}\times0+\frac{1}{2}=\frac{1}{2}$
따라서 $f(1)-f(0)=7-\frac{1}{2}=\frac{13}{2}$

이차함수 $y=x^2$, $y=-x^2$의 그래프

❸ 아래 ❹ 원점 ❺ 위
10 0 11 y 12 감소 13 증가 14 위
15 0 16 y 17 증가 18 감소 19 아래
20 x

20 이차함수 $y=-x^2$의 그래프는 이차함수 $y=x^2$의 그래프와 x축에 서로 대칭이다.

이차함수 $y=ax^2$의 그래프

❻ 축 ❼ 꼭짓점 ❽ $x=0$ ❾ 폭
21 3 22 아래, y 23 0, 0, $x=0$ 24 <
25 볼록, y 26 0, 0, $x=0$ 27 3, 4 28 감소
29 x 30 × 31 × 32 ○ 33 ○
34 ㄴ, ㄷ, ㄹ 35 ㄱ, ㅁ, ㅂ 36 ㄴ, ㅂ
37 ㄱ, ㅁ, ㅂ 38 ㅁ

21 이차함수 $y=ax^2$의 그래프는 이차함수 $y=x^2$의 그래프의 각 점에 대하여 y좌표를 a배로 하는 점을 연결하여 그릴 수 있다.

29 이차함수 $y=-\frac{3}{8}x^2$의 그래프는 이차함수 $y=\frac{3}{8}x^2$의 그래프와 x축에 서로 대칭이다.

35 이차함수 $y=ax^2$의 그래프에서 $a>0$이면 제1사분면과 제2사분면을 지난다.

38 이차함수 $y=ax^2$의 그래프에서 a의 절댓값이 클수록 그래프의 폭이 좁아진다.
$|5|>|-4|>|1|>\left|-\frac{2}{3}\right|=\left|\frac{2}{3}\right|>\left|-\frac{1}{5}\right|$이므로 폭이 가장 좁은 그래프는 ㅁ이다.

소단원 핵심문제 | 72~73쪽 |

1 3
2 (1) $y=x^2+10x+25$, 이차함수이다. (2) 36 cm², 64 cm²
3 ③, ⑤ 4 $a=7$, $k=\frac{1}{7}$ 5 ㉡ 6 ①
7 1 8 8 9 ③ 10 ②

1 ㄱ, ㄷ. 분모에 문자가 있으므로 이차함수가 아니다.
ㄴ. $y=\frac{x}{2}(x-2)=\frac{1}{2}x^2-x$ ➡ y가 x에 대한 이차함수이다.
ㄹ. y가 x에 대한 이차함수이다.
ㅁ. $y=4x^2-2x(x-2)=2x^2+4x$
➡ y가 x에 대한 이차함수이다.
따라서 y가 x에 대한 이차함수인 것은 ㄴ, ㄹ, ㅁ의 3개이다.

2 (1) 새로 만든 정사각형의 한 변의 길이는 $(x+5)$ cm이고 넓이가 y cm²이므로
$y=(x+5)^2=x^2+10x+25$ ➡ y가 x에 대한 이차함수이다.
(2) $y=x^2+10x+25$에서
$x=1$일 때 $y=1^2+10\times1+25=36$,
$x=3$일 때 $y=3^2+10\times3+25=64$
이므로 새로 만든 정사각형의 넓이를 차례로 구하면 36 cm², 64 cm²이다.

3 ③ 축의 방정식은 $x=0$ (y축)이다.
⑤ x의 값이 -4에서 0까지 증가할 때, y의 값은 감소한다.

4 이차함수 $y=-7x^2$의 그래프와 x축에 서로 대칭인 그래프는 이차함수 $y=7x^2$의 그래프이므로 $a=7$
이 그래프가 점 $\left(\frac{1}{7}, k\right)$를 지나므로 $k=7\times\left(\frac{1}{7}\right)^2=\frac{1}{7}$

5 이차함수 $y=-\frac{2}{7}x^2$과 $y=-5x^2$의 그래프는 각각 위로 볼록한 곡선이고, $\left|-\frac{2}{7}\right|<|-5|$이므로 이차함수 $y=-5x^2$의 그래프는 ㉡이고 이차함수 $y=-\frac{2}{7}x^2$의 그래프는 ㉢이다.
또, 이차함수 $y=2x^2$의 그래프는 위로 볼록한 곡선이므로 ㉠이다.

6 함수 $y=ax^2+2x(x-4)-3=(a+2)x^2-8x-3$이 이차함수가 되려면 x^2의 계수가 0이 아니어야 하므로
$a+2\neq0$, 즉 $a\neq-2$

7 $f(a)=1$이므로 $f(a)=a^2-a-1=1$에서
$a^2-a-2=0$, $(a+1)(a-2)=0$
따라서 $a=-1$ 또는 $a=2$이므로 모든 a의 값의 합은
$-1+2=1$

8 이차함수 $y=x^2$의 그래프와 x축에 서로 대칭인 그래프는 이차함수 $y=-x^2$의 그래프이다.
• 축의 방정식은 $x=$[0]이다.
• x축과 만나는 점은 [1]개이다.
• 제[3]사분면과 제[4]사분면을 지난다.
• 점 ([0], [0])을 꼭짓점으로 하는 포물선이다.
따라서 [ ] 안에 알맞은 수들의 합은
$0+1+3+4+0+0=8$

9 주어진 이차함수 $y=ax^2$의 그래프는 아래로 볼록하므로 $a>0$이고, 이차함수 $y=3x^2$의 그래프보다 폭이 넓으므로 $a<3$이다.
즉, $0<a<3$이므로 a의 값이 될 수 있는 것은 ③이다.

10 주어진 이차함수의 그래프는 원점을 꼭짓점으로 하는 포물선이므로 구하는 이차함수의 식을 $y=ax^2$으로 놓을 수 있다.
이 그래프가 점 (2, −2)를 지나므로
$-2=4a$, $a=-\frac{1}{2}$
따라서 구하는 이차함수의 식은
$y=-\frac{1}{2}x^2$

02. 이차함수 $y=a(x-p)^2+q$의 그래프 | 74~75쪽 |

이차함수 $y=ax^2+q$의 그래프

❶ q ❷ 0 ❸ q
1 $y=x^2-1$ 2 $y=-3x^2+6$ 3 $y=-\frac{1}{4}x^2-4$
4 3 5 $-\frac{1}{2}$ 6 -2 7 $x=0$, 0, 1
8 $x=0$, 0, -0.5 9 $x=0$, 0, 7

이차함수 $y=a(x-p)^2$의 그래프

❹ x ❺ p ❻ p
10 $y=-\frac{1}{2}(x-1)^2$ 11 $y=4(x+2)^2$ 12 $y=0.1(x-9)^2$
13 -1 14 6 15 0.5
16 $x=2$, 2, 0 17 $x=-6$, -6, 0 18 $x=1.5$, 1.5, 0

이차함수 $y=a(x-p)^2+q$의 그래프

❼ p ❽ y ❾ p ❿ p ⓫ q
19 $y=-6(x-1)^2+2$ 20 $y=2.5(x+0.2)^2+3$
21 $y=-\frac{3}{5}(x+5)^2-1$ 22 $y=10\left(x-\frac{1}{2}\right)^2+\frac{1}{4}$
23 -3, -1 24 $\frac{4}{5}$, 7 25 4.5, 6
26 $x=5$, 5, -0.5 27 $x=-6$, -6, 9
28 $x=4$, 4, 3 29 $y=4(x+3)^2-\frac{3}{2}$
30 $x=-3$ 31 -3, $-\frac{3}{2}$
32 $y=-\frac{5}{7}(x+0.5)^2+7$ 33 $x=-0.5$
34 -0.5, 7

소단원 핵심문제 | 76~77쪽 |

1 ㄴ, ㄹ 2 7 3 $y=-\frac{1}{7}(x-4)^2$
4 ④ 5 (1) $y=-6(x+5)^2+\frac{1}{2}$ (2) $y=1.5(x-4)^2-8$
6 (1) $-\frac{1}{8}x^2-4$ (2) $x=0$, 0, -4 (3) 위, 3, 4
7 3 8 ④
9 (1) 축의 방정식: $x=-5$, 꼭짓점의 좌표: $\left(-5, -\frac{4}{5}\right)$
(2) 축의 방정식: $x=7$, 꼭짓점의 좌표: (7, 3)
(3) 축의 방정식: $x=\frac{3}{2}$, 꼭짓점의 좌표: $\left(\frac{3}{2}, -4\right)$
(4) 축의 방정식: $x=-3$, 꼭짓점의 좌표: (−3, 0.9)
10 0

1 ㄱ. 이차함수 $y=3x^2+1$의 그래프는 이차함수 $y=3x^2$의 그래프를 y축의 방향으로 1만큼 평행이동한 것이다.
ㄷ. 꼭짓점 (0, 1)에서 y축과 만난다.
따라서 옳은 것은 ㄴ, ㄹ이다.

2 이차함수 $y=-2x^2$의 그래프를 y축의 방향으로 q만큼 평행이동한 그래프를 나타내는 이차함수의 식은
$y=-2x^2+q$
이 그래프가 점 (1, 5)를 지나므로
$5=-2+q$, 즉 $q=7$

3 이차함수 $y=-\frac{1}{7}x^2$의 그래프를 x축의 방향으로 4만큼 평행이동한 그래프를 나타내는 이차함수의 식은
$y=-\frac{1}{7}(x-4)^2$

4 이차함수 $y=8x^2$의 그래프를 x축의 방향으로 k만큼 평행이동한 그래프를 나타내는 이차함수의 식은
$y=8(x-k)^2$
이 그래프가 점 (0, 32)를 지나므로
$32=8\times(0-k)^2$, $k^2=4$
따라서 $k=\pm2$

5 (1) 이차함수 $y=-6x^2$의 그래프를 x축의 방향으로 -5만큼, y축의 방향으로 $\frac{1}{2}$만큼 평행이동한 그래프를 나타내는 이차함수의 식은
$y=-6(x+5)^2+\frac{1}{2}$
(2) 이차함수 $y=1.5x^2$의 그래프를 x축의 방향으로 4만큼, y축의 방향으로 -8만큼 평행이동한 그래프를 나타내는 이차함수의 식은 $y=1.5(x-4)^2-8$

6 평행이동한 그래프를 그려 보면 오른쪽 그림과 같다.
(3) 그래프의 모양은 위로 볼록하고, 제3, 4사분면을 지난다.

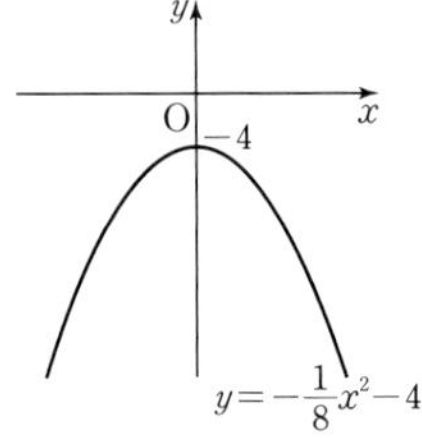

7 이차함수 $y=ax^2+q$의 그래프의 꼭짓점의 좌표가 (0, 1)이므로
$q=1$
이차함수 $y=ax^2+1$의 그래프가 점 (2, 9)를 지나므로
$9=4a+1$, $a=2$
따라서 $a+q=2+1=3$

8 $y=0.25(x-2)^2$에 각 점의 좌표를 각각 대입해 보면
① $4=0.25\times(-2-2)^2$
② $\frac{9}{4}=0.25\times(-1-2)^2$
③ $1=0.25\times(0-2)^2$
④ $\frac{3}{4}\neq0.25\times(3-2)^2$
⑤ $\frac{9}{4}=0.25\times(5-2)^2$

10 평행이동한 그래프를 나타내는 이차함수의 식은
$y=\frac{2}{3}(x+4)^2+8$
따라서 이차함수 $y=\frac{2}{3}(x+4)^2+8$의 그래프의 꼭짓점의 좌표는 $(-4, 8)$이고, 축의 방정식은 $x=-4$이므로
$a=-4$, $b=8$, $c=-4$
따라서 $a+b+c=-4+8+(-4)=0$

03. 이차함수 $y=a(x-p)^2+q$의 그래프의 성질 | 78~80쪽 |

이차함수 $y=a(x-p)^2+q$의 그래프에서 a, p, q의 부호

❶ < ❷ < ❸ <
1 아래, >, < 2 위, <, > 3 아래, >, 3, <, <
4 <, > 5 >, > 6 >, < 7 <, < 8 <, <, <
9 >, >, < 10 <, >, > / >, 아래, a, q, 2
11 >, <, > / >, 아래, a, p, 4
12 >, >, < / >, 아래, q, a, 2 13 3, -2, $\frac{2}{9}$
14 -2, 6, $-\frac{3}{2}$ 15 4, 4, $-\frac{1}{4}$

4 그래프의 모양이 위로 볼록하므로 $a<0$
꼭짓점 $(0, q)$가 x축보다 위쪽에 있으므로 $q>0$

6 그래프의 모양이 아래로 볼록하므로 $a>0$
꼭짓점 $(p, 0)$이 y축보다 왼쪽에 있으므로 $p<0$

8 그래프의 모양이 위로 볼록하므로 $a<0$
꼭짓점 (p, q)가 제3사분면 위에 있으므로 $p<0$, $q<0$

10 이차함수 $y=a(x-p)^2+q$의 그래프에서 그래프의 모양이 위로 볼록하므로 $a<0$
꼭짓점 (p, q)가 제1사분면 위에 있으므로 $p>0$, $q>0$

11 이차함수 $y=a(x-p)^2+q$의 그래프에서 그래프의 모양이 아래로 볼록하므로 $a>0$
꼭짓점 (p, q)가 제2사분면 위에 있으므로 $p<0$, $q>0$

12 이차함수 $y=a(x-p)^2+q$의 그래프에서 그래프의 모양이 아래로 볼록하므로 $a>0$
꼭짓점 (p, q)가 제4사분면 위에 있으므로 $p>0$, $q<0$

13 이차함수 $y=a(x-3)^2-2$의 그래프가 원점을 지나므로
$0=a\times(-3)^2-2$, $a=\frac{2}{9}$

14 이차함수 $y=a(x+2)^2+6$의 그래프가 원점을 지나므로
$0=a\times2^2+6$, $a=-\frac{3}{2}$

15 이차함수 $y=a(x-4)^2+4$의 그래프가 원점을 지나므로
$0=a\times(-4)^2+4$, $a=-\frac{1}{4}$

이차함수 $y=a(x-p)^2+q$의 그래프의 평행이동

❹ 꼭짓점 ❺ m ❻ n
16 2 17 2 18 2, 2
19 $y=8(x-2)^2$ 20 $y=8(x-7)^2-3$ 21 $y=8(x-1)^2+5$

18 평행이동한 그래프를 나타내는 이차함수의 식은
$y=-\frac{1}{7}(x-3+5)^2-7+5$, 즉 $y=-\frac{1}{7}(x+2)^2-2$

19 평행이동한 그래프를 나타내는 이차함수의 식은
$y=8(x+1-3)^2+2-2$, 즉 $y=8(x-2)^2$

이차함수 $y=a(x-p)^2+q$의 그래프의 대칭이동

❼ y ❽ x

22 -2, $-$
23 $+$
24 $y=\frac{2}{3}(x-1)^2+8$
25 $y=-\frac{2}{3}(x+1)^2-8$
26 $y=-0.3\left(x+\frac{3}{8}\right)^2-0.7$
27 $y=0.3\left(x-\frac{3}{8}\right)^2+0.7$

24 이차함수 $y=-\frac{2}{3}(x-1)^2-8$의 그래프를 x축에 대칭이동하면 그래프의 모양과 꼭짓점의 y좌표의 부호가 바뀐다.
➡ $y=\frac{2}{3}(x-1)^2+8$

27 이차함수 $y=0.3\left(x+\frac{3}{8}\right)^2+0.7$의 그래프를 y축에 대칭이동하면 꼭짓점의 x좌표의 부호만 바뀐다.
➡ $y=0.3\left(x-\frac{3}{8}\right)^2+0.7$

소단원 핵심문제

| 81~82쪽 |

1 ㄷ, ㅁ 2 ㄱ 3 $\frac{19}{9}$ 4 ③ 5 -1
6 $a>0$, $p<0$, $q<0$ 7 ③ 8 ② 9 ㄴ, ㄷ

1 ㄱ. 그래프의 모양이 위로 볼록하므로 $a<0$
ㄴ, ㄷ. 꼭짓점 (p, q)가 제2사분면 위에 있으므로
$p<0$, $q>0$
ㄹ. $p<0$, $q>0$이므로 $pq<0$
ㅁ. $a<0$, $q>0$이므로 $q-a>0$
따라서 □ 안의 부호가 $>$인 것은 ㄷ, ㅁ이다.

2 $a<0$이므로 그래프의 모양은 위로 볼록하다.
$p>0$, $q>0$이므로 꼭짓점 (p, q)는 제1사분면 위에 있다.
따라서 이차함수 $y=a(x-p)^2+q$의 그래프로 알맞은 것은 ㄱ이다.

3 꼭짓점의 좌표가 $(3, -1)$이므로 $p=3$, $q=-1$
이차함수 $y=a(x-3)^2-1$의 그래프가 원점을 지나므로
$0=a\times(-3)^2-1$, $a=\frac{1}{9}$
따라서 $a+p+q=\frac{1}{9}+3+(-1)=\frac{19}{9}$

4 이차함수 $y=\frac{1}{10}(x+6)^2-3$의 그래프의 꼭짓점의 좌표는 $(-6, -3)$이므로 x축의 방향으로 1만큼, y축의 방향으로 -2만큼 평행이동한 그래프의 꼭짓점의 좌표는
$(-6+1, -3-2)$, 즉 $(-5, -5)$
따라서 $p=-5$, $q=-5$이므로
$\frac{p}{q}=\frac{-5}{-5}=1$

5 이차함수 $y=-3\left(x-\frac{1}{2}\right)^2+4$의 그래프를 x축에 대칭이동한 그래프를 나타내는 이차함수의 식은
$y=3\left(x-\frac{1}{2}\right)^2-4$
이 그래프의 꼭짓점의 좌표는 $\left(\frac{1}{2}, -4\right)$, 축의 방정식은 $x=\frac{1}{2}$
따라서 $p=\frac{1}{2}$, $q=-4$, $r=\frac{1}{2}$이므로
$pqr=\frac{1}{2}\times(-4)\times\frac{1}{2}=-1$

6 그래프의 모양이 아래로 볼록하므로 $a>0$
꼭짓점 $(-p, q)$가 제4사분면 위에 있으므로
$-p>0$, $q<0$
따라서 $p<0$, $q<0$

7 ① 이차함수 $y=a(x-p)^2+q$의 그래프에서
그래프의 모양이 위로 볼록하므로 $a<0$
꼭짓점 (p, q)가 제4사분면 위에 있으므로
$p>0$, $q<0$
이차함수 $y=q(x-p)^2-a$의 그래프는
② $q<0$이므로 위로 볼록하다.
③ 꼭짓점 $(p, -a)$에서 $p>0$, $-a>0$이므로 꼭짓점은 제1사분면 위에 있다.
④ $a<0$, $p>0$, $q<0$이므로 $aq+p>0$
⑤ 그래프는 제4사분면을 지난다.

8 평행이동한 그래프를 나타내는 이차함수의 식은
$y=-(x-m-3)^2+9+n$
이것이 이차함수 $y=-(x-1)^2+4$와 같으므로
$3+m=1$, $9+n=4$
따라서 $m=-2$, $n=-5$

9 이차함수 $y=7(x+4)^2-\frac{1}{7}$의 그래프를 x축에 대칭이동한 그래프를 나타내는 이차함수의 식은
$y=-7(x+4)^2+\frac{1}{7}$
따라서 $a=-7$, $p=4$, $q=\frac{1}{7}$이므로
$aq=(-7)\times\frac{1}{7}=-1$, $p=4$

y축에 대칭이동한 그래프를 나타내는 이차함수의 식은

$y=7(x-4)^2-\frac{1}{7}$

따라서 $b=7$, $m=4$, $n=\frac{1}{7}$이므로 $bn=7\times\frac{1}{7}=1$, $m=4$

즉, 옳은 것은 ㄴ, ㄷ이다.

04. 이차함수 $y=ax^2+bx+c$의 그래프 | 83~86쪽 |

이차함수 $y=ax^2+bx+c$의 그래프

❶ $-\frac{b}{2a}$ ❷ $-\frac{b}{2a}$ ❸ c

1 9, 9, 3, 13, -3, -3, -13

2 1, 1, 1, 7, -1, -1, 7

3 4, 4, 2, $\frac{7}{4}$, 2, 2, $-\frac{7}{4}$

4 $y=2(x-1)^2+1$ (1) $(1, 1)$ (2) $x=1$ (3) $(0, 3)$

5 $y=3\left(x-\frac{3}{2}\right)^2-\frac{55}{4}$ (1) $\left(\frac{3}{2}, -\frac{55}{4}\right)$ (2) $x=\frac{3}{2}$ (3) $(0, -7)$

6 $y=-2\left(x-\frac{1}{2}\right)^2+3$ (1) $\left(\frac{1}{2}, 3\right)$ (2) $x=\frac{1}{2}$ (3) $\left(0, \frac{5}{2}\right)$

7 $y=\frac{1}{2}(x+1)^2-\frac{13}{2}$ (1) $\left(-1, -\frac{13}{2}\right)$ (2) $x=-1$ (3) $(0, -6)$

8 $y=-\frac{1}{3}(x+3)^2+4$ (1) $(-3, 4)$ (2) $x=-3$ (3) $(0, 1)$

4 $y=2x^2-4x+3=2(x-1)^2+1$

5 $y=3x^2-9x-7=3\left(x-\frac{3}{2}\right)^2-\frac{55}{4}$

6 $y=-2x^2+2x+\frac{5}{2}=-2\left(x-\frac{1}{2}\right)^2+3$

7 $y=\frac{1}{2}x^2+x-6=\frac{1}{2}(x+1)^2-\frac{13}{2}$

8 $y=-\frac{1}{3}x^2-2x+1=-\frac{1}{3}(x+3)^2+4$

이차함수 $y=ax^2+bx+c$의 그래프에서 a, b, c의 부호

❹ $>$ ❺ 0 ❻ $<$ ❼ $<$

9 (1) 아래, $>$ (2) 왼, 같은, $>$, $>$ (3) 위, $>$

10 (1) 위, $<$ (2) 오른, 다른, $<$, $>$ (3) 아래, $<$

11 (1) $>$ (2) $<$ (3) $>$

12 (1) $<$ (2) $<$ (3) $=$

13 (1) $>$ (2) $>$ (3) $=$

14 (1) $<$ (2) $<$ (3) $<$

11 (1) 그래프가 아래로 볼록하다. ➡ $a>0$

(2) 축이 y축의 오른쪽에 있다.

➡ a, b는 서로 다른 부호이다. ➡ $b<0$

(3) y축과의 교점이 x축보다 위쪽에 있다. ➡ $c>0$

12 (1) 그래프가 위로 볼록하다. ➡ $a<0$

(2) 축이 y축의 왼쪽에 있다.

➡ a, b는 서로 같은 부호이다. ➡ $b<0$

(3) y축과의 교점이 원점이다. ➡ $c=0$

13 (1) 그래프가 아래로 볼록하다. ➡ $a>0$

(2) 축이 y축의 왼쪽에 있다.

➡ a, b는 서로 같은 부호이다. ➡ $b>0$

(3) y축과의 교점이 원점이다. ➡ $c=0$

14 (1) 그래프가 위로 볼록하다. ➡ $a<0$

(2) 축이 y축의 왼쪽에 있다.

➡ a, b는 서로 같은 부호이다. ➡ $b<0$

(3) y축과의 교점이 x축보다 아래쪽에 있다. ➡ $c<0$

이차함수의 식 구하기 (1)

❽ a ❾ q

15 $y=2(x-3)^2-10$ (✐ 9, 2, $2(x-3)^2-10$)

16 $y=(x-2)^2-6$ (✐ 9, 1, $(x-2)^2-6$)

17 $y=-(x+1)^2+4$

18 $y=\frac{1}{3}(x-2)^2$

19 $y=\frac{3}{2}(x-2)^2-3$ $\left(✐ 2, 4, \frac{3}{2}, \frac{3}{2}(x-2)^2-3\right)$

20 $y=-\frac{1}{4}(x+4)^2+9$ $\left(✐ 4, 4, 36, -\frac{1}{4}, 9, -\frac{1}{4}(x+4)^2+9\right)$

21 $y=-2(x+2)^2$

22 $y=(x+1)^2-3$

23 $y=\frac{1}{2}(x-1)^2+3$

17 꼭짓점의 좌표가 $(-1, 4)$이므로 이차함수의 식을

$y=a(x+1)^2+4$로 놓을 수 있다.

이 그래프가 점 $(3, -12)$를 지나므로

$-12=16a+4$, $a=-1$

따라서 구하는 이차함수의 식은

$y=-(x+1)^2+4$

18 꼭짓점의 좌표가 $(2, 0)$이므로 이차함수의 식을 $y=a(x-2)^2$으로 놓을 수 있다.

이 그래프가 점 $(-1, 3)$을 지나므로

$3=9a$, $a=\frac{1}{3}$

따라서 구하는 이차함수의 식은 $y=\frac{1}{3}(x-2)^2$

21 축의 방정식이 $x=-2$이므로 이차함수의 식을 $y=a(x+2)^2+q$로 놓을 수 있다.

이 그래프가 두 점 $(-1, -2)$, $(0, -8)$을 지나므로

$-2=a+q$, $-8=4a+q$

위의 두 식을 연립하여 풀면

$a=-2,\ q=0$
따라서 구하는 이차함수의 식은
$y=-2(x+2)^2$

22 축의 방정식이 $x=-1$이므로 이차함수의 식을 $y=a(x+1)^2+q$로 놓을 수 있다.
이 그래프가 두 점 $(-2,\ -2)$, $(1,\ 1)$을 지나므로
$-2=a+q,\ 1=4a+q$
위의 두 식을 연립하여 풀면
$a=1,\ q=-3$
따라서 구하는 이차함수의 식은
$y=(x+1)^2-3$

23 축의 방정식이 $x=1$이므로 이차함수의 식을 $y=a(x-1)^2+q$로 놓을 수 있다.
이 그래프가 두 점 $\left(-2,\ \frac{15}{2}\right)$, $(3,\ 5)$를 지나므로
$\frac{15}{2}=9a+q,\ 5=4a+q$
위의 두 식을 연립하여 풀면
$a=\frac{1}{2},\ q=3$
따라서 구하는 이차함수의 식은
$y=\frac{1}{2}(x-1)^2+3$

이차함수의 식 구하기 (2)

⑩ c ⑪ β ⑫ a
24 $y=-x^2+2x+3$ (✎ $3,\ 3,\ 3,\ 3,\ -1,\ 2,\ -x^2+2x+3$)
25 $y=-x^2+5x-9$ (✎ $-9,\ 9,\ 9,\ 9,\ -1,\ 5,\ -x^2+5x-9$)
26 $y=2x^2+8x$ 27 $y=-2x^2-6x+10$
28 $y=-\frac{1}{2}x^2+x+\frac{3}{2}$ $\left(✎\ 1,\ 3,\ -4,\ -\frac{1}{2},\ -\frac{1}{2}x^2+x+\frac{3}{2}\right)$
29 $y=3x^2-15x+12$ (✎ $4,\ -2,\ 3,\ 3x^2-15x+12$)
30 $y=\frac{1}{12}x^2+\frac{2}{3}x+\frac{5}{4}$ 31 $y=-4x^2-4x+24$
32 $y=\frac{1}{6}x^2-\frac{4}{3}x+2$

26 이차함수의 식을 $y=ax^2+bx+c$로 놓으면 이 그래프가 점 $(0,\ 0)$을 지나므로 $c=0$
$y=ax^2+bx$의 그래프가 두 점 $(-4,\ 0)$, $(2,\ 24)$를 지나므로
$0=16a-4b,\ 24=4a+2b$
위의 두 식을 연립하여 풀면
$a=2,\ b=8$
따라서 구하는 이차함수의 식은
$y=2x^2+8x$

27 이차함수의 식을 $y=ax^2+bx+c$로 놓으면 이 그래프가 점 $(0,\ 10)$을 지나므로 $c=10$
$y=ax^2+bx+10$의 그래프가 두 점 $(-2,\ 14)$, $(1,\ 2)$를 지나므로
$14=4a-2b+10,\ 2=a+b+10$
위의 두 식을 연립하여 풀면
$a=-2,\ b=-6$
따라서 구하는 이차함수의 식은
$y=-2x^2-6x+10$

30 x축과 두 점 $(-5,\ 0)$, $(-3,\ 0)$에서 만나므로 이차함수의 식을 $y=a(x+5)(x+3)$으로 놓을 수 있다.
이 그래프가 점 $(1,\ 2)$를 지나므로
$2=24a,\ a=\frac{1}{12}$
따라서 구하는 이차함수의 식은
$y=\frac{1}{12}(x+5)(x+3)=\frac{1}{12}x^2+\frac{2}{3}x+\frac{5}{4}$

31 x축과 두 점 $(-3,\ 0)$, $(2,\ 0)$에서 만나므로 이차함수의 식을 $y=a(x+3)(x-2)$로 놓을 수 있다.
이 그래프가 점 $(-1,\ 24)$를 지나므로
$24=-6a,\ a=-4$
따라서 구하는 이차함수의 식은
$y=-4(x+3)(x-2)=-4x^2-4x+24$

32 x축과 두 점 $(2,\ 0)$, $(6,\ 0)$에서 만나므로 이차함수의 식을 $y=a(x-2)(x-6)$으로 놓을 수 있다.
이 그래프가 점 $\left(3,\ -\frac{1}{2}\right)$을 지나므로
$-\frac{1}{2}=-3a,\ a=\frac{1}{6}$
따라서 구하는 이차함수의 식은
$y=\frac{1}{6}(x-2)(x-6)=\frac{1}{6}x^2-\frac{4}{3}x+2$

소단원 핵심문제

| 87~88쪽 |

1 (1) $y=-\frac{1}{4}(x-8)^2+15$ (2) $y=5(x-1)^2+4$
2 ④ 3 ④ 4 $y=-\frac{1}{4}x^2-x+2$
5 -6 6 ③ 7 ㄱ, ㄹ, ㅁ 8 ② 9 ④

1 (1) $y=-\frac{1}{4}x^2+4x-1=-\frac{1}{4}(x^2-16x)-1$
$=-\frac{1}{4}(x^2-16x+64-64)-1$
$=-\frac{1}{4}(x^2-16x+64)+16-1$
$=-\frac{1}{4}(x-8)^2+15$

(2) $y=5x^2-10x+9=5(x^2-2x)+9$
$=5(x^2-2x+1-1)+9=5(x^2-2x+1)-5+9$
$=5(x-1)^2+4$

2 $y=-2x^2-12x-13=-2(x+3)^2+5$
이므로 그래프를 그려 보면 오른쪽 그림과 같다.
④ 제1사분면을 지나지 않는다.

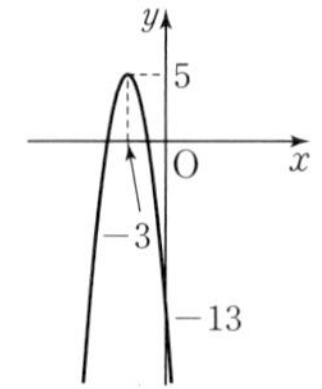

3 그래프가 위로 볼록하므로 $a<0$
축이 y축의 오른쪽에 있으므로 $ab<0$
이때 $a<0$이므로 $b>0$
y축과의 교점이 x축보다 위쪽에 있으므로 $c>0$
③ $b>0$이고 $c>0$이므로 $bc>0$
④ $c>0$이고 $a<0$이므로 $c-a>0$
⑤ $x=3$일 때, $y>0$이므로 $y=ax^2+bx+c$에 $x=3$을 대입하면
$9a+3b+c>0$

4 꼭짓점의 좌표가 $(-2, 3)$이므로 구하는 이차함수의 식을 $y=a(x+2)^2+3$으로 놓을 수 있다.
이 그래프가 점 $(0, 2)$를 지나므로
$2=4a+3$에서 $a=-\frac{1}{4}$
따라서 구하는 이차함수의 식은
$y=-\frac{1}{4}(x+2)^2+3=-\frac{1}{4}x^2-x+2$

5 x축과 두 점 $(-4, 0)$, $(1, 0)$에서 만나므로 구하는 이차함수의 식을 $y=a(x+4)(x-1)$로 놓을 수 있다.
이 그래프가 점 $(2, 6)$을 지나므로
$6=6a$에서 $a=1$
따라서 구하는 이차함수의 식은
$y=(x+4)(x-1)$
이 그래프가 점 $(-1, k)$를 지나므로
$k=(-1+4)\times(-1-1)=-6$

6 $y=2x^2-8x+7=2(x-2)^2-1$
이므로 이 그래프는 아래로 볼록하고, 꼭짓점의 좌표가 $(2, -1)$이며, y축과의 교점의 좌표가 $(0, 7)$이다.
따라서 알맞은 그래프는 ③이다.

7 그래프가 아래로 볼록하므로 $a>0$
축이 y축의 왼쪽에 있으므로 $ab>0$
이때 $a>0$이므로 $b>0$
y축과의 교점이 x축보다 아래쪽에 있으므로 $c<0$
ㄷ. $b>0$이고 $c<0$이므로 $bc<0$
ㄹ. $x=-1$일 때, $y<0$이므로 $y=ax^2+bx+c$에 $x=-1$을 대입하면 $a-b+c<0$
ㅁ. $x=2$일 때, $y>0$이므로 $y=ax^2+bx+c$에 $x=2$를 대입하면 $4a+2b+c>0$
따라서 옳은 것은 ㄱ, ㄹ, ㅁ이다.

8 축의 방정식이 $x=-3$이므로 구하는 이차함수의 식을 $y=a(x+3)^2+q$로 놓을 수 있다.
이 그래프가 두 점 $(0, 4)$, $(3, 13)$을 지나므로
$4=9a+q$, $13=36a+q$
위의 두 식을 연립하여 풀면
$a=\frac{1}{3}$, $q=1$
따라서 구하는 이차함수의 식은
$y=\frac{1}{3}(x+3)^2+1=\frac{1}{3}x^2+2x+4$
즉, $a=\frac{1}{3}$, $b=2$, $c=4$이므로
$a+b-c=\frac{1}{3}+2-4=-\frac{5}{3}$

9 주어진 이차함수의 그래프가 x축과 두 점 $(-5, 0)$, $(1, 0)$에서 만나므로 이차함수의 식을 $y=a(x+5)(x-1)$로 놓을 수 있다.
이 그래프가 점 $(0, 1)$을 지나므로
$1=-5a$에서 $a=-\frac{1}{5}$
따라서 구하는 이차함수의 식은
$y=-\frac{1}{5}(x+5)(x-1)=-\frac{1}{5}x^2-\frac{4}{5}x+1$